船山遗书

第十二册

张子正蒙注
思问录　俟解
噩梦　黄书　识小录
搔首问（增补）
龙源夜话　老子衍

〔清〕王夫之 著

中国书店

目录

张子正蒙注

首叙 3

宋史·张子本传 4

序论 6

张子正蒙注卷一 9

张子正蒙注卷二 35

张子正蒙注卷三 53

张子正蒙注卷四 73

张子正蒙注卷五 97

张子正蒙注卷六 114

张子正蒙注卷七 130

张子正蒙注卷八 152

张子正蒙注卷九 169

思问录

思问录内篇 189

思问录外篇 208

俟解

俟解题词 237

俟解 238

噩梦

序 253

噩梦 254

黄书

黄书 283

后序 307

识小录

识小录引 311

识小录 312

搔首问（增补）

刘人熙序 325

搔首问 326

龙源夜话

龙源夜话 343

老子衍

自序 349

老子衍 350

张子正蒙注

首叙

境识生，则患不得；熟，则患失之。与其失之也，宁不得。此予所知
而自惧者也。五十以前，不得者多矣；五十以后，未敢谓得。一往，每几
于失。中间不无力为檃括，而檃括之难，予自知之，抑自提之。

诗言志，又曰诗以道性情。赋亦诗之一也。人苟有志，死生以之，性
亦自定，情不能不因时尔。楚人之谓叶公子高，一曰君胡胄，一曰君胡不
胄，云胄云不胄，皆情之至者也。叶公子高处此，殆有难言者。甲寅以
还，不期身遇之。或谓予胡胄，或谓予胡不胄，皆爱我者，谁知予情？予
且不能自言，况望知者哉？

此十年中，别有《柳岸吟》，欲遇一峰白沙定山，于流连驳宕中学
诗，几四十年。自应舍旃，以求适于柳风桐月，则与马、班、颜、谢了
不相应，固其所已。彼体自张子寿《感遇》开之先，朱文公遂大振金玉。
窃谓使彭泽能早知此，当不仅为彭泽矣；阮步兵仿佛此意，而自然别为
酒人。故和阮和陶，各如其量，止于阮陶之边际，不能欺也。

庚申上巳，湘西草堂记。

宋史·张子本传

张载，字子厚，长安人。少喜谈兵。至欲结客取洮西之地。年二十一，以书谒范仲淹，一见知其远器，乃警之曰："儒者自有名教可乐，何事于兵。"因劝读《中庸》。载读其书，犹以为未足，又访诸释、老，累年究极其说，知无所得，反而求之《六经》。尝坐虎皮讲《易》。京师听从者甚众。一夕，二程至，与论《易》，次日，语人曰："比见二程，深明《易》道，吾所弗及，汝辈可师之。"撤坐辍讲。与二程语道学之要，焕然自信曰："吾道自足，何事旁求？"于是尽弃异学，淳如也。举进士，为祈州司法参军、云岩令。政事以敦本善俗为先，每月吉日，具酒食，召乡人高年会县庭，亲为劝酬。使人知养老事长之义，因问民疾苦，及告所以训戒子弟之意。熙宁初，御史中丞吕公著言其有古学，神宗方一新百度，思得才哲士谋之，召见问治道，对曰："为政不法三代者，终苟道也。"帝悦，以为崇文院校书。他日见王安石，安石问以新政，载曰："公与人为善，则人以善归公；如教玉人琢玉，则宜有不受命者矣。"明州苗振狱起，往治之，末杀其罪。还朝，即移疾屏居南山下，终日危坐一室，左右简编，俯而读，仰而思，有得则识之，或中夜起坐，取烛以书。其志道精思，未始须臾息，亦未尝须臾忘也。敝衣蔬食，与诸生讲学，告以知礼、成性、变化气质之道，学必如圣人而后已。以为知人而不知天，求为贤人而不求为圣人，此秦、汉以来学者大蔽也。故其学尊礼贵德、乐天安命，以《易》为宗，以《中庸》为体，以孔孟为法，黜怪妄，辨鬼神。其家婚丧葬祭，率用先王之意，而传以今礼。又论定井田、宅里、发敛、学校之法，皆欲条理成书，使可举而措诸事业。吕大防荐之曰："载之始终，善发明圣人之遗旨，其论政治略可复古。宜还其旧职，以备谘访。"乃诏知太常礼院。与有司议礼不合，复以疾归，中道疾甚，沐浴更衣而寝，旦而卒。贫，无以敛，门人共买棺奉其丧还。翰林学士许将等言其恬于进取，乞加赠恤，诏赐馆职，半赙。载学古力行，为关中士人宗师，世称为横渠先生。著书号《正蒙》，又作《西铭》。铭载《乾》称篇首。程颐尝言："《西铭》明理，一而分，殊扩前圣所未发，与孟子性善、养气之论同功，自孟子后盖未之见。"学者至今尊其书。嘉定十三年，赐谥曰明公。淳祐元年封郿伯，从祀孔子庙庭。

序论

谓之《正蒙》者，养蒙以圣功之正也。圣功久矣，大矣，而正之惟其始。蒙者，知之始也。孟子曰："始条理者，智之事也。"其始不正，未有能成章而达者也。

或疑之曰："古之大学，造之以《诗》《书》《礼》《乐》，迪之以三德六行，皆日用易知简能之理。而《正蒙》推极夫穷神、知化、达天德之蕴，则疑与大学异。"子夏曰："有始有卒者，其惟圣人乎？"今以是养蒙，恐未能猝喻而益其疑。则请释之曰："大学之教，先王所以广教天下而纳之轨物，使贤者即以之上达而中人以之寡过。先王不能望天下以皆圣，故尧舜之仅有禹、皋陶，汤之仅有伊尹、莱朱，文王之仅有太公望、散宜生，其他则德其成人，造其小子，不强之以圣功而俟其自得，非有吝也。《正蒙》者，以奖大心者而使之希圣，所缘不得不异也。"

抑古之为士者，秀而未离乎其朴，下之无记诵词章以取爵禄之科，次之无权谋功利苟且以就功名之术；其尤正者，无狂思陋测，荡天理，蔑彝伦而自矜独悟，如老聃、浮屠之邪说，以诱聪明果毅之士而生其逸获神圣之心，则但习于人伦物理之当然，而性命之正自不言而喻，至于东周而邪慝作矣。故夫子赞《易》而阐形而上之道，以显诸仁而藏诸用，而孟子推生物一本之理，以极恻隐、羞恶、辞让、是非之所缘生。《大学》之道，明德以修己，新民以治人，人道备矣。而必申之曰"止于至善"。不知止至善，则不定，不静，不安，而虑非所虑，未有能得者也。故夫子曰："吾十有五而志于学。"所志者，知命、耳顺、不逾之矩也，知其然者，志不及之，则虽圣人未有得之于志外者也。故孟子曰："大匠不为拙工改废绳墨，羿不为拙射变其彀率。"宜若登天而不可使逸获于企及也。特在孟子之世，杨、墨虽盈天下，而儒者犹不屑曲吾道以证其邪，故可引而不发以需其自得。而自汉、魏以降，儒者无所不淫，苟不抉其跃如之藏，则志之摇摇者，差之黍米而已背之霄壤矣，此《正蒙》之所繇不得不异也。

宋自周子出，而始发明圣道之所繇，一出于太极阴阳人道生化之终始，二程子引而申之，而实之以静一诚敬之功，然游、谢之徒，且歧出以趋于浮屠之蹊径。故朱子以格物穷理为始教，而檃括学者于显道之中；乃其一再传而后，流为双峰、勿轩诸儒，逐迹蹑影，沉溺于训诂。故白沙起而厌弃之，然而遂启姚江王氏阳儒阴释、诬圣之邪说；其究也为刑戮之民，为阉贼之党，皆争附焉，而以充其无善无恶、圆融理事之狂妄，流害以相激而相成，则中道不立、矫枉过正有以启之也。

人之生也，君子而极乎圣，小人而极乎禽兽，然而吉凶穷达之数，于此于彼，未有定焉。不知所以生，不知所以死，则为善为恶，皆非性分之所固有，职分之所当为，下焉者何弗荡弃彝伦以遂其苟且私利之欲！其稍有耻之心而厌焉者，则见为寄生两间，去来无准，恶为赘疣，善亦弁髦，生无所从，而名义皆属沤瀑，两灭无余，以求异于逐而不返之顽鄙。乃其究也不可以终日，则又必侙出猖狂，为无缚无碍之邪说，终归于无忌惮。自非究吾之所始与其所终，神之所化，鬼之所归，效天地之正而不容不惧以终始，恶能释其惑而使信于学！故《正蒙》特揭阴阳之固有，屈伸之必然，以立中道，而至当百顺之大经，皆率此以成，故曰"率性之谓道"。天之外无道，气之外无神，神之外无化，死不足忧而生不可罔，一瞬一息，一宵一昼，一言一动，赫然在出王游衍之中，善吾伸者以善吾屈。然后知圣人之存神尽性，反经精义，皆性所必有之良能，而为职分之所当修，非可以见闻所及而限为有，不见不闻而疑其无，偷用其蕞然之聪明，或穷大而失居，或卑近而自蔽之可以希觊圣功也。呜呼！张子之学，上承孔、孟之志，下救来兹之失，如皎日丽天，无幽不烛，圣人复起，未有能易焉者也。学之兴于宋也，周子得二程子而道著。程子之道广，而一时之英才辐辏于其门；张子教学于关中，其门人未有殆庶者。而当时钜公耆儒如富、文、司马诸公，张子皆以素位隐居而未繇相为羽翼，是以其道之行，曾不得与邵康节之数学相与颉颃，而世之信从者寡，故道之诚然者不著。贞邪相竞而互为畸胜，是以不百年而陆子静之异说兴，又二百年而王伯安之邪说熹，其以朱子格物、道问学之教争贞胜者，犹水之胜火，一盈一虚而莫适有定。使张子之学晓然大明，以正童蒙之志于始，则浮屠生死之狂惑，不折而自摧；陆子静、王伯安之蓦然者，亦恶能傲君子以所独知，而为浮屠作率兽食人之伥乎！

周易者，天道之显也，性之藏也，圣功之牖也，阴阳、动静、幽明、屈伸，诚有之而神行焉，礼乐之精微存焉，鬼神之化裁出焉，仁义之大用兴焉，治乱、吉凶、生死之数准焉，故夫子曰"弥纶天下之道以崇德而广业"者也。张子之学，无非《易》也，即无非《诗》之志，《书》之事，《礼》之节，《乐》之和，《春秋》之大法也。论、孟之要归也，自朱子虑学者之骛远而忘迩，测微而遗显；其教门人也，以《易》为占筮之书而不使之学，盖亦矫枉之过，几令伏羲、文王、周公、孔子继天立极、扶正人心之大法，下同京房、管辂、郭璞、贾耽壬遁奇禽之小技。而张子言无非《易》，立天，立地，立人，反经研几，精义存神，以纲维三才，贞生而安死，则往圣之传，非张子其孰与归！

呜呼！孟子之功不在禹下，张子之功又岂非疏瀹水之歧流，引万派而归墟，使斯人去昏垫而履平康之坦道哉！是匠者之绳墨也，射者之彀率也，虽力之未逮，养之未熟，见为登天之难不可企及，而志于是则可至焉，不志于是未有能至者也，养蒙以是为圣功之所自定，而邪说之淫蛊不足以乱之矣，故曰《正蒙》也。

衡阳王夫之论。

张子正蒙注卷一

太和篇

此篇首明道之所自出，物之所自生，性之所自受，而作圣之功，下学之事，必达于此，而后不为异端所惑，盖即太极图说之旨而发其所函之蕴也。

太和所谓道，

太和，和之至也。道者，天地人物之通理，即所谓太极也。阴阳异撰，而其纲缊于太虚之中，合同而不相悖害，浑沦无间，和之至矣。未有形器之先，本无不和，既有形器之后，其和不失，故曰太和。

中涵浮沉、升降、动静相感之性，是生纲缊相荡、胜负屈伸之始。

涵，如水中涵影之象；中涵者其体，是生者其用也。轻者浮，重者沉，亲上者升，亲下者降，动而趋行者动，动而赴止者静，皆阴阳和合之气所必有之几，而成乎情之固然，犹人之有性也。纲缊，太和未分之本然；相荡，其必然之理势；胜负，因其分数之多寡；乘乎时位，一盈一虚也。胜则伸，负则屈；胜负屈伸，衰王死生之成象，其始则动之几也。此言天地人物消长死生自然之数，皆太和必有之几。

其来也几微易简，其究也广大坚固。

来，谓始动而化之初；究，谓已成形体也。几微，气之初；动易简者，唯阳健阴顺而已。广大，品物流形，坚固，体成而不易毁也。乾、坤有体则必生用，用而还成其体。体静而用动，故曰"静极而动，动极而静"，动静无端。

起知于易者《乾》乎！效法于简者《坤》乎！

太和本然之体，未有知也，未有能也，易简而已。而其所涵之性，有健有顺，故知于此起，法于此效，而大用行矣。

散殊而可象为气，清通而不可象为神。

太和之中，有气有神。神者非他，二气清通之理也。不可象者，即在象中。阴与阳和，气与神和，是谓太和。人生而物感交，气逐于物，役气而遗神，神为使而迷其健顺之性，非其生之本然也。

不如野马、细缊，不足谓之太和。敬按：野马者，天之神；细缊者，天之气。

此言体道者不于物感未交、喜怒哀乐未倚之中，合气于神，合神于性，以健顺五常之理融会于清通，生其变化，而有滞有息，则不足以肖太和之本体，而用亦不足以行矣。敬按：清通者，心之神，变化者，心之化。

语道者知此，谓之知道；学《易》者见此，谓之见《易》。

见，实证之于心也。《易》曰："阴阳相摩，八卦相荡，鼓之以雷霆，润之以风雨，日月运行，一寒一暑，乾道成男，坤道成女。"此之谓也。健顺合而太和，其几必动，气以成形，神以居理，性固具足于神气之中，天地之生人物，人之肖德于天地者，唯此而已矣。

不如此，虽周公才美，其智不足称也已。

待其已感、因事而效能者，才也；智则灼见道体，而知无不起，法无不效矣。敬按：知道见《易》，始谓之智；智不足而恃才，虽美如周公，亦不足称。

太虚无形，气之本体；

于太虚之中具有而未成乎形，气自足也，聚散变化，而其本体不为之损益。敬按：理具阴阳，阴阳具理，理气浑然，是为本体。

其聚其散，变化之客形尔。

日月之发敛，四时之推迁，百物之生死，与风雨露雷乘时而兴，乘时而息，一也，皆客形也。有去有来谓之客。发敛，谓日月出入之道。

至静无感，性之渊源；

于物感未交、至静之中，健顺之性承于天者，固有不失，有本而不穷。

有识有知，物交之客感尔。

识知者，五常之性所与天下相通而起用者也。知其物乃知其名，知其名乃知其义，不与物交，则心具此理，而名不能言，事不能成。赤子之无知，精未彻也；愚蒙之无知，物不审也。自外至曰客。

客感客形与无感无形，唯尽性者一之。

静而万理皆备，心无不正，动而本体不失，意无不诚，尽性者也。性尽，则生死屈伸一贞乎道，而不挠太虚之本体，动静语默一贞乎仁，而不丧健顺之良能，不以客形之来去易其心，不以客感之贞淫易其志，所谓"夭寿不贰，修身以俟之"，"不显亦临，无射亦保"也。盖其生也异于禽兽之生，则其死也异于禽兽之死，全健顺太和之理以还造化，存顺而没亦宁。其静也异于下愚之静，则其动也异于下愚之动，充五常百顺之实以宰百为，志继而事亦述矣。无他，人之生死、动静有间，而太和之纲缊本无间也。

此上二章，兼动静、生死而言。动静之几，尽性之事，死生之故，立命之事，而一动一静，一屈一伸，理所必有而通于一，则一也。

天地之气，虽聚散、攻取百途，然其为理也顺而不妄。

聚则见有，散则疑无，既聚而成形象，则才质性情各依其类。同者取之，异者攻之，故庶物繁兴，各成品汇，乃其品汇之成各有条理，故露雷霜雪各以其时，动植飞潜各以其族，必无长夏霜雪、严冬露雷、人禽草木互相淆杂之理。故善气恒于善，恶气恒于恶，治气恒于治，乱气恒于乱，屈伸往来顺其故而不妄。不妄者，气之清通，天之诚也。

气之为物，散入无形，适得吾体；聚为有象，不失吾常。

散而归于太虚，复其纲缊之本体，非消灭也。聚而为庶物之生，自纲缊之常性，非幻成也。聚而不失其常，故有生之后，虽气禀物欲相窒相梏，而克自修治，即可复健顺之性。散而仍得吾体，故有生之善恶治乱，至形亡之后，清浊犹依其类。

太虚不能无气，气不能不聚而为万物。万物不能不散而为太虚。循是出入，是皆不得已而然也。

气之聚散，物之死生，出而来，入而往，皆理势之自然，不能已止者也。不可据之以为常，不可挥之而使散，不可挽之而使留，是以君子安生安死，于气之屈伸无所施其作为，俟命而已矣。

然则圣人尽道其间，兼体而不累者，存神其至矣。

气无可容吾作为，圣人所存者神尔。兼体，谓存顺没宁也。神清通而不可象，而健顺五常之理以顺，天地之经以贯，万事之治以达，万物之志皆其所涵。存者，不为物欲所迁，而学以聚之，问以辨之，宽以居之，仁以守之，使与太和缊缊之本体相合无间，则生以尽人道而无歉，死以返太虚而无累，全而生之，全而归之，斯圣人之至德矣。

彼语寂灭者，往而不返；

释氏以灭尽无余为大涅槃。

徇生执有者，物而不化；

物，滞于物也。魏伯阳、张平叔之流，钳魂守魄，谓可长生。

二者虽有间矣，

徇生执有者尤拂经而为必不可成之事。

以言乎失道则均焉。

皆不知气之未尝有有无而神之通于太和也。

此章乃一篇之大指，贞生死以尽人道，乃张子之绝学，发前圣之蕴，以辟佛、老而正人心者也。朱子以其言既聚而散，散而复聚，讥其为大轮回。而愚以为朱子之说反近于释氏灭尽之言，而与圣人之言异。孔子曰："未知生，焉知死。"则生之散而为死，死之可复聚为生，其理一辙，明矣。《易》曰："精气为物，游魂为变。"游魂者，魂之散而游于虚也，为变，则还以生变化，明矣。又曰："屈伸相感而利生焉。"伸之感而屈，生而死也；屈之感而伸，非既屈者因感而可复伸乎？又曰："形而上者谓之道，形而下者谓之器。"形而上，即所谓清通而不可象者也。器有成毁，而不可象者寓于器以起用，未尝成，亦不可毁，器敝而道未尝息也。以天运物象言之，春夏为生、为来、为伸，秋冬为杀、为往、为屈，而秋冬生气潜藏于地中，枝叶槁而根本固荣，则非秋冬之一消灭而更无余也。车薪之火，一烈已尽，而为焰、为烟、为烬，木者仍归木，水者仍归水，土者仍归土，特希微而人不见尔。一甑之炊，湿热之气，蓬蓬勃勃，必有所归，若掩盖严密，则郁而不散。汞见火则飞，不知何往，而究归于地。有形者且然，况其缊缊不可象者乎！未尝有辛勤岁月之积，一旦悉化为乌有，明矣。故曰往来，曰屈伸，曰聚散，曰幽明，而不曰生灭。生灭者，释氏之陋说也。倘如散尽无余之说，则此太极浑沦之内，何处为其翕受消归之府乎？又云造化日新而不用其故，则此太虚之内，亦何从得此无尽之储，以终古趋于灭而不匮邪？且以人事言之，君子修身俟命，所以事天；全而生之，全而归之，所以事亲。使一死而消散无余，则谚所谓伯夷、盗跖同归一丘者，又何恤而不逞志纵欲，不亡以待尽乎！惟存神以尽性，则与太虚通为一体，生不失其常，死可适得其体，而妖孽、灾眚、奸回、浊乱之气不留滞于两间，斯尧、舜、周、孔之所以万年，而《诗》云"文王在上，于昭于天"，为圣人与天合德之极致。圣贤大公至正之道异于异端之邪说者以此，则谓张子之言非明睿所照者，愚不敢知也。

聚亦吾体，散亦吾体，知死之不亡者，可与言性矣。

聚而成形，散而归于太虚，气犹是气也。神者，气之灵，不离乎气而相与为体，则神犹是神也，聚而可见，散而不可见尔，其体岂有不顺而妄者乎！故尧、舜之神，桀、纣之气，存于絪缊之中，至今而不易。然桀、纣之所暴者，气也，养之可使醇，持之可使正，澄之可使清也；其始得于天者，健顺之良能未尝损也，存乎其人而已矣。

知虚空即气，则有无、隐显，神化、性命，通一无二，顾聚散、出入、形不形、能推本所从来，则深于《易》者也。

虚空者，气之量；气弥沦无涯而希微不形，则人见虚空而不见气。凡虚空皆气也，聚则显，显则人谓之有，散则隐，隐则人谓之无。神化者，气之聚散不测之妙，然而有迹可见；性命者，气之健顺有常之理，主持神化而寓于神化之中，无迹可见。若其实，则理在气中，气无非理，气在空中，空无非气，通一而无二者也。其聚而出为人物则形，散而入于太虚则不形，抑必有所从来。盖阴阳者气之二体，动静者气之二几，体同而用异则相感而动，动而成象则静，动静之几，聚散、出入、形不形之从来也。《易》之为道，乾、坤而已，乾六阳以成健，坤六阴以成顺，而阴阳相摩，则生六子以生五十六卦，皆动之不容已者，或聚或散，或出或入，错综变化，要以动静夫阴阳。而阴阳一太极之实体，唯其富有充满于虚空，故变化日新，而六十四卦之吉凶大业生焉。阴阳之消长隐见不可测，而天地人物屈伸往来之故尽于此。知此者，尽《易》之蕴矣。

若谓虚能生气，则虚无穷，气有限，体用殊绝，入老氏有生于无自然之论，不识所谓有无混一之常。

老氏以天地如橐籥，动而生风，是虚能于无生有，变幻无穷；而气不鼓动则无，是有限矣，然则孰鼓其橐籥令生气乎？有无混一者，可见谓之有，不可见遂谓之无，其实动静有时而阴阳常在，有无无异也。误解《太极图》者，谓太极本末有阴阳，因动而始生阳，静而始生阴。不知动静所生之阴阳，为寒暑、润燥、男女之情质，乃固有之蕴，其絪缊充满在动静之先。动静者即此阴阳之动静，动则阴变于阳，静则阳凝于阴，一《震》《巽》《坎》《离》《艮》《兑》之生于《乾》《坤》也；非动而后有阳，静而后有阴，絪动静而生，如老氏之说也。

若谓万象为太虚中所见之物，则物与虚不相资，形自形，性自性，形性、天人不相待而有，陷于浮屠，以山河大地为见病之说。

浮屠谓真空常寂之圆成实性，止一光明，藏而地水火风根尘等皆絪妄现，知见妄立，执为实相。若谓太极本无阴阳，乃动静所显之影象，则性本清空，禀于太极，形有消长，生于变化，性中增形，形外有性，人不资气而生而于气外求理，则形为妄而性为真，陷于其邪说矣。

此道不明，正絪憒者略知体虚空为性，

差愈于告子"食色性也"、荀子性恶之论尔。

不知本天道为用，

天即道为用，以生万物。诚者，天之道也，阴阳有实之谓诚。

反以人见之小因缘天地。

但见来无所从，去无所归，遂谓性本真空，天地皆缘幻立，事物伦理一从意见横生，不睹不闻之中别无理气。近世王氏之说本此，唯其见之小也。

明有不尽，则诬世界乾坤为幻化。幽明不能举其要，遂蹢等妄意而然。

未能穷理知性而言天人之际，是谓蹢等。

不悟一阴一阳，范围天地，通乎昼夜，三极大中之矩。

阴阳二气充满太虚，此外更无他物，亦无间隙，天之象，地之形，皆其所范围也。散入无形而适得气之体，聚为有形而不失气之常，通乎死生犹昼夜也。昼夜者，岂阴阳之或有或无哉！日出而人能见物，则谓之昼，日入而人不见物，则谓之夜；阴阳之运行，则通一无二也。在天而天以为象，在地而地以为形，在人而人以为性，性在气中，屈伸通于一，而裁成变化存焉，此不可逾之中道也。

遂使儒、佛、老、庄混然一途，语天道性命者，不罔于恍惚梦幻，则定以有生于无，为穷高极微之论。入德之途，不知择术而求，多见其蔽于诐而陷于淫矣。

陷于佛者，如李翱、张九成之流，而富郑公、赵清献虽贤而不免；若陆子静及近世王伯安，则屈圣人之言以附会之，说愈淫矣。陷于老者，如王弼注《易》及何晏、夏侯湛辈皆其流也；若王安石、吕惠卿及近世王畿、李贽之属，则又合佛、老以溷圣道，尤其淫而无纪者也。

气块然太虚，

块然，犹言溽然，充满盛动貌。遍太虚中皆气也。

升降飞扬，未尝止息，《易》所谓"纲缊"，庄生所谓"生物以息相吹""野马"者与！

升降飞扬，乃二气和合之动几，虽阴阳未形，而已全具殊质矣。"生物以息相吹"之说非也，此乃太虚之流动洋溢，非仅生物之息也。引此者，言庄生所疑为生物之息者此也。

此虚实、动静之极，阴阳、刚柔之始。

虚者，太虚之量；实者，气之充周也。升降飞扬而无间隙，则有动者以流行，则有静者以凝止。于是而静者以阴为性，虽阳之静亦阴也；动者以阳为性，虽阴之动亦阳也。阴阳分象而刚柔分形，刚者阳之质，而刚中非无阴；柔者阴之质，而柔中非无阳。就象而言之，分阴分阳；就形而言之，分柔分刚；就性而言之，分仁分义；分言之则辨其异，合体之则会其通，故张子统言阴阳刚柔以概之。机者，飞扬升降不容已之几；始者，形象之所緐生也。

浮而上者阳之清，降而下者阴之浊。

天地之法象，人之血气表里、耳目手足，以至鱼鸟飞潜，草木华实，虽阴阳不相离，而抑各成乎阴阳之体。就其昭明流动者谓之清，就其凝滞坚强者谓之浊；阳之清，引阴以偕升，阴之浊，挟阳以俱降，其神之清通者，则贯彻乎其中而未有碍也。

其感遇聚散，为风雨，为雪霜，万品之流形，山川之融结，糟粕煨烬，无非教也。

感者，交相感；阴感于阳而形乃成，阳感于阴而象乃著。遇者，类相遇；阴与阴遇，形乃滋，阳与阳遇，象乃明。感遇则聚，聚已必散，皆升降飞扬自然之理势。风雨、雪霜、山川、人物，象之显藏，形之成毁，屡迁而已结者，虽迟久而必归其原，条理不迷，诚信不爽，理在其中矣。教者，朱子所谓"示人以理"是也。

气聚，则离明得施而有形，

离明，在天为日，在人为目，光之所丽以著其形。有形则人得而见之，明也。

不聚，则离明不得施而无形。

无形则人不得而见之，幽也。无形，非无形也，人之目力穷于微，遂见为无也。心量穷于大，耳目之力穷于小。

方其聚也，安得不谓之客；方其散也，安得遽谓之无。

聚而明得施，人遂谓之有；散而明不可施，人遂谓之无。不知聚者暂聚，客也，非必为常存之主；散者，返于虚也，非无固有之实。人以见不见而言之，是以滞尔。

故圣人仰观俯察，但云"知幽明之故"，不云"知有无之故"。

明则谓有，幽则谓无，众人之陋尔；圣人不然。

盈天地之间者，法象而已矣。

示人以可见者，此而已矣。

文理之察，非离不相睹也。

法象中之文理，唯目能察之，而所察者止于此；因而穷之，知其动静之机，阴阳之始，屈伸聚散之通，非心思不著。

方其形也，有以知幽之因；方其不形也，有以知明之故。

尽心思以穷神知化，则方其可见而知其必有所归往，则明之中具幽之理；方其不可见而知其必且相感以聚，则幽之中具明之理；此圣人所以知幽明之故而不言有无也。言有无者，徇目而已；不斥言目而言离者，目其静之形，敞按：成形则静。离其动之用也。敞按：藏用于动。盖天下恶有所谓无者哉！于物或未有，于事非无；于事或未有，于理非无；寻求而不得，怠惰而不求，则曰无而已矣。甚矣言无之陋也！敢按：此即前章形不形之所从来也。

气之聚散于太虚，犹冰凝释于水；知太虚即气，则无无。

人之所见为太虚者，气也，非虚也。虚涵气，气充虚，无有所谓无者。敢按：先子《和陈白沙六经总在虚无里诗》云："六经总在虚无里，方信虚无不是无。"

故圣人语性与天道之极，尽于参伍之神变易而已。

性天之旨尽于《易》，《易》卦阴阳互相参伍，随时变易，而天人之蕴，幽明之故，吉凶大业之至赜备矣。《乾》有六阳，《坤》有六阴；而其交也，至《屯》《蒙》而二阳参四阴，至《需》《讼》而二阴参四阳，非阴阳之有缺也。《屯》《蒙》之二阳丽于明，四阳处于幽，《需》《讼》之二阴处于明，四阴处于幽；其形而见者为《屯》《蒙》，其隐而未见者为《鼎》《革》；形而见者为《需》《讼》，隐而未见者为《晋》《明夷》余仿此；变易而各乘其时，居其位，成其法象，非所见者有，所不见者无也。故曰"《乾》《坤》其《易》之蕴邪"，言《易》藏畜阴阳，具足充满，以因时而成六十二象。惟其富有，是以日新，有幽明而无有无，明矣。

诸子浅妄，有有无之分，非穷理之学也。

浅则据离明所得施为有，不得施为无，徇目而心不通；妄则诬有为无，庄、列、淮南之流以之；而近世以无善无恶为良知者，亦惟其浅而成乎妄也。

太虚为清，清则无碍，无碍故神；反清为浊，浊则碍，碍则形。

气之未聚于太虚，希微而不可见，故清；清则有形有象者皆可入于中，而抑可入于形象之中，不行而至神也。反者，屈伸聚散相对之谓，气聚于太虚之中则重而浊，物不能入，不能入物，拘碍于一而不相通，形之凝滞然也。其在于人，太虚者，心涵神也；浊而碍者，耳目口体之各成其形也。碍而不能相通，故嗜欲止于其所便利，而人己不相为谋；官骸不相易，而目不取声，耳不取色；物我不相知，则利其所利，私其所私；聪明不相及，则执其所见，疑其所罔。圣人知气之聚散无恒而神通于一，故存神以尽性，复健顺之本体，同于太虚，知周万物而仁覆天下矣。

凡气，清则通，昏则壅，

天有光风霁月、曀阴霾雾之异，人有高明广大、庸沓鄙陋之殊，其理一也。

清极则神。

不为形碍，则有形者昭明宁静以听心之用而清极矣。神则合物我于一原，达死生于一致，纲缊合德，死而不亡。

故聚而有间，则风行而声闻具达，清之验与！

间，形中之虚也。心之种居形之间，惟存养其清通而不为物欲所塞，则物我死生，旷然达一，形不能碍，如风之有牖即入，笙管之音具达矣。

不行而至，通之极与！

神，故不行而至。至清而通，神之效也。盖耳目止于闻见，唯心之神彻于六合，周于百世。所存在此，则犹旷窅之墟，空洞之籁，无所碍而风行声达矣。

此二章言存神为圣功之极致。

繇太虚，有天之名；繇气化，有道之名；合虚与气，有性之名；合性与知觉，有心之名。

名者，言道者分析而名；言之各有所指，故一理而多为之名，其实一也。太虚即气，纲缊之本体，阴阳合于太和，虽其实气也，而未可名之为气；其升降飞扬，莫之为而为万物之资始者，于此言之则谓之天。气化者，气之化也。阴阳具于太虚纲缊之中，其一阴一阳，或动或静，相与摩荡，乘其时位以著其功能，五行万物之融结流止、飞潜动植，各自成其条理而不妄，则物有物之道，鬼神有鬼神之道，而知之必明，处之必当，皆循此以为当然之则，于此言之则谓之道。此二句兼人物言之；下言性心，则专言人矣。太虚者，阴阳之藏，健顺之德存焉；气化者，一阴一阳，动静之几，品汇之节具焉。秉太虚和气健顺相涵之实，而合五行之秀以成乎人之秉彝，此人之所以有性也。原于天而顺乎道，凝于形气，而五常百行之理无不可知，无不可能，于此言之则谓之性。人之有性，函之于心而感物以通，象著而数陈，名立而义起，习其故而心喻之，形也，神也，物也，三相遇而知觉乃发。故繇性生知，以知知性，交涵于聚而有间之中，统于一心，繇此言之则谓之心。顺而言之，则惟天有道，以道成性，性发知道；逆而推之，则以心尽性，以性合道，以道事天。惟其理本一原，故人心即天；而尽心知性，则存顺没宁，死而全归于太虚之本体，不以客感杂滞遗造化以疵类，圣学所以天人合一，而非异端之所可溷也。

鬼神者，二气之良能也。

阴阳相感，聚而生人物者为神；合于人物之身，用久则神随形敝，敝而不足以存，复散而合于絪缊为鬼。神自幽而之明，成乎人之能，而固与天相通；鬼自明而返乎幽，然历乎人之能，抑可与人相感。就其一幽一明者言之，则神阳也，鬼阴也，而神者阳伸而阴亦随伸，鬼者阴屈而阳先屈，故皆为二气之良能。良能者，无心之感合，成其往来之妙者也。凡阴用之分，不可执一言者，类如此；学者因所指而详察，乃无拘滞之失。若谓死则消散无有，则是有神而无鬼，与圣人所言"鬼神之德盛"者异矣。

圣者，至诚得天之谓；神者，太虚妙应之目。

至诚体太虚至和之实理，与絪缊未分之道通一不二，是得天之所以为天也。其所存之神，不行而至，与太虚妙应以生人物之良能一矣。如此则生而不失吾常，死而适得吾体，迹有屈伸，而神无损益也。

凡天地法象，皆神化之糟粕尔。

日月、雷风、水火、山泽固神化之所为，而亦气聚之客形，或久或暂，皆已用之余也，而况人之耳目官骸乎！故形有屈伸，而神无幽明之异。语寂灭者不知不亡之良能，执有徇生者据糟粕为常，其迷均矣。

天道不穷，寒暑已；众动不穷，屈伸已。

寒已而暑，暑已而寒，循环而如相反，四时之行，生杀之用，尽此矣：盖二气之嘘吸也。屈者屈其所伸，伸者伸其所屈，群动之变，不能离此二用，动静、语默、喜怒、行藏之变，尽此矣：盖二气之舒敛也。

鬼神之实，不越二端而已矣。

一嘘一吸，一舒一敛，升降离合于太虚之中，乃阴阳必有之几。则鬼神者，天之所显而即人之藏也。静以成形，鬼之属也，而可以迎神而来；动而成用，神之属也，而将成乎鬼以往。屈伸因乎时，而尽性以存神，则天命立于在我，与鬼神合其吉凶矣。

两不立则一不可见，

阴阳未分，二气合一，絪缊太和之真体，非目力所及，不可得而见也。

一不可见则两之用息。

其合一而为太和者，当其未成乎法象，阴阳之用固息也。

两体者，虚实也，动静也，聚散也，清浊也，其究一而已。

虚必成实，实中有虚，一也。而来则实于此，虚于彼，往则虚于此，实于彼，其体分矣。止而行之，动动也；行而止之，静亦动也，一也。而动有动之用，静有静之质，其体分矣。聚者聚所散，散者散所聚，一也。而聚则显，散则微，其体分矣。清以为浊，浊固有清，一也。而清者通，浊者碍，其体分矣。使无一虚一实，一动一静；一聚一散，一清一浊，则可疑太虚之本无有，而何者为一。惟两端迭用，遂成对立之象，于是可知所动所静，所聚所散，为虚为实，为清为浊，皆取给于太和絪缊之实体。一之体立，故两之用行；如水唯一体，则寒可为冰，热可为汤，于冰汤之异，足知水之常体。

感而后有通，不有两，则无一。

阴阳合于太和，而性情不能不异；惟异生感，故交相欣合于既感之后，而法象以著。藉令本无阴阳两体虚实清浊之实，则无所容其感通，而谓未感之先初无太和，亦可矣；今既两体各立，则溯其所从来，太和之有一实，显矣。非有一则无两也。

故圣人以刚柔立本，《乾》《坤》毁则无以见《易》。

圣人之存神，本合乎至一之太虚，而立教之本，必因阴阳已分、刚柔成象之体，盖以絫两而见一也。乾之六阳，坤之六阴，健顺之德具足于法象，故相摩相荡，成六十二卦之变易，以尽天下之賾賾。若阴阳不纯备乎乾、坤，则六十二象之往来者何所从生邪，其何以见《易》乎？圣人成天下之盛德大业于感通之后，而以合絪缊一气和合之体，修人事即以肖天德，知生即以知死，存神即以养气，惟于二气之实，兼体而以时用之尔。

游气纷扰，合而成质者，生人物之万殊；

游气，气之游行也，即所谓升降飞扬。纷扰者，无心之化，无择于施，阴阳老少互相遇而无一成之轨，乾、坤立而六子、五十六象多寡消长之无典要，成天下之至赜，乃其象矣。合者，阴阳之始本一也，而因动静分而为两，迨其成又合阴阳于一也。如男阳也而非无阴，女阴也而亦非无阳，敬按：如气血魂魄之属，男女毕具，是阳必具阴，阴必具阳也。以至于草木鱼鸟，无孤阳之物，亦无孤阴之物，唯深于格物者知之。时位相得，则为人，为上知；不相得，则为禽兽，为下愚；要其受气之游，合两端于一体，则无有不兼体者也。

其阴阳两端，循环不已者，立天地之大义。

义者，居正有常而不易之谓。阴阳不偏，循环不息，守正以待感，物得其宜，为经常不易之道，此仁义中正之理所从出。曰诚，曰无妄，曰不息，曰敦化，皆谓此也。然则万殊之生，因乎二气，二气之合，行乎万殊，天地生生之神化，圣人应感之大经，概可知矣。

"日月相推而明生，寒暑相推而岁成。"

《易·系传》文。

神易无方体，

《易·系传》云："神无方而易无体。"无方者，无方而非其方，无体者，无体而非其体，屈伸不异明矣。

一阴一阳，

《系传》云："一阴一阳之谓道。"一一者，参伍相杂合而有辨也。卦或五阳一阴，或五阴一阳，乃至纯乾纯坤，而阴阳并建以为《易》之蕴，亦一阴一阳也，则阴阳之不以屈伸而息亦明矣。

阴阳不测，

《系传》云："阴阳不测之谓神。"不测者，乘时因变，初无定体，非"幽明异致，阴阳分界"如邵子"四方八段"之说，亦非"死此生彼，各有分段"如浮屠之言明矣。

皆所谓通乎昼夜之道也。

昼夜者，非天之有异，乃日月出没，而人之离明有得施不得施之别尔。日月寒暑之两行，一阴一阳之殊建，人以睹其明，定其岁，而谓之为方体；实则无方无体，阴阳不测，合同于絪缊而任其变化，乃神易阴阳之固然也。昼夜分两端，而天之运行一；生死分两端，而神之恒存一；气有屈伸，神无生灭，通乎其道，两立而一见，存顺没宁之道在矣。

昼夜者，天之一息乎！寒暑者，天之昼夜乎！

气之屈伸往来，一也。

天道春秋分而气易，犹人一寤寐而魂交。

寤则魂交于明，寐则魂交于幽，神固未尝亡也。

魂交成梦，百道纷纭，对寤而言，一身之昼夜也；气交为春，万物糅错，对秋而言，天之昼夜也。

魂交者，专指寐而言。身内为幽，身外为明；生物者客形尔，暂而不常，还原而忘其故，故如梦。秋冬敛物之精，适得太虚絪缊之体，故如寐之返于真也。昼为生，夜为死，气通乎昼夜者，合寤寐而如一，故君子无不正之梦而与寤通理。

此篇之旨，以存神而全归其所从生之本体，故以秋配昼寤，以春配夜梦。而下章推物欲之所自出，唯不能通夜于昼，而任魂交之纷纭，故有发无敛，流于浊而丧其清，皆随气迁流，神不存而成贞淫交感之势也。

旧与下通一章，今按文义分为二章。

气本之虚，则湛本无形，感而生则聚而有象。

湛，澄澈而止也。感而生，游气交感而人资以生也。言太和絪缊为太虚，以有体无形为性，可以资广生大生而无所倚，道之本体也。二气之动，交感而生，凝滞而成物我之万象，虽即太和不容已之大用，而与本体之虚湛异矣。

有象斯有对，对必反其为；有反斯有仇，仇必和而解。

以气化言之，阴阳各成其象，则相为对，刚柔、寒温、生杀，必相反而相为仇；乃其究也，互以相成，无终相敌之理，而解散仍返于太虚。以在人之性情言之，已成形则与物为对，而利于物者损于己，利于己者损于物，必相反而仇；然终不能不取物以自益也，和而解矣。气化性情，其机一也。

故爱恶之情同出于太虚，而卒归于物欲，

相反相仇则恶，和而解则爱。阴阳异用，恶不容已；阴得阳，阳得阴，乃遂其化，爱不容已；太虚一实之气所必有之几也，而感于物乃发为欲，情之所自生也。

倏而生，忽而成，不容有毫发之间，其神矣夫！

爱恶之情无端而不暂息者，即太虚之气一动一静之几；物无不交，则情无不起，盖亦不疾而速，不行而至也。存神以合湛，则爱恶无非天理矣。

造化所成，无一物相肖者，

大同必有小异。

以是知万物虽多，其实一物；无无阴阳者，

若使但依种性而成，则区别而各相肖；唯聚而成，散而毁，既毁而复聚，一唯阴阳之变合，故物无定情，无定状，相同而必有异。足知阴阳行乎万物之中，乘时以各效，全具一绢缊之体而特微尔。

以是知天地变化，二端而已。

一气之中，二端既肇，摩之荡之而变化无穷，是以君子体之，仁义立而百王不同法，千圣不同功。

万物形色，神之糟粕，

生而荣，如糟粕之含酒醴；死而槁，如酒醴尽而糟粕存；其究糟粕亦有所归，归于神化。

"性与天道"云者，易而已矣。

神之有其理，在天为道，凝于人为性。易，变易也。阴阳摩荡，八卦兴，六十四象成，各有时位错综，而阴阳、刚柔、仁义之体立，皆神之变易也。互相易而万物各成其形色，变易之妙，健顺五常之用为之，故圣人存神以尽性而合天。敬按：神无方，易即其方；易无体，神即其体。

心所以万殊者，摩外物为不一也，

心函绢缊之全体而特微尔，其虚灵本一。而情识意见成乎万殊者，物之相感，有同异，有攻取，时位异而知觉殊，亦犹万物为阴阳之偶聚而不相肖也。

天大无外，其为感者，绢缊二端而已。

绢缊之中，阴阳具足，而变易以出，万物并育于其中，不相肖而各成形色，随感而出，无能越此二端。人心万殊，操纵、取舍、爱恶、慈忍，一唯此阴阳之翕辟，顺其理则为圣，从其妄则为狂，圣狂之分，在心几变易之间，非形色之有善恶也。

物之所以相感者，利用出入，莫知其乡。一万物之妙者与！敬按：此节言天人合一之原，故下文以"天与人交胜"发明其感通。

此言圣人存神之妙，物无不相感应之理。其出而加乎物，物入而应乎己，用无不利，有不知其所以然而然之妙。盖繇万物之生成，俱神为之变易，而各含绢缊太和之一气，是以圣狂异趣，灵蠢异情，而感之自通，有不测之化焉。万物之妙，神也；其形色，糟粕也；糟粕异而神用同，感之以神而神应矣。

气与志，天与人，有交胜之理。

气者，天化之撰；志者，人心之主；胜者，相为有功之谓。唯天生人，天为功于人而人从天治也。人能存神异性以保合太和，而使二气之得其理，人为功于天而气因志治也。不然，天生万殊，质偏而性隐，而因任糟粕之嗜恶攻取以交相竞，则浊恶之气日充塞于两间，聚散相仍，灾眚凶顽之所繇弥长也。

圣人在上而下民咨，气一之动志也；凤凰仪，志一之动气也。

尧、舜在上而下民有昏垫之咨，其时气偶不顺，于是圣人忧勤以相天之不足，气专于偏戾，而圣人之志在胜天，不容不动也。地平天成，凤凰来仪，则圣人胜天之功用成，而天为之动矣。人物之生，皆絪缊一气之伸聚，虽圣人不能有所损益于太和；而二气既分，吉凶、善不善以时位而不齐，圣人贞其大常，存神以御气，则为功于变化屈伸之际，物无不感而天亦不能违之，此圣道之所自立，而异于异端之徇有以私一己，灭有以忘天下之诐辞也。敬按：此言气动志，志动气，犹言天胜人，人胜天也。今《孟子大全集》以此释本文，失其旨矣。

参两篇

此篇备言天地日月五行之理数，理本于一而通极于万变，以因象数而见理之一原。但所言日月疾迟与历家之言异，太祖高皇帝尝讥其非。天象高远，不能定其孰是，而以二曜南北发敛迟疾例之，则阳疾阴迟之说未可执。据愚谓在天者即为理，不可执理以限天。《正蒙》一书，唯此为可疑，善读者存之以待论可也。

地所以两，分刚柔男女而效之，法也；天所以参，一太极两仪而象之，性也。

天一地二，阳之爻函三为一而奇，阴之爻得三之二而偶，偶则分，奇则合。在天者浑沦一气，凝结为地，则阴阳分矣。植物有刚柔之殊，动物有男女之别。效者，效著以成形也。法者，物形之定则。凡山川、金石、草木、禽虫以至于人，成乎形者皆地之效而物之法则立焉，两者之分不可强而合矣。若其在天而未成乎形者，但有其象，纲缊浑合，太极之本体，中函阴阳自然必有之实，则于太极之中，不昧阴阳之象而阴阳未判，固即太极之象，合而言之则一，拟而议之则三，象之固然也。性以理言，有其象必有其理，惟其具太和之诚，故太极有两仪，两仪合而为太极，而分阴分阳，生万物之形，皆秉此以为性。象者未聚而清，形者已聚而浊，清者为性为神，浊者为形为法。

此章引伸《周易》参天两地之说，而推其所以然之理。而君子因有形之耳目官骸，即物而尽其当然之则，进退、舒卷各有定经，体无形有象之性，以达天而存其清虚一大之神，故存心养性，保合太和，则参两相倚以起化，而道在其中矣。

一物两体，气也。

纲缊太和，合于一气，而阴阳之体具于中矣。

一故神，张子自注：两在故不测。

神者，不可测也，不滞则虚，善变则灵，太和之气，于阴而在，于阳而在。其于人也，含于虚而行于耳目口体肤发之中，皆触之而灵，不能测其所在。

两故化，张子自注：推行于一。

自太和一气而推之，阴阳之化自此而分，阴中有阳，阳中有阴，原本于太极之一，非阴阳判离，各自孳生其类。故独阴不成，孤阳不生，既生既成，而阴阳又各殊体。其在于人，刚柔相济，义利相裁，道器相需，以成酬酢万变之理，而皆协于一。

此天之所以参也。

自其神而言之则一，自其化而言之则两。神中有化，化不离乎神，则天一而已，而可谓之参。故阳爻奇，一合三于一；阴偶，一分一得二；阳爻具阴，阴爻不能尽有阳也，分则太极不离而离矣。

地纯阴凝聚于中，天浮阳运旋于外，此天地之常体也。

此言天者，天之体也。聚而成形者谓之阴，动而有象者谓之阳。天包地外，地在天中，浑天之说如此。

恒星不动，纯系乎天，与浮阳运旋而不穷者也。

恒星，三垣二十八宿之经星。此言不动，谓其左旋者天体也。然以北斗回指言之，抑未可通。

日月五星逆天而行，并包乎地者也。

并包乎地，言居地之外，与地为体而同转。以经星属天，以七政属地，乃张子之创说。

地在气中，虽顺天左旋，其所系辰象随之，稍迟则反移从而右尔；

所系辰象，谓日月五星也。七政随天左旋，以迟而见为右转。张子尽破历家之说，未问孰是，而谓地亦动而顺天以旋，则地之不旋，明白易见，窃所未安。

间有缓速不齐者，七政之性殊也。

如历家之说，月最速，金、水、日次之，火次之，木次之，土星最迟。此随天左旋之说反是。七政既随地而行，又安得自行其性？此亦未安。

月阴精，反乎阳者也，故其右行最速；

右行最速，左行最缓也。

日为阳精，然其质本阴，故其右行虽缓，亦不纯系乎天，如恒星不动。

以外景内暗《离》卦之象推之，故曰其质本阴。不纯系乎天者，谓并包乎地也。

金、水附日前后进退而行者，其理精深，存乎物感可知矣。

未详。

镇星地类，然根本五行，虽其行最缓，亦不纯系乎地也。

谓根本五行者，木、火、水、金皆依土而生者也。行最缓，以不及天而行，如左旋之说，则其行于七政为最速。不纯系乎地，二十八岁而其行始不及天一周，几与天同其健行矣。

火者亦阴质，为阳萃焉，然其气比日而微，故其迟倍日。

阳萃者，阳聚于外而含阴也。其迟差日一倍，二岁而一周天。

惟木乃岁一盛衰，故岁历一辰。辰者，日月一交之次，有岁之象也。

辰，十有二次也；日月交者，一月则易一次而交之。说与历家异。历家以象起数，此以理论数，此其所以异乎！

凡圆转之物，动必有机；既谓之机，则动非自外也。古今谓天左旋，此直至粗之论尔，不考日月出没，恒星昏晓之变。

此直谓天体不动，地自内圆转而见其差，于理未安。

愚谓在天而运者，唯七曜而已。

即所谓系乎地而不系乎天也。系乎地，故与地偕动，迟缓但因其性尔。

恒星所以为昼夜者，直以地气乘机左旋于中。故使恒星河汉因北为南，日月因天隐见。

"左"，当作"右"。谓地气圆转。与历家四游之说异。

太虚无体，则无以验其迁动于外也。

太虚，至清之郛郭，固无体而不动；而块然太虚之中，虚空即气，气则动者也。此义未安。

天左旋，处其中者顺之，少迟则反右矣。

处其中者，谓日月五星。其说谓七曜亦随天左旋，以行迟而不及天，人见其退，遂谓右转。与历家之说异，未详孰是；而与前地旋而见天之左，抑不相通。

地，物也；天，神也；物无逾神之理，顾有地斯有天，若其配然尔。

天无体，太和絪缊之气，为万物所资始，屈伸变化，无迹而不可测，万物之神所资也。聚而为物，地其最大者尔。逾，谓越此而别有也。地不能越天之神而自为物，成地者天，而天且沦浃于地之中，本不可以相配。但人之生也资地以生，有形乃以载神；则就人言之，地之德可以配天尔。知此，则抗方泽之祀于圜丘，伸母斩衰之服以齐于父，徇形重养而不恤义，后世所以沦乎幽而成乎乱也。张子之论韪矣。

地有升降，日有修短。地虽凝聚不散之物，然二气升降其间，相从而不已也。

《月令》言"天气下降，地气上升"，谓气也；此则言形随气而升降，未审然否。

阳日上，地日降而下者，虚也：阳日降，地日进而上者，盈也。

谓冬至以后，地日渐下，去日渐远而昼长；夏至以后，地日渐高，去日渐近而昼短；与日行南北二陆之说异。虚，谓天地之间空旷；盈，谓天地相近而气充满。

此一岁寒暑之候也。

谓地高近日则暑，地下远日则寒，不用南北二陆远近之说。

至于一昼夜之盈虚升降，则以海水潮汐验之为信：

以潮验地之升降，谓地升则潮落，地降则潮生，地有一岁之大升降，又有一昼夜之小升降也。其谓寒暑因地之升降，皆自此测之。乃水亦地中之一物，故谓土为四行根本，而水必比地以安，则未可以水之盈虚验地之升降矣。

然其间有小大之差，则系日月朔望，其精相感。

此说又与上异。水之盈虚与月相感，使诚因乎此，则非地之升降矣。不及专家之学，以浑天质测及潮汐南北异候验之之为实也。敬按：质测之说出近日，历家谓据法象以质实测之。

日质本阴，月质本阳；

日，火之精也，火内暗而外明，《离》中阴也；月，水之精也，水内明而外暗，《坎》中阳也。日月不可知，以水火《坎》《离》测之。

故于朔望之际，精魄反交，则光为之蚀矣。

谓日精月魄交射，而易其外见之阴阳，故光为之夺。与历家之说异，历说为允。

亏盈法：

谓月晦朔弦望亏盈之理。

月于人为近，日远在外，故月受日光常在于外，人视其初终如钩之曲，及其中天也如半璧然，此亏盈之验也。

此说未详。亏盈之故，晓然易知，沈存中之说备矣。

月所位者阳，故受日之光，不受日之精，相望中弦则光为之食，精之不可以二也。

位，谓定位而成质也。不受日之精，精相食则光亦不受，《坎》外之阴不为阳易也。此以理推度，非其实也。天者理所自出，在天者即为理，执理以测之，必有所窒矣。日月食自以历家之说为允，但暗虚之说，疑不可从尔。

日月虽以形相物，

因其形而各谓之一物。

考其道则有施受健顺之差焉。

日施光而月受之，施者健，受者顺也。所以谓日阳而月阴，道取诸此。

星月金水受光于火日，阴受而阳施也。

谓星亦受日光，近天文家亦有云然者。然以太白昼见验之，与月之在昼而暗者异，则说亦难通。金水受光于日火，以镜及止水验之，亦物理之一端而已。

阴阳之精互藏其宅，则各得其所安。

精者，阴阳有兆而相合，始聚而为清微和粹，含神以为气母者也。苟非此，则天地之间，一皆游气而无实矣。互藏其宅者，阳入阴中，阴丽阳中，坎、离其象也。太和之气，阴阳浑合，互相容保其精，得太和之纯粹，故阳非孤阳，阴非寡阴，相函而成质，乃不失其和而久安。

故日月之形，万古不变。

互藏之精相得而不舍，则其相生也不穷，固与太虚之太和通理。天不变，故日月亦不变。

若阴阳之气，则循环迭至，聚散相荡，升降相求，絪缊相揉，盖相兼相制，欲一之而不能。

此则就分阴分阳各成其气以主群动者言也。循环迭至，时有衰王，更相为主也。聚散相荡，聚则成而荡其散者之弱，散则游而荡其聚者之滞也。升降相求，阴必求阳，阳必求阴，以成生化也。絪缊相揉，数本虚清，可以互入，而主辅多寡之不齐，揉杂无定也。二气所生，风雷、雨雪、飞潜、动植、灵蠢、善恶皆其所必有，故万象万物虽不得太和之妙，而必兼有阴阳以相宰制，形状诡异，性情区分，不能一也；不能一则不能久。

此其所以屈伸无方，运行不息，莫或使之，不曰性命之理，谓之何哉？

屈伸无方者，生死之所以不恒，而聚散不能仍复其故也。运行不息，则虽不复其故，而伸者屈，屈者必伸也。鼓动于太虚之中，因气之纯杂，而理之昏明、强柔，性各别矣。故自风雷水火以至犬牛蛇虎，各成其性而自为理，变化数迁，无一成之法则也。以此论之，太和未分之前，初得其精者，日月也；阴阳成质以后，而能全其精者，人也。人之所以继天立极，与日月之贞明同其诚而不息；能无丧焉，斯圣矣。

"日月得天"，得自然之理也，非苍苍之形也。

此上二节，皆因《易》"日月得天而能久照"之义而推言之。自然者，有自而然也。阴阳合而各有良能，神气凝而为精，此日月之所自而能久照者，与太虚保合太和于无声无臭之中者同其理，故曰"得天"。

闰余生于朔，不尽周天之气。

三百六十五日有奇而天气一周，一岁之朔十二，止得三百五十四日有奇。不尽者，气盈朔虚也。置闰者，所以合月于日。

而世传交食法，与闰异术，盖有不知而作者尔。

合朔之法，以日月为朔望之准，用推闰余，乃使分秒之积不差，如谷梁子晦食食既朔之说，及《四分》《三统》诸历有经朔无定朔，皆不知而作也。此法今历为密。

阳之德主于遂，阴之德主于闭。

德，谓性情功效；性情者其所自据之德，功效者见德于物也。遂，发生成物；闭，收藏自成。凡发生畅遂，皆阳之为而用夫阴；收敛成形，皆阴之为而保其阳。天地、水火、四时、百物、仁义、礼乐无不然者。

阴性凝聚，阳性发散；阴聚之，阳必散之，其势均散。

天地之化，人物之生，皆具阴阳二气。其中阳之性散，阴之性聚，阴抱阳而聚，阳不能安于聚必散，其散也阴亦与之均散而返于太虚。

阳为阴累，则相持为雨而降；阴为阳得，则飘扬为云而升。

雨云皆阴也，阴气迫聚于空虚而阳不得下交，阳为阴累矣。然阳不久困，持于上而使阴不升，阴势终抑而雨降，阳乃通矣。阴气缓聚而欲升，与阳不相亢，而相入以相得也，则阳因其缓而受之。以其从容渐散轻清不聚者为阳，虽含阴气亦阳也；其聚于地中与地为体者为阴，虽含阳气亦阴也。凡阴阳之名义不一，阴亦有阴阳，阳亦有阴阳，非判然二物，终不相杂之谓。

故云物班布太虚者，阴为风驱，敛聚而未散者也。

阴气上升，初尚轻微，无形无象，阳气欲散之，而驱之太骤，则阴弗能即与相得，而相保以聚，有为雨之势，故曰敛聚；然多不雨，弥久而后交于阳，故曰未散。前言飘扬而升者，倏起旋灭之云；此言班布太虚者，弥亘不散之云也。

凡阴气凝聚，

凝聚于地上也。地天之际，人物之区，阴阳往来之冲，气为尤厚。天气浑沦，入有入无，一也，而入有者以有碍而难散，则气聚于其间，轮屯纷遝，天气舒缓以入，地气得之相挟以聚，因互相凝结，即阳气亦以聚而成阴矣。阴阳有定性而无定质也，故独言阴而不言阳。

阳在内者不得出，则奋击而为雷霆；

内，地中也。阴气在外锢之，迫而怒发。《震》，二阴锢一阳于内，雷从地出之象。

阳在外者不得入，则周旋不舍而为风。

外，地上空界也。空而无碍，可恣其游衍周旋。不舍，八风相报也。《巽》，二阳在一阴之上，风行地上之象。

其聚有远近、虚实，故雷风有小大、暴缓。

聚，阴聚也。阴之所聚，阳所不得而出入也。远则风大而缓，近则风小而暴，虚则雷易出而小，实则雷难出而暴。

和而散则为霜雪雨露，

雨雪则阴降入地中而任阳之出入，和而散其聚矣；霜露又其微而缓者。

不和而散则为戾气暳霾；

阳急欲散而阴之凝结益固，然其势必不能久聚，激为戾气暳霾而后散焉。戾气，雹类。

阴常散缓，受交于阳，则风雨调，寒暑正。

阴之必聚，其性然也。聚之缓而不惜散，则风雨应候，而不怙结以成戾，风雨时，则寒暑有节而正矣。

此章言雷风云雨之化，精极理势，于篇中尤醇矣。

天象者，阳中之阴；风霆者，阴中之阳。

轻清上浮者阳也，而有象有形，聚者为阴：出地而有实者阴也，而形无固形，究归于散为阳。故曰"立天之道，曰阴与阳，立地之道，曰柔与刚"，非判然两分而不相合也。

雷霆感动虽速，然其所繇来亦渐尔。

阳气积习于地中，盈而后奋。

能穷神化所从来，德之盛者与？

德盛于中，故神化疾速，于雷霆可验：如伊尹乐尧、舜之道，一介无非道义，故一出而伐夏救民，莫之能御，其所从来者盛也。

火日外光，能直而施；金水内光，能辟而受。受者随材各得，

大小、昏明各如其量而止。

施者所应无穷。

容光必照，远而不御。

神与形，天与地之道与？

形则限于其材，故耳目虽灵，而目不能听，耳不能视。且见闻之知，止于已见已闻，而穷于所以然之理。神则内周贯于五官，外泛应于万物，不可见闻之理无不烛焉，天以神施，地以形应，道如是也。地顺乎天，则行无疆；耳目从心，则大而能化；施者为主，受者为役。明乎此，则穷神合天之学得其要矣。

此上二章，因天化以推心德之主宰，尤学者所宜尽心也。

"木曰曲直"，能即曲而反伸也；

既曲可伸，伸抑可曲。

"金曰从革"，一从革而不能自反也。

从者，不易其质，革者，其形可变。能从能革，具斯二德，此云不能自反，于义未安。

水火，气也，故炎上润下，与阴阳升降，土不得而制焉。

水火，有质而胜用在气，气，故可旁达，与金木之用止于形中异矣。与阴阳升降者，以阴阳升降为体也。土不得制者，不受命于土也。炎以散寒，润以解燥，与上升下燥各为二德，此独就上下释之。

木金者，土之华实也，

木者，土之敷荣；金，土之结而坚者尔。

其性有水火之杂。故水之为物，水渍则生，火然而不离也，盖得土之浮华于水火之交也。金之为物，得火之精于土之燥，得水之精于水^当^作土之濡，故水火相待而不相害，烁之反流而不耗，盖得土之精实于水火之际也。

渍而生，然而不离，惟其中有水火之性也。水火之交，谓水火之气与阴阳升降，融彻土中，故土感其气，合同而化，以发生浮华，以此知土中具有燥濡之性，为水火所资生，虽不能制，自包函之。燥者，土函火；濡者，土函水，木受水火之气，故浮；金乃水火之精所结，故实。相待，谓金有津润还可生水，燧镜还可生火，交相待以生，不相害，谓水火不能毁金，火虽烁金而金反流。流者，生动之机。火既去仍无所耗，若水则终不损金也。际者，两相接而成之谓。水濡之，火燥之，土坚实而成金。

土者，物之所以成始而成终也。

始生于土，终归于土，神有往来，土受之而成形。

地之质也，

地一土而已，木金皆其所生，水火依之而成。

化之终也。

二气变化，至形成而止矣。

水火之所以升降，

火依地而升，水依地而降，下彻黄垆，炎润之性在焉。故无依空之水，火离土依空则息。

物兼体而不遗者也。

水、火、木、金皆与土为体，则万汇之生，有形有质，土皆兼体而不遗矣。《洪范》之言五行，以人事言，利用厚生之资，故于土但曰稼穑。若自天化而言，即地也，四行所不得抗也。周子《太极》第一图，太极之本体；第二图，阴阳二气，天之蕴也；第三图，五行顺布，地之撰也。第二图阴阳分左右，而中有太极，阴阳分体太极，而太极自不杂，在天之极也；第三图位土于中，周行水、火、木、金而别无太极，明上为在地之极也。土不待水火而生，而水火依土；木金、土之华实，非土外之有木金。张子此论，究极物理，与周子吻合。而术家之言谓火生土、木克土者，其陋明矣。盖尝论之，天以神御气，地以气成形，形成而后五行各著其体用。故在天唯有五星之象，在地乃有五行之形。五气布者，就地而言。若七曜以上之天，极于无穷之高，入于无穷之深，不特五行之所不至，且无有所谓四时者。然则四时之行，亦地天之际气应所感，非天体之固然矣。

人生于天地之际，资地以成形而得天以为性，性丽于形而仁、义、礼、智著焉，斯尽人道之所必察也。若圣人存神以合天，则浑然一诚，仁、义、礼、智初无分用，又岂有恻隐、羞恶、恭敬、是非之因感而随应者。然下学上达，必循其有迹以尽所得为，而豁然贯通之后，以至诚合天德，固未可躐等求也。

冰者，阴凝而阳未胜也；

"冰"当作"水"。水本以阳为质，而依于土之至阴，比而不离，一阳在陷而不能胜阴，终与地为体而成乎阴。

火者，阳丽而阴未尽也。

火本以阴为质，而丽于阳木以发，其光焰然，其中含阴暗，终不尽失其性，则固系乎地而不属乎天。

火之炎，人之蒸，有影无形，能散而不能受光者，其气阳也。

蒸，谓身之暖气。阳散阴聚，阳施阴受，精含于内，气发于外，故人知日火之炎明而不知其中之暗，知暖气之蒸为炅热而不知其中之寒。《素问》曰"阳虚故外热"，得此旨矣。君子之自居德务保其精，而知人之明不取其外浮之气，悉此理也。

阳陷于阴为水，附于阴为火。

《坎》《离》其象也，皆以阳为主，君子词也。

《张子正蒙注》卷一终

张子正蒙注卷二

天道篇

前二篇具明天道，此篇因天道以推圣德，而见圣人之学，惟求合于所自来之天而无所损益；其言虽若高远，而原生之所自，则非此抑无以为人。周子曰："贤希圣，圣希天。"希圣者，亦希其希天者也。大本不立而欲以学圣，非异端则曲学而已。学者不可以为若登天而别求企及之道也。

天道四时行，百物生，无非至教；圣人之动，无非至德，夫何言哉！

敬按：四时行，百物生，大德之敦化也；圣人之动，至教之入神也；参互言之。

天言教者，天之曲成万物，各正性命，非以自成其德也。圣言德者，圣人动无非善，非为立教而设，只以自成其德，然而学者之所学在此也。圣者，极乎善之谓。夫何言哉，知天知圣者于此学之，自不待言而至，非圣人之有秘密，求之于言语道断间也。夫何言哉，旧本"夫"作"天"，今正之。

天体物不遗，犹仁体事无不在也。

天以太虚为体，而太和之絪缊充满焉，故无物不体之以为性命。仁以无欲为体，而视听言动之节文生焉，故无事不体之以为心理之安。天者仁之全体，仁者天之心，一也。敬按：仁之全体即天，于心见天，故曰天之心，天人一矣。

"礼仪三百，威仪三千"，无一物而非仁也。

心所不容已而礼不容已矣，故复礼斯为仁矣。礼者，复吾心之动而求安，以与事物相顺者也。敬按：复吾心之动而求安，所谓"复其见天地之心"也。

"昊天曰明。及尔出王；昊天曰旦，及尔游衍。"无一物之不体也。敬按：礼者，天理之节文也，曰明，曰旦，节文于斯显矣。

无一事之不有体，则无一物之可与天违也。

此章合天与仁而言，其全体切近人心，朱子谓其从赤心流出，允矣。而显仁于体，俾学者有所持循，尤求仁者之实务，非凭虚以言存养而与异端相似之比。张子之学，以礼为鹄，此章其枢要也。

上天之载，有感必通；

百物之生，情动气兴，天命即授以成其形性，盖浑沦流动，有可受斯应之。

圣人之为，得为而为之应。敬按：得为而为之，是以以时制礼。

浑然一仁，道无不足，时可为则如其理而为之。

天不言而四时行，圣人神道设教而天下服，诚于此，通于彼，神之道与？

《观》之象曰"神道设教"，非假鬼神以诬民也，不言而诚尽于己，与天之行四时者顺理而自然感动，天下服矣。天以化为德，圣人以德为化，惟太和在中，充实诚笃而已。

天不言而信，

四时不忒，万物各肖其类之谓信。

神不怒而威。

圣人神道设教而天下服。

诚，故信；

天惟健顺之理，充足于太虚而气无妄动；无妄动，故寒暑化育无不给足，而何有于爽忒。敬按：气无妄动，理之诚也，无妄，信也。

无私，故威。

圣人得理之全，无所偏则无所用其私，刑赏皆如其理而随应之，故天下自服。

此章申明上章诚此通彼之理而著其所以然之实，盖人惟托于义理之迹而无实，则据所托以为己私而思以诎天下。圣人喜怒恩威，至虚而灵，备万物生杀之理，至足而无所缺陷，何私之有？天之诚，圣人之无私，一也。御六气，用阴阳，非人之所能测矣，此神之大用也。

天之不测谓神，神而有常谓天。敬按：天之不测，天之神也；神而有常，人之天也。

天自有其至常，人以私意度之则不可测。神，非变幻无恒也，天自不可以情识计度，据之为常，诚而已矣。

运于无形之谓道，形而下者不足以言之。敬按：运于无形，兼天道人道而言。

形有定而运之无方，运之者得其所以然之理而尽其能然之用。惟诚则体其所以然，惟无私则尽其能然；所以然者不可以言显，能然者言所不能尽。言者，但言其有形之器而已，故言教有穷，而至德之感通，万物皆受其裁成。

鼓万物而不与圣人同忧，天道也。

化之有灾祥，物之有善恶灵蠢，圣人忧之而天不以为忧，在天者无不诚，则无不可成其至教也。

圣不可知也，无心之妙，非有心所及也。

圣人虽与民同其忧患，而不役心于治教政刑以求胜之，唯反身而诚，身正而天下平，故不亲不治不答，皆以无心应之。彼迫于治物者，皆心以应物而物不感，见圣人之舞干而苗格，因垒而崇降，不测其所以然之理，则固不能知之。

"不见而章"，已诚而明也；

"见"，如字。诚有其理，则自知之，如耳目口鼻之在面，暗中自知其处，不假闻见之知。

"不动而变"，神而化也；

有言有教皆动也。神者以诚有之太和感动万物，而因材各得，物自变矣。

"无为而成"，物不贰也。

诚不息，神无间，尽诚合神，纯于至善，而德盛化神，无不成矣。有为者以己闻见之知，倚于名法，设立政教，于事愈繁，于道愈缺，终身役役而不能成，恶足以知其妙哉！

已诚而明，故能"不见而章，不动而变，无为而成"。

承上章而括之以诚。神，非变幻不测之谓，实得其鼓动万物之理也。不贰，非固执其闻见之知，终始尽诚于己也。此至诚存神之实也。

"富有"，广大不御之盛与！"日新"，悠久无疆之道与！

富有，非积闻见之知也，通天地万物之理而用其神化，则广大不御矣。日新，非数变其道之谓，体神之诚，终始不间，则极乎悠久无疆矣。释《易·系传》，而示学者勿侈博以为广大，勿逐物以为日新。

天之知物，不以耳目心思，然知之之理，过于耳目心思。

心思倚耳目以知者，人为之私也；心思寓于神化者，天德也。

天视听以民，明威以民，故《诗》《书》所谓帝天之命，主于民心而已焉。

天无特立之体，即其神化以为体；民之视听明威，皆天之神也。故民心之大同者，理在是，天即在是，而吉凶应之。若民私心之恩怨，则祁寒暑雨之怨咨，徇耳目之利害以与天相忤，理所不在，君子勿恤。故流放窜殛，不避其怨而逢其欲，己私不可徇，民之私亦不可徇也。

"化而裁之存乎变。"存四时之变，则周岁之化可裁；存昼夜之变，则百刻之化可裁。

存，谓识其理于心而不忘也。变者，阴阳顺逆事物得失之数。尽知其必有之变而存之于心，则物化无恒，而皆豫知其情状而裁之。存四时之温凉生杀，则节宣之裁审矣；存百刻之风雨晦明，则作息之裁定矣。化虽异而不惊，裁因时而不逆，天道且惟其所裁，而况人事乎！

"推而行之存乎通。"推四时而行，则能存周岁之通；推昼夜而行，则能存百刻之通。

通者，化虽变而吉凶相倚，喜怒相因，得失相互，可会通于一也。推其情之所必至，势之所必反，行于此者可通于彼而不滞于一隅之识，则夏之葛可通于冬之裘，昼之作可通于夜之息，要归于得其和平，而变皆常矣。故或仕或止，或语或嘿，或刑或赏，皆协一而不相悖害。惟豫有以知其相通之理而存之，故行于此而不碍于彼；当其变必存其通，当其通必存其变，推行之大用，合于一心之所存，此之谓神。

"神而明之，存乎其人。"不知上天之载，当存文王。

文王之德"不显亦临，不闻亦式"，能常存此于心，则天载之神，化育亭毒于声臭之外者，无不明矣。

"默而成之，存乎德行。"学者常存德性，则自然默成而信矣。

德性者，非耳目口体之性，乃仁义礼智之根心而具足者也。常存之于心，而静不忘，动不迷，不倚见闻言论而德皆实矣。

存文王则知天载之神，存众人则知物性之神。

众人之聪明明威，皆天之所降神也。故既存圣人藏密之神，抑必存众人昭著之神。天载者，所以推行于物性，而物性莫非天载也。天之神理，无乎不察，于圣人得其微，于众人得其显，无往而不用其体验也。

谷之神也有限，故不能通天下之声；

老氏以谷神为众妙之门，然就其心量之所及而空之，以待物而应，则天下之理不得者多矣，犹谷之应声不能远。

圣人之神惟天，故能周万物而知。

圣人通天载而达物性，不立一私意而无一物之滞者，惟其万物之理皆得而知四达也。盖神运于虚，而老氏以虚为神，暂止其躁动窒塞之情，亦能以机应物而物或应；惟其虚拟圣人之天载而遗乎物性，则与太虚之缊一实者相离，而天下之不能通必矣。

圣人有感无隐，正犹天道之神。

仁义、礼乐、刑赏、进退之理无倚，而皆备于虚静之中，感之者各得所欲而无不给，与天之缊不息，物感之而各成者，同其肆应不劳，人所不能测也。

形而上者，得意斯得名，得名斯得象；

形而上者，道也。形之所从生与其所用，皆有理焉，仁义中正之化裁所生也。仁义中正，可心喻而为之名者也。得恻隐之意，则可自名为仁，得羞恶之意，则可自名为义，因而征之于事为，以爱人制事，而仁义之象著矣。

不得名，非得象者也。

若夫神也者，含仁义中正之理而不倚于迹，为道之所从生，不能以一德名之。而成乎德者亦不著其象，不得已而谓之曰诚。诚，以言其实有尔，非有一象可名之为诚也。

故语道至于不能象，则名言亡矣。

存之于心者得之尔。

世人知道之自然，未始识自然之为体尔。

孩提爱亲，长而敬兄，天高地下，迪吉逆凶，皆人以为自然者也。自然者，絪缊之体，健顺之诚，为其然之所自，识之者鲜矣。

有天德，然后天地之道可一言而尽。

存神以存诚，知天地之道唯此尔，故可一言而尽。

正明不为日月所眩，正观不为天地所迁。

"正"，《易》作"贞"，宋避庙讳作"正"。贞者，正而恒也。自诚而明，非目之倚，日月为明，还为所眩也。观者，尽于己而示物也。天地，以气化之变言。治乱吉凶，天地无常数，而至诚有常理，不为所变也。

神化篇

此篇备言神化，而归其存神敦化之本于义，上达无穷而下学有实。张子之学所以别于异端而为学者之所宜守，盖与孟子相发明焉。

神，天德；

絪缊不息，为敦化之本。

化，天道；

四时百物各正其秩序，为古今不易之道。

德其体，道其用，

体者所以用，用者即用其体。

一于气而已。敬按：此言德者健顺之体，道者阴阳之用，健顺阴阳，一太和之气也。

气，其所有之实也。其絪缊而含健顺之性，以升降屈伸，条理必信者，神也。神之所为聚而成象成形以生万变者，化也。故神，气之神；化，气之化也。

神无方，易无体。

神行气而无不可成之化，凡方皆方，无一隅之方。易六位错综，因时成象，凡体皆体，无一定之体。

大且一而已尔。

无所遗之谓大，无不贯之谓一，故易简而天下之理得。体斯道也，仁义中正扩充无外，而进退、存亡、刑赏、礼乐、清和、安勉，道皆随时而得中；若夷之清，惠之和，有方有体，不足以合神而体易矣。宽以居之，仁以行之，学以聚之，问以辨之，则所繇至于大且一也。

虚明照鉴，神之明也；

太虚不滞于形，故大明而秩序不紊；君子不滞于意，故贞明而事理不迷。照鉴者，不假审察而自知之谓。

无远近幽深，利用出入，神之充塞无间也。

气之所至，神皆至焉。气充塞而无间，神亦无间，明无不彻，用无不利，神之为德莫有盛焉矣。

天下之动，神鼓之也；

天以神御气而时行物生，人以神感物而移风易俗。神者，所以感物之神而类应者也。

辞不鼓舞，则不足以尽神。

君子之有辞，不徇闻见，不立标榜，尽其心，专其气，言皆心之所出而气无浮沮，则神著于辞，虽愚不肖不能不兴起焉。若袭取剿说，则仁义忠孝之言，人且迂视之而漠然不应，不足以鼓舞，唯其神不存也。

鬼神，往来屈伸之义；张子自注：神示者，归之始；归往者，来之终。

始终循环一气也，往来者屈伸而已。

故天曰神，地曰示，人曰鬼。

天之气伸于人物而行其化者曰神，人之生理尽而气屈反归曰鬼；地顺天生物，而人繇以归者也，屈伸往来之利用，皆于是而昭著焉，故曰示。示居神鬼之间，以昭示夫鬼神之功效者也。

形而上者，得辞斯得象矣。

神化，形而上者也，迹不显；而繇辞以想其象，则得其实。

神为不测，故缓辞不足以尽神；

不测者，有其象，无其形，非可以比类广引而拟之。指其本体，曰诚，曰天，曰仁，一言而尽之矣。

化为难知。故急辞不足以尽化。

化无定体，万有不穷，难指其所在，故四时百物万事皆所必察，不可以要略言之，从容博引，乃可以体其功用之广。辞之缓急如其本然，所以尽神，然后能鼓舞天下，使众著于神化之象，此读《易》穷理者所当知也。

气有阴阳，

阴阳之实，情才各异，故其致用，功效亦殊。若其以动静、屈伸、聚散分阴阳为言者，又此二气之合而因时以效动，则阳之静屈而散，亦谓之阴，阴之动伸而聚，亦谓之阳，假阴阻之象以名之尔，非气本无阴阳，因动静屈伸聚散而始有也。故直言气有阴阳，以明太虚之中虽无形之可执，而温肃、生杀、清浊之体性俱有于一气之中，同为固有之实也。

推行有渐为化，合一不测为神。

其发而为阴阳，各以序为主辅，而时行物生，不穷于生，化也。其推行之本，则固合为一气，和而不相悖害。阴阳实有之性，名不能施，象不能别，则所谓神也。

其在人也，知义用利，则神化之事备矣。

知者，洞见事物之所以然，未效于迹而不昧其实，神之所自发也。义者，因事制宜，刚柔有序，化之所自行也。以知知义，以义行知，存于心而推行于物，神化之事也。

德盛者，穷神则知不足道，知化则义不足云。

知所以求穷乎神，义所以求善其化。知之尽，义之精，大明终始，无事审察，随时处中而不立矩则。惟纯体阴阳之全德，则可阴，可阳，可阳而阴，可阴而阳，如春温而不无凉雨，秋肃而不废和风，不待知知，不求合义矣。然使非全体天地阴阳之德，则弃知外义以遁于空感，洸洋自恣，又奚可哉！

天之化也运诸气，人之化也顺夫时；非气非时，则化之名何有，化之实何施！

惟其有气，乃运之而成化；理足于己，则随时应物以利用，而物皆受化矣。非气则物自生自死，不资于天，何云天化；非时则己之气与物气相忤，而施亦穷。乃所以为时者，喜怒、生杀、泰否、损益，皆阴阳之气一阖一辟之几也。以阴交阳，以阳济阴，以阴应阴，以阳应阳，以吾性之健顺应固有之阴阳，则出处、语默、刑赏、治教，道运于心，自感通于天下。圣人化成天下，其枢机之要，唯善用其气而已。

《中庸》曰"至诚为能化"，《孟子》曰"大而化之"，皆以其德合阴阳，与天地同流而无不通也。

至诚，实有天道之谓；大者，充实于内，化之本也。惟其健顺之德，凝五常而无间，合二气之阖辟，备之无遗，存之不失，故因天地之时，与之同流，有实体则有实用，化之所以咸通也。阴阳合为一德，不测之神也；存神以御气，则诚至而圣德成矣。

所谓气也者，非待其郁蒸凝聚，接于目而后知之；

阳为阴累则郁蒸，阴为阳迫则凝聚，此气之将成乎形者。养生家用此气，非太和絪缊、有体性、无成形之气也。

苟健顺、动止、浩然、湛然之得言，皆可名之象尔。

健而动，其发浩然，阳之体性也；顺而止，其情湛然，阴之体性也。清虚之中自有此分致之条理，此仁义礼知之神也，皆可名之为气而著其象。盖气之未分而能变合者即神，自其合一不测而谓之神尔，非气之外有神也。

然则象若非气，指何为象？

健顺、动止、浩、湛之象，为《乾》《坤》六子者皆气也，气有此象也。

时若非象，指何为时？

随时而起化者，必以健顺、动止、浩、湛之几为与阴阳、翕辟、生杀之候相应以起用，不然，又将何以应乎时哉？

世人取释氏销碍入空，学者舍恶趋善以为化，此直可为始学遗累者薄乎云尔，岂天道神化所同语也哉！

释氏以真空为如来藏，谓太虚之中本无一物，而气从幻起以成诸恶，为障碍真如之根本，故斥七识乾健之性、六识坤顺之性为流转染污之害源。此在下愚，挟其郁蒸凝聚之浊气以陷溺于恶者，闻其灭尽之说，则或可稍惩其狂悖；而仁义无质，忠信无本，于天以太和一气含神起化之显道，固非其所及知也。昧其所以生，则不知其所以死，妄欲销陨世界以为大涅槃，彼亦乌能销陨之哉，徒有妄想以惑世诬民而已。敬按：释氏谓第七识为"末那识"，华云"我识"；第六识为"纥哩耶识"，华云"意识"。此言《乾》健之性、《坤》顺之性者，为仁繇己，《乾》道也；主敬行恕，要在诚意慎独，《坤》道也。

"变则化"，繇粗入精也；

变者，自我变之，有迹为粗；化者，推行有渐而物自化，不可知为精，此一义也。

"化而裁之谓之变"，以著显微也。

"谓之"，当作"存乎"。化之所自裁，存乎变易不测，不失其常之神。化见于物，著也，裁之者存乎己，微也，此又一义也。中庸变先于化，《易传》化先于变，取义不同；凡言阴阳动静，不可执一义以该之，类如此。中庸之言变，知义之事，化则神之效也。《易传》之言化，德盛之事，变则神之用也。变者，化之体；化之体，神也。精微之蕴，神而已矣。

谷神不死，故能微显而不掩。

"谷"，当作"鬼"，传写之讹也。神阳，鬼阴，而神非无阴，鬼非无阳，祭礼有求阴求阳之义，明鬼之有阳矣。二气合而体物，一屈一伸，神鬼分焉；而同此气则同此理，神非无自而彰，鬼非无所往而灭，故君子言往来，异于释氏之言生灭。屈伸一指也，死生一物也，无间断之死灭，则常流动于化中；而察乎人心，微者必显，孰能掩之邪！

鬼神常不死，故诚不可掩；人有是心，在隐微必乘间而见。

鬼神无形声而必昭著于物，则苟有其实，有不待形而见，不待声而闻。一念之善恶动于不及觉之地，若或使之发露，盖气机之流行，有则必著之也。

故君子虽处幽独，防亦不懈。

非畏其著见，畏其实有之而不能遏也。一念之邪不审，虽或制之不发，而神气既为之累，见于事为，不觉而成乎非僻，不自测其所从来而不可遏抑。盖神气者，始终相贯，无遽生遽灭之理势，念之于数十年之前，而形之也忽成于一旦，故防之也不可不早，不得谓此念忘而后遂无忧，如释氏心忘罪灭之说也。敬按：此所谓"天夺其魄"也。天者神也，魄者形也，神气既累，必动乎四体而莫掩其形。

神化者，天之良能，非人能，

见闻之所推测，名法之所循行，人能也。

故大而位天德，然后能穷神知化。

位，犹至也。尽心以尽性，性尽而与时偕行，合阴阳之化，乃位天德，实体之则实知之矣。

大可为也，大而化不可为也，

扩充其善以备乎理之用，则大矣，与时偕行而物无不顺，非恃其大而可至也。

在熟而已。

一其心于道而渐积以自然，则资深居安而顺乎时，故学莫妙于熟，人之所以皆可为尧、舜也。

《易》谓"穷神知化"，乃德盛仁熟之致，非智力能强也。

张子之言，神化极矣，至此引而归之于仁之熟，乃示学者易简之功，学圣之奥也。择善固执，熟之始功，终食不违则熟矣。

"大而化之"，能不勉而大也；

熟则不勉。

不已而天，则不测而神矣。

天之神化惟不已，故万变而不易其常。伯夷、伊尹不勉而大，而止于其道，有所止则不能极其变；唯若孔子与时偕行而神应无方，道在则诚，道变则化，化而一合于诚，不能以所止测之。

先后天而不违，顺至理以推行，知无不合也。

心之所存，推而行之，无不合于理，则天不能违矣。理者，天之所必然者也。

虽然，得圣人之任者，皆可勉而至，犹不害于未化尔。大几圣矣，

伊尹自耕莘以来，集义而纯乎道，故以觉民为志，伐夏而天下服，放君而太甲悔过，虽所为有迹，矫时以立德，未几于化，而天理顺则亦几于圣矣。

化则位乎天德矣。

仁熟而神无不存，则与时偕行，万物自正其性命；故凤鸟不至，河不出图，而孔子之道自参天地，赞化育，不待取必于天也。

大则不骄，化则不吝。

成物皆成己之事，而后骄心永释；因物顺应而己不劳，而后吝心不生；此广大高明之极也。学者欲至于大，当勿以小有得而骄；欲几于化，当勿以私有得而吝。若颜子之勿伐善、勿施劳，竭才以思企及，则得矣。

无我而后大，

诚者，成身也，非我则何有于道？而云无我者，我，谓私意私欲也。欲之害理，善人、信人几于无矣；唯意徇闻见，倚于理而执之，不通天地之变，不尽万物之理，同我者从之，异我者违之，则意即欲矣。无我者，德全于心，天下之务皆可成，天下之志皆可通，万物备于我，安土而无不乐，斯乃以为大人。

大成性而后圣，

德盛仁熟，不求备物而万物备焉，与时偕行，成乎性而无待推扩，斯圣矣。圣者，大之熟也。

圣位天德不可致知谓神，故神也者，圣而不可知。敬按：致知，犹言推测而知。

圣不可知，则从心所欲，皆合阴阳健顺之理气，其存于中者无仁义之迹，见于外者无治教政刑之劳，非大人以降所可致知，斯其运化之妙与太虚之神一矣。自大人而上，熟之则圣，圣熟而神矣，非果有不可知者为幻异也。"尧、舜之道，孝弟而已矣"，不杂乎人而一于天也。

见几则义明，

事物既至，则不但引我以欲者多端，且可托于义者不一，初心之发，善恶两端而已，于此分析不苟，则义明而不为非义所冒。

动而不括则用利，

括，收也，滞也。放义而行，一如其初心，推之天下，无中止之机，则用无不利矣。

屈伸顺理则身安而德滋。

滋，渐长而盛也。义明而推行之无所挠止，或屈或伸，无非理矣。时有否泰而身安，恒一于义，而心日广，德日润矣。此言学圣之始功在于见几。盖几者，形未著，物欲未杂，思虑未分，乃天德之良所发见，唯神能见之，不倚于闻见也。

"穷神知化"，与天为一，岂有我所能勉哉？乃德盛而自致尔。

存神以知几，德滋而熟，所用皆神，化物而不为物化，此作圣希天之实学也。几者，动之微；微者必著，故闻见之习俗一入于中以成乎私意，则欲利用安身而不可得，况望其德之滋乎！

"精义入神"，事豫吾内，求利吾外也；

察事物所以然之理，察之精而尽其变，此在事变未起之先，见几而决，故行焉而无不利。

"利用安身"，素利吾外，致养吾内也；

义已明则推而行之不括，无所挠止。用利身安，则心亦安于理而不乱，故吉凶生死百变而心恒泰。如其行义不果，悔吝生于所不豫，虽欲养其心以静正，而忧惑相扰，善恶与吉凶交争于胸中，未有能养者也。

"穷神知化"，乃养盛自致，非思勉之能强，故崇德而外，君子未或致知也。

外利内养，身心率循乎义，逮其熟也，物不能迁，形不能累，惟神与理合而与天为一矣。故君子欲穷神而不索之于虚，欲知化而不亿测其变，惟一于精义而已。义精而德崇矣，所繇与佛、老之强致者异也。盖作圣之一于豫养，不使其心有须臾之外驰，以为形之所累，物之所迁，而求精于义，则即此以达天德。是圣狂分于歧路，人禽判于几希，闲邪存诚，与私意私欲不容有毫发之差也。

神不可致思，存焉可也；

心思之贞明贞观，即神之动几也，存之则神存矣。舍此而索之于虚无不测之中，役其神以从，妄矣。

化不可助长，顺焉可也。

德未盛而欲变化以趋时，为诡而已矣。顺者修身以俟命，正己而物正。

存虚明，久至德，

澄心摄气，庄敬以养之，则意欲不生，虚而自启其明；以涵泳义理而熟之，不使间断，心得恒存而久矣。此二者，所以存神也。

顺变化，达时中，

贞观立而天地万物之变不忧不逆；行法以俟命，随时皆有必中之节，放义以行而不括。此二者，所以顺化也。

仁之至，义之尽也。

存神顺化，则仁无不至，义无不尽。

知微知彰，不舍而继其善，然后可以成人性矣。

知微知彰，虚明而知几也。不舍而继其善，久至德而达时中也。成性者，成乎所性之善，性焉安焉之圣也。成乎性而神化在我，岂致思助长者之所可拟哉！言人性者，天之神笃于生而为性，其化则动植之物，故曰："唯人也得其秀而最灵。"

圣不可知者，乃天德良能；立心求之，则不可得而知之。

天德良能，太和之气健顺，动止时行而为理之所自出也，熟则自知之。大人以下，立心求之，则不知其从心不逾之矩尔，非有变幻不测，绝乎人而不可测，如致思助长者之诧神异也。

圣不可知谓神，庄生缪妄，又谓有神人焉。

圣而不已，合一于神。神者，圣之化也。庄生欲蔑圣功，以清虚无累之至为神人，妄矣。

惟神为能变化，以其一天下之动也。

德之独至者，为清，为任，为和，皆止于量，犹万物之动者因其质也。天之神，万化该焉，而统之以太和之升降屈伸；圣人之神，达天下之亹亹，而统之以虚明至德，故动皆协一。子曰"吾道一以贯之"，存神于心之谓也。

人能知变化之道，其必知神之所为也。

变化者，因天下之动也。其道则不私于形，不执一于道，不孤其德，神存而顺化以协其至常，六龙皆可乘以御天，特在时位移易之间尔，可于此以征神之所为。

见《易》则神其几矣。

《易》有六十四象，三百八十四变，变化极矣，而唯《乾》之六阳、《坤》之六阴错综往来，摩荡以成其变化尔，此神之所为也，故易简而行乎天下之险阻。于此而知神之为用，纯一不息，随其屈伸消长皆成乎化。圣不可知，唯以至一贞天下之动，而随时处中，在运动之间而已。

知几其神，繇经正以贯之，则宁用终日，断可识矣。

经，即所谓义也。事理之宜吾心，有自然之则，大经素正，则一念初起，其为善恶吉凶，判然分为两途而无可疑，不待终日思索而可识矣。张子之言，神化尽矣，要归于一；而奉义为大正之经以贯乎事物，则又至严而至简。盖义之所自立，即健顺动止，阴阳必然之则；敬按：此所谓立天地之大义。正其义则协乎神之理，凝神专气以守吾心之义，动存静养一于此，则存神以顺化，皆有实之可守，而知几合神，化无不顺。此《正蒙》要归之旨，所以与往圣合辙，而非贤知之过也。

几者，象见而未形也；

事无其形，心有其象。

形则涉乎明，不待神而后知也。

已形则耳目之聪明可以知其得失，不待神也。然而知之已晚，时过而失其中，物变起而悔吝生矣。

"吉之先见"云者，顺性命则所先皆吉也。

精义而存之不息，则所守之大经，固性命各正之理，于此闲邪存诚，一念之动冈非吉矣。故《易》曰："介于石"，正其经也；"不终日，贞吉"，今一起而即与吉为徒也；顺天地之至常，变化而不渝矣。

知神而后能飨帝飨亲，

不知神而以为无，是不得已而姑向之也，则亡乎爱；以为有，是以山妖木魅飨之也，则亡乎敬。

见《易》而后能知神。

《易》卦非错则综，互相往来。神伸而生，生则飨于鬼；神屈而死，死则返于神；错综往来不息之道也。

是故不闻性与天道而能制礼作乐者，末矣。

天以神为道，性者神之撰，性与天道，神而已也。礼乐所自生，一顺乎阴阳不容已之序而导其和，得其精意于进反屈伸之间，而显著无声无臭之中，和于形声，乃以立万事之节而动人心之豫。不知而作者，玉帛钟鼓而已。此好言明有礼乐，幽有鬼神，皆自无而肇有；唯穷神者两得其精意，以鼓舞天下而不倦，故以鬼神兴礼乐，以礼乐求鬼神者，从其类也。

"精义入神"，豫之至也。

义精则与神同其动止，以神治物，冒天下之道，不待事至而几先吉，非立一义以待一事，期必之豫也，故中庸以明善为诚身之豫道。

徇物丧心，人化物而灭天理者乎！存神过化，忘物累而顺性命者乎！

阴阳之糟粕，聚而成形，故内而为耳目口体，外而为声色臭味，虽皆神之所为，而神不存焉矣，两相攻取而喜怒生焉。心本神之舍也，驰神外徇，以从小体而趋合于外物，则神去心而心丧其主。知道者凝心之灵以存神，不溢喜，不迁怒，外物之顺逆，如其分以应之，乃不留滞以为心累，则物过吾前而吾已化之，性命之理不失而神恒为主。舜之饭糗茹草与为天子无以异，存神之至也。

敦厚而不化，有体而无用也；

敦厚，敬持以凝其神也；化，因物治之而不累也。君子之于物，虽不徇之，而当其应之也必顺其理，则事已靖，物已安，可以忘之而不为累。若有体而无用，则欲却物而物不我释，神亦终为之不宁，用非所用而体亦失其体矣。敬按：庄子所谓"其神凝而物不疵厉"者，盖有体而无用也。

化而自失焉，徇物而丧己也。

必欲事之靖，物之安，则事求可，功求成，驰情外徇，而己以丧矣。敬按：此言管、晏之学。

大德敦化，然后仁智一而圣人之事备。

大德，天德也。敦，诚以存神而随时以应；化，则大而化之矣。敦者仁之体，化者智之用。

性性为能存神，物物为能过化。

性性，于所性之理安焉而成乎性，不为习迁也。物物，因物之至，顺其理以应之也。性性，则全体天德而神自存；物物，则应物各得其理，虽有违顺，而无留滞自累以与物竞，感通自顺而无不化矣；此圣人之天德也。学圣者见几精义以不违于仁，动而不括以利用其智，立体以致用，庶几别于异端之虚寂、流俗之功名矣。

无我然后得正己之尽，存神然后妙应物之感。

此言存神过化相为体用也。徇物丧己者，拘耳目以取声色，唯我私之自累，役于形而不以神用，则物有所不通，而应之失其理。故惟无我，则因物治物，过者化，而己以无所累而恒正；存神，则贯通万理而曲尽其过化之用。过化之用即用存神之体，而存神者即所以善过化之用，非存神，未有能过化者也。

"范围天地之化而不过"，过则溺于空，沦于静，既不能存夫神，又不能知夫化矣。

范围天地者，神也，必存之以尽其诚，而不可舍二气健顺之实，以却物而遁于物理之外。释言"真空"，老言"守静"，皆以神化为无有而思超越之。非神则化何从生，非化则神何所存，非精义以入神，则存非存，知非知，丧己而不能感物，此二氏之愚也。

"旁行不流"，圆神不倚也。

圆者，天之道也。屈伸顺感而各得，神之圆也。不倚于形器，则不徇物而流。

"百姓日用而不知"，溺于流也。

作息饮食，何莫非神之所为，气动而理即在其中。百姓日所用者皆神，而徇物以忘其理，故如水之流而不止，违于神而趋于鬼，终屈而莫能伸也。

义以反经为本，经正则精；

经者，人物事理之大本；反者，反而求乎心之安也。止此伦物，而差之毫厘则失其正，无不正则无不精，非随事察察之为精也。

仁以敦化为深，化行则显。

敦厚以体万物之化，乃尽物性而合天行，而仁之用显，显者，显其所敦也，故《易》曰："显诸仁。"

义入神，动一静也；仁敦化，静一动也。

存诸中者为静，见诸行者为动。义精而入神，则所动而施行者皆中存之天德，非因事求义而专于动也；仁敦化，则寂然不动之中，万化之理密运于心而无一念之息，非虚寂为仁而专于静也。敦化者岂豫设一变化以纷吾思哉？存大体以精其义而敦之不息尔。动静合一于仁而义为之干，以此，张子之学以义为本。

仁敦化则无体，义入神则无方。

《易》曰："神无方而易无体。"仁函万物以敦其全体，则随所显而皆仁，六位时成，《易》之所以冒天下之道者此也。义之精者，体阴阳、屈伸、高下之秩序而尽其神用，义非外袭而圆行以不流，神之所以藏诸用者此也。无体，无孤立之体，异于老、释之静；无方，无滞于一隅之方，异于名、法之动。无体者，所以妙合无方之神，精义之德至矣哉！

《张子正蒙注》卷二终

张子正蒙注卷三

动物篇

　　此篇论人物生化之理，神气往来应感之几，以明天人相继之妙，形器相资之用，盖所以发知化之旨，而存神亦寓其间，其言皆体验而得之，非邵子执象数以观物之可比也。

　　动物本诸天，以呼吸为聚散之渐；

　　动物皆出地上，而受五行未成形之气以生。气之往来在呼吸，自稚至壮，呼吸盛而日聚，自壮至老，呼吸衰而日散。形以神而成，故各含其性。

　　植物本诸地，以阴阳升降为聚散之渐。

　　植物根于地，而受五行已成形之气以长。阳降而阴升，则聚而荣；阳升而阴降，则散而槁。以形而受气，故但有质而无性。

　　物之初生，气日至而滋息；物生既盈，气日反而游散。

　　有形则有量，盈其量，则气至而不能受，以渐而散矣。方来之神，无顿受于初生之理；非畏、厌、溺，非疫疠，非猎杀、斩艾，则亦无顿灭之理，日生者神，而性亦日生；反归者鬼，而未死之前为鬼者亦多矣。所行之清浊善恶，与气俱而游散于两间，为祥为善，为眚为孽，皆人物之气所结，不待死而为鬼以灭尽无余也。敬按：此论显然有征，人特未之体贴耳。

至之谓神，以其伸也；反之为鬼，以其归也。

用则伸，不用则不伸，鬼而归之，仍乎神矣。死生同条，而善吾生者即善吾死。伸者天之化，归者人之能，君子尽人以合天，所以为功于神也。敞按：全而归之者，必全而后可谓之归也，故曰归者人之能。

气于人，生而不离，死而游散者谓魂，聚成形质，虽死而不散者谓魄。

可以受聪明觉了之灵者，魄也；其不可受者，形也。嗜欲之性，皆魄之所攻取也，但魄离之则不能发其用尔。魄虽不遽散，而久亦归于土，其余气上蒸，亦返于虚，莫非气之聚，则亦无不归于气也。敞按：本文所谓不散者，非终不散也。

海水凝则冰，浮则沤；然冰之才，沤之性，其存其亡，海不得而与焉。推是足以究死生之说。

冰有质，故言才；沤含虚，敝言性。不得而与，谓因乎气之凝浮，海不能有心为之也。凝聚而生，才性成焉；散而亡，则才性仍反于水之神。此以喻死生同于太虚之中，君子俟命而不以死为忧，尽其才，养其性，以不失其常尔。伊川程子改"与"为"有'，义未详。

有息者根于天，

息，呼吸也，动物受天气之动几。

不息者根于地。

植物受地气之静化。

根于天者不滞于用，

视听持行可以多所为。天气载神，故灵。

根于地者滞于方，

离土则槁矣。地气化形，故顽。

此动植之分也。

人者动物，得天之最秀者也，其体愈灵，其用愈广。

生有先后，所以为天序；小大高下相并而相形焉，是谓天秩。

少长有等，老稚殊用，别于生之先后也。高下，以位言；小大，以才量言；相形而自著者也。秩序，物皆有之而不能喻；人之良知良能，自知长长、尊尊、贤贤，因天而无所逆。

天之生物也有序，

其序之也亦无先设之定理，而序之在天者即为理。

物之既形也有秩。

小大高下分矣，欲逾越而不能。

知序然后经正，

经即义也。敬长为义之实，推而行之，义不可胜用矣。

知秩然后礼行。

尊尊、贤贤之等杀，皆天理自然，达之而礼无不中矣。秩序人所必繇，而推之使通，辨之使精，则存乎学问，故博文约礼为希天之始教。

凡物能相感者，鬼神施受之性也；

魄丽于形，鬼之属；魂营于气，神之属，此鬼神之在物者也。魄主受，魂主施，鬼神之性情也。物各为一物，而神气之往来于虚者，原通一于纲缊之气，故施者不吝施，受者乐得其受，所以同声相应，同气相求，琥珀抬芥，磁石引铁，不知其所以然而感。圣人感人心而天下和平，亦惟其固有可感之性也。

不能感者，鬼神亦体之而化矣。

成形成质有殊异而不相逾者，亦形气偶然之偏戾尔。及其诚之已尽，亦无不同归之理。盖其始也皆一气之伸，其终也屈而归于虚，不相悖害，此鬼神合万汇之往来于一致也。存神者与鬼神合其德，则舞干而苗格，因垒而崇降，不已于诚，物无不体矣。如其骄吝未化，以善恶、圣顽相治而相亢，诚息而神不存，则可感者且相疑贰，而况不能相感者乎！

物无孤立之理，非同异、屈伸、终始以发明之，则虽物非物也。

凡物，非相类则相反。《易》之为象，《乾》《坤》《坎》《离》《颐》《大过》《中孚》《小过》之相错，余卦二十八象之相综，物象备矣。错者，同异也；综者，屈伸也。万物之成，以错综而成用。或同者，如金铄而肖水，木灰而肖土之类；或异者，如水之寒、火之热、鸟之飞、鱼之潜之类。或屈而鬼，或伸而神，或屈而小，或伸而大，或始同而终异，或始异而终同，比类相观，乃知此物所以成彼物之利。金得火而成器，木受钻而生火，惟于天下之物知之明，而合之、离之，消之、长之，乃成吾用。不然，物各自物，而非我所得用，非物矣。

事有始卒乃成，非同异有无相感，则不见其成；不见其成，则虽物非物。

事之所繇成，非直行速获而可以永终。始于劳者终于逸，始于难者终于易，始于博者终于约，历险阻而后易简之德业兴焉。故非异则不能同，而百虑归于一致；非同则不能异，而一理散为万事。能有者乃能无，积之厚而后散之广；能无者乃能有，不讳屈而后可允伸。故曰："尺蠖之屈以求伸，龙蛇之蛰以全身。"若不互相资以相济，事虽幸成，且不知其何以成，而居之不安，未能自得，物非其物矣。

故曰："屈伸相感而利生焉。"

凡天下之物，一皆阴阳往来之神所变化。物物有阴阳，事亦如之。其小大、吉凶、善恶之形，知其所屈，而屈此者可以伸彼，知其所伸，而伸者必有其屈；以同相辅，以异相治，以制器而利天下之用，以应事而利彼往之用，以俟命而利修身之用，存乎神之感而已。神者，不滞于物而善用物者也。

独见独闻，虽小异，怪也。出于疾与妄也；共见共闻，虽大异，诚也，出阴阳之正也。

目眚则空中生华，风眩则蝉鸣于耳，虽事所可有，而以无为有，非其实也。妄人之说，不仰观俯察，鉴古知今，而唯挟偶然意见所弋获，而据为道教与之同也。疾风迅雷，非常之甚矣。而共见共闻，阴阳之正，运于太虚，人不能察尔，放君伐暴，成非常之事；制礼作乐，极非常之观，皆体阴阳必然之撰，晓然与天下后世正告之而无思不服。

贤才出，国将昌；子孙才，族将大。

神气先应之也。于此可征鬼神之不掩。

人之有息，盖刚柔相摩、乾坤阖辟之象也。

一屈一伸，交相为感，人以之生，天地以之生人物而不息，此阴阳之动几也。动而成乎一动一静，然必先有乾坤刚柔之体，而后阖辟相摩，犹有气而后有呼吸。

痞，形开而志交诸外也；梦，形闭而气专乎内也。

开者，伸也，闭者，屈也。志交诸外而气舒，气专于内而志隐，则神亦藏而不灵。神随志而动止者也。

寤，所以知新于耳目；梦，所以缘旧于习心。

开则与神化相接，耳自为心效日新之用；闭则守耳目之知而困于形中，习为主而性不能持权。故习心之累，烈矣哉！

医谓饥梦取，饱梦与，凡寤梦所感，专语气于五藏之变，容有取蔫尔。

形闭而神退听于形，故五脏之形有欣厌，心亦随之而结为妄，形滞而私故也。形为神用则灵，神为形用则妄。

声者，形气相轧而成。

触而相迫曰轧。

两气者，谷响雷声之类；

锐往之气与空中固有之气相触而成也。

两形者，桴鼓叩击之类。

两形相触也。然运桴而气亦随之，迫于鼓而发声，则亦无非气也。声之洪纤者，形之厚薄疏密，其气亦殊感。

形轧气，羽、扇、敲矢之类；

敲，音雹，鸣镝也。三者形破气，气为之鸣。

气轧形，人声笙簧之类。

气出而唇舌、匏竹敛之纵之以激成响，气发有洪纤，体有通塞之异，而气之舒疾宣郁亦异。

是皆物感之良能，人皆习之而不察者尔。

不感则寂，感则鸣，本有可鸣之理，待动而应之必速。良能，自然之动几也。

形也，声也，臭也，味也，温凉也，动静也，六者莫不有五行之别，同异之变，皆帝则之必察者与！

温凉，体之觉；动静，体之用。五行之神未成乎形者，散寄于声色臭味气体之中，人资以生而为人用；精而察之，条理具，秩序分焉，帝载之所以信而通也。知天之化，则于六者皆得其所以然之理而精吾义，然亦得其意而利用，而天理之当然得矣。若一一分析以配合于法象，则多泥而不通。张子约言之而邵子博辨之，察帝则用物，以本御末也，观物象以推道，循末以测本也，此格物穷理之异于术数也。

诚明篇

前篇统人物而言，原天所降之命也。此篇专就人而发，性之蕴于人所受而切言之也。《中庸》曰"天命之谓性"，为人言而物在其中，则谓统人物而言之可也。又曰"率性之谓道"，则专乎人而不兼乎物矣。物不可谓无性，而不可谓有道，道者人物之辨，所谓人之所以异于禽兽也。故孟子曰"人无有不善"，专乎人而言之，善而后谓之道；泛言性，则犬之性，牛之性，其不相类久矣。尽物之性者，尽物之理而已。虎狼噬人以饲其子，而谓尽父子之道，亦率虎狼之性为得其道而可哉？禽兽，无道者也；草水，无性者也；唯命，则天无心无择之良能，因材而笃，物得与人而共者也。张子推本神化，统动植于人而谓万物之一源，切指人性，而谓尽性者不以天能为能，同归殊途，两尽其义，乃此篇之要旨。其视程子以率性之道为人物之偕焉者，得失自晓然易见；而抉性之藏，该之以诚明，为良知之实，则近世窃释氏之沈，以无善无恶为良知者，其妄亦不待辨而自辟。学者欲知性以存养，所宜服膺也。

诚明所知，乃天德良知，

仁义，天德也。性中固有之而自知之，无不善之谓良。

非闻见小知而已。

行所不逮，身所不体，心所不喻，偶然闻一师之言，见一物之机，遂自以为妙悟，小知之所以贼道。

天人异用，不足以言诚；

理，天也；意欲，人也。理不行于意欲之中，意欲有时而逾乎理，天人异用也。

天人异知，不足以尽明。

因理而体其所以然，知以天也；事物至而以所闻所见者证之，知以人也。通学识之知于德性之所喻而体用一源，则其明自诚而明也。

所谓诚明者，性与天道，不见乎小大之别也。

通事物之理、闻见之知与所性合符，达所性之德与天合德，则物无小大，一性中皆备之理。性虽在人而小，道虽在天而大，以人知天，休天于人，则天在我而无小大之别矣。

义命合一存乎理，

义之所在即安之为命，唯贞其常理而已。

仁智合一存乎圣，

天德本合，徇其迹者或相妨也。圣人与时偕行，至仁非柔，大智非察，兼体仁智而无仁智之名。如舜好问好察，智也；隐恶扬善，仁也，合于一矣。

动静合一存乎神，

静动异而神之不息者无间。圣能存神，则动而不离乎静之存，静而皆备其动之理，敦诚不息，则化不可测。

阴阳合一存乎道，

太和所谓道，阴阳具而无倚也。

性与天道合一存乎诚。

诚者，神之实体，气之实用，在天为道，命于人为性，知其合之谓明，体其合之谓诚。

天所以长久不已之道，乃所谓诚。

气化有序而亘古不息，惟其实有此理也。

仁人孝子所以事天成身，不过不已于仁孝而已。

实知之，实行之，必欲得其心所不忍不安，终身之慕，终食之无违，信之笃也。

故君子诚之为贵。

有不诚，则乍勇为为而必息矣；至诚则自不容已，而欲致其诚者，惟在于操存勿使间断，己百己千，勉强之熟而自无不诚矣。

此章直指立诚之功，特为深切著明，尤学者之所宜加勉。

诚有是物，则有终有始；

天道然也，生之必成之，四时序而百物成。

伪实不有，何终始之有，故曰："不诚无物。"

人为之伪，意起而为之，意尽而止，其始无本，其终必忒。物，谓事也；事不成之谓无物。

"自明诚"，繇穷理而尽性也；"自诚明"，繇尽性而穷理也。

存养以尽性，学思以穷理。

性者，万物之一源，非有我之得私也。

性以健顺为体，本太虚和同而化之理也，繇是而仁义立焉，随形质而发其灵明之知，则彼此不相知而各为一体，如源之分流矣；恃灵明之知发于耳目者为己私智，以求胜于物，逐流而忘源矣。

惟大人为能尽其道，是故立必俱立，知必周知，爱必兼爱，成不独成。

能安其所处为立，各效其材以有用为成。

彼自蔽塞而不知顺吾理者，则亦莫如之何矣？

己私成，则虽有至教，不能移矣。

此章统万物于一源，溯其始而言之，固合人物而言；而曰立，曰成，则专乎人之辞尔。知之必有详略，爱之必有区别，理一分殊，亦存乎其中矣。亲疏贵贱之不同，所谓顺理也；虽周知博爱而必顺其理，盖自天命以来，秩序分焉。知其一源，则必知其分流。故穷理尽性，交相为功，异于墨、释之教，漫灭天理之节文而谓会万物于一己也。

天能为性；人谋为能。

天能者，健顺五常之体；人谋者，察识扩充之用也。

大人尽性，不以天能为能而以人谋为能，

大人不失其赤子之心，而非孤守其恻隐、羞恶、恭敬、自然之觉，必扩而充之以尽其致，一如天之阴阳有实，而必于阖辟动止神运以成化，则道弘而性之量尽矣，盖尽心为尽性之实功也。

故曰："天地设位，圣人成能。"

天地有其理，诚也；圣人尽其心，诚之者也。

尽性，然后知生无所得，

非己之私得。

则死无所丧。

理明义正而道不缺，气正神清而全归于天，故君子之生，明道焉尔，行道焉尔，为天效动，死则宁焉。丧者，丧其耳目口体，而神无损也。

未尝无之谓体，体之谓性。

无则不可为体矣。人有立人之体，百姓日用而不知尔，虽无形迹而非无实；使其无也，则生理以何为体而得存邪？仁之于父子，义之于君臣，用也；用者必有体而后可用，以此体为仁义之性。

天所性者通极于道，

天所命人而为性者，即以其一阴一阳之道成之。即一非二曰通，此外无杂曰极。人生莫不有性，皆天道也，故仁义礼智与元亨利贞无二道。

气之昏明不足以蔽之；

禀气有昏明，则知能有偏全，而一曲之诚即天之诚，故"乍见孺子"之仁，"无受尔汝"之义，必发于情，莫能终蔽也。

天所命者通极于性，

命以吉凶寿夭言。以人情度之，则有厚于性而薄于命者，而富贵、贫贱、夷狄、患难，皆理之所察。予之以性，即予之以顺受之道，命不齐，性无不可尽也。

遇之吉凶不足以戕之；

性存而道义出，穷通夭寿，何至戕其生理？

不免乎蔽之戕之者，未之学也。

任其质而不通其变，惟学有未至，故其端发见而不充，吉凶杂至而失其素。

性通乎气之外，命行乎气之内。气无内外，假有形而言尔。

人各有形，形以内为吾气之区宇，形以外吾之气不至焉，故可立内外之名。性命乎神，天地万物函之于虚灵而皆备，仁可以无不达，义可以无不行，气域于形，吉凶祸福止乎其身尔。然则命者私也，性者公也，性本无蔽，而命之戕性，惟不知其通极于性也。

故思知人不可不知天，尽其性然后能至于命。

知人，知人道也；知天，知天性也。知性之合于天德，乃知人性之善，明者可诚而昏皆可明；性尽，则无所遇而不可尽吾性之道。繇是而知命之通极于性，与天之命我，吉凶无心而无非顺正者同其化矣。

知性知天，则阴阳鬼神皆吾分内尔。

知性者，知天道之成乎性；知天者，即性而知天之神理。知性知天，则性与天道通极于一，健顺相资，屈伸相感，阴阳鬼神之性情，皆吾所有事，而为吾职分之所当修者矣。

天性在人，正犹水性之在冰，凝释虽异，为物一也；

未生则此理在太虚为天之体性，已生则此理聚于形中为人之性，死则此理气仍返于太虚，形有凝释，气不损益，理亦不杂，此所谓通极于道也。敬按：朱子谓冰水之喻近释，以朱、张论聚散之本体不同也。说详《太和篇》注中。

受光有小大昏明，其照纳不二也。

此亦以水喻性。形之受性，犹水之受光。水以受光为性，人以通理为性，有小大、昏明者，气禀尔；而曲者可致，浊者可澄，其性本能受也，在学以明善而复初尔。此所谓气有昏明不足以蔽之。

天良能本吾良能，顾为有我所丧尔。 张子自注：明天人之本无二。

体天之神化，存诚尽性，则可备万物于我。有我者，以心从小体，而执功利声色为己得，则迷而丧之尔。孟子言良知良能，而张子重言良能。盖天地以神化运行为德，非但恃其空晶之体；圣人以尽伦成物为道，抑非但恃其虚灵之悟。故知虽良而能不逮，犹之乎弗知。近世王氏之学，舍能而孤言知，宜其疾入于异端也。

上达反天理，下达徇人欲者与！

反天理，则与天同其神化；徇人欲，则其违禽兽不远矣。

性其总，合两也；

天以其阴阳五行之气生人，理即寓焉而凝之为性。故有声色臭味以厚其生，有仁义礼智以正其德，莫非理之所宜。声色臭味，顺其道则与仁义礼智不相悖害，合两者而互为体也。

命其受，有则也；

厚生之用，有盈有诎，吉凶生死因之，此时位之不齐，人各因所遇之气而受之。百年之内，七尺之形，所受者止此，有则而不能过。

不极总之要，则不至受之分。

极总之要者，知声色臭味之则与仁义礼智之体合一于当然之理。当然而然，则正德非以伤生，而厚生者期于正德。心与理一，而知吾时位之所值，道即在是，穷通寿夭，皆乐天而安土矣。若不能合一于理，而吉凶相感，则怨尤之所以生也。

尽性穷理而不可变，乃吾则也。

性无所不可尽，故舜之于父子，文王之于君臣，极乎仁义而无不可尽。唯其于理无不穷，故吉凶生死，道皆行焉，所遇者变而诚不变，吾之则无往而非天则，非若命之有则，唯所受而不能越也。

天所自不能已者谓命，不能无感者谓性。

万类灵顽之不齐，气运否泰之相乘，天之神化广大，不能择其善者而已其不善者；故君子或穷，小人或泰，各因其时而受之。然其所受之中，自有使人各得其正之理，则生理之良能自感于伦物而必动，性贯乎所受不齐之中而皆可尽，此君子之所以有事于性，无事于命也。

虽然，圣人犹不以所可忧而同其无忧者，有相之道存乎我也。

君子有事于性，无事于命，而圣人尽性以至于命，则于命不能无事焉。天广大而无忧，圣人尽人道，不可同其无忧，故顽嚚必格，知其不可而必为。是以受人之天下而不为泰，匹夫行天子之事而不恤罪我，相天之不足，以与万物合其吉凶，又存乎尽性之极功，而合两所以协一也。

湛一，气之本；

太虚之气，无同无异，妙合而为一，人之所受即此气也。故其为体，湛定而合一，湛则物无可挠，一则无不可受。学者苟能凝然静存，则湛一之气象自见，非可以闻见测知也。

攻取，气之欲。

物而交于物，则有同有异而攻取生矣。

口腹于饮食，鼻舌于臭味，皆攻取之性也。

气之与神合者，固湛一也，因形而发，则有攻取，以其皆为生气自然之有，故皆谓之性。生以食为重，故言饮食臭味以该声色货利。

知德者属厌而已，

性有之，不容绝也。知德者知吾所得于天之不专系于此，则如其量以安其气而攻取息。

不以嗜欲累其心，不以小害大、以末丧本焉尔。

心者，湛一之气所含。湛一之气，统气体而合于一，故大；耳目口体成形而分有司，故小。是以鼻不知味，口不闻香，非其所取则攻之；而一体之间，性情相隔，爱恶相违，况外物乎。小体，末也；大体，本也。

心能尽性，"人能弘道"也；性不知检其心，"非道弘人"也。

天理之自然，为太和之气所体物不遗者为性；凝之于人而函于形中，因形发用以起知能者为心。性者天道，心者人道，天道隐而人道显；显，故充恻隐之心而仁尽，推羞恶之心而义尽。弘道者，资心以效其能也。性则与天同其无为，不知制其心也；故心放而不存，不可以咎性之不善。

尽其性，能尽人物之性；至于命者，亦能至人物之命；

牛之穿而耕，马之络而乘，蚕之缫而丝，木之伐而薪，小人之劳力以养君子，效死以报君国，岂其性然哉？其命然尔。至于命，则知命以乐天，取于人物者有节不淫，而杀生皆敦乎仁，立命以相天治。夫人物者，裁成有道，而茂对咸若其化，人物之命皆自我而顺正矣。

莫不性诸道，命诸天。敬按：性诸道，言人物之性莫非道；命诸天，言人物之命莫非天。

上智下愚，有昏明而无得丧；禽兽于人，有偏全而无违离。知其皆性诸道，故取诸人以为善，圣不弃愚；观于物以得理，人不弃物。知其皆命诸天，则秩叙审而亲疏、上下各得其理，节宣时而生育、肃杀各如其量。圣人所以体物不遗，与鬼神合其吉凶，能至人物之命也。

我体物未尝遗，物体我知其不遗也。敬按：物体我，犹言物以我为体。

能体物，则人物皆以我为体，不能离我以为道，必依我之绥以为来，动以为和，九族睦，百姓昭，黎民变，鸟兽草木咸若，物无有能遗我者。

至于命，然后能成己成物，不失其道。

己无不诚，则循物无违而与天同化，以人治人，以物治物，各顺其受命之正，虽不能知者皆可使繇，万物之命自我立矣。所以然者，我与人物莫不性诸道，命诸天，无异理也。

以生为性，既不通昼夜之道，且人与物等，故告子之妄不可不诋。

知觉运动，生则盛，死则无能焉。性者，天理流行，气聚则凝于人，气散则合于太虚，昼夜异而天之运行不息，无所谓生灭也。如告子之说，则性随形而生灭，是性因形发，形不自性成矣。曰性善者，专言人也，故曰"人无有不善"。犬牛之性，天道广大之变化也，人以为性，则无所不为矣。

性于人无不善，

乾道变化，各正性命，理气一源而各有所合于天，无非善也。而就一物言之，则不善者多矣，唯人则全具健顺五常之理。善者，人之独也。

系其善反不善反而已；

攻取之气，逐物而往，恒不知反。善反者，应物之感，不为物引以去，而敛之以体其湛一，则天理著矣。此操存舍亡之几也。

过天地之化，不善反者也。

食色以滋生，天地之化也，如其受命之则而已。恃其攻取之能而求盈，则湛一之本，迷而不复。

命于人无不正，

天有生杀之时，有否泰之运，而人以人道受命，则穷通祸福，皆足以成仁取义，无不正也。

系其顺与不顺而已；

尽其道而生死皆顺也，是以舜受尧之天下，若固有之；孔子畏于匡，厄于陈、蔡而无忧。

行险以侥幸，不顺命者也。

故必尽性而后可至于命。

形而后有气质之性，

气质者，气成质而质还生气也。气成质，则气凝滞而局于形，取资于物以滋其质；质生气，则同异攻取各从其类。故耳目鼻口之气与声色臭味相取，亦自然而不可拂违，此有形而始然，非太和絪缊之气、健顺之常所固有也。旧说以气质之性为昏明强柔不齐之品，与程子之说合。今按张子以昏明强柔得气之偏者，系之才而不系之性，故下章详言之，而此言气质之性，盖孟子所谓口耳目鼻之于声色臭味者尔。盖性者，生之理也。均是人也，则此与生俱有之理，未尝或异；故仁义礼知之理，下愚所不能灭，而声色臭味之欲，上智所不能废，俱可谓之为性。而或受于形而上，或受于形而下，在天以其至仁滋人之生，成人之善，初无二理。但形而上者为形之所自生，则动以清而事近乎天；形而后有者资形起用，则静以浊而事近乎地。形而上者，亘生死、通昼夜而常伸，事近乎神；形而后有者，困于形而固将竭，事近乎鬼；则一屈一伸之际，理与欲皆自然而非繇人为。故告子谓食色为性，亦不可谓为非性，而特不知有天命之良能尔。若夫才之不齐，则均是人而差等万殊，非合两而为天下所大总之性；性则统乎人而无异之谓。

善反之，则天地之性存焉。

天地之性，太和絪缊之神，健顺合而无倚者也。即此气质之性，如其受命之则而不过，勿放其心以徇小体之攻取，而仁义之良能自不可掩。盖仁义礼智之丧于己者，类为声色臭味之所夺，不则其安佚而惰于成能者也。制之有节，不以从道而奚从乎！天地之性原存而未去，气质之性亦初不相悖害，屈伸之间，理欲分驰，君子察此而已。

　　故气质之性，君子有弗性者焉。

　　弗性，不据为己性而安之也。

　　此章与孟子之言相为发明，而深切显著，乃张子探本穷归之要旨，与程子之言自别，读者审之。

　　人之刚柔、缓急，有才与不才，气之偏也。

　　昏明、强柔、敏钝、静躁，因气之刚柔、缓急而分，于是而智愚、贤不肖若自性成，故荀悦、韩愈有三品之说，其实才也，非性也。性者，气顺理而生人，自未有形而有形，成乎其人，则固无恶而一于善，阴阳健顺之德本善也。才者，成形于一时升降之气，则耳目口体不能如一，而聪明干力因之而有通塞、精粗之别，乃动静、阖辟偶然之机所成也。性借才以成用，才有不善，遂累其性，而不知者遂咎性之恶，此古今言性者，皆不知才性各有从来，而以才为性尔。商臣之蜂目豺声，才也，象之傲而见舜则忸怩，性也；舜能养象，楚頵不能养商臣尔。居移气，养移体，气体移则才化，若性则不待移者也。才之美者未必可以作圣，才之偏者不迷其性，虽不速合于圣，而固舜之徒矣。程子谓天命之性与气质之性为二，其所谓气质之性，才也，非性也。张子以耳目口体之必资物而安者为气质之性，合于孟子；而别刚柔缓急之殊质者为才，性之为性乃独立而不为人所乱。盖命于天之谓性，成于人之谓才；静而无为之谓性，动而有为之谓才。性不易见而才则著，是以言性者但言其才而性隐。张子辨性之功大矣哉！敬按：动而有为之谓才，才，所谓心之官也。心之体为性，心之用为情，心之官为才。

　　天本参和不偏。养其气，反之本而不偏，则尽性而天矣。

　　天与性一也，天无体，即其资始而成人之性者为体。参和，太极、阴、阳，三而一也。气本参和，虽因形而发，有偏而不善，而养之以反其本，则即此一曲之才，尽其性而与天合矣。养之，则性现而才为用；不养，则性隐而惟以才为性，性终不能复也。养之之道，沉潜柔友刚克，高明强弗友柔克，教者，所以裁成而矫其偏。若学者之自养，则惟尽其才于仁义中正，以求其熟而扩充之，非待有所矫而后可正。故教能止恶，而诚明不倚于教，人皆可以为尧、舜，人皆可以合于天也。

性未成则善恶混，故亹亹而继善者，斯为善矣。

成，犹定也，谓一以性为体而达其用也。善端见而继之不息，则终始一于善而性定矣。盖才虽或偏，而性之善者不能尽掩，有时而自见；惟不能分别善者以归性，偏者以归才，则善恶混之说所以疑性之杂而迷其真。继善者，因性之不容掩者察识而扩充之，才从性而纯善之体现矣，何善恶混之有乎？

恶尽去则善因以亡，故舍曰"善"，而曰"成之者性"。

恶尽去，谓知性之本无恶，而不以才之偏而未丧者诬其性也。善恶相形而著，无恶以相形，则善之名不立，故《易》言："继之者善，成之者性。"分言之而不曰性善，反才之偏而恰合于人，以其可欲而谓之善矣。善者，因事而见，非可以尽太和之妙也。抑考孟子言天之降才不殊，而张子以才为有偏，似与孟子异矣。盖陷溺深，则习气重而并屈其才，陷溺未深而不知存养则才伸而屈其性。故孟子又言"为不善非才之罪"，则为善亦非才之功可见。是才者性之役，全者不足以为善，偏者不足以为害，故困勉之成功，均于生安。学者当专于尽性，勿恃才之有余，勿诿才之不足也。

德不胜气，性命于气；德胜其气，性命于德。

继善而得其性之所固有曰德。此言气者，谓偏气成形，而气即从偏发用者也。胜气者，反本而化其偏也。德不至而听才气之所为，则任其一偏之为，而或迪或逆，善恶混而吉凶亦无据矣。以善之纯养才于不偏，则性焉安焉于德而吉无不利，则皆德之所固有，此至于命而立命也。

穷理尽性，则性天德，命天理，

与天同德，则天之化理在我矣。

气之不可变者，独死生修夭而已。

气成乎形，体之强弱形，则凝滞而不可变，故跖寿而颜夭。

故论死生则曰"有命"，以言其气也；

形气之厚薄不可变也。

语富贵则曰"在天"，以言其理也。

理御气而可变者也。

此大德所以必受命，易简理得而成位乎天地之中也。

易简，乾、坤之德，所谓天德。成位乎中者，君师天下而参赞天地。

所谓天理也者，能悦诸心，能通天下之志之理也。能使天下悦且通，则天下必归焉。

天之聪明，自民能通天下之志而悦之，人归即天与，此天命之实，理固然也。

不归焉者，所乘所遇之不同，如仲尼与继世之君也。

仲尼不遇尧、舜之荐，无可乘之权，故德不加于天下，民不知归；而继世之君，非桀、纣之无道，尚能有其位。

"舜、禹有天下而不与焉"者，正谓天理驯致，非气禀当然，非志意所与也。

舜、禹未尝受天子之命于初生之气禀，唯以德驯致之，穷理尽性而命即理，于斯著矣。然理至而命自至，固无欲得之心，自无或爽之命，理则然也。

"必曰舜、禹"云者，非乘势则求焉者也。

继世之君乘势而有天下，命乎气也。汤、武则未尝无求之之心，非与天通理，故可曰俟命而不可曰至于命。有天下而不与，则以德驯致而无心，所以合一于神化。此明天子之位，舜、禹能以其德驯致，则吉凶、祸福何不自我推移，而特非有心为善以徼福者之所能与也。

利者为神，滞者为物。

皆气之为也。其本体之清微者，无性而不通，不疾而速；及其聚而成象，又聚而成形，则凝滞而难于推致矣。

是故风雷有象，不速于心；心御见闻，不弘于性。

风雷无形而有象，心无象而有觉，故一举念而千里之境事现于俄顷，速于风雷矣。心之情状虽无形无象，而必依所尝见闻者以为影质，见闻所不习者，心不能现其象。性则纯乎神理，凡理之所有，皆性之所函，寂然不动之中，万象赅存，无能御也。是以天之命，物之性，本非志意所与；而能尽其性，则物性尽，天命至，有不知其所以然者而无不通。盖心者，翕辟之几，无定者也；性者，合一之诚，皆备者也。

上智下愚，习与性相远既甚而不可变者也。

气之偏者，才与不才之分而已；无有人生而下愚，以终不知有君臣父子之伦及穿窬之可羞者。世教衰，风俗坏，才不逮者染于习尤易，遂日远于性而后不可变，象可格而商臣终于大恶，习远甚而成乎不移，非性之有不移也。

纤恶必除，善斯成性矣；察恶未尽，虽善必粗矣。

性无不善，有纤芥之恶，则性即为蔽，故德之已盛，犹加察于几微；此《虞书》于精一执中之余，尤以无稽、弗询为戒，为邦于礼明乐备之后，必于郑声、佞人致谨也。心无过而身犹有之，则不能纯粹以精，以成乎性焉安焉之圣德也。

"不识不知，顺帝之则"，有思虑识知，则丧其天矣。

思虑者，逆诈、亿不信之小慧；识知者，专己保残之曲学。天即理也，私意虽或足以知人而成事，而不能通于天理之广大，与天则相违者多矣。张子此言，与老、释相近而所指者不同，学者辨之。

"君子所性"，与天地同流，异行而已焉。

一于天理之自然，则因时合义，无非帝则矣。异行者，裁成天地之道，辅相天地之宜，自成其能也。

"在帝左右"，察天理而左右也。

无不在之谓察。左右者，与时偕行而无所执也。

天理者，时义而已。

理者，天所昭著之秩序也。时以通乎变化，义以贞其大常，风雨露雷无一成之期，而寒暑生杀终于大信。君子之行藏刑赏，因时变通而协于大，中左宜右有，皆理也，所以在帝左右也。

君子教人，举天理以示之而已；其行己也，述天理而时措之也。

小慧所测，记问所得，不恃以为学诲，所明者一以其诚而已。诚者，天理之实然，无人为之伪也。

和乐，道之端乎！

和者于物不逆，乐者于心不厌，端，所自出之始也。道本人物之同得而得我心之悦者，故君子学以致道，必平其气，而欣于有得，乃可与适道；若操一求胜于物之心而视为苦难，早与道离矣。下章言诚言敬，而此以和乐先之。非和乐，则诚敬局隘而易于厌倦，故能和能乐，为诚敬所自出之端。

和则可大，乐则可久；天地之性，久大而已矣。

不气矜以立异，则时无不可行，物无不可受；不疲形以厌苦，则终食无违，终身不去。和乐者，适道之初心，而及其至也，则与天地同其久大矣。性体性也；太虚之体，絪缊大和，是以聚散无恒而不穷于运。孔子之学不厌，教不倦，人皆可学而不能岁，唯其用情异也。

莫非天也，

耳目口体之攻取，仁义礼智之存发，皆自然之理，天以厚人之生而立人之道者也。

阳明胜则德性用，阴浊胜则物欲行。

阳动而运乎神，阴静而成乎形，神成性，形资养，凡物欲之需，皆地产之阴德，与形相滋益者也。气动而不凝滞于物，则怵惕恻隐之心无所碍而不穷于生；贪养不已，驰逐物欲，而心之动几息矣。

领恶而全好者，其必繇学乎！

好善恶恶，德性也；领者，顺其理而挈之也。阳明之德，刚健而和乐，阴浊则苶苶而贼害以攻取于物，欲澄其浊而动以清刚，则不可以不学。学者用神而以忘形之累，日习于理而欲自遏，此道问学之所以尊德性也。

不诚不庄，可谓之尽性穷理乎？

释氏以天理为幻妄，则不诚；庄生以逍遥为天游，则不庄；皆自谓穷理尽性，所以贼道。

性之德也未尝伪且慢，故知不免乎伪慢者，来尝知其性也。

性受于天理之实然，何伪之有！虽居静而函万化以不息，何慢之有！若王介甫之杂机杼，苏子瞻之好骄乐，皆自言知性，所知者释氏、庄生之所谓性也，恍忽无实而徜徉自废之浮气也。居处恭，执事敬，与人忠，乃以体性之诚；心恒存而性显，则不待推求而知之真矣。

勉而后诚庄，非性也。

勉强则志困而气疲，求其性焉安焉，未能也。

不勉而诚庄，所谓"不言而信，不怒而威"者与！

勉者存其迹，不勉者存其神；存神之至，与天地同其信威。中庸言勉强则成功一，而张子以勉为非性，似过高而不切于学者。乃释此篇之旨，先言和乐而后言诚庄，则学者适道之始，必以和乐之情存诚而庄莅，然后其为诚庄也可继，驯而致之，圣人之至善合天，不越乎此。盖中庸所言勉强者，学问思辨笃行之功，固不容已于勉强；而诚庄乃静存之事，勉强则居之不安而涉于人为之偏。且勉强之功，亦非和乐则终不能勉；养蒙之道，通于圣功，苟非其本心之乐为，强之而不能以终日。故学者在先定其情，而教者导之以顺。古人为教，先以勺、象，其此意欤！

生直理顺，则吉凶莫非正也。

义不当死，则慎以全身，义不可生，则决于致命，直也。气常伸而理不可屈，天所命人之正者此也。

不直其生者，非幸福于回，则免难于苟也。

处安平而枉以幸福，必临难而苟于求免。凭气数之偶然，幸而得福者有矣；以正言之，刑戮之民尔。

"屈伸相感而利生"，感以诚也；

屈则必伸，伸则必屈，善其屈以裕其伸，节其伸所以安其屈，天地不息之诚，太和不偏之妙也。人能以屈感伸，敛华就实，而德自著；以伸感屈，善其得者善其丧，皆体天地自然之实理，修身俟命而富贵不淫，贫贱不屈，夭寿不贰，用无不利矣。

"情伪相感而利害生"，杂之伪也。

情，实也。事之所有为情，理之所无为伪。事可为而即为，而不恤其非理之实，以事起事，以名邀名，以利计利，则虽事或实然，而杂之以妄，幸而得利，害亦伏焉。

至诚则顺理而利，伪则不循理而害，顺性命之理，则所谓吉凶，莫非正也；逆理则凶为自取，吉其险幸也。

诚者，吾性之所必尽，天命之大常也。顺之则虽凶而为必受之命，逆则虽幸而得吉，险道也，险则未有不危者。故比干死而不与恶来同其诛，曹丕、司马昭虽窃大位而祸延于世，不可以屈伸之数，幸事之或有而不恤理之本无也。

此章释《易传》之旨而决之于义利之分，为天道物理之恒，人禽存去之防，其言深切。学者近取而验吾心应感之端，决之于几微，善恶得失，判为两途，当无所疑矣。

"莫非命也，顺受其正。"顺性命之理，则得性命之正；灭理穷欲，人为之招也。

性命之理本无不正，顺之，则当其伸而自天佑之，当其屈而不愧于天。若灭理穷欲以侥幸者，非其性之本然，命之当受，为利害之感所摇惑而致尔。

《张子正蒙注》卷三终

张子正蒙注卷四

大心篇

此上六篇，极言天人神化性命之理；自此以下三篇，乃言学者穷理精义之功。明乎道之所自出，则功不妄，反诸学之所必务，则理不差，君子之道所以大而有实也。此篇乃致知之要，下二篇乃笃行之实，知之至而后行无不得，又学者知止之先资也。

大其心，则能体天下之物，物有未体，则心为有外。

大其心，非故扩之使游于荒远也；天下之物相感而可通者，吾心皆有其理，唯意欲蔽之则小尔。繇其法象，推其神化，达之于万物一源之本，则所以知明处当者，条理无不见矣。天下之物皆用也，吾心之理其体也；尽心以循之，则体立而用自无穷。

世人之心，止于闻见之狭；圣人尽性，不以见闻梏其心。其视天下，无一物非我，

闻见，习也；习之所知者，善且有穷，况不善乎！尽性者，极吾心虚灵不昧之良能，举而与天地万物所从出之理合而知其大始，则天下之物与我同源，而待我以应而成。故尽孝而后父为吾父，尽忠而后君为吾君，无一物之不自我成也；非感于闻见，触名思义，触事求通之得谓之知能也。

孟子谓尽心则知性知天以此。

朱子谓知性乃能尽心，而张子以尽心为知性之功，其说小异，然性处于静而未成法象，非尽其心以体认之，则偶有见闻，遂据为性之实然，此天下之言性者所以凿也。

天大无外，故有外之心，不足以合天心。

心不尽则有外，一曲乍得之知，未尝非天理变化之端，而所遗者多矣。

见闻之知，乃物交而知，非德性所知；

天下有其事而见闻乃可及之，故有尧，有象，有瞽瞍，有舜，有文王、幽、厉，有三代之民，事迹已著之余，传闻而后知，遂挟以证性，知为之梏矣。德性之知，循理而及其原，廓然于天地万物大始之理，乃吾所得于天而即所得以自喻者也。

德性所知，不萌于见闻。

萌者，所从生之始也。见闻可以证于知已知之后，而知不因见闻而发。德性诚有而自喻，如暗中自指其口鼻，不待镜而悉。

繫象识心，徇象丧心。

物之有象，理即在焉。心有其理，取象而证之，无不通矣。若心所不喻，一繫于象，而以之识心，则徇象之一曲而丧心之大全矣。故乍见孺子入井，可识恻隐之心，然必察识此心所从生之实而后仁可喻。若但据此以自信，则象在而显，象去而隐，且有如齐王全牛之心，反求而不得者矣。

知象者心，存象之心，亦象而已，谓之心，可乎？

知象者本心也，非识心者象也。存象于心而据之为知，则其知者象而已；象化其心而心唯有象，不可谓此为吾心之知也明矣。见闻所得者象也，知其器，知其数，知其名尔。若吾心所以制之之义，岂彼之所能昭著乎！

人谓己有知，繫耳目有受也；

受声色而能知其固然，因恃为己知，而不察知所从生，陋矣。

人之有受，繫内外之合也。

耳与声合，目与色合，皆心所翕辟之牖也，合，故相知；乃其所以合之故，则岂耳目声色之力哉！故舆薪过前，群言杂至，而非意所属，则见如不见，闻如不闻，其非耳目之受而即合，明矣。

知合内外于耳目之外，则其知也过人远矣。

合内外者，化之神也，诚之几也。以此为知，则闻之见之而知之审，不闻不见而理不亡，事即不隐，此存神之妙也。

天之明莫大于日，故有目接之，不知其几万里之高也；天之声莫大于雷霆，故有耳属之，莫知其几万里之远也；天之不御莫大于太虚，故心知廓之，莫究其极也。 敔按："几万里之远也"，"万"当作"百"。

言道体之无涯，以耳目心知测度之，终不能究其所至，故虽日之明，雷霆之声，为耳目所可听睹，而无能穷其高远；太虚寥廓，分明可见，而心知固不能度，况其变化难知者乎！是知耳目心知之不足以尽道，而徒累之使疑尔。心知者，缘见闻而生，其知非真知也。

人病其以耳目见闻累其心，而不务尽其心，

尽其心者，尽心之本知。

故思尽其心者，必知心所从来而后能。

心所从来者，日得之以为明，雷霆得之以为声，太虚絪缊之气升降之几也。于人，则诚有其性即诚有其理，自诚有之而自喻之，故灵明发焉；耳目见闻皆其所发之一曲，而函其全于心以为四应之真知。知此，则见闻不足以累其心，而适为获心之助，广大不测之神化，无不达矣。此尽性知天之要也。

耳目虽为性累，然合内外之德，知其为启之要也。

累者，累之使御于见闻之小尔，非欲空之而后无累也。内者，心之神，外者，物之法象。法象非神不立，神非法象不显。多闻而择，多见而识，乃以启发其心思而会归于一，又非徒恃存神而置格物穷理之学也。此篇力辨见闻之小而要归于此，张子之学所以异于陆、王之孤僻也。

成吾身者，天之神也。不知以性成身，而自谓因身发智，贪天功为己力，吾不知其知也。

身，谓耳目之聪明也。形色莫非天性，故天性之知，繇形色而发。知者引闻见之知以穷理而要归于尽性；愚者限于见闻而不反诸心，据所窥测，恃为真知。徇欲者以欲为性，耽空者以空为性，皆闻见之所测也。

民何知哉？因物同异相形，万变相感，耳目内外之合，贪天功而自谓己知尔。

形之所发，莫非天也；物变之不齐，亦莫非天也；两相攻取而顺逆之见生焉。若能知性知天，则一理之所贯通有真是，而无待是非之两立以相比拟，因天理之固然而不因乎闻见，则无恃以自矜其察矣。待有幽、厉而始知文、武之民善，待乌喙之毒而始知菽粟之养乎？同异万变，傪得傪失，不足为知也，明矣。

体物体身，道之本也；

万物之所自生，万事之所自立，耳目之有见闻，心思之能觉察，皆与道为体，知道而后外能尽物，内能成身；不然，则徇其末而忘其本矣。

身而体道，其为人也大矣。

视听言动，无非道也，则耳目口体全为道用，而道外无徇物自恣之身，合天德而广大肆应矣。

道能物身，故大；不能物身而累于身，则藐乎其卑矣。

物身者，以身为物而为道所用，所谓以小体从大体而为大人也，不以道用其耳目口体之能，而从嗜欲以沉溺不反，从记诵以玩物丧志，心尽于形器之中，小人之所以卑也。

能以天体身，则能体物也不疑。

天不息而大公，一于神，一于理，一于诚也。大人以道为体，耳目口体无非道用，则入万物之中，推己即以尽物，循物皆得于己，物之情无不尽，物之才无不可成矣。

成心忘，然后可与进于道。 张子自注：成心者，私意也。

成心者，非果一定之理，不可夺之志也。乍然见闻所得，未必非道之一曲，而不能通其感于万变，徇同毁异，强异求同，成乎己私，违大公之理，恃之而不忘，则执一善以守之，终身不复进矣。万世不易之常经，通万变而随时得中。学者即未能至，而不恃其习成之见，知有未至之境，则可与适道，而所未至者，皆其可至者也。

化则无成心矣。

大而化之，则心纯乎道。尽无方无体之理，自无成心。

成心者，意之谓与！

意者，心所偶发，执之则为成心矣。圣人无意，不以意为成心之谓也。盖在道为经，在心为志，志者，始于志学而终于从心之矩，一定而不可易者，可成者也。意则因感而生，因见闻而执同异攻取，不可恒而习之为恒，不可成者也。故曰学者当知志意之分。

无成心者，时中而已矣。

中无定在，而随时位之变，皆无过不及之差，意不得而与焉。

心存，无尽性之理，故圣不可知谓神。张子自注：此章言心者，亦指私心为言也。

心存，谓成心未忘也。性为神之体而统万善，若以私意为成心，则性之广大深微不能尽者多矣。杨之义，墨之仁，申之名，韩之法，莫非道之所可，而成乎性之偏，惟挟之以为成心，而不能极道之深、充道之广也。尽性而无成心，则大人以下，有所执以为善者，皆不测其时行时止、进退劝威之妙，盖圣人之神，超然知道之本原，以循理因时而已。敬按：不可知者，谓大人以下皆不能测之也。

以我视物，则我大；

视听之明，可以摄物，心知之量，可以受物，于是而可以知物之不足而我之有余，则不徇物以自替其大矣。

以道体物我，则道大。

物与我皆气之所聚，理之所行，受命于一阴一阳之道，而道为其体；不但夫妇、鸢鱼为道之所昭著，而我之心思耳目，何莫非道之所凝承，而为道效其用者乎！唯体道者能以道体物我，则大以道而不以我。

故君子之大也大于道，大于我者，容不免狂而已。

于道无不体，则充实光辉而大矣。狂者见我之尊而卑万物，不屑徇物以为功名而自得，乃考其行而不掩，则亦耳目心思之旷达而已。

烛天理，如向明，万物无所隐；

烛天理者，全体而率行之，则条理万变无不察也。万象之情状，以理验其合离，则得失吉凶，不待逆亿而先觉。

穷人欲，如专顾影间，区区一物之中尔。

形蔽明而成影；人欲者，为耳目口体所蔽而窒其天理者也。耳困于声，目困于色，口困于味，体困于安，心之灵且从之而困于一物，得则见美，失则见恶，是非之准，吉凶之感，在眉睫而不知；此物大而我小，下愚之所以陷溺也。

此章直指智愚之辨，穷本推源，最为深切，尤学者之所宜知警也。

释氏不知天命，而以心法起灭天地，

天命，太和絪缊之气，屈伸而成万化，气至而神至，神至而理存者也。释氏谓"心生种种法生，心灭种种法灭"，置之不见不闻，而即谓之无。天地本无起灭，而以私意起灭之，愚矣哉！

以小缘大，以末缘本，其不能穷而谓之幻妄，真所谓疑冰者与！ 张子自注：夏虫疑冰，以其不识。

小，谓耳目心知见闻觉知之限量；大者，清虚一大之道体；末者，散而之无，疑于灭，聚而成有，疑于相缘以起而本无生。惟不能穷夫屈伸往来于太虚之中者，实有絪缊太和之元气，函健顺五常之体性，故直斥为幻妄。己所不见而谓之幻妄，真夏虫不可语冰也。盖太虚之中，无极而太极，充满两间，皆一实之府，特视不可见，听不可闻尔。存神以穷之，则其富有而非无者自见。缘小体视听之知，则但见声色俱泯之为无极，而不知无极之为太极。其云"但愿空诸所有"，既云有矣，我乌得而空之？"不愿实诸所无"，若其本无，又何从可得而实之？惟其乍离人欲而未见夫天理，故以人欲之妄概天理之真，而非果有贤知之过，亦愚不肖之不及而已。

释氏妄意天性，而不知范围天用，

其直指人心见性，妄意天性，不知道心，而以惟危之人心为性也。天用者，升降之恒，屈伸之化，皆太虚一实之理气成乎大用也。天无体，用即其体。范围者，大心以广运之，则天之用显而天体可知矣。敬按：《中庸》云"天地之道，博也厚也，高也明也，悠也久也"，正所谓"天无体，用即其体"也。

反以六根之微因缘天地。明不能尽，则诬天地日月为幻妄，蔽其用于一身之小，溺其志于虚空之大，

万化之屈伸，无屈不伸，无伸不屈。耳目心知之微明，惊其所自生以为沤合，疑其屈而归于无，则谓凡有者毕竟归空，而天地亦本无实有之理气，但从见病而成瞀。其云"同一雨而天仙见为宝，罗刹见为刀"，乃盗贼恶月明、行人恶雨泞之偷心尔，是蔽其用于耳目口体之私情，以己之利害为天地之得丧，因欲一空而销隤之，遂谓"一真法界本无一物"，则溺其志以求合，而君父可灭，形体可毁，皆其所不恤已。

此所以语大语小，流遁失中。其过于大也，尘芥六合；其蔽于小也，梦幻人世。

以虚空为无尽藏，故尘芥六合；以见闻觉知所不能及为无有，故梦幻人世。

谓之穷理，可乎？不知穷理而谓尽性，可乎？谓之无不知，可乎？

梦幻无理，故人无有穷究梦幻者。以人世为梦幻，则富有日新之理皆可置之不思不议矣，君可非吾君矣，父可非吾父矣。天理者，性之撰，此之不恤，是无性矣。故其究竟，以无生为宗，而欲断言语，绝心行，茫然一无所知，而妄谓无不知，流遁以护其愚悍，无所不至矣。

尘芥六合，谓天地为有穷也；

如华藏世界等说是也。不知法界安立于何所，其愚蛊适足哂而已。

梦幻人世，明不能究所从也。

不能究所从者，不知太和缊缊之实为聚散之府，则疑无所从生而惟心法起灭，故立十二因缘之说，以无明为生死之本。统而论之，流俗之徇欲者，以见闻域其所知也；释氏之邪妄者，据见闻之所穷而遂谓无也。致知之道，惟在远此二愚，大其心以体物体身而已。

中正篇

此篇博引《论语》《孟子》之言以著作圣之功，而终之以教者善诱之道。其云中道者，即尧、舜以来相传之极致，《大学》所谓至善也。学者下学立心之始，即以此为知止之要而求得焉，不可疑存神精义为不可企及而自小其志量也。

中正然后贯天下之道，

不倚之谓中，得其理而守之、不为物迁之谓正。中正，则奉天下之大本以临事物，大经审而物不能外，天下之道贯于一矣。有成心者有所倚，徇见闻者必屡迁；唯其非存大中而守至正，故与道多违。

此君子之所以大居正也。

居者，存之于心，待物之来而应之。

盖得正则得所止，得所止则可以弘而至于大。

所止者，至善也；事物所以然之实，成乎当然之则者也。以健顺之大常为五常之大经，扩之，则万事万物皆效法焉而至于大矣。

乐正子、颜渊，知欲仁矣。

仁者，生物之理。以此，生则各凝之为性，而终身率繇，条理畅遂，无不弘焉；是性命之正，不倚见闻之私，不为物欲所迁者也。知欲仁，则志于仁矣。

乐正子不致其学，足以为善人信人，志于仁，无恶而已。

学，所以扩其中正之用而弘之者也；学虽未弘而志于仁，抑可以无恶者。盖夫人之心，善则欲，恶则恶，情之所然，即二气之和，大顺而不可逆者也。恻然有动之心，发生于太和之气，故苟有诸己，人必欲之，合天下之公欲，不远二气之正，乖戾之所以化也。

颜子好学不倦，合仁与智，具体圣人，独未至圣人之止尔。

颜子之好学，不迁怒，不贰过，养其心以求化于迹，则既志于仁，抑能通物理之变而周知之，具圣人之体矣。未极乎高明广大至善之境，以贞万气于一原，故未造圣人之极致。

学者中道而立，则有仁以弘之。

中道者，大中之矩，阴阳合一，周流于屈伸之万象而无偏倚者，合阴阳、健顺、动静于一而皆和，故周子曰"中也者和也"。《中庸》自其存中而后发之和言之，则中其体也，和其用也。自学者奉之为大本以立于四达之道言之，本乎太和而成无过不及之节，则和又体而中其用也。仁者，中道之所显也；静而能涵吾性之中，则天理来复，自然发起而生恻隐之心，以成天下之用，道自弘矣。

无中道而弘，则穷大而失其居，

老之虚，释之空，庄生之逍遥，皆自欲弘者；无一实之中道，则心灭而不能贯万化矣。

失其居则无地以崇其德，与不及者同；

苟欲弘而失其居，则视天下皆非吾所安之土，故其极至于恤私而蔑君亲，纵欲而习放诞，以为不系不留，理事皆无碍，而是非不立，与不肖者之偷污等矣。

此颜子所以克己研几，必欲用其极也。

极，中道也。克己，则不徇耳目之见闻而为所锢蔽；研几，则审乎是非之微，知动静之因微成著而见天地之心。颜子知用中道之极以求仁，故仁将来复。

未至圣而不已，故仲尼贤其进；未得中而不居，故惜夫未见其止也。

不居，未能居也；居之安，则不思不勉而与天同其化矣。未见其止者，颜子早夭，故不及止于至善也。

大中至正之文极，必能致其用，约必能感而通。

大中者，无所不中；至止者，无所不正；贯天下之道者也。文有古今质文之异，而用之皆宜，非博辩而不适于用；约以礼，修之于己，无心于物，物无不应。盖文与礼，一皆神化所显著之迹，阴阳、刚柔、仁义自然之秩序，不倚于一事一物而各正其性命者也。

未至于此，其视圣人，恍惚前后，不可为像，此颜子之叹乎！

神化之理，散为万殊而为文，丽于事物而为礼，故圣人教人，使之熟习之而知其所繇；生乃所以成乎文与礼者，人心不自已之几，神之所流行也。圣人存神，随时而处中，其所用以感天下者，以大本行乎达道，故错综变化，人莫能测，颜子之叹以此。如《礼记》所载"拱而尚左"之类，亦文与礼之易知易从者，得其时中而人且不知，亦可以思圣人义精仁熟、熟而入化之妙矣。

可欲之谓善，志仁则无恶也，

无恶，则不拂人之性而见可欲。

诚善于心之谓信，

有诸己者，诚自信于心也。

充内形外之谓美，

义理足乎日用，德纯一致无疵颣曰美。

塞乎天地之谓大，

天地之间事物变化，得其神理，无不可弥纶者。能以神御气，则神足以存，气无不胜矣。

大能成性之谓圣，

大则无以加矣，熟之而不待扩充，全其性之所能，而安之以成乎固然，不待思勉矣。

天地同流，阴阳不测之谓神。

神者，圣之大用也。合阴阳于一致，进退生杀乘乎时，而无非天理之自然，人不得以动静、刚柔、仁义之迹测之，圣之神也。六者，以正志为入德之门，以存心立诚为所学之实，以中道贯万理为至善之止，圣与神则其熟而驯致者也。故学者以大心正志为本。

高明不可穷，博厚不可极，则中道不可识，盖颜子之叹也。

穷高明者，达太虚至和之妙，而理之所从出无不知也；极博厚者，尽人物之逆顺险阻，皆能载之而无所拒也。穷高明则文皆致用，极博厚则礼能感通，而后天下之富有，皆得其大中之矩以贯万理。颜子弥高弥坚之叹，非侈心于高坚，所以求中道尔。不穷高明，不极博厚，而欲识中道，非偏则妄矣。

君子之道，成身成性以为功者也。

身者道之用，性者道之体。合气质攻取之性，一为道用，则以道体身而身成；大其心以尽性，熟而安焉，则性成。身与性之所自成者，天也，人为蔽之而不成；以道体天，而后其所本成者安之而皆顺。君子精义研几而化其成心，所以为作圣之实功也。

未至于圣，皆行而未成之地尔。

欲罢不能而未熟，私意或间之也；行而不息，则成矣。

大而未化，未能有其大，化而后能有其大。

与时偕行而无不安，然后大无所御；以天地万物一体为量而有任之之意存，则动止进退必有所碍，不能全其大矣。任之之意，即有思勉，有方体也。

知德以大中为期，可谓知至矣。

大中者，阴阳合德，屈伸合机，万事万理之大本也。知之而必至于是以为止，知乃至其极也。

择中庸而固执之，乃至之之渐也。

中庸，中之用也。择者，择道心于人心之中，而不以见闻之人为杂天理之自然也。固执，动静恒依而不失也。择之精，执之固，熟则至矣。

惟知学然后能勉，能勉然后日进而不息可期矣。

知学，知择执以至于中也；不息，则成性而自能化矣。不知学者，俗儒以人为为事功，异端以穷大失居为神化；故或事求可，功求成，而遂生其骄吝，或谓知有是事便休，皆放其心而不能勉；虽小有得，以间断而失之。

体正则不待矫而弘，

体，才也；才足以成性曰正。聪明强固，知能及而行能守，则自弘矣。

不正必矫，矫而得中，然后可大。

得中道之一实以体天德，然后可备万物之理。才既偏矣，不矫而欲弘，则穷大失居，弘非其弘矣。盖才与习相狃，则性不可得而见，习之所以溺人者，皆乘其才之相近而遂相得。故矫习以复性者，必矫其才之所利；不然，陷于一曲之知能，虽善而隘，不但人欲之局促也。

故致曲于诚者，必变而后化。<small>敔按：此言变化，与朱子《中庸章句》异，详后《致曲不贰》章。</small>

变，谓变其才质之偏；化，则弘大而无滞也。

极其大而后中可求，止其中而后大可有。

大者，中之撰也；中者，大之实也。尽体天地万物之化理，而后得大本以随时而处中，得中道而不迁，则万化皆繇之以弘，而用无不备矣。

大亦圣之任，

圣之任，亦大之至尔。

虽非清和一体之偏，犹未忘于勉而大尔。

伊尹耕于有莘，亦夷之清；出而五就汤、五就桀，亦惠之和；可兼二子，而执义已严，图功已亟，皆勉也。

若圣人，则性与天道无所勉焉。

圣人，谓孔子。顺性而自止于大中，因天道而自合其时中，不以道自任，故化不可测，伊尹之道疑于孔子，而大与圣分焉，故辨之。

无所杂者清之极，无所异者和之极。勉而清，非圣人之清；勉而和，非圣人之和。所谓圣者，不勉不思而至焉者也。

伯夷、柳下惠体清和而熟之，故孟子谓之为圣，化于清和也。伊尹大矣，而有所勉，夷、惠忘乎思勉，而未极其大。清和未极其大，故中不能止；任者未止于中，故大不能化。唯孔子存神而忘迹，有事于天，无事于人，圣功不已，故臻时中之妙，以大中贯万理而皆安也。

勉，盖未能安也；思，盖未能有也。

未能安，则见难而必勉；未能有，必待思而得之。见道于外，则非己所固有而不安；存神以居德，则虽未即至而日与道合。作圣之功，其入德之门，审矣。

不尊德性，则学问从而不道；

道谓顺道而行。不尊德性，徇闻见而已。

不致广大，则精微无所立其诚；

不弘不大，区限于一己而不备天地万物之实，则穷微察幽，且流于幻妄。

不极高明，则择乎中庸，失时措之宜矣。

不极乎形而上之道以烛天理之自然，则虽动必遵道而与时违。张子此说，与陆子静之学相近，然所谓广大高明者，皆体物不遗之实，而非以空虚为高广。此圣学异端之大辨，学者慎之。

绝四之外，心可存处，盖必有事焉，而圣不可知也。

凡人之心，离此四者则无所用心；异端欲空此四者而寄其心于虚寂惝恍，皆未能有事。圣人岂其然哉？"成性存存，道义之门"，非人所易知尔。

不得已，当为而为之，虽杀人，皆义也；

不得已者，理所必行，乘乎时位，已之则失义也。

有心为之，虽善，皆意也。

有心为者，立意以求功也。

正己而物正，大人也；

大人正己而已，居大正以临物，皆为己也。得万物理气之大同，感物必通矣。

正己而正物，犹不免有意之累也。

以欲正物，故正己以正之，贤于藏身不恕者尔。而政教督责，有贤智临人之意，物不感而忧患积矣。

有意为善，利之也，假之也；

利者利其功，假者假其名，非义也。

无意为善，性之也，繇之也。

性成乎必然，故无意而必为。繇者，以其存于中者率而行之也，《孟子》曰："繇仁义行。"

有意在善，且为未尽，况有意于未善邪！

意者，人心偶动之机，类因见闻所触，非天理自然之诚，故不足以尽善。而意不能恒，则为善为恶，皆未可保。故志于仁者，圣功之始；有意为善者，非辟之原。志大而虚含众理，意小而滞于一隅也。

仲尼绝四，自始学至成德，竭两端之教也。

意、必、固、我，以意为根；必、固、我者，皆其意也，无意而后三者可绝也。初学之始，正义而不谋利，明道而不计功；及其至也，义精仁熟，当为而为，与时偕行，而所过者化矣。圣功之始基，即天德之极致，下学上达，一于此也。

不得已而后为，至于不得为而止。斯智矣夫！

不得已，理所不可止，义也；不得为，时所未可为，命也。义命合一存乎理，顺理以屈伸动静，智斯大矣。

意，有思也；

未能有诸己而思及之。

必，有待也；

期待其必得。

固，不化也；

事已过而不忘。

我，有方也。

一方之善可据而据之。

四者有一焉，则与天地为不相似。

天地诚有而化行，不待有心以应物无意；施生无方，栽培倾覆，无待于物以成德无必；四时运行，成功而不居无固；并育并行，无所择以为方体无我；四者忘，则体天矣。此言成德之极致，四者绝也。

天理一贯，则无意、必、固、我之凿。

随时循理而自相贯通，顺其固然，不凿聪明以自用。

意、必，固、我，一物存焉，非诚也。

凿者，理所本无，妄而不诚。

四者尽去，则直养而无害矣。

顺义以直行，养其中道，无私妄以为之害矣。此始学之存心当绝四者也。

妄去然后得所止，

意、必、固、我皆妄也，绝之，则心一于天理流行之实而不妄动。

得所止，然后得所养而进于大矣。

养其所止之至善，则知此心与天地同其无方而进于大。

无所感而起，妄也；

天下无其事而意忽欲为之，非妄而何？必、固、我皆缘之以成也。

感而通，诚也；

神存而诚立，诚则理可肆应，感之而遂通。

计度而知，昏也；不思而得，素也。

万事万物之不齐，善恶得失二端而已。大经正，大义精，则可否应违，截然分辨，皆素也。计度而知，设未有之形以料其然，是非之理不察者多矣。

事豫则立，必有教以先之；

明善乃所以立诚，教者所以明也。

尽教之善，必精义以研之；

以义为大经，研其所以然，则物理无不察，所立之教皆诚明矣。

精义入神，然后立斯立，动斯和矣。 敬按：此言"斯立、斯和"，与《论语》本文小异，后《以能问不能章》解"私淑艾"亦然。凡此类注皆如张子之意而通之，不袭程、朱之旨。说见下卷《作者》篇。

得物情事理屈伸相感之义以教人，而审其才质刚柔之所自别，则矫其偏而立斯立，动其天而自和乐以受裁，竭两端之教，所以中道而立，无贬道以徇人之理。

志道则进据者不止矣，依仁则小者可游而不失和矣。

进而据者，德也；志道，则壹其志于性天之理，其得为真得，愈进而愈可据。小，谓艺也。和者，万事一致之理。依仁，则艺皆仁之散见，而知合于一贯，明非据事以为德，游小而忘大也。

志学然后可以适道，

志学者大其心以求肖夫道，则无穷之体皆可緜之而至。

强礼然后可与立，

强者力制其妄，敦行其节，动无非礼，则立身固矣。

不惑然后可与权。

理一而有象，有数，有时，有位，数赜而不乱，象变而不惊，时变而行之有素，位殊而处之有常，轻重、大小、屈伸通一而皆齐，可与权也。

博文以集义，集义以正经，正经然后一以贯天下之道。

申明不惑可权之义。言博文而集义之，蓄变无所疑惑，则无往而不得其经之正。此强礼之后，立本以亲用之学。经正则万物皆备，而天下之道贯于经之一，故其趋不同而皆仁也。权者，以铢两而定无方之重轻，一以贯之之象，随时移易而皆得其平也。明此，则权即经之所自定，而反经合权之邪说愈不足立矣。抑张子以博文之功在能立之后，与朱子以格物为始教之说有异，而《大学》之序，以知止为始，修身为本，朱子谓本始所先，则志道强礼为学之始基，而非志未大，立未定，徒恃博文以几明善，明矣。

将穷理而不顺理，将精义而不徙义，欲资深且习察，吾不知其智也。

理者，合万化于一源；即其固然而研穷以求其至极，则理明。乃舍其屈伸相因之条理而别求之，则恍惚幻妄之见立而理逆矣。义者，一事有一事之宜，因乎时位者也。徙而不执，乃得其随时处中之大常；若执一义而求尽其微，则杨之为我，墨之兼爱，所以执一而贼道。资深自得，则本立而应无穷；若即耳目所习见习闻者察之，则蔽于所不及见闻，言僻而易穷，如释氏生灭之说，足以惑愚民而已，奚其智！

知、仁、勇天下之达德，虽本之有差，及所以知之成之则一也。盖谓仁者以生知、以安行此五者，智者以学知、以利行此五者，勇者以困知、以勉行此五者。

朱子之说本此；而以生安为知，学利为仁，则有小异，其说可通参，各有所本。要之，知、仁、勇各有生安、学利、困勉之差，非必分属三品也。

中心安仁，无欲而好仁，无畏而恶不仁。天下一人而已，惟责己一身当然尔。

为天下之一人，岂可概望之天下哉！治天下，以天下而责一人之独至于己，故养先于教，礼先于刑，所为易从而能化也。

行之笃者，敦笃云乎哉！如天道不已而然，笃之至也。

敦笃者，奋发自强于必为，勇之次者也。如天道不已而然，则仁者之终身无违也。以天体身，以身体道，知其不容已，而何已之有！

君子于天下，达善达不善，无物我之私。

达者，通物我于一也。君子所欲者，纯乎善而无不善尔。若善则专美于己，不善则听诸物，是拒物私我而善穷于己，不善矣。

循理者共悦之，

己有善则悦，人有善，视之无异于己，是达善也。

不循理者共改之。

己有过则改，人有恶，则反求自讼而化之，是达不善也。

改之者，过虽在人如在己，不忘自讼；

"万方有罪，罪在朕躬"，非但天子为然。横逆不改而三自反，所以尽己而感人也。

共悦者，善虽在己，盖取诸人而为，必以与人焉。

己知之，待人言而行之，归其功于人，不自有也。

善以天下，不善以天下，是谓达善达不善。

形迹化而天理流行，神化之事也。然学者克去己私以存心，则亦何远之有哉！

善人云者，志于仁而未致其学，能无恶而已，"君子名之必可言也"如是。

学，谓穷理精义以尽性之功，名之曰善人，则其实也。无恶之谓善。

善人，欲仁而未致其学者也。欲仁，故虽不践成法，亦不陷于恶，有诸己也。

仁者心之安，心所不安则不欲，故不陷于恶。乡原则践成法以自文，而不恤其心之安，故自以为善者皆恶人，虽欲之相似而实相反。

"不入于室"緣不学，故无自而入圣人之室也。

善人而学，则洗心藏密而入圣人之室矣，圣非不可学而至也。

恶不仁，故不善未尝不知；

恶之诚则知之明，不善当前而与己相拂，如恶恶臭，过前而即知之。

徒好仁而不恶不仁，则习不察，行不著。

未尝取不仁之恶而决择之，则或见为当然，狎习之而不知恶。故穷异端之妄，必知其不仁之所在，然后别天理之几微；不然，且有如游、谢诸子暗淫于其说者矣。司马君实好善笃而恶恶未精，故苏子瞻与游而不知择。道虽广而义不得不严，君子所以反经而消邪慝也。

是故徒善未必尽义，徒是未必尽仁；

徒欲善而不辨其恶以去之，则义有所不正；徒行其是而不防是之或非，则仁有所不纯。

好仁而恶不仁，然后尽仁义之道。

严以拒不仁而辨之于微，然后所好者纯粹以精之理行，习之似是而非者不能乱也。故坤之初六，履霜而辨坚冰之至。苟或唯不知此，是以陷于乱臣贼子之党而不自知。

"笃信好学"，笃信不好学，不越为善人信士而已。

越，过也。学以充实其所以然之理，作圣之功也。

此节旧连下章，传写之讹，今别之。

"好德如好色"，好仁为甚矣。

求必得也。

见过而内自讼，恶不仁而不使加乎其身，恶不仁为甚矣。

不容有纤芥之留也。

学者不如是，不足以成身，

成身者，卓然成位乎中，直方刚大而无愧怍于天人也。

故孔子未见其人，必叹曰"已矣乎"，思之甚也。

君子之好恶用诸己，小人之好恶用诸物，涵泳孔子之言而重叹之，张子之学所为壁立千仞，而不假人以游溢之便。先儒或病其已迫，乃诚伪之分，善恶之介，必如此谨严而后可与立。彼托于春风沂水之狂而陶然自遂者，未足以开来学，立人道也。

孙其志于仁则得仁，孙其志于义则得义，惟其敏而已。

孙，顺也，顺其志也；志于仁义而不违。志与相依而不违，则不能自已而进于德矣。此释说命"孙志时敏"之义，明孙非柔缓之谓，乃动与相依，静与相守，敏求而无须臾之违也。

博文约礼，繇至著入至简，故可使不得叛而去。

文者，礼之著见者也。会通于典礼，以服身而制心，所谓至简也。不博考于至著之文，而专有事于心，则虚寂恍惚以为简，叛道而之于邪矣。

温故知新，多识前言往行以畜德，

温故知新，非以侈见闻之博；多识而力行之，皆可据之以为德。

绎旧业而知新益，思昔未至而今至，

即所闻以验所进。

缘旧所见闻而察来，

据所闻，以义类推之。

皆其义也。

皆博文之益也。存神以立本，博文以尽其蕃变，道相辅而不可偏废。

责己者当知天下国家无皆非之理，

人虽穷凶极恶，亦必有所挟以为名，其所挟之名则亦是也。尧以天下与人而丹朱之傲不争，若殷之顽民称乱不止，亦有情理之可谅。倘挟吾之是以摘彼之非，庸讵不可！而己亦有歉矣。大其心以体之，则唯有责己而已。

故学至于不尤人，学之至也。

学以穷理而成身，察理于横逆之中，则义精而仁弘，求己以必尽之善，则诚至而化行，乃圣学之极致。

闻而不疑则传言之，见而不殆则学行之，中人之德也。

传言，述之为教也；学行，模仿以饰其行也。资闻见以求合于道，可以寡过，非心得也，故夫子亦但以为可以得禄之学。

闻斯行，好学之徒也；

不阙疑殆而急于行，好学而不知道。

见而识其善而未果于行，愈于不知者尔。

此尤不足有为者，愈于不知而妄作者尔。

世有不知而作者，盖凿也，妄也；

慧巧者则为凿，粗肆者则为妄。

夫子所不敢也，故曰"我无是也"。

圣人且不敢，而况未至于圣者乎！

此章言恃闻见以求合，虽博识而仅为中人之德，若急于行、怠于行者，尤无德之可称，则闻见之不足恃明矣。然废闻见而以私意测理，则为妄为凿，陷于大恶，乃圣人之所深惧。盖存神以烛理，则闻见广而知日新，故学不废博，而必以存神尽心为至善，其立志之规模不同，而后养圣之功以正。大学之道，以格物为先务，而必欲明明德于天下，知止至善以为本始，则见闻不叛而德日充。志不大则所成者小，学者所宜审也。

以能问不能，以多问寡，私淑艾以教人，隐而未见之仁也。

私淑艾，谓取人之善以自淑，非以教人，而所以奖进愚不肖者，则教行乎其间矣。盖以多能下问，则苟有一得者，因问而思所疑，坚所信，则亦求深于道而不自已，其曲成万物之仁，隐于求益自成之中，教思无穷，愈隐而愈至矣。此大舜之德而颜子学之也。

为山平地，此仲尼所以惜颜回未至，盖与互乡之进也。

志于善则不可量，故不拒童子。颜子殆圣而圣功未成，一篑之差也。圣人望人无已之心如是。

学者四失：为人则失多，好高则失寡，不察则易，苦难则止。

为人，求诸人也，失多者，闻见杂而不精；好高者，目困而不能取益于众；易于为者，不察而为之则妄；知其难者，惮难而置之则怠。四者，才之偏于刚柔者也。知其失而矫之，为人而反求诸己，志高而乐取善，易于为而知慎，知其难而勇于为，然后可与共学。

学者舍礼义，则饱食终日，无所猷为，与下民一致，所事不逾衣食之间，燕游之乐尔。

甚言其贱也。困其心于衣食之计，暇则燕游，自谓恬淡寡过，不知其为贱丈夫而已。学者读陶靖节、邵康节之诗，无其志与识而效之，则其违禽兽不远矣，庄周所谓人莫悲于心死也。

以心求道，正犹以己知人，终不若彼自立彼为不思而得也。

以心求道者，见义在外，而以觉了能知之心为心也，性函于心而理备焉，即心而尽其量，则天地万物之理，皆于吾心之良能而著：心所不及，则道亦不在矣。以己知人，饥饱寒暑得其仿佛尔。若彼自立彼，人各有所自喻，如饥而食、渴而饮，岂待思理之当然哉！吾有父而吾孝之，非求合于大舜；吾有君而吾忠之，非求合于周公；求合者终不得合，用力易而尽心难也。

考求迹合以免罪戾者，畏罪之人也。故曰考道以为无失。

以诚心体诚理，则光明刚大，行于忧患生死而自得，何畏之有！无欠者，仅免于罪。

儒者穷理，故率性可以谓之道。

穷仁义中正之所自出，皆浑沦太和之固有，而人得之以为性，故率循其性而道即在是。

浮图不知穷理而自谓之性，故其说不可推而行。

释氏缘见闻之所不及而遂谓之无，故以真空为圆成实性，乃于物理之必感者，无理以处之而欲灭之；灭之而终不可灭，又为"化身无碍"之遁辞，乃至云"淫坊酒肆皆菩提道场"，其穷见矣。性不可率之以为道，其为幻诞可知；而近世王畿之流，中其邪而不瘳，悲夫！

致曲不贰，则德有定体；

不贰，无间杂也。定体，成其一曲之善而不失。

体象诚定，则文节著见；

体象，体成而可象也。诚定者，实有此理而定于心也。所行者一，因其定立之诚，则成章而条理不紊。

一曲致文，则余善兼照；

余善，未至之善也。心实有善而推行之，则物理之当然，推之而通，行至而明达矣。

明能兼照，则必将徙义；

知及之则行必逮之，盖所知者以诚而明，自不独知而已尔。动而曰徙义者，行而不止之谓动。

诚能徙义，则德自通变；

徙义以诚，其明益广，其义益精，变无不通矣。

能通其变，则圆神无滞。

至变与大常合而不相悖，以神用而不以迹合，与时偕行，大经常正而协乎时中之道矣。此释《中庸》之义，而历序其日进之德，盖张子自道其致曲之学所自得者，脉络次序，唯实有其德者喻之，非可以意为想像也。

有不知则有知，无不知则无知；

有知者，挟所见以为是，而不知有其不知者在也。圣人无不知，故因时，因位，因物，无先立之成见，而动静、刚柔皆统乎中道。其曰"吾道一以贯之"，岂圣人之独知者哉！

是以鄙夫有问，仲尼竭两端而空空。

若有秘密独知之法，则必不可以语鄙夫矣。竭两端者，夫子以之而圣，鄙夫以之而寡过，一也。空空，无成心，无定则也，事理皆如其意得尔。

《易》无思无为，受命乃如响。

全体乎吉凶悔吝之理，以待物至而应之，故曰"《易》广矣"。大矣圣人之知无不通，所以合于鬼神。

圣人一言尽天下之道，虽鄙夫有问，必竭两端而告之。

凡事之理，皆一源之变化屈伸也；存神忘迹，则天道物理之广大皆协于一，而一言可尽，非以己所知之一言强括天下之理也。

然问者随才分各足，未必能两端之尽也。

非独鄙夫为然，颜、闵以下，亦各不能体其言之所尽，有所受益而自据为知，所以受教于圣人而不能至于圣。

教人者必知至学之难易。

有初学难而后易者，有初学易而后难者，因其序则皆可使之易。

知人之美恶，

刚柔、敏纯之异。

当知谁可先传此，谁将后倦此。

年强气盛则乐趋高远；而使循近小，虽强习必倦。

若洒扫应对，乃幼而逊弟之事；长后教之，人必倦弊。惟圣人于大德有始有卒，故事无大小，莫非处极。

圣人合精粗、大小于一致，故幼而志于大道，老而不遗下学。

今始学之人，未必能继，妄以大道教之，是诬也。

继，谓纯其念于道而不间也。若洒扫应对，则可相继而不倦；故产其志于专谨，且以毕小德而不俟其倦。

知至学之难易，知德也；

行焉而皆有得于心，乃可以知其中甘苦之数。

知其美恶，知人也。

曲尽人才，知之悉也。

知其人且知德，故能教人使入德。

顺其所易，矫其所难，成其美，变其恶，教非一也。

仲尼所以问同而答异，以此。

理一也，从人者异尔。

"蒙以养正。"使蒙者不失其正，教人者之功也；尽其道，其唯圣人乎！

才之偏，蒙也；养之者因所可施可受而使安习之。圣人全体天德之条理，以知人而大明其终始，故教道不一而尽。

洪钟未尝有声，縠扣乃有声；圣人未尝有知，縠问乃有知。

洪钟具大声之理，圣人统众理之神，扣焉而无不应，问焉而无不竭。

"有如时雨化之者。"当其可，乘其间而施之，

可者，当其时也；间者，可受之机也。

不待彼有求有为而后教之也。

有求则疑，有为则成乎过而不易救。

志常继则罕譬而喻，言易入则微而臧。

学者志正而不息，则熟于天理，虽有未知，闻言即喻，不待广譬也。逊志而敏求，则言易相人，但微言告之而无不尽善。此言教者在养人以善，使之自得，而不在于详说。

"凡学，官先事，士先志"，谓有官者先教之事，未官者使正其志焉。

所谓当其可也。即事以正志，即志以通事，徐引之以达于道。

志者，教之大伦而言也。

大伦，可以统众事者。正其志于道，则事理皆得，故教者尤以正志为本。

道以德者，运于物外，使自化也。

物者，政刑之迹。

故谕人者，先其意而逊其志可也。

意之所发，或善或恶，因一时之感动而成乎私；志则未有事而豫定者也。意发必见诸事，则非政刑不能正之；豫养于先，使其志驯习乎正，悦而安焉，则志定而意虽不纯，亦自觉而思改矣。

盖志意两言，则志公而意私尔。

未有事，则理无所倚而易明。惟庸人无志尔，苟有志，自合天下之公是。意则见己为是，不恤天下之公是，故志正而后可治其意，无志而唯意之所为，虽善不固，恶则无不为矣。故大学之先诚意，为欲正其心者言也，非不问志之正否而但责之意也。教人者知志意公私之别，不争于私之已成，而唯养其虚公之心，所谓"禁于未发之谓豫"也。

能使不仁者仁，仁之施厚矣；故圣人并答仁智以"举直错诸枉"。

"仁智合一"之说本此。

以责人之心责己则尽道，所谓"君子之道四，丘未能一焉"者也；

责人则明，责己或暗，私利蔽之也。去其蔽，责己自严。

以爱己之心爱人则尽仁，所谓"施诸己而不愿亦勿施于人"者也；

君子之自爱，无徇私之欲恶，无不可推以及人。

以众人望人则易从，所谓"以人治人改而止"者也；

大伦大经，民可使繇之，虽不可使知之而勿过求焉。

此君子所以责己、责人、爱人之三术也。

术者，道之神妙。

有受教之心，虽蛮貊可教；为道既异，虽党类难相为类。

君子道大教弘而不为异端所辱者，当其可，乘其间而已。

大人所存，盖必以天下为度。

念之所存，万物一源之太和，天下常在其度内。

故孟子教人，虽货色之欲，亲长之私，达诸天下而后已。

天下之公欲，即理也；人人之独得，即公也。道本可达，故无所不可，达之于天下。

子而孚化之，

子，禽鸟卵也；孚，抱也。有其质而未成者，养之以和以变其气质，犹鸟之伏子。

众好者，翼飞之，

众好，喻禽鸟之少好者；翼飞，喻哺而长其翼，教之习飞也。志学已正而引之以达，使尽其才，犹鸟之教习飞。

则吾道行矣。

师道立，善人多，道明则行。

《张子正蒙注》卷四终

张子正蒙注卷五

至当篇

此篇推前篇未尽之旨而征之于日用，尤为切近。然皆存神知化之理所一以贯之者，所谓易简而天下之理得也。篇内言易简、知几而归本于大经之正，学者反而求之于父子君臣之间，以察吾性之所不容已，则天之所以为天，人之所以为人，圣之所以为圣，无待他求之矣。

至当之谓德，百顺之谓福。

当于理则顺。于事至当，则善协于一，无不顺矣。事无所逆之谓福。

德者福之基，福者德之致，无入而非百顺，故君子乐得其道。

以德致福，因其理之所宜，乃顺也。无入不顺，故尧水、汤旱而天下安，文王囚、孔子厄而心志适，皆乐也，乐则福莫大焉。小人以得其欲为乐，非福也。

循天下之理之谓道，得天下之理之谓德，

理者，物之同然，事之所以然也。显著于天下，循而得之，非若异端孤守一己之微明，离理气以为道德。

故曰："易简之善配至德。"

至德，天之德也。顺天下之理而不凿，五伦百行，晓然易知而简能，天之所以行四时、生百物之理在此矣。

"大德敦化"，仁智合一，厚且化也；

敦，存仁之体也；化，广知之用。大德存仁于神而化无不行，智皆因仁而发，仁至而智无不明。化者，厚之化也，故化而不伤其厚，举错而枉者直，此理也。

"小德川流"，渊泉时出之也。敬按：此言用涵于体，体著于用，小德大德，一诚而已。

渊泉则无不流，惟其时而已，故德以敦仁为本。

"大德不逾闲，小德出入可也"，大者器，则小者不器矣。

器者，有成之谓。仁成而纯乎至善，为不逾之矩则。小德如川之流，礼有损益，义有变通，运而不滞，而皆协于至一，故任让、进退、质文、刑赏，随施而可。

德者，得也，凡有性质而可有者也。

得，谓得之于天也。凡物皆太和缢缊之气所成，有质则有性，有性则有德，草木鸟兽非无性无德，而质与人殊，则性亦殊，德亦殊尔。若均是人也，所得者皆一阴一阳继善之理气，才虽或偏而德必同，故曰"人无有不善"。

"日新之谓盛德"，过而不有，不凝滞于心知之细也。

日新盛德，乾之道，天之化也。人能体之，所知所能，皆以行乎不得不然而不居，则后日之德非倚前日之德，而德日盛矣。时已过而犹执者，必非自然之理，乃心知缘于耳目一曲之明尔，未尝不为道所散见，而不足以尽道体之弘。

浩然无害，则天地合德；

以理御气，周遍于万事万物，而不以己私自屈挠，天之健，地之顺也。

照无偏系，则日月合明；

以理烛物，则顺逆、美恶皆容光必照，好而知恶，恶而知美，无所私也，如日月之明矣。

天地同流，则四时合序；

因天之时，顺地之理，时行则行，时止则止，一四时之过化而日新也。

酬酢不倚，则鬼神合吉凶。

应天下以喜怒刑赏，善善恶恶各如其理，鬼神之福善祸淫无成心者，此尔。故鬼神不可以淫祀祷，君子不可以非道悦。

天地合德，日月合明，然后能无方体；能无方体，然后能无我。

方体，以用言；我，以体言。凡方而皆其可行之方，凡体而皆其可立之体，则私意尽而廓然大公，与天同化矣。无方体者，神之妙；无我者，圣之纯。

礼器则藏诸身，用无不利。

礼器，礼运曲礼之要。礼器于多寡、大小、高下、质文，因其理之当然，随时位而变易，度数无方而不立所尚以为体，故曰"礼器是故大备"，言尽其变以合于大常也。全乎不一之器，藏于心以为斟酌之用，故无不协其宜，而至当以成百顺。

礼运云者，语其达也；礼器云者，语其成也。

运云者，运行于器之中，所以为体天地日月之化而酬酢于人事者也。达，谓通理而为万事之本；成者，见于事物而各成其事也。

达与成，体与用之道合。

礼运，体也；礼器，用也。达则无不可成，成者成其达也。体必有用，显诸仁也。用即用其体，藏诸用也。达以成而成其所达，则体用合矣。

体与用，大人之事备矣。

体无不成，用无不达，大人宰制万物、役使群动之事备矣。

礼器不泥于小者，则无非礼之礼，非义之义。盖大者器，则出入小者，莫非时中也。

礼器备而斟酌合乎时位，无所泥矣；不备，则贵多有时而侈，贵寡有时而陋，贵高有时而亢，贵下有时而屈，自以为礼义，而非天理之节文，吾心之裁制矣。达乎礼之运，而合吉凶、高下以不逾于大中之矩，故度数之小，可出可入，用无不利。

子夏谓"大德不逾闲，小德出入可也"，斯之谓尔。

出入，损益也。虽有损益，不逾天地日月运行各正之矩，非谓小节之可以自恣也。

礼器则大矣，

能备知礼器而用之，大人之事备矣。盖礼器云者，以天理之节文合而为大器，不倚于一偏者也。

修性而非小成者与！

性，谓理之具于心者；修，如修道之修，修著其品节也。修性而不小成，所以尽吾性之能而非独明其器数。

运则化矣，

礼运本天地日月之化而推行于节文，非知化者不能体。

达顺而乐亦至焉尔。

通达大顺，得中而无不和，则于多寡、大小、高下、质文之损益，曲畅人情之安矣。律吕之高下，人心之豫悦，此理而已。盖中和一致，中本于和而中则和，著于声容，原于神化，阴阳均而动静以时，所谓"明则有礼乐"也。故礼器以运为本。敕按：中本于和，谓时中本于太和。

"万物皆备于我"，言万物皆有素于我也；

素，犹豫也，言豫知其理而无不得。此孟子自言其所得之辞。

"反身而诚"，谓行无不慊于心，则乐莫大焉。

知之尽，则实践之而已。实践之，乃心所素知，行焉皆顺，故乐莫大焉。

未能如玉，不足以成德；未能成德，不足以孚天下。

如玉，表里纯善而无疵也。放道而行，非诚有其得于心者，虽善，不足以感人。

"修己以安人"，修己而不安人，不行乎妻子，况可忾于天下？

忾，气相感也。修己之尽者，成如玉之德，无私无欲而通天下之志；如其不然，刻意尚行，矫物以为高，妻子不可行也。德至则感通自神，岂以己之是临物之非哉！

"正己而不求于人"，不愿乎外之盛者与！

君子之不愿乎外，非恬淡寡欲而已，随所处而必居正，则自无外愿也。盛，谓道之大者。

仁道有本，近譬诸身，推以及人，乃其方也。

心备万物之理，爱之本也。推以及人，于此求之而已。

必欲博施济众，扩之天下，施之无穷，必有圣人之才，能弘其道。

用之大者因其才，性其本也，性全而才或不足，故圣人不易及。然心日尽则才亦日生；故求仁者但求之心，不以才之不足为患。

制行以己，非所以同乎人。必物之同者，己则异矣；必物之是者，己则非矣。

制行必极于至善，非人之所能企及也。德盛则物自化，己有善而必人之己若，则立异而成乎过。君子不忍人之不善，唯严于责己而已。

此节旧分为二，今合之。

能通天下之志者，为能感人心。圣人同乎人而无我，故和平天下，莫盛于感人心。

天下之人，嗜好习尚移其志者无所不有，而推其本原，莫非道之所许。故不但兵农礼乐为所必务，即私亲、私长、好货、好色，亦可以其情之正者为性之所弘。圣人达于太和纲缊之化，不执己之是以临人之非，则君子乐得其道，小人乐得其欲，无不可感也，所以天下共化于和。敬按：《易咸卦象》曰："圣人感人心而天下和平。"张子引伸其义，见圣人之化天下，唯无朋从而光大故也。

道远人则不仁。

仁者，己与万物所同得之生理。倚其偏至之识才，可为人所不能为者，老、释是已。己与天下殊异而不相通，则一身以外皆痿痹也；发焉而为已甚之行，必惨薄而寡恩。

易简理得则知几，知几然后经可正。

易简，乾、坤之至德，万物同原之理。知此，则吾所自生微动之几，为万化所自始，皆知矣。即此而见君臣、父子、昆弟、夫妇、朋友天叙天秩不容已之爱敬，则亲、义、序、别、信，皆原本德性以尽其诚，而无出入、过不及于大经之中。盖惟尽性者为能尽伦，非独行之士，一往孤行之忠孝也。

天下达道五，其生民之大经乎！经正则道前定，事豫立，不疑其所行，利用安身之要莫先焉。

终身所行，自此五者而外无事，仁民、爱物、制礼、作乐，全此五者而已。五者豫立，则推行万事，无不安利；舍此则妄揣冥行，事赜而志乱，吉凶悔吝莫知所从。张子推天道人性变化之极而归之于正经，则穷神知化，要以反求大正之中道，此繇博反约之实学，《西铭》一此意广言之也。

性天经，然后仁义行，故曰："有父子、君臣、上下，然后礼义有所错。"

性天经者，知大伦之秩叙自天，本吾性自然之理，成之为性，安焉而无所勉强也。能然，则爱敬之用扩充而无不行矣。礼义，仁义之用也，舍五者而泛施之，礼伪而义私，冥行而鲜当，刑名、法术之所以违天、拂人、戕仁义也。

仁通极其性，故能致养而静以安；

仁者，生理之函于心者也；感于物而发，而不待感而始有，性之藏也。人能心依于仁，则不为物欲所迁以致养于性，静存不失。

义致行其知，故能尽文而动以变。

义者，心所喻之物则也；知者，仁所发见之觉也。诚之明，知之良，因而行之，则仁之节文具而变动不居，无所往而非仁矣。

此章言义所以成仁之用，行无非义，则尽仁而复性矣。

义，仁之动也；流于义者于仁或伤。

仁存而必动，以加于物，则因物之宜而制之。然因物审处，则于本体之所存有相悖害者矣。故处物必不忘其静之所函，而屡顾以求安。

仁，体之常也；过于仁者于义或害。

体之常者，贯动静而恒也。乃方动而过持以静，则于事几之变失矣。故必静存万里、化裁不滞之圆神，曲成万物而不遗。

此章言仁义之相为体用，动静、刚柔以相济而不可偏也。

立不易方，安于仁而已乎！

乎，叹美之辞。随所立而不易其方，义也。然唯安于仁者，动而不失其静之理，故虽遇变而恒贞。

此章言仁所以立义之体，仁熟则义自正矣。以上三章，互相发明仁义合一之理。盖道之所自行，德之所自立，原其所本，则阴阳也，刚柔也，仁义也，当其细缊而太和，初未尝分而为两；尽性合天者，得其合一、两在之神，则义不流，仁不过，而天下之理无不得。若徒袭仁义之迹，则或致两妨，故学者以存神为要。《易》以仁配阴，以义配阳，释者纷纭，唯此以一静一动为言，发明特切。然在天，在地，在人，理同而撰异，初不可画然分属，读者得意而舍迹可也。

安所遇而敦仁，故其爱有常心，有常心则物被常爱也。

安遇所以自处，敦仁则必及物。然人之所以不能常其爱者，境遇不齐而心为之变；心为境迁，则虽欲敦爱，而利于物者恐伤于己，仁不容不薄矣。若得丧安危，无遇不安，则苟可以爱而仁无所吝，一言一介，无迁就规避之心，不必泽及天下而后为仁也。

大海无润，因竭者有润；至仁无恩，因不足者有恩。乐天安土，所居而安，不累于物也。

无恩者，非以为恩于物而施之，爱犹大海，非为润人之渴而有水也。君子自存其仁，不为境迁，则物不能累己，而己亦不致为物之累，则因物之利而利之而已。若沾沾然以为恩于物为功，则必需势位以行爱而爱穷。

爱人然后能保其身，张子自注：寡助则亲戚畔之。**能保其身则不择地而安；**张子自注：不能有其身，则资安处以置之。**不择地而安，盖所达者大矣；**

四海之广，古今之变，顺逆险阻，无不可行矣。

大达于天，则成性成身矣。

大而化之，仁熟而无土不安，合于天德之无不覆，圣矣。无所遇而不安于性，以成身也。故舜之饭糗茹草，与为天子一也；孔子之困厄，与尧、舜一也。通乎屈伸而安身利用，下学而上达矣。

此章之指，言近而指远，尤学者所宜加省。

上达则乐天，乐天则不怨；下学则治己，治己则不无尤。

上达于天，屈伸之理合一，而不疑时位之不齐，皆天理之自然，富贵厚吾生，贫贱玉吾成，何怨乎！治己则去物之累，以责人之心责己，爱己之心爱人，不见人之可尤矣。圣之所以合天安土，敦仁而已。

不知来物，不足以利用；

来物，方来之事也。人之所以不利用者，据现在之境遇而执之也，若知将来之变不可测而守其中道，则无不利矣。

不通昼夜，未足以乐天。

屈伸往来之理，莫著于昼夜。昼必夜，夜必昼，昼以成夜，夜以息昼，故尧、舜之伸必有孔子之屈，一时之屈所以善万世之伸，天之所命无不可乐也。

圣人成其德，不私其身，故乾乾自强，所以成之于天尔。

身者，天之化也；德者，身之职也。乾乾自强，以成其德。以共天职，而归健顺之理气于天地，则生事毕而无累于太虚，非以圣智之功名私有于其身，所遇之通塞何足以系其念哉！

君子于仁圣，为不厌，诲不倦，然且自谓不能，盖所以为能也。

仁圣之道，乾乾不息而已。

能不过人，故与人争能，以能病人；

少有所得，则其气骄；广大无涯，则其志逊。

大则天地合德，自不见其能也。

时行物生，岂以今岁之成功自居，而息其将来之化哉！

君子之道达诸天，故圣人有所不能；

道通于天之化，君子之所必为著明；而天之盛德大业，古今互成而不迫，生杀并行而不悖，圣人能因时裁成，而不能效其广大。

夫妇之智淆诸物，故大人有所不与。

夫妇之智偶合于道，而天明孤发，几与蜂蚁之君臣、虎狼之父子相杂，故自经沟渎之信，从井救人之仁，夫妇能之而大人弗为，大人贞一以动也。

匹夫匹妇，非天之聪明不成其为人。

非能自立人道，天使之然尔。

圣人，天聪明之尽者尔。

天之聪明，在人者有隐有显，有变有通，圣人以圣学扩大而诚体之，则尽有天之聪明，而视听无非理矣。

大人者，有容物，无去物；有爱物，无徇物，天之道然。

大人不离物以自高，不绝物以自洁，广爱以全仁，而不违道以干誉，皆顺天之理以行也。

天以直养万物，

万物并育于天地之间，天顺其理而养之，无所择于灵蠢、清浊，挠其种性，而后可致其养直也。

代天而理物者，曲成而不害其直，斯尽道矣。

道立于广大而化之以神，则天下之人无不可感，天下之物无不可用，愚明强柔，治教皆洽焉，声色货利，仁义皆行焉，非有所必去，有所或徇也。若老、释之徒，绝物以孤立，而徇人以示爱，违天自用，不祥久矣。

志大则才大事业大，故曰"可大"，又曰"富有"；志久则气久德性久，故曰"可久"，又曰"日新"。

志立则学思从之，故才日益而聪明盛，成乎富有；志之笃，则气从其志，以不倦而日新，盖言学者德业之始终，一以志为大小久暂之区量，故《大学》教人，必以知止为始，孔子之圣，唯志学之异于人也。天载物，则神化感通之事，下学虽所不逮，而志必至焉，不可泥于近小，以茶其气而弃其才也。

清为异物，和为徇物。

清之过，和之流也。

金和而玉节之则不过，知运而贞一之则不流。

金坚玉白，而养之以和，节之以润，则至清而不异，智能运物，而恒贞于一，则至和而不徇，孔子之所以圣不可知，其涵养德性者密也。

此章上二句旧分一章，"金和"以下连下章，今正之。

道所以可久可大，以其肖天地而不离也；

肖其化则可大，乾乾不息而不离则可久。

与天地不相似，其违道也远矣。

意欲之私，限于所知而不恒，非天理之自然也。释、老执一己之生灭，畏死厌难，偷安而苟息，曲学拘闻见之习而不通于神化，以自画而小成，邪正虽殊，其与道违一也。"道二，仁与不仁而已"，天与人之辨焉耳。

久者一之纯，大者兼之富。

不杂以私伪，故纯；久，非专执不化也。穷天地万物之理，故富；大，非故为高远也。兼之富者，合万于一；一之纯者，一以贯万。一故神，两在故不测，下学而上达矣。

大则直不绞，方不劼，故不习而无不利。

大则通于万理而无不顺，直不伤激，方不矫廉，坤之六二，居中得正，刚柔合德，纯一而大，天下之理皆伸而情皆得，故无不利。

易简然后能知险阻，

以险阻之心察险阻，则险阻不在天下而先生于心，心有险阻，天下之险阻愈变矣。以乾之纯于健，自强而不恤天下之险，其道易；以坤之纯于顺，厚载而不忧天下之阻，其道简。险阻万变，奉此以临之，情形自著，而吾有以治之矣。

易简理得，然后一以贯天下之道。

险阻可通，况其大常者乎。

易简故能说诸心，知险阻故能研诸虑；

道在己而无忧，故悦，悦而忧惑不妄起，则所虑者正而自精。不然，在己无大常之理，物至情移，愈变而愈迷矣。

知几为能以屈为伸。

几者，动静必然之介，伸必有屈，屈所以伸，动静之理然也。以屈为伸，则善吾生者善吾死，死生不易其素，一以贯久大之德矣。《乾》之"知存亡进退而不失其正"，《坤》之"先迷后得"，所以平天下之险阻也。

"君子无所争"，彼伸则我屈，知也。

阴阳、柔刚，迭相为屈伸，君子、小人各乘其时，知者知此，则量自弘矣。

彼屈则吾不伸而自伸矣。

彼屈则我自伸，不待鸣其屈以求伸。

又何争！

屈亦无争，伸亦无争，保吾大正而已。

无不容然后尽屈伸之道，至虚则无所不伸矣。

于人有君子小人，于世有治乱，于己有富贵、贫贱、夷狄、患难，天地之化至大，其屈伸非旦夕之效也。人所以不能尽屈伸之道者，遇屈则不能容也。至虚，则古今如旦暮，人我如影响，交感于太和之中而神不损。龙蛇蛰而全身，尺蠖之伸在屈，浩然之气，亘古今而常伸。"言忠信，行笃敬，虽之夷狄不可弃也"，利害于我何有焉？

"君子无所争"，知几于屈伸之感而已。

屈伸必相感者也，无待于求伸，而又何争！

"精义入神"，交神于不争之地，顺莫甚焉，利莫大焉。"天下何思何虑"，明屈伸之变，斯尽之矣。

精义，则伸有伸之义，屈有屈之义，知进退、存亡而不失其正。入神者，否泰消长之机化有变而神不变。故六十四象而乾、坤之德在焉，阴阳之多少，位之得失，因乎屈伸尔。知达于此，理无不顺，用无不利矣。彼与物争者，唯于天下生其思虑，而不自悦其心，研其虑，故憧憧尔思而不宁，唯己小而天下大，异于大人之无不知而无不容也。

此章旧分为二，今合之。

胜兵之胜，胜在至柔，明屈伸之神尔。

兵以求伸者也，而胜以柔，屈伸相感之神，于斯见矣。善为国者不师，至于用兵争胜，至能全体屈伸之神，窥见其几而已。老氏遂奉此以为教，欲伸固屈，以柔胜刚，与至虚能容之诚相违远矣。读者当分别观之。

敬斯有立，有立斯有为。

庄敬自持，而后耳目口体从心而定其物，则卓然知有我之立于两间，不因物而迁矣。有我而备万之诚存焉，奉此以有为而仁义行。

敬，礼之舆也，不敬则礼不行。

敬者，礼之神也，神运乎仪文之中，然后安以敏而天下孚之。

"恭敬、撙节、退让以明礼"，仁之至也，爱道之极也。

敛情自约以顺爱敬之节，心之不容己而礼行焉；不崇己以替天下，仁爱之心至矣。故复礼为为仁之极致，心之德即爱之理也。

己不勉明，则人无从倡，道无从弘，教无从成矣。

既明其理，尤详其事，君子之所以耄而好学，有余善以及天下后世也。

礼，直斯清，挠斯昏，

顺天理自然之节文为直；众论起而挠之，奉吾直而折之乃不乱。欧阳修、张孚敬皆成乎一说，惟其曲而不直也。敬按：《濮议》及《兴献帝谥说》，行乎一时而理不顺乎人心，故曰"曲而不直"。

和斯利，乐斯安。

顺心理而直行，和于人心而己心适矣；安而利，孰得而挠之！退让为节，直清为守，合斯二者而后可以言礼。

将致用者，几不可缓；

心之初动，善恶分趣之几，辨之于早，缓则私意起而惑之矣。

思进德者，徙义必精；

辨其几，则已取义矣；而义必精而后尽理之极致，故进此而研之以充类至尽。

此君子所以立多凶多惧之世，乾乾德业，不少懈于趋时也。

义精，则有以处凶惧而无不正矣。趋时者，与时行而不息，宵昼瞬息，皆有研几徙义之功也。

"动静不失其时"，义之极也。

动静，以事言，谓行止进退也。不失其时者，顺天下之大经，合于时之中，研几速而徙义精，一于正也。

义极则光明著见，

晓然可以对于天下后世而无不白之隐。

唯其时，物前定而不疚。

物，事也。前定者，义精而诚立，因时必发而皆当。

有吉凶利害，然后人谋作，大业生；

此屈伸相感之机也。故尧有不肖之子，舜有不顺之亲，文王有不仁之君，周公有不轨之兄，孔子有不道之世，皆惟其时而精其义，归于大正。

若无施不宜，则何业之有！

无施不宜，所遇皆顺也。知此，则不怨不尤，而乐天敦仁于不息矣。

"天下何思何虑"，行其所无事，斯可矣。

所谓天下有道不与易也。处变则不怨尤，处常则不妄作，皆与时偕行之精义，非以己意思虑之。

旧本分为二，今合之。

知崇，天也，形而上也；通昼夜而知，其知崇矣。

知崇者，知天者也，知形而上之神也。化有晦明而人用为昼夜，神则不息，通昼夜而无异行；略屈伸之迹而知其恒运之理，知合于天，崇矣。时有屈伸而君子之神无间，《易》曰"知崇法天"，法其不息也。

知及之而不以礼性之，非己有也。

礼之节文见于事为，形而下之器，地之质也。性，安也。形而上之道，有形而即丽于器，能体礼而安之，然后即此视听言动之中，天理流行而无不通贯，乃以凝形而上之道于己，否则亦高谈性命而无实矣。

故知礼成性而道义出，如天地位而易行。

知极于高明，礼不遗于卑下，如天地奠位而变化合一，以成乎乾、坤之德业，圣学所以极高明而道中庸也。

知德之难言，知之至也。

天下之所言者，道而已。德则通极于天，存之以神，和之于气，至虚而诚有，体一而用两；若倚于一事一念之所得而畅言之，则非德矣。知已至，乃知其言之难。

孟子谓"我于辞命而不能"，又谓"浩然之气难言"。《易》谓"不言而信，存乎德行"，又以尚辞为圣人之道，非知德，达乎是哉？

圣贤知德之难言，然必言之而后自信其知之已至，故以尚辞为道之极致。"性与天道不可得而闻"，"修辞立诚"，言其所自知，非中人以下所可与闻也。

黯然，修于德也；

入德以凝道。

的然，著于外也。

附托于道而不知德。

作者篇

此下四篇，皆释《论语》《孟子》之义，其说有与程、朱异者。盖圣贤之微言大义，曲畅旁通，虽立言本有定指，而学者躬行心得，各有契合，要以取益于身心，非如训诂家拘文之小辨。读者就其异而察其同，斯得之矣。

"作者七人"，伏羲、神农、黄帝、尧、舜、禹、汤，制法兴王之道，非有述于人者也。

周监于二代，则亦述而已矣。夫子言此，以明作者既盛，则道在述而不容更作。若嬴秦之坏法乱纪与异端之非圣诬民，皆妄作之过也。

以知人为难，故不轻去未彰之罪；以安民为难，故不轻变未厌之君。

谓尧不知诛四凶也。变者，诛其君而别立君，谓三苗也；三苗不服，民犹从之。

及舜而去之，

摄位时事。

尧君德，故得以厚吾终；舜臣德，故不敢不虔其始。

君以容蓄厚载为德，臣以行法无私为德，所以皆合时中。

"稽众舍己"，尧也；"与人为善"，舜也；"闻善言则拜"，禹也；"用人惟己，改过不吝"，汤也；"不闻亦式，不谏亦入"，文王也。

"惟己"，当作"惟其贤"。不闻、不谏，谓不待闻人之谏而旁求众论也。圣人之德，一于无我，至虚而受天下之善。

"别生分类"，孟子所谓"明庶物、察人伦"者与！

人物同受太和之气以生，本一也；而资生于父母、根荄，则草木鸟兽之与人，其生别矣。人之有君臣、父子、昆弟、夫妇、朋友，亲疏上下各从其类者分矣。于其同而见万物一体之仁，于其异而见亲亲、仁民、爱物之义，明察及此，则繇仁义行者皆天理之自然，不待思勉矣。

"象忧亦忧，象喜亦喜"，所过者化也，与人为善也，隐恶也，所觉者先也。 敬按：所过者化，谓感人以诚；所觉者先，谓察理独精。

"象忧亦忧，象喜亦喜"之心，诚信之不可测者也，故必疑其为伪。约略言之，想见其心有此四者。盖圣人之心，大公无我，唯至仁充足，随所感通，即沛然若决江河而莫御，于天下且然，而况其弟乎！

"好问"，"好察迩言"，"隐恶扬善"，"与人为善"，"象忧亦忧，象喜亦喜"，皆行其所无事也，过化也，不藏怒也，不宿怨也。

圣人之心，纯一于善，恶之过于前，知其恶而已，不复留于胸中以累其神明，恶去而忘之矣。善则留，恶则去，如天地虽有不祥之物而不以累其生成。学者知此，则恶称人之恶而勿攻；若其恶不仁虽至，乃唯以自严而不加乎其身；所以养吾心之善气而泯恶于无迹，善日滋而恶日远，诚养心之要也。

舜之孝，汤、武之武，虽顺逆不同，其为不幸均矣。

瞽瞍底豫，顺也；桀放、纣诛，逆也。

明庶物，察人伦，然后能精义致用，性其仁而行。

舜惟一率其所生之性而审于亲疏轻重之辨，故人悦之，天下将归，皆不足以易其孺慕，而一言一动一举念之间，无非曲尽其为子之义，故坦然行之，无所忧疑，而终至于底豫，所谓性之也。

汤放桀，有惭德而不敢赦，执中之难也如是。

欲赦之则可无惭，而负上帝求莫之心；欲不赦则顺乎天，而于己君臣之义有所不安，择于二者之中，轻重之权衡难定，故虽决于奉天讨罪，而惭终不释。

天下有道而已，在人在己不见其有间也，"立贤无方"也如是。

乃其得天下以后不以己意行爵赏，明其本志唯在化无道为有道，与天下之贤者共治之，而昔之致讨有罪，非己私而可无惭于天下，曲折以合于义，所谓反之也。事至于不幸，虽圣人难之矣。明物察伦以安于仁，此易简之理所以配至德，非汤、武之所几及也。

"立贤无方"，此汤之所以公天下而不疑；

初行放伐之时，必且疑贤者之效尤，汤唯无求固其位之心，故天下安之。汉诛功臣，宋削藩镇，皆昧屈伸之义而己私胜也。

周公所以于其身望道而必吾见也。

旧注："周公"上疑有"坐以待旦"四字。

"帝臣不蔽"，言桀有罪，己不敢违天纵赦；既已克之，今天下莫非上帝之臣，善恶皆不可掩，惟帝择而命之，己不敢不听。

汤放桀而不即自立，欲唯天所命、民所归而戴之为君，其公天下之心如是。所以既有天下之后，立贤无方，不倚亲臣为藩卫，如周之监殷，张子以此独称汤而略武王。

"虞、芮质厥成"，讼狱者不之纣而之文王。文王之生所以縻系于天下，繇于多助于四友之臣故尔。

縻系，为人所系属。文王无求天下归己之心，乃四友之臣宣其德化，而天下慕之尔。

以杞包瓜，文王事纣之道也。

杞柳为筐也，瓜易坏者，包械而藏之，使无急坏。

厚下以防中溃，尽人谋而听天命者与！

纣之无道极矣，周虽不伐，天下必有起而亡之者。文王受西伯之命，以德威镇天下，故文王不兴师，天下不敢动，厚集其势，防中溃之变，所为尽人谋以延商者至矣。必天命之不可延而后武王伐之，天之命也，非己所愿也，斯其所以为仁至义尽，而执中无难，非汤、武之所可及与！

上天之载，无声臭可象，正惟仪刑文王，当冥契天德而万邦信悦。

文王之德，天德也，故法文王即合天载，求诸有可效者也。天之聪明自民聪明，故万邦作孚为契天之验。

故《易》曰："神而明之，存乎其人。"

心存文王之所以为文，则神明之德在矣。

不以声色为政，不革命而有中国，默顺帝则而天下自归者，其惟文王乎！

不以声色为政者，非废声色也；有其心乃有其事，则物无不诚，而不于号令施为求民之从。其顺帝则以孚民志者，皆积中发外，因时而出，天下自悦而信之。

可愿可欲，虽圣人之知，不越尽其才以勉焉而已。

越，过也。圣人之愿欲广大，而不过尽其才之所可为，人道尽而帝则顺，屈伸因乎时也。

故君子之道四，虽孔子自谓未能；博施济众，修己安百姓，尧、舜病诸。是知人能有愿有欲，不能穷其愿欲。

有愿欲而欲穷极之，墨、释所以妄而淫。

"周有八士"，记善人之富也。

富，众也；贤才出，国所以昌。

重耳婉而不直，小白直而不婉。

婉则谲，直则正；故君子之道恒刚，小人之道恒柔；刚以自遂，柔以诱人。

鲁政之弊，驭法者非其人而已；齐而管仲，遂并坏其法，故必再变而后至于道。

法存则待人以修明之而已；法坏而欲反之于正，条理不熟，既变其法，又待其人，必再变而后习而安之。法者，先王礼乐刑政之大经，如

《中庸》所谓"九经"是也。

孟子以智之于贤者为有命，如晏婴智矣，而独不智于仲尼，非天命邪！

性命于天，而才亦命于天，皆命也。晏婴才有所蔽，不足以至于孔子之广大，若是非之性则无以异也。仁义礼智之体具于性，而其为用必资于才以为小大偏全。唯存神尽性以至于命，则命自我立，才可扩充以副其性，天之降才不足以限之。故君子于此，以性为主而不为命之所限。

山节藻棁为藏龟之室，祀爱居之义，同归于不智，宜矣。

龟虽神物，而神非以其形也；媚其形器，不足以知神之所在，则与祀海鸟之愚同。

使民义，不害不能教当作"养"**；爱犹众人之母，不害使之义。礼乐不兴，侨之病与！**

义与爱，不相悖而相成，子产庶几知阴阳屈伸合同而化之道，则礼乐之兴达此而行尔。病而未能，故谓其有君子之道，言已得其道而惜其未成也。

献子者忘其势，五人者忘人之势；不资其势而利其有，然后能忘人之势。

人之势于己何有；而不忘之，必其资而利之也。无所求，则见有道而已。

若五人者有献子之势，则反为献子之所贱矣。

己忘之而人顾不能忘，此流俗之所以可贱也。

颛臾主事东蒙，既鲁地，则是已在邦域之中矣，虽非鲁臣，乃吾杜稷之臣也。

诸侯祀境内山川，而社稷为群祀之主，则颛臾必供祀事于鲁。《诗》称"锡之附庸"，其为供祀之臣可明矣。

《张子正蒙注》卷五终

张子正蒙注卷六

三十篇

三十器于礼，非强立之谓也。

尽其用之谓器，无动非礼，则立人之道尽矣。

四十精义致用，时措而不疑。

礼之所自出，义之当然也，精之，则尽变矣。

五十穷理尽性，至天之命，然不可自谓之至，故曰知。

义者因事而措理，则其合一之原也。理原于天化之神而为吾性之所固有，穷极其至，一本而万殊，则吾之所受于天者尽，而天之神化，吾皆与其事矣。不可谓至者，圣人自谦之辞。知，犹与闻也。

六十尽人物之性，声入心通。

合天之化而通之于物理，则人物之志欲情理，皆知其所自而随感即通，处之有道矣。物之相感也莫如声，声入心通，不待形见而早有以应之。

七十与天同德，不思不勉，从容中道。

穷理尽性之熟也。圣功之极致，与天合德，而其所自成，则以执礼精义为上达之本。盖礼，器也，义，器与道相为体用之实也；而形而上之道丽于器之中，则即器以精其义，万事万物无不会通于至诚之变化，故曰：

"下学而上达，知我者其天乎！"天之为德，不显于形色，而成形成色，沦浃贯通于形色之粗，无非气之所流行，则无非理之所昭著。圣功以存神为至，而不舍形色以尽其诚，此所以异于异端之虚而无实，自谓神灵而实则习不察、行不著也。

常人之学，日益而不自知也。

学则必有益矣；闻见之力忽生其心，故不自知其所以益。

仲尼学行习察，异于他人，

学则行之而无所待，习则察其所以然，是其圣性之自然合道；而所志者天德，闻见日启而不恃闻见以知，皆诚于德而明自诚生也。

故自十五至于七十，化而知裁，其德进之盛者与！

学而行，无滞于行，则已行者化；习而察，则不执所习，而参伍以尽其变，故不执一德而裁成万理；德进之盛，殆繇此与！盖循物穷理，待一旦之豁然，贤者之学，得失不能自保，而以天德为志，所学皆要归焉，则一学一习皆上达之资，则作圣之功当其始而已异。此张、朱学诲之不同，学者辨之。

穷理尽性，然后至于命；尽人物之性，然后耳顺，与天地参；无意、必、固、我，然后范围天地之化，从心而不逾矩；

知命，从心，不逾矩，圣德之效也。有圣学而后圣德日升，圣学以穷理为之基，而与天地参者，灼见天地之神，穷理之至也。

老而安死，然后不梦周公。

此七十后圣心之妙也。范围天地之化，则死而归化于天，无不安者，屈伸自然无所庸其志也。《诗》曰"文王在上，于昭于天"，此之谓与！

从心莫如梦。

物无所感，自然而如其心之所志。

梦见周公，志也；

志则非时位所能为而志之。

不梦，欲不逾矩也，

矩，天则也。范围天地之化，屈伸行止，无往而不在帝则之中，奚其逾！

不愿乎外也，

无往而非天理，天理无外，何逾之有！

顺之至也，

于天皆合，则于物皆顺。

老而安死也。

顺自然之化，归太和絪缊之妙，故心以安。

故曰："吾衰也久矣。"

形衰将屈，神将伸也。

困而不知变，民斯为下矣；不待困而喻，贤者之常也。

未尝处困而能喻乎道，贤矣。然困常而常，则喻其当然，而屈伸动静之变有不察者。

困之进人也，为德辨，为感速，孟子谓"人有德慧术知者存乎疢疾"，以此。

困之中必有通焉，穷则变，变则通。不执一之道，惟困而后辨之，人情物化变而有常之理，亦惟困而后辨之，故曰其德辨。心极于穷，则触变而即通，故曰其感速。不待困而喻者，知其大纲，忘其条理，因循故常，虽感亦不能速辨。

自古困于内无如舜，困于外无如孔子。以孔子之圣而下学于困，则其蒙难正志，圣德日跻，必有人所不及知而天独知之者矣，故曰："莫我知也夫！""知我者，其天乎！"

无生安之可恃而不倚于学，迫其神明以与道合，下学之事也。正志者，正大经也。万变而反于大经，非贤者以下所知，惟天屈伸聚散，运行于太极之中，具此理尔。义日精，仁日熟，则从心不逾，困之所得者深矣。然则处常而无所困者，将如之何？境虽通而一事一物之感，一情一意之发，严持其心。临深履薄而不使驰驱，以研几于极深而尽性于至隐，则安利之境，不忘困勉之心，圣功在是。故知不待困而喻者，虽贤于人，终不可至于圣也。

"立斯立，道斯行，绥斯来，动斯和"，从欲风动，神而化也。

存礼乐刑政之神而达其用，以尽人物之性，与天之曲成万物者通理，则民有不自知其所以然，而感动于不容已者矣。

仲尼生于周，从周礼，故公旦法坏，梦寐不忘为东周之意；使其继周

而王，则其损益可知矣。

礼随时为损益，义之所以精也，中道也，大经也。为周人则志周礼，继周王则且必变通之。

滔滔忘反者，天下莫不然，如何变易之？

述桀溺之意，所言亦近是。

"天下有道，丘不与易。"知天下无道而不隐者，道不远人；且圣人之仁，不以无道必天下而弃之也。

道不远人，有人斯可行道，定公之君，季斯之臣，三月而鲁大治，非孔子与以所本无也。即不我用，圣人不忍弃之。天不以嚚讼而夺小人之口体，不以淫邪而夺小人之耳目，自尽其化而已。

仁者先事后得，先难后获，故君子事事则得食；不以事事，"虽有粟，吾得而食诸！"仲尼少也国人不知，委吏乘田得而食之矣；及德备道尊，至是邦必闻其政，虽欲仕贫，无从以得之。

位望既尊，不可复为卑官。

"今召我者而岂徒哉"，庶几得以事事矣，而又绝之，是诚系滞如匏瓜不食之物也。

人不能不食，虽圣人必以事食；不能不食，则不能不事，故急于事，不轻绝人。此言虽浅，而学者以此存心，则饱食终身，为天地民物之累，亦尚知愧乎！

不待备而勉于礼乐，"先进于礼乐"者也；

先，谓未备物而急于行；后，谓备物而后行。礼乐不可斯须去身，故急于行者不待物之备。

备而后至于礼乐，"后进于礼乐"者也。

治定制礼，功成作乐，圣人而在天子之位，乃建中和之极。君子、野人，以位言。

仲尼以贫贱者必待文备而后进，则于礼乐终不可得而行矣，故自谓野人而必为，所谓"不愿乎其外"也。

素位行道，而无所待于大行。

功业不试，则人所见者艺而已。

艺，六艺也。圣人之德，非人所可测，则人见其功；道不行，则人但见其艺。功与艺有大小，而盛德之光辉不可掩，则一也。

凤至图出，文明之祥，伏羲、舜、文之瑞不至，则夫子之文章知其已矣。

文章，谓制礼作乐、移风易俗之事。圣德默成万物，不因隐见而损益，文章则不可见也。

鲁礼文阙失，不以仲尼正之，如有马者不借人以乘习。

借，犹请也。谓马未驯习，必假请善御者调习之乃可乘，喻鲁君不能正礼乐，当假夫子修习之。

不曰礼文而曰"史之阙文"者，祝史所任，仪章器数而已，举近者而言约也。

浅近易知者且阙失之，况其大者。"犹及"，谓力能任之；"今亡矣夫"，叹其终不可得而正矣。

师挚之始，乐失其次，徒洋洋盈耳而已焉。

有声无律，则其音滥。

夫子自卫反鲁，一尝治之，其后伶人贱工识乐之正。及鲁益下衰，三桓僭妄，自太师以下，皆知散之四方，逾河蹈海以去乱。圣人俄顷之助，功化如此。"用我者期月而可"，岂虚语哉！

圣人顺大经而存神，故感心之速如此。

"与与如也"，君或在朝在庙，容色不忘向君也。

与与，相授貌。心尽乎君，则容色不贰。

"君召使摈，趋进翼如"； <small>张子自注：此翼如，左右在君也。</small>

向君而趋，如两翼之夹身也。知非张拱者，近君不宜自为容。

"没阶，趋进翼如"； <small>张子自注：张拱如翔。"进"字衍文。</small>

文同而义异，上以向君，下以自饬也。

"宾不顾矣"，相君送宾，宾去则白曰"宾不顾而去矣"，纾君敬也。

敬无所施而过于恭，则自辱。

上堂如揖，恭也；

致圭于主，君当尽其恭。

下堂如授，其容纾也。

受命于君，已执圭而反于次，敬可少纾矣。

冉子请粟与原思为宰，见圣人之用财也。

财以成用，当其可则义精矣。

圣人于物无畔援，虽佛肸、南子，苟以是心至，教之在我尔，不为已甚也如是。

畔援，君子必与君子为类，交相倚也。圣人尽人物之性，在我者无不诚，不倚于物，故不为已甚，绝恶人以自表异。

"子欲居九夷"，不遇于中国，庶遇于九夷，中国之陋为可知。

九夷之陋陋于文，中国之陋陋于心。

欲居九夷，言忠信，行笃敬，虽蛮貊之邦可行，"何陋之有！"

圣人之化不可测，而大经之正，立诚而已矣。

栖栖者，依依其君而不能忘也。

疑微生亩之言，因孔子迟迟去鲁而发。

固，犹不回也。

执一必往之念，去则不可止。

仲尼应问，虽叩两端而竭。

即下学之中，具上达之理。

然言必因人为变化。所贵乎圣人之词者，以其知变化也。

尽人之性而知之明，则原于善而成乎偏者，洞知其所自蔽，因其蔽而通之，变化无方而要归于一，是其因人而施之教，未尝不竭尽上达之旨矣。

"富而可求也，虽执鞭之士，吾亦为之"，不惮卑以求富，求之有可致之道也；

此小人之设心则然。

然则乃有命，是求无益于得也。

曲谕小人，使知返而自安于命。

爱人以德，喻于义者常多，故罕及于利；

圣人之徒，正义而不谋利，无庸复与言利。

尽性者方能至命，未达之人，告之无益，故不以亟言；

求道于天而不求道于己，无益于进德。

仁大难名，人未易及，故言之亦鲜。

尽天下之理，皆吾心之恻然而动，不容已者；执事以言之，则倚于一曲而不全。

颜子于天下，"有不善未尝不知，知之未尝复行"。

诚立而几明，则自知审，而即以验天下，无不知也；因人之不善以自警，则终身不行。

故怒于人者，不使加乎其身；愧于己者，不辄贰之于后也。

人有不善，则怒之矣；己不效尤，不使人将怒己，故曰不迁。贰，犹复也。此颜子力行之功，故夫子许为好学之实。

颜子之徒，隐而末见，行而末成，

未仕，故道不达；早亡，所求之志未竟。

故曰："吾闻其语而未见其人也。"

所以知此为颜子之类言者，以用舍行藏知之。

"用则行，舍则藏，惟我与尔有是夫！"颜子龙德而隐，故遁世不见知而不悔，与圣者同。

学以聚之，问以辨之，宽以居之，仁以行之，颜子之学，见龙之德也，可以利见，而时在潜则潜，所学者圣学，故道同于圣。

龙德，圣修之极也；

修之极而圣德纯，则屈伸一致而六龙可御。

颜子之进，则欲一朝而至焉，"可谓好学也已矣"。

所谓大其心则能体天下之物也。大学之道，止于至善；近小自期，非学也。

"回非助我者"，无疑问也；

大其心而正大经，则虽所未知，而闻言即贯，无疑则无容问矣。

有疑问，则吾得以感通其故而达夫异同者矣。

道有异同，推其异以会其同，学者当自求而得之。待教而喻，虽达异同，其所达者犹有方也。圣人因问而曲尽教思之无穷，然非学者进德之实益。

"放郑声，远佞人。"颜回为邦，礼乐法度不必教之，惟损益三代，盖所以告之也。

"三"，当作"四"。言行，言乘，言服，言韶舞，则皆现成之辞。是其度数文章，颜子皆已知之，不待详教，但告之损益而已。

法立而能守，德则可久，业可大；郑声、佞人能使为邦者丧所以守，故放远之。

德立而业成，于君道无憾矣。以郑声、佞人为不足虑而姑置之，终为盛德之累，且潜移风会而不知。唯守之纯一，而淫邪之微疵必谨，则居心一，百官正，风俗醇，可久可大之道，纯王之德也。

"天下有道则见，无道则隐"，"君子疾没世而名不称"，

二者疑于不相通。

盖"士而怀居，不可以为士"，必也去无道，就有道。

春秋之世，诸侯之国皆可仕，故不当怀土重迁而必去之。

遇有道而贫且贱，君子耻之。举天下无道，然后穷居独善，不见知而不悔，

夫子所以周流列国而后反鲁以老。

《中庸》所谓"惟圣者能之"，仲尼所以独许颜回"唯我与尔为有是"也。

无我之至，龙德而时中，夫子圣而颜子以此为学。

仲繇乐善，故车马衣裘，喜与贤者共敝；

子路所友，必其贤也；乐人之善，外见之仁也。

颜子乐进，故愿无伐善施劳；

进而不已，不见有可伐可施，乐己之进无穷，内修之仁也。

圣人乐天，故合内外而成其仁。

天者，理之无间者也。安之，信之，怀之，内尽于己者至；老安，友信，少怀，外及于物者弘。合于己而己无非天，颜子所欲进者此，而未逮尔。

子路礼乐文章，未足尽为政之道，以其重然诺，言为众信，故"片言可以折狱"，如《易》所谓"利用折狱"，"利用刑人"，皆非爻卦盛德，适能是而已焉。

《噬嗑》啮而合，非天理之自然；《蒙》三未出乎险，圣功不就，皆非盛德事。

颜渊从师，进德于孔子之门；孟子命世，修业于战国之际，此所以潜

见之不同。

命世，世无人而已任责于天也。二子皆学孔子，而因时为位，无成心以执一，所以为善学。

犁牛之子，虽无全纯，然使其色骍且角，纵不为大祀所取，

大祀为郊庙。

次祀小祀终必取之，言大者苟立，人所不弃也。

大者，大节不失也。此教仲弓以用人之道，与"先有司、赦小过"意同。

有德篇

此篇亦广释《论》《孟》之义而开示进修之方，尤切身心之用，诚学者所宜服膺也。

"有德者必有言"，能为有也；

言以垂世立教，兴起天下而天下赖之，圣贤所以死而不亡。

"志于仁而无恶"，能为无也。

不以己私累天下，天下无所损，安而忘之。张子此言，以警学者至矣。纵欲趋利，则天下求无其人而不得，是人类之狼蚤也。

行修言道，则当为人取。

道，顺于道也。取，取法也。

不务徇物强施以引取乎人，故往教妄说，皆取人之弊也。

君子之教，思无穷而道在己，则有志者自来取法；若不可与言而与言，必姑屈其说以诱使企及，成乎妄矣。往教之弊，终于妄说，枉己者未有能正人也。

"言不必信，行不必果"，志正深远，不务硁硁信其小者。

反大经则正，达天德则深，循大常则远。

辞取达意则止，多或反害也。

旁及则害于本意。

君子宁言之不顾，不规规于非义之信；宁身被困辱，不徇人以非礼之

恭；宁孤立无助，不失亲于可贱之人。三者知和而能以礼节之也。

言必于信，恭以免辱。不择人而与亲，所以和天下也。以礼节之者，以礼立身，虽不与世侮而终不枉己，所以节和而不流。

与上有子之言，文相属而不相蒙者。凡《论语》《孟子》发明前文，义各未尽者，皆挈之。他皆放此。

挈，相引而及也。

德主天下之善，

主，所要归也。德得于心，而必以人心之同然者为归；偏见自得之善，非善也。

善原天下之一。

原，所从出也。天下者，万事万物之富，而皆原天道自然之化，阴阳相感，刚柔相济，仁义相成，合同而利用者也。若随其偶感之几，立异同以成趋尚，则有不善者矣。

善同归治，故王心一；

期于善天下而已。张弛质文，善不同而同治，王心定也。一者，括万理而贯通之。

言必主德，故王言大。

政教号令，因时因事，而皆主于心之所得以感人心之同得，则言约而可以统博，推之四海，垂之百世，咸为法则。此言王者之心，本于一原而散于万有，体天地民物之理，全备而贯通之，故随时用中，一致而百虑，异于执见闻以为我，私偏尚而流于霸功也。

言有教，

言皆心得而可为法则。

动有法，

动审乎几而不逾乎闲。

昼有为，

日用皆察著而力行之。

宵有得，

静思以精义。

息有养，

物无时不相引，而静正以养之，勿使牿害。

瞬有存。

心易出而外驰，持理勿忘以因时顺应。此张子自得之实修，特著之以自考而示学者。其言严切，先儒或议其太迫。然苟息心以静，而不加操持严密之功，则且放逸轻安，流入于释、老之虚寂；逮其下流，则有如近世王畿之徒，汩没诞纵，成乎无忌惮之小人。故有志圣功者，必当以此为法。

君子于民，导使为德而禁其为非，不大望于愚者之道与礼，谓道民以言，禁民以行，斯之谓尔。

文义未详，疑有阙误。大略谓不过望愚民而严为之禁，但修之己者，言可法，行可则，以示民而感之使善。

无征而言，取不信、启诈妄之道也。

以意度之，以理概之，虽其说是而取人不信，且使诈妄者效之，而造伪说以诬世。

杞、宋不足征吾言则不言，

得其大指，可以义起，而终不言。

周足征则从之，故无征不信，君子不言。

言天者征于人，言心者征于事，言古者征于今，所谓"修辞立其诚"也。

便僻，足恭；善柔，令色；便佞，巧言。

无识者取友，取此而已。故君子择交，莫恶于易与，莫善于胜己。己不逮而恶人之骄，自弃者也。"僻"当作"辟"。

节礼乐，不使流离相胜，能进反以为文也。

流于彼，则离于此矣。礼主于减，所以裁抑形神而使不过；然必进以为文者，鼓动其欢欣畅达之情以行礼，则无强制不安而难继之忧。乐主乎盈，以舒志气而使乐于为善；然必反以为文者，收敛神情，如其自得者而乐之，则无随物以靡、往而不复之伤。盖礼乐互相为节而成章，其数精，其义得，其合同而化之神，斯须不去而节自著，故乐之不厌。

骄乐，侈靡；宴乐，宴安。

其气骄者其用物必侈，侈则愈骄；其心好乐者必偷安，则愈不知戒惧。

言形则卜如响，

言形，谓可名言所疑，使卜人正告鬼神，无暗昧不可言之隐。

以是知蔽固之私心，不能默然以达于性与天道。

性者，神之凝于人；天道，神之化也。蔽固者为习气利欲所蔽，虽有测度性天之智而为所固隘，必且有意与天违之隐，不得已而托于默以自匿，是其求明之心，早与性天之廓然大公、昭示无隐者相违，亦犹怀私而不能昌言者，卜而神不告也。陆、王之学多所秘藏，与释氏握拳、竖拂同其诡闷，盖弗能洞开心意以通极于天则，故若明若昧，无繇测性天之实也。

人道知所先后，

谓笃亲不遗旧。

则恭不劳，慎不葸，勇不乱，直不绞，民化而归厚矣。

大经正则自得其和矣。合二章为一，亦挈前文之说，而于义未安。盖圣贤之言，推其极无不可以贯通，而义各有指，不可强合，此则张子之小疵。

肤受，阳也；其行，阴也。

以肤受激烈明诉，其迹阳也；险而隐，其情阴也。

象生，法必效，故君子重夫刚者。

象者心所设，法者事所著。肤受虽内阴而外阳，然其险谲不能终隐，则其后必茶然而自失，心柔则事必不刚也。刚者无欲而伸，有其心乃有其事，则纯乎阳，而千万人吾往矣。必言象法者，以凡人未有事而心先有其始终规画之成象，此阴阳之序，善恶之几，君子所必审察也。

归罪为尤，罪己为悔。

人归罪于己为尤，己既失而追自咎为悔。

"言寡尤"者，不以言得罪于人也。

言必于理之有征，人孰得而罪之。

"己所不欲，勿施于人"，能恕己以仁人也。

恕己，犹言如己之心。

"在邦无怨，在家无怨"，己虽不施不欲于人，然人施于己，能无

怨也。

反仁，反礼而已。此仁者存心之常定也。

"敬而无失"，与人接而当也；

亲疏尊卑各得其分谊。

"恭而有礼"，不为非礼之恭也。

恭以自靖，非徇物也。

聚百顺以事君亲，故曰"孝者畜也"，又曰"畜君者好君也"。

畜之为言聚也。孝子于亲，忠臣于君，孤致其心而不假于外，非期聚乎自顺也。然其诚之专至，则凡心之所念，身之所为，物之所遇，皆必其顺于君亲者而后敢为，则不期于事之顺而自无不顺矣，然后可以养亲之志而引君于道。

事父母"先意承志"，

意将动而先知之，则顺其美而几谏其失；志之所存，则承之以行而无违。

故能辨志、意之异，然后能教人。

因礼文而推广之，于意言先，于志言承，则可从不可从分矣。意者，乍随物感而起也；志者，事所自立而不可易者也。庸人有意而无志，中人志立而意乱之，君子持其志以慎其意，圣人纯乎志以成德而无意。盖志一而已，意则无定而不可纪。善教人者，示以至善以亟正其志，志正，则意虽不立，可因事以裁成之。不然，待其意之已发，或趋于善而过奖之，或趋于不善而亟绝之，贤无所就而不肖者莫知所恶，教之所以不行也。

艺者，日为之分义，涉而不有，

得不居功。

过而不存，

不恃才而数为之。

故曰"游"。

所依者仁而已。艺者，仁之迹。

天下有道，道随身出；

身不徒出，道随以行。

天下无道，身随道屈。

道不可行，身必隐也。此谓爱身以爱道，见有道而不见有身。

"安土"，不怀居也；

怀则有所从违而不安。

有为而重迁，无为而轻迁，皆怀居也。

有为重迁，为利所靡也；无为轻迁，非义所当去，激于一往而去之。

"老而不死，是为贼。"幼不率教，长无循述，老不安死，三者皆贼生之道也。

率教、循述，以全生理；安死，以顺生气，老不安死，欲宁神静气以几幸不死。原壤盖老氏之徒，修久视之术者。屈伸，自然之理，天地生化之道也。欲于天化以偷生，不屈则不伸，故曰贼生。

"乐骄乐"则佚欲，

凡侈皆生于骄也。

"乐宴安"则不能徙义。

偷安则以义为繁难而外之，庄、告是也。

"不僭不贼"，其不忮不求之谓乎！

不忮，则不越分而妄作；不求，则不损物以利己；心平，则动皆无咎。

不穿窬，义也；谓非其有而取之曰盗，亦义也。恻隐，仁也；如天，亦仁也。故扩而充之，不可胜用。

仁义之全体具足于性，因推行而有小大尔。小者不遗，知天性之在人；大而无外，知人之可达于天。

自养，薄于人，私也；

欲希众而要誉。

厚于人，私也。

有意忘物。

称其才，

当作"财"。

随其等，无骄吝之弊，斯得之矣。

厚人者骄，自厚者吝。君子之用财，称物平施，心无系焉尔。

罪己则无尤。

引过自责，尽仁尽礼，尤之者妄人而已，不足恤也。

困辱非忧，取困辱为忧；

以取困辱为忧，则困辱不足忧矣。

荣利非乐，忘荣利为乐。

有道则若固有之。

"勇者不惧"，死且不避而反不安贫，则其勇将何施邪？不足称也；

人有气谊所激，奋不顾身，而不能安贫者，不受嘑蹴以死而受万钟。勇之所施，施于所欲而已。勇莫勇于自制其欲。

"仁者爱人"，彼不仁而疾之深，其仁不足称也；皆迷谬不思之甚。故仲尼卒归诸乱云。

思死与贫之孰重孰轻，则专致其勇于义矣；思彼之可疾惟其不仁，而我疾之甚，则自薄其爱，人将疾我矣。必内笃其仁而后爱笃以溥。

挤人者人挤之，侮人者人侮之。"出乎尔者反乎尔"，理也；

不仁、无礼者所应得。

势不得反，亦理也。

反则成乎相报无已之势，自反而无难于妄人，君子自尽容物之理。

克己行法为贤，

不已荣利失自守之道，克己之事也。审其宜而进退，行法之事也。

乐己可法为圣。

自有其乐，进退屈伸，因时而不累其心，皆得其中，允为行藏之法。

圣与贤，迹相近而心之所至有差焉。辟世者依乎中庸，没世不遇而无嫌，辟地者不怀居以害仁，辟色者远耻于将形，辟言者免害于祸辱，此为士清浊淹速之殊也。

知几则速，速则纯乎清矣。知几者，非于几而察之，心纯乎道，乐以忘忧，则见几自明。故曰："知几其神乎！"

辟世辟地，虽圣人亦同，然忧乐于中，与贤者、其次者为异，故曰迹相近而心之所至者不同。

贤者未免于忧，自克而已；圣人乐天，虽忧世而不以为闷。

"进贤如不得已，将使卑逾尊，疏逾戚"之意，与《表记》所谓"事君难进而易退则位有序，易进而难退则乱也"相表里。

君慎于进贤，非吝也；士慎于自进，非骄也。天位天职，非己所得私，君臣交慎，则天理顺而人能毕效矣。

"弓调而后求劲焉，马服而后求良焉，士必悫而后智能焉。"不悫而多能，譬之豺狼不可近。

君之取士，士之取友，以此求之则不失。悫者，人之恒心也。小人之误国而卖友者，唯无恒而已。

谷神能象其声而应之，

谷之虚而能应者曰神。象其声，无异响也。

非谓能报以律吕之变也，

以虚应物而能象之，仿佛得其相似者而已。不能穷律吕之变，不能合同于异，尽情理之微也。

犹卜筮叩以是言则报以是物而已，《易》所谓"同声相应"是也。

神之有方者，非能变者也。

王弼谓"命吕者律"，语声之变，非此之谓也。

命，犹倡也。律倡之，吕和之，而声之变乃备，律吕清浊洪细之不同，合异而同，变乃可尽。故孤阳不生，独阴不成，至中之理，仁义不倚，君子之道。出处语默之不齐，命官取友之无党，高明沉潜之相济，中道之矩，神化之所以行也。若应所同而违所异，则小人之道矣。惟其中无主而量不宏，以谷神为妙用而不以诚也。

行前定而不疚，光明也。

前定者，非执一而固必之；正大经以应天下，昭然使人喻之。

大人虎变，夫何疚之有！

大经正而万变皆载其威，神行不同而心则一，所以不疚。

言从作乂，名正，其言易知，人易从。圣人不患为政难，患民难喻。

德礼之精意，民不能知，挈其要以定大经。故修辞立诚，圣人有其难其慎者，详则多疑，略则不喻。《春秋》之笔削，游、夏不能赞一辞，以此。

《张子正蒙注》卷六终

张子正蒙注卷七

有司篇

有司，政之纲纪也。

素习其事，则大纲具悉。

始为政者，未暇论其贤否，必先正之，

正其职掌。

求得贤才而后举之。

为政者迫于有为，急取有司而更易之以快一时之人心，而新进浮薄之士骤用而不习于纲纪，废事滋甚。惟任有司而徐察之，知其贤不肖而后有所取舍，则事之利病，我既习知，人之贤否，无所混匿，此远大之规存乎慎缓也。

为政不以德，人不附且劳。

劳，为民扰也。不本诸心得之理，非其至当，虽善而拂人之性。

"子之不欲，虽赏之不窃欲。"生于不足则民盗，能使无欲则民不为盗。假设以子不欲之物赏子，使窃其所不欲，子必不窃。故为政者在乎足民，使无所不足，不见可欲，而盗必息矣。

田畴易，税敛薄，则所可欲者已足；食以时，用以礼，已足而无妄欲，即养以寓教，民不知而自化矣。

为政必身倡之，且不爱其劳，又益之以不倦。

以乾乾夕惕之心临民，则民化；以无为清静自逸，则民偷。

天子讨而不伐，诸侯伐而不讨；

自合六师曰讨，奉词合众曰伐。

故虽汤、武之举，不谓之讨而谓之伐。

"伐夏救民"，"变伐大商"，皆曰"伐"，是也。虽无可奉之命，必正告诸侯，众允而后连师以伐。

陈恒弑君，孔子请讨之，

圣人于名必正，不轻言讨，必有所据。

此必因周制邻有弑逆，诸侯当不请而讨。

胡氏曰：先发后闻可也。

孟子又谓"征者上伐下，敌国不相征"，然汤十一征，非赐铁钺，则征讨之名，至周始定乎！

疑汤之已赐铁钺，又疑夏、商未定征伐之名，皆正名必谨乎微之意。

"野九一而助"，郊之外助也；"国中什一使自赋"，郊门之内通谓之国中，田不井授，故使什而自赋其一也。

助九一、赋十一者，助则公田之耕其稆，皆上给也。郊，近郊。滕地方五十里，三十里外之远郊，非其境矣。

"道千乘之国"，不及礼乐刑政，而云"节用爱人，使民以时"，言能如是则法行，不能如是则法不徒行，礼乐刑政亦制数而已尔。

节用，礼之本；爱人，乐之本；使民以时，则政简而刑不滥；制数皆藉此以行慈俭，存心于万物之原也。

富而不治，不若贫而治；

事得其理曰治。国不治，虽富而国必危。

大而不察，不若小而察。

尽民之情曰察。地大民众而不得民之情，民必不附。

报者，天下之利，率德而致。

自有德于人，不求报而自致。

善有劝，不善有沮，皆天下之利也。小人私己，故利于不治；

治，明辨也。德怨不报，苟利目前而已。

君子公物，利于治。

使天下乐于德而惮于怨，与人为善之公也。此明以德报怨为小人之术。

大易篇

此篇广释《周易》之指，有大义，有微言，旁及于训诂，而皆必合于道。盖张子之学，得之《易》者深，与周子相为发明。而穷神达化，开示圣学之奥，不拘于象数之末以流于术数，则与邵子自谓得伏羲之秘授，比拟分合者迥异，切问近思者所宜深究也。

大《易》不言有无，言有无，诸子之陋也。

明有所以为明，幽有所以为幽；其在幽者，耳目见闻之力穷，而非理气之本无也。老、庄之徒，于所不能见闻而决言之曰无，陋甚矣。《易》以《乾》之六阳、《坤》之六阴大备，而错综以成变化为体，故《乾》非无阴，阴处于幽也；《坤》非无阳，阳处于幽也；《剥》《复》之阳非少，《夬》《姤》之阴非微，幽以为缊，明以为表也。故曰"《易》有太极"，《乾》《坤》合于太和而富有日新之无所缺也。若周子之言无极者，言道无适主，化无定则，不可名之为极，而实有太极，亦以明夫无所谓无，而人见为无者皆有也。屈伸者，非理气之生灭也；自明而之幽为屈，自幽而之明为伸；运于两间者恒伸，而成乎形色者有屈。彼以无名为天地之始，灭尽为真空之藏，犹瞽者不见有物而遂谓无物，其愚不可瘳已。

《易》语天地阴阳，情伪至隐赜而不可恶也。

神化虽隐，变合虽赜，而皆本物理之固然，切生人之利用，故不可厌恶。

诸子驰骋说辞，穷高极幽，而知德者厌其言。

诸子论天人之理而终于无所行者，必不能与之相应，则又为遁辞以合于流俗，使人丧所守而波靡以浮沉于世。知德者，知其言之止于所不能见闻而非其实，故厌之。

故言为非难，使君子乐取之为贵。

可以通天下之志，成天下之务，盛德大业资焉，而有益于学，则君子乐取之。

《易》一物而三才：阴阳，气也，而谓之天；刚柔，质也，而谓之地；仁义，德也，而谓之人。

才以成乎用者也。一物者，太和纲缊合同之体，含德而化光，其在气则为阴阳，在质则为刚柔，在生人之心，载其神理以善用，则为仁义，皆太极所有之才也。故凡气之类，可养而不可强之以消长者，皆天也；凡质之类，刚柔具体可以待用，载气之清浊、柔强而成仁义之用者，皆地也；气质之中，神理行乎其间，而恻隐羞恶之自动，则人所以体天地而成人道也。《易》备其理，故有见有隐而阴阳分，有奇有偶而刚柔立，有德有失而仁义审，体一物以尽三才之撰也。"谓之"云者，天、地、人亦皆人为之名，而无实不能有名，无理不能有实，则皆因乎其才也。

《易》为君子谋，不为小人谋。

若《火珠林》之类，有吉凶而无善恶，小人资之谋利，君子取之，窃所未安。

故撰德于卦，

不但言吉凶，而必明乎得失之原，《乾》且曰"利贞"，况其余乎！贞虽或凶，未有言利而不贞者也。

虽爻有小大，

阴过为小，阳胜为大，失其时位，则得失殊矣。

及系辞其爻，必谕之以君子之义。

有小人之爻，而圣人必系之以君子之辞。剥之六五，阴僭之极，而告以贯鱼之义，或使君子治小人，或使小人知惧，不徇其失而以幸为吉。若《火珠林》之类，谋利计功，盗贼可以问利害，乃小人侥幸之术，君子所深恶也。

一物而两体，其太极之谓与！阴阳天道，象之成也；刚柔地道，法之效也；仁义人道，性之立也。

成而为象，则有阴有阳；效而为法，则有刚有柔；立而为性，则有仁有义；皆太极本所并有，合同而化之实体也。故谓"太极静而生阴，动而生阳"。自其动几已后之化言之，则阴阳因动静而著；若其本有为所动所静者，则阴阳各为其体，而动静者乃阴阳之动静也。静则阴气聚以函阳，动则阳气伸以荡阴，阴阳之非因动静而始有，明矣。故曰两体，不曰两用。此张子之言所以独得其实，而非从呼吸之一几，测理之大全也。

三才两之，莫不有《乾》《坤》之道。

三才各有两体，阴阳、柔刚、仁义，皆太和之气，有其至健，又有其至顺，并行不悖，相感以互相成之实。

阴阳、刚柔、仁义之本立，而后知趋时应变。

三才之道，气也，质也，性也，其本则健顺也。纯乎阳而至健立，纯乎阴而至顺立，《周易》并建《乾》《坤》于首，无有先后，天地一成之象也。无有地而无天、有天而无地之时，则无有有《乾》而无《坤》、有《坤》而无《乾》之道，无有阴无阳、有阳无阴之气，无有刚无柔、有柔无刚之质，无有仁无义、有义无仁之性，无阳多阴少、阴多阳少、实有而虚无、明有而幽无之理，则《屯》《蒙》明而《鼎》《革》幽，《鼎》《革》明而《屯》《蒙》幽，六十四卦，六阴六阳具足，屈伸幽明各以其时而已。故小人有性，君子有情，趋时应变者惟其富有，是以可日新而不困。《大易》之蕴，唯张子所见，深切著明，尽三才之撰以体太极之诚，圣人复起，不能易也。邵子谓天开于子而无地，地辟于丑而无人，则无本而生，有待而灭，正与老、释之妄同，非《周易》之道也。

故：“《乾》《坤》毁则无以见《易》。”

《乾》《坤》非有毁也，曲学之士，执所见闻偶然之象，而杂以异端之小慧，见《乾》则疑无阴，见《坤》则疑无阳，见《夬》《姤》则疑无《剥》《复》，见《屯》《蒙》则疑无《鼎》《革》，因幽之不可见而疑其无，则是毁之矣。毁《乾》《坤》十二位之实体，则六十二位之错综，何据以趋时应变哉？

六爻各尽利而动，

筮之策，老则动而变，盖道至其极而后可以变通，非富有不能日新。尧仁极矣，而后舜可用其窜殛；文王顺极矣，而后武王可行其燮伐；德未盛而变，则妄矣。

所以顺阴阳、刚柔、仁义、性命之理也。

其动也有大有小，有当位有不当位，盖在天之气有温肃，在地之质有利钝，在人之性有偏倚，化不齐而究无损于太极之富有，其理固然。则虽凶而无悔，虽吝而无咎，善用之者皆可以尽天道人事之变而反其大经。故父顽而有至孝之子，国亡而有自靖之臣，极险阻以体易简，则何屈非伸，而天下之理无不得。《易》之为君子谋者，顺性命而变不失常也。

故曰："六爻之动，三极之道也。"

天、地、人所必有之变也。

阳遍体众阴，众阴共事一阳，理也。

体者，为之干而达其情以治之也。顺事，而承之也。此因时之变而言之，《震》《巽》《坎》《离》《艮》《兑》，皆《乾》《坤》之变也。若《易》之全体，《乾》《坤》合德，君子小人同归于道，天理人欲，从心不逾，则为理之大宗，无所容其亢抑矣。

是故二君共一民，

争乱之端。

一民事二君，

立心不固。

上与下皆小人之道也；

上无让德，下有贰心，乱世之道，小人之时为之。以此而推，心无定主，而役耳目以回惑于异端，气不辅志，而任其便以张弛，皆小人之道。而忠信以为主，博学详说以反约，斯君子之所尚。明体适用之学，于此辨之而已。

一君而体二民，

容保者大。

二民而宗一君，

大一统。

上与下皆君子之道也。

上不泄忘，下无异志，治世之道，君子之时为之。

吉凶、变化、悔吝、刚柔，《易》之四象与！悔吝蘃赢不足而生，亦两而已。

天地之四象，阴、阳、刚、柔也；《易》之四象，则吉、凶、悔、吝也。吉凶，天之命，阴阳之变化也；悔吝，刚柔，赢不足之情，因乎地之质也；皆自两仪而生。纯阳为天，纯阴为地，而天有阴，地有刚，又各自为阴阳；二而四，四而合二，道本如是，非判然一分而遂不相有也。在天有阴阳，在阳有老少，在数有九七，在地有柔刚，在阴有老少，在数有六八，于是而四象成。故《易》一爻之中，自阴有阳，有老有少，而四象备焉。《震》《坎》《艮》之一阳，老阴所变；《巽》《离》《兑》之一阴，老阳所变；故曰"四象生八卦"。邵子乃画奇耦各一之象为两仪，增为二画之卦为四象，又增三画之卦为四画之卦凡十六，又增为五画之卦凡三十有二，苟合其加一倍之法，立无名无象无义之卦，则使因倍而加，极之万亿而不可象，非所谓致远恐泥者欤！

尚辞则言无所苟，

尚，谓尊信而效法之。《易》辞本阴阳之定体以显事理之几微，尚之，修辞皆诚矣。

尚变则动必精义，

少不变，以循礼之中也；老变，以达事之穷也；尚之，随时而求当，义必精矣。

尚象则法必致用，

推阴阳、刚柔、动止以制器，其用必利。

尚占则谋必知来。

因其时义以定吉凶，君子之谋与神合，知屈伸自然之理而顺之也。

四者非知神之所为，孰能与于此！

《易》具其理而神存乎其中，必知神之所为，显于象数而非徒象数，然后能学《易》而尽四者之用。王辅嗣之流，脱略象占，固有所未尽；而谓《易》但为占用，几与《壬遁》《火珠林》等，则健顺毁而几无以见《易》。然则四尚之义，缺一而不足以知《易》，故善言《易》者，其唯张子乎！

《易》非天下之至精，则词不足待天下之问；

假设以启疑而断其必然也。天下之问至赜，《易》以易简之词尽之，问者各得焉，惟精于义而不倚形象之粗也。此言尚辞。

非深，不足通天下之志；

通天下之志，所以穷理也。此言尚变。

非通变极数，则文不足以成物，象不足以制器，几不足以成务；

极数，尽数之损益而止于其则，故大衍止于五十，《乾》《坤》之策止于三百六十，卦止于六十四，爻止于三百八十四，变通而有极，故言而有物，行而有制，制器而适于用。此言尚象。

非周知兼体，则其神不能通天下之敬，不疾而速，不行而至。

《乾》《坤》并建，阴阳六位各至，足以随时而相为隐显以成错综，则合六十四卦之德于《乾》《坤》，而达《乾》《坤》之化于六十有二，道足而神行，其伸不齐，其屈不悔，故于天下之故，遗形器之滞累，而运以无方无体之大用，化之所以不可知也。此明《易》之为道，圣人以天性之神，尽天地之妙，而立为大经，达为百顺，非其他象数之学所可与也。焦赣、京房、虞翻之流，恶足以知此，况如《火珠林》之鄙俗乎！

示人吉凶，其道显矣；

贞妄得失，吉凶必应其则，示天下以可知也。

知来藏往，其德行神矣；

吉凶未著，从其贞妄之性情而早知其变之必至，所以诏天下于德者，其用神也。

语蓍龟之用也。

用，所以前民而正其行也。

显道者，危使平，易使倾，惧以终始，其要无咎之道也。

吉凶之变，危而可使平，易而或以倾，得失争于善恶之几，能戒惧以持其终始，则要归于无咎，其道至约而昭示无隐，所谓显也，乃已成之象占也。

神德行者，寂然不动，冥会于万化之感而莫知为之者也。

道虽显于象占，而其所粲然，不待事几之至前，设其理于阴阳未剖之先，豫以应天下之感，人之所以不能知者，《易》已早知而待之。唯其达乎屈伸动静之妙，故不俟时至事起而谋之，此不测之神固乎诚者也。

受命如响，故“可与酬酢”；

天道人事本通一而相酬答也。

曲尽鬼谋，故“可以佑神”。

佑，助也。鬼神之谋，奚能喻于人；而《易》曲尽以著其忠告，是赞助乎神也。

开物于几先，故曰“知来”；明患而弭其故，故曰“藏往”。

弭患于前而后效著于后,《易》之戒占者,其贻谋久远也。

极数知来,前知也。

前知者,非偶因一数之盈虚而测之;尽其数之所有,而万变皆尽,来者无穷,莫之能逾也。

前知其变,有道术以通之,君子所以措于民者远矣。

变无常而道自行乎其中,劝进其善之利而戒以恶之所自积,则民咸可喻于君子之义,而天下万世共繇以利用安身。

"洁静精微",不累其迹,知足而不贼,则于《易》深矣。

此释《礼记·经解》之言而示学《易》之法。洁静者,不以私渎乱而洁清其志,静以待吉凶之至也。精微者,察其屈伸消长之理而研于义之所宜也。不累其迹者,因数而知象,数为象立,不泥于数,固象而穷理,象为理设,不执于象也。知足不贼者,止于义之所可,而不谋利计功,侥幸于吉之先见以害正命也。如此以学《易》,则可以寡过,以占筮,则知惧而无咎矣。彼执象数而役志于吉凶者,固不足以与于《易》也。

"天下之理得",元也;

万事万物皆天理之所秩叙,故体仁则统万善。

"会而通",亨也;

理无不通,故推而行之皆顺。

"说诸心",利也;

利合于义,则心得所安。

"一天下之动",贞也。

大经正,则随所动而皆不失其正,此推本而言之。谓乾具此四德,故以备万善而协于一也。四德分而体用自相为因,元、贞,体也;亨、利,用也;惟元统天下之理,故于事通而于心说贞者,贞于其元。惟贞于仁,故通万变而心常安,乃必通乎事而理始咸得,说乎心而后居正不疑,则亨、利,用也而抑为体。故《文言》分析四德,而彖则大亨而利正,其义一也。孔子之《易》,曾何异于文王哉!

《乾》之四德,终始万物,迎之随之,不见其首尾。

天德之生杀,本无畛域;以一岁而言,循环往来,无有显著之辙迹,非春果为首,冬果为尾;以万物而言,各以其生杀为春秋,其春荣而冬落者，草木之凋者而已。盖四德随时而用，物亦随所受而见为德，此见为义者彼见为仁，绷缊一气之中，不倚一理以为先后，唯用之各得而已。故曰"天德不可为首"，有首有尾，则运穷于小成而有间断矣。

然后推本而言，当父母万物。《彖》明万物资始，故不得不以元配《乾》；《坤》其偶也，故不得以元配《坤》。

推其父母万物者而言之，则资始之德元为首；天生之，即地成之，故资生之德元为首。然未生而生，已生而继其生，则万物日受命于天地，而《乾》《坤》无不为万物之资，非初生之生理毕赋于物而后无所益。且一物有一物之始，即为一物之元，非天地定以何时为元而资之始生，因次亨、次利，待贞已竟而后复起元也。在人之成德而言，则仁义礼信初无定次。故求仁为本，而当其精义，则义以成仁；当其复礼，则礼以行仁；当其主信，则信以敦仁；四互相为缘起。此惟明于大化之浑沦与心源之寂感者，乃知元亨利贞统于《乾》《坤》之妙，而四德分配之滞说，贞下起元之偏辞，不足以立矣。《彖》之以《乾》元《坤》元言资始资生者，就物之生，借端而言之尔。

此章旧分为二章，今合之。

仁统天下之善，礼嘉天下之会，义公天下之利，信一天下之动。

惟其会于一原，故时措之而无不宜。不然，则一德之用在一事，而能周乎天下哉！先儒皆以智配贞，而贞者正而固；循物无违，正也，终始不渝，固也，则贞之为信，明矣。即以木火金水言之，《坎》之《象》曰"行险而不失其信"，则君子之取于水者，取其不舍昼夜之诚，非取其曲流委顺，遇圆而圆、遇方而方之诡随也。君子之智以知德；仁而不愚，礼而不伪，义而不执，信而不谅，智可以周行乎四德而听四德之用。智，知也，四德，行也。匪知之艰，惟行之艰，行焉而后可为德，《易》之言贞，立义精矣。张子之知德，迥出于诸子之上，于此信矣。

六爻拟议，各正性命，故《乾》德旁通，不失太和而利且贞也。

此释《乾·彖》"《乾》道变化"四句之义，以龙德拟议，六爻之道，自潜而亢，各有性命之正；时位不齐，应之异道，而皆不违乎太和之理，则无不利而不失其正，此纯《乾》之所以利贞也。不然，因时蹈利，则违太和之全体而非贞矣。

颜氏求龙德正中而未见其止，故择中庸，得一善则拳拳服膺，叹夫子

之忽焉前后也。

得浑沦合一之理，则随变化而性命各正，合太和之全体，颜子之所欲
几及而未逮也。

乾三、四，位过中重刚，庸言庸行不足以济之，

九二得中，故庸言庸行足济。

虽大人之盛有所不安。外趋变化，内正性命，故其危其疑，

九三曰"厉"，九四曰"或"。

艰于见德者，时不得舍也。

舍，止也。以庸言庸行为可据之德，止而不疑，则时可舍而舍矣。乾
之三四，虽大人之庸德可行，而大经之正，必旁通于危疑，德不易见，安
能据自信而释其忧乎！舜以"不得乎亲不可以为人"为危疑，而后庸德可
见，时为之也。

九五，大人化矣，天德位矣，成性圣矣，

历乎危疑而诚之至者，变无不通，故大化而圣。

故既曰"利见大人"，又曰"圣人作而万物睹"。

为天下所利见而天下化之，大人之进乎圣也。盖圣人之德，非于大人
之外别有神变不测之道，但诚无不至，用以神而不用以迹，居德熟而危疑
不易其心，及其至也，物自顺之而圣德成矣。

"亢龙有悔"，以位画为言，若圣人则不失其正，何亢之有！

上九之亢，圣人之穷，亦屈伸之常理，非圣人之亢有以致之。知进退
存亡之必有，则安死全归而道合于太虚，况穷困乎？位画所直，圣人何疑
焉！《乾》之六爻，纯乎龙德。九二之学问宽仁，其本也；三四之危疑，
所以通乎变也；九五之利见，变而通也；上九之亢，屈伸之常也；相因而
互成，此《乾》道之旁通而无不利者，不失其正也。

圣人用中之极，不勉而中；有大之极，不为其大。

仁熟则不待勉，义精则下学上达，不显其大，历乎危疑而成性，九五
之德也。

大人望之，所谓绝尘而奔，峻极于天，不可阶而升也。

大人闲邪存诚而后光辉达，故不能测圣之藏。

《乾》之九五曰"飞龙在天，利见大人"，乃大人造位天德，

造，七到反，至也。位，臻其域也。

成性跻圣者尔。

以《乾》道保合太和，历危疑而时乎中，大人义精仁熟而至乎圣，此孔子耳顺、从心之候也。

若夫受命所出，则所性不存焉。

时至则圣人不违尔。

故不曰"位乎君位"而曰"位乎天德"，不曰"大人君矣"而曰"大人造也"。

《乾》体本六阳纯成，而自爻言之，有渐造之象焉。惟德则日跻而圣，若位则乘时以登，无渐升之理。以为自潜而见，历危疑跃飞而有天下，则是曹操、司马懿之妄干神器，皆大人矣。《易》不为小人谋，故必以言德者为正。

庸言庸行，盖天下经德达道，大人之德施于是者溥矣。

溥，周遍也。明伦察物，无所遗也。

天下之文明于是者著矣。

秩叙明则礼乐兴。

然非穷变化之神以时措之宜，则或陷于非礼之礼，非义之义，

时变而执其常，则不中而非礼，不宜而非义。惟尽人物之性，善恶、吉凶达乎天之并育并行不相悖害者以贞其大常，而后成己成物无有不化，此《乾》道之所以必历三、四之危疑，而始得时中，以造飞龙之天德也。

此颜子所以求龙德正中，乾乾进德，思处其极，未敢以方体之常安吾止也。

颜子庸德已至，闲邪存诚，方进乎九三之惕厉，而未得九五之安止。方体之常，庸德之大纲也，拳拳服膺之善也。

惟君子为能与时消息，顺性命，躬天德而诚行之也。

万物皆备于我而会屈伸于一致，乃能与物消息。若大经未正而急于乘时，则性命不顺，圣德之时中，与无忌惮之迹相似而实相违也。诚行之者，无非心理之实然。

精义时措，故能保合太和，健利且贞，

时措则利，保合则贞，而圣功唯在精义，精义则入神。

孟子所谓始终条理，集大成于圣智者与！《易》曰："大明终始，六位时成，时乘六龙以御天。《乾》道变化，各正性命，保合太和，乃利贞。"其此之谓乎！

大明者，智之事也。天下之变不可测，而不能超乎大经，大经之法象有常，而其本诸心之不贰者，变化该焉。故庸德之修，进而历危疑以尽变，具知万变之不齐皆屈伸之常，天德之诚不息，则无屈不伸而万物皆睹；是智之事，非徒聪明之察，乃刚健不息，历变而常，力行精义而抵乎大明之效也。故《乾》卦阅潜、见、跃、飞而终始乎刚健，惟其不贰，是以不测，天德圣功，一而已矣。以卦象言之，天之纯乎《乾》，无渐者也；以卦之数言之，筮者自一奇以至于十八变，纯乎奇而得《乾》，有渐者也。卦言《乾》而不言天，天无为而运行有序，圣有功而成章始达，不得以天之浑成言《乾》，乾为天而卦非徒言天也。

成性则跻圣而位天德。

谓九五。

《乾》九二正位于内卦之中，有君德矣，而非上治也。

庸德尽于己，则秩叙正，可以君天下矣。非上治者，未能尽万物之性，以达其变而使之化也。

九五言上治者，言乎天之德，圣人之性，故舍曰君而谓之天。见大人，德与位之皆造也。

君德正己以正物，天德正己而物自正。位，谓德效之成。

大而得易简之理，当成位乎天地之中，时舍而不受命，《乾》九二有焉。

《乾》以易知，而兼言简者，九二以阳居阴也。君德成矣而不欲受命，知前之有危疑，必《乾》惕而不可止故也。

及夫化而圣矣，造而位天德矣，则富贵不足以言之。

善世而不伐，欲罢而不能，加以乾乾夕惕，乃造于圣；圣则无疑于受命，时出则有天下而不与，时未出则以匹夫行天子之事，非徒富贵也。位天德者，德即其位。

"乐则行之，忧则违之"，主于求吾志而已，无所求于外。

此圣功之始，黯然为己之修也。

故善世博化，龙德而见者也；

龙之为龙一也，蛰而见，见而飞，龙无异道，而蛰以求伸，道日盛，善世博化，光辉不能隐也。充实之美而进乎大，可以见矣。

若潜而未见，则为己而已，未及人也。

为己可以及人，然必成章而始达。

"成德为行"，德成自信，则不疑所行，日见乎外可也。

诚有诸己而充实，无疑于见之行矣。此初九之驯至乎九二也。

《乾》九三修辞亦诚，非继日待旦如周公，不足以终其业。

修辞所以成天下之务，立诚所以正在己之经。九二德成而可见之行，九三则修应世之业。业因物而见功，事赜而变不测，事变之兴，不易以达吾之义；惟处心危而历事敏，业乃可终。故九二立本，九三趋时，成章而达也。

九四以阳居阴，故曰"在渊"；

心隐而不能急喻诸物也。

能不忘于跃，乃可免咎。

含德自信而不求物之喻，可静而不可动，无以化天下，故必不忘跃。

"非为邪也"，终其义也。

然其不忘于跃，乃义之固然，变而不失其中，及物而非以失己，有密用焉，达此则可造于天德矣。义者，因时大正之谓；终其义，历险而成乎易也。

至健而易，至顺而简，

反天下之大经，无所间杂，故易简；天不能违，化物而倦，则健顺至矣。

故其险其阻，不可阶而升，不可勉而至。

心纯乎理，天下之至难者也；见闻之知，勇敢之行，不足以企及也。

仲尼犹天，"九五飞龙在天"，其致一也。

圣功熟则不测而天矣。

《坤》至柔而动也刚"，乃积大势成而然也。

惟刚乃可以载物，地之载必积广厚，故曰地势《坤》。顺理之至，于物无挠，非老氏致柔之说也。

《乾》至健无体，为感速，故易知；

《乾》，气之健也。无体者，至健则不滞于一事，随方即应，可以御万理而不穷，故无所迟疑，洞达明示而易知。

《坤》至顺不烦，其施普，故简能。

《坤》，情之顺也。顺天而行，己无专见之能以烦扰争功，而《乾》之所至，随效法焉，故不言劳而功能自著。此以《乾》《坤》之德言。

坤先迷不知所从，故失道；后能顺听，则得其常矣。

以顺为德者，无必为之志，而听《乾》之生，因而成之，则先无适从，而有所顺听乃得大常之理，所谓"无成有终"也，臣道也，妇道也，下学之道也。君子之学，以《乾》为主，知之而后效，故大学之始，必知止至善以立大经，而后循循以进，斯善用《坤》而不迷。

造化之功，发乎动，

不动则不生，蠡屈而伸，动之机为生之始，《震》也。

毕达乎顺，

动而顺其性，则物各自达，巽也。

形诸明。

毕达则形发而神见矣，《离》也。

养诸容，

不息其长养，惟其厚德能容也，《坤》也。

载遂乎说，

能容则物自得而欣畅，《兑》也。

润胜乎健，

"润"字疑误。自得坚胜而成质，《乾》也。

不匮乎劳，

历险阻而各有以自成，《坎》也。

终始乎止。

成则止矣。止者，即止其所动之功，终始一，则《艮》也。此释"帝出乎震"一章之义，而以动为造化之权舆，则以明夫不动不止，而历至于止皆以善其动而为功。彼以无为为化源者，终而不能始，屈而不能伸，死而不能生，昧于造化之理而与鬼为徒，其妄明矣。

健、动、陷、止，刚之象；顺、丽、入、说，柔之体。

体，谓体性。此言八卦成能之用，故不言阴阳而言柔刚。

《巽》为木"，萌于下，滋于上；

阴弱为萌，阳盛为滋。益盛也。

"为绳直"，顺以达也；

阴不违阳，故顺而直。达者，顺之功效。

"为工"，巧且顺也；

阴不亢而潜伏，巧也。顺者，顺物之理。

"为白"，所遇而从也；

遇蓝则青，遇茜则赤；阴从于阳，无定质也。

"为长，为高"，木之性也；"为臭"，风也，入也；

臭因风而入，鼻不因形而达。

"于人为寡发广颡"，躁人之象也。

阳亢于阴，故躁。凡言为者，皆谓变化之象也。万物之形体才性，万事之变迁，莫非阴阳、屈伸、消长之所成，故《说卦》略言之以通物理，而占者得其事应，皆造化必然之效。然可以理通而不可以象测，执而泥之，则亦射覆之贱术而已矣。

《坎》为血卦"，周流而劳，血之象也；

入于险阻，故劳。血经营身中，劳则溢。

"为赤"，其色也。

血亦水谷之滋，得劳而赤。

《离》为《乾》卦"，"于木为科上槁"，附且躁也。

"躁"，当作燥。一阴附于两阳，煠之而燥。

《艮》为小石"，坚难入也；

阳止于上，下有重阴不能入。

"为径路"，通或寡也。

止则寡通。

《兑》为附决"，内实则外附必决也；

阳盛，阴虽附之，必为所决绝。

为毁折，物成则上柔者必折也。

一阴孤立于上，不能自固。

"《坤》为文"，众色也；"为众"，容载广也。

一色表著曰章，众色杂成曰文，坤广容物，多受杂色。

"《乾》为大赤"，其正色；

此取《乾》南《坤》北之象。

"为冰"，健极而寒甚也。

又取乾位西北之象。于此见八卦方位，初无定在，随所见而测之，皆可为方，故曰"神无方，易无体"，无方而非其方，无体而非其体也。分文王、伏羲方位之异，术士之说尔。

《震》为萑苇"，"为苍筤竹"，"为旉"，皆蕃鲜也。

旉，花也。蕃盛鲜明，动则荣也。

一陷溺而不得出为坎，一附丽而不能去为《离》。

一，奇画，读如奇。《坎》，阳陷阴中，入于坎宫；《离》，阴为主于内，二阳交附之。二卦皆以阳取义，不使阴得为主，扶阳抑阴之义。

《艮》一阳为主于两阴之上，各得其位而其势止也。《易》言光明者多《艮》之象，

卦有《艮》体，则系之以光明。

著则明之义也。

阳见于外为著。阳明昭示而无所隐，异于《震》之动也微，《坎》之陷也匿。

蒙无遽亨之理，繇九二循循行时中之亨也。

初生始蒙，其明未著，无能遽通乎万事，惟九二得中，以阳居阴，循循渐启其明，则随时而养以中道，所以亨也。天之生人也，孩提之知识，惟不即发，异于雏犊之慧，故灵于万物；取精用物，资天地之和，渐启其明，而知乃通天之中也。圣人之教人，不能早喻以广大高明之极致，敷五教以在宽而黎民时变，循文礼以善诱而高坚卓立，不使之迫于小成而养之以正，圣人之中也。故曰："大学之教存乎时。"

"不终日贞吉"，言疾正则吉也。

善恶之几，决于一念；濡滞不决，则陷溺不振。

仲尼以六二以阴居阴，独无累于四，故其介如石；

欲而能反于理，不以声色味货之狃习相泥相取，一念决之而终不易。

虽体柔顺，以其在中而静，何俟终日，必知几而正矣。

小人之诱君子，声色货利之引耳目，急与之争，必将不胜，惟静以处之，则其不足与为缘之几自见，故曰"无欲故静"；静则欲止不行，而所当为之义以静极而动，沛然勇为而无非正矣。

《坎》维心亨，故行有尚；外虽积险，苟处之心亨不疑，则难必济而往有功也。

阳在内，心象也。二阴陷阳，险矣；而阳刚居中，秉正不挠，直行而无忧疑，忠臣孝子之所以遂志而济险，行其所当为，泰然处之而已。

《中孚》，上巽施之，下悦承之，其中必有感化而出焉者。盖孚者覆乳之象，有必生之理。

《中孚》二阴在内，疑非施信之道；然以柔相感，如鸟之伏子，有必生之理，光武所谓"以柔道治天下"者，亦治道之一术也。敬按：孟子曰："中也养不中，才也养不才。"《中孚》者，养道也，必信乃能养也。

物因雷动，雷动不妄，

以其时出则固不妄。

则物亦不妄，

雷出而物生必信。

故曰："物与无妄。"

雷之动也，无恒日，无恒声，无恒处，此疑于不测而非有诚然，阳气发以应天，自与物候相感而不忒；圣人之动，神化不测，出人亿度之表，而乘时以应天，天下自效其诚。皆天理物性之实然，无所增损也。

静之动也，无休息之期，

众人之动，因感而动，事至而念起，事去而念息。君子于物感未交之际，耳目不倚于见闻，言动不形于声色，而不显亦临，不谏亦入；其于静也无瞬息之急放而息，则其动也亦发迩而不忘远，及远而不泄迩，终身终日不使其心儳焉，此存心穷理尽性之学也。

故地雷为卦，言"反"又言"复"；

地，静体也；雷，动几也。反，止于静也；复，兴于动也。

终则有始，循环无穷。

事物有终始，心无终始。天之以冬终，以春始，以亥终，以子始，人谓之然尔；运行循环，天不自知终始也。谓十一月一阳生，冬至前一日无阳者，董仲舒之陋也。《复》之为卦，但取至静而含动之象，岂有时哉！卦气之说，小道之泥也。

入，指其化而裁之尔；

入，非收视反听，寂静以守黑之谓也；化之未形，裁之以神而节宣其化，入者所以出也。"入"，坊本作"人"，盖误。

深，其反也；

极深以穷其理，反求之内也。

几，其复也；

几，动而应以所精之义，复于外也。

故曰"反复其道"，

反而具复之道。

又曰："出入无疾。"

其入不忘，故其出不妄，动静一致，而静不偏枯，动不凌竞矣。

"益长裕而不设"，益以实也；

《益》，损外卦四爻之阳以益初爻，使群阴得主，阳以富有之实而益人，故施之可裕，而非所不可损者强与之。盖《益》者《否》之变，益之以阳，所以消否。敬按：三阳三阴之卦，皆自《否》《泰》而来，故曰《益》者《否》之变。

妄加以不诚之益，非益也。

非所当得而益之为不诚。

井渫而不食，强施行，恻然且不售，作《易》者之叹与！

强施行，不忍置也；恻然，不食而情愈迫也。作《易》者，谓周公。周公尽心王室而成王不受训，心怀耿忧，所以叹也。其后孔子于鲁，孟子于齐，知不可而为之，世终莫知，圣贤且无知之何。故竭忠尽教而人不瘳，君子之所深恻也。

阖户，静密也；辟户，动达也；

阴爻耦，辟象也；而言阖户者，《坤》之德顺，以受阳之施，阖而纳之，处静以藏动也。阳之爻奇，阖象也；而言辟户者，《乾》之德健而发，施于阴者无所吝，而动则无不达也。阴、阳，质也；《乾》《坤》，性也；阖辟之体用，互用不倚于质之所偏，此《乾》《坤》之互为质性，不爽夫太和也。

形开而目睹耳闻，受于阳也。

形，阴之静也。开者，阳气动而开之，睹闻乘其动而达焉。虽阴魄发光，而必待开于阳，故辟者阳之功能，阖则阴函阳而闵之于内，阴之效也。静以居动，则动者不离乎静，动以动其静，则静者亦动而灵，此一阖一辟所以为道也。敬按：庄子曰："其寐也魂交，其觉也形开。"张子盖取交言，而以《易》阖其辟之义通之。

辞各指其所之，圣人之情也。

指，示也；所之者，人所行也。吉凶存乎命而著乎象，人所攸往之善，存乎性而亲其所趋。圣人正天下以成人之美、远人之恶者，其情于辞而见。故《易》之《系辞》，非但明吉凶，而必指人以所趋向。

指之以趋时尽利，顺性命之理，臻三极之道也。

指示占者使崇德而广业，非但告以吉凶也。趋时，因时择中，日乾夕惕也；尽利，精义而行，则物无不利也。能率吾性之良能以尽人事，则在天之命，顺者俟之，逆者立之，而人极立，赞天地而参之矣。盖一事之微，其行其止，推其所至，皆天理存亡之几。精义以时中，则自寝食言笑以至生死祸福之交，皆与天道相为陟降。因爻立象，因事明占，而昭示显道，无一而非性命之理。《易》为君子谋，初非以趋利避害也。

能从之，则不陷于凶悔矣，

因所占以进退精义，则无不利矣。

所谓"变动以利言"者也。

变动，谓占者玩占而徙义；利者，利用而合于义也。

然爻有攻取爱恶，本情素动，因生吉凶悔吝而不可变者；

时位不相当，阴阳不相协，故天数人事，有攻取爱恶之不同，性情动于积素以生吉凶悔吝，旦夕莫可挽回者，非天数之固然，攻取爱恶，所酿成者渐也。

乃所谓"吉凶以情迁"者也。

君子之情豫定，则先迷而后必得；小人之情已淫，则恶积而不可掩。故履信思顺，则天佑而无不利，迷复则十年有凶；非理无可复，情已迁则不可再返也。

能深存《系辞》所命，则二者之动见矣。

命，告也，爻所告人者也。二者，尽利之道，迁变之情也。情迁者，君子安命而无求，利告者，君子尽道以补过，惟深察乎《系辞》，则自辨其所之矣。

又有义命当吉、当凶、当否、当亨者，

当吉则居富贵而不疑，当凶则罹死亡而不恤，当否则退藏以听小人之利，当亨则大行而司衮钺之权。

圣人不使避凶趋吉，一以贞胜而不顾。

辞明示以凶而不为谋趋吉之道，贞胜则凶不避也。

如"大人否亨"、

虽否而亨。

"有损自天"、

祸福忽至而不知所自来。

"过涉灭顶凶无咎"、

虽凶无咎。

《损》《益》"龟不克违"，

福至非其所欲而不能辞。

及"其命乱也"之类。

虽吉而非正命。

三者情异，不可不察。

有陨自天不克违，则慎所以处之；其命乱，则必去之；否亨、凶无咎，则决于赴难而不惧。三者，天数物情之所必有，贞胜而不为所动，圣人之情亦见乎辞，此《大易》所以与术数之说喻义喻利之分也。

因爻象之既动，明吉凶于未形，故曰："爻象动乎内，吉凶见乎外。"

爻象以理而生象数，在人为善恶得失之几初动于心，故曰内；吉凶因象数而成得失之繇，在人为事起物应而成败著见，故曰外。

"富有"者，大无外也；

神行于天地之间，无所不通，天之包地外而并育并行者，《乾》道也。

"日新"者，久无穷也。

顺受阳施以成万化而不息，荣枯相代而弥见其新，《坤》道也。

显，其聚也；隐，其散也。

聚则积之大而可见，散则极于微而不可见。显且隐，幽明所以存乎象；于其象而观之，则有幽明之异，人所知也。

聚且散，推荡所以妙乎神。

其聚其散，推荡之者神为之也，而其必信乎理者诚也。以《易》言之，《乾》阳显而阴隐，《坤》阴显而阳隐，《屯》《蒙》《鼎》《革》《剥》《复》《夬》《姤》之属相错而迭为隐显，聚之著也。《乾》《坤》并建，而大生广生以备天下之险阻，位有去来，时有衰王，维之荡之，日月、雷风、男女、死生、荣谢，同归而殊涂，万化不测而必肖其性情，神之妙也，非象所得而现矣。

"变化进退之象"云者，进退之动也微，必验之于变化之著，故察进退之理为难，察变化之象为易。

变者，阴变为阳；化者，阳化为阴；六十四卦互相变易而象成。进退者，推荡而屈伸也；推之则伸而进，荡之则屈而退，而变化生焉。此神之所为，非存神者不能知其必然之理。然学《易》者必于变化而察之，知其当然而后可进求其所以然，王弼"得言忘象，得意忘言"之说非也。

"忧悔吝者存乎介"，欲观《易》象之小疵，宜存志静，知所动之几微也。

悔吝非凶，故曰小疵。爻之有悔吝，动违其时，在几微之间尔。静察其理，则正而失宜，过不在大，审之于独知之际，以消息其应违，不容不戒惧矣。

往之为义，有已往，

如"素履往"之类。

有方往，

如"往蹇"之类。

临文者不可不察。

已往则保成而补过，方往则勉慎以图功，察其文，可以因其占而得所宜。

《张子正蒙注》卷七终

张子正蒙注卷八

乐器篇

此篇释《诗》《书》之义。而先之以《乐》,《乐》与《诗》相为体用者也。

乐器有相,周、召之治与!

相,韦表糠里。《记》曰"治乱以相",相之音菀而不宣,所以节音之杂乱,周、召之治还醇止乱之道。

其有雅,太公之志乎!

雅,柷类,以木为桶,中有椎,击之。《记》曰"讯疾以雅",促乐使疾也,功以速成而定,故曰"太公之志"。

雅者正也,直己而行正也,故讯疾蹢厉者,太公之事邪!

敬胜怠,义胜欲,正己而正人,以伐无道,事不得缓。

《诗》亦有《雅》,亦正言而直歌之,无隐讽谲谏之巧也。

正《雅》直言功德,变《雅》正言得失,异于风之隐谲,故谓之《雅》,与乐器之雅同义。即此以明《诗》《乐》之理一。

《象武》,武王初有天下,象文王武功之舞,歌《维清》以奏之。 张子自注:成童舞之。

戡黎伐崇,文王之武功。

《大武》，武王没，嗣王象武王之功之舞，歌《武》以奏之。张子自注：冠者舞之。酌，周公没，嗣王以武功之成繇周公，告其成于宗庙之歌也。张子自注：十三舞焉。

"酌"，《礼记》作"勺"。此明《诗》《乐》之合一以象功。学者学《诗》则学乐，兴与成，始终同其条理。惟其兴发志意于先王之盛德大业，则动静交养，以墉于四支，发于事业，蔑不成矣。

兴己之善，观人之志，群而思无邪，怨而止礼义，入可事亲，出可事君。但言君父，举其重者也。

奋发于为善而通天下之志，群而贞，怨而节，尽己与人之道，尽于是矣。事父事君以此，可以寡过，推以行之，天下无非中正和平之节，故不可以不学。

志至诗至，有象必可名，有名斯有体，故礼亦至焉。

象，心有其成事之象也。礼，见于事而成法则也。诗以言达志，礼以实副名，故学诗可以正志，可以立体。

幽赞天地之道，非圣人而能哉！

凡有其理而未形，待人而明之者，皆幽也。圣人知化之有神，存乎变合而化可显，故能助天地而终其用。

诗人谓"后稷之穑，有相之道"，赞育之一端也。

天能生之，地能成之，而斟酌饱满以全二气之粹美者，人之能也。穑有可丰美之道而未尽昭著，后稷因天之能，尽地之利，以人能合而成之，凡圣人所以用天地之神而化其已成之质，使充实光辉，皆若此。

礼矫实求称，或文或质，居物后而不可常也。

实，情也，情不足则益之以文，情有余则存之以质。物亦实也，情已动而事且成，乃因时因事而损益之，在情事之后，矫之正也。文质各矫其偏，故不可常。

他人才未美，故绚饰之以文；庄姜才甚美，乃更绚饰之用质素。

质已成之后，礼因损益之以致美，无一定之绚在才质之先也。此明因才节宣之道存乎礼，故有其质者，不可不学礼以善其后。

下文"绘事后素"，素谓其材，字虽同而义施各异，故设色之工，材黄白者必绘以青赤，材赤黑必绘以粉素。

绘非异色，则文不足以宣，故礼以人之情而著其美，酌情事之异而损有余、补不足也。敕按：此章注义，亦就张子之意而通之。

"陟降庭止"，上下无常，非为邪也，进德修业，欲及时也。"在帝左右"，所谓欲及时者与！

作而有为，上也，陟也；退而自省，下也，降也；一陟一降，皆有天理之明明赫赫者临之于庭，则动静无恒而一于正道。不执一，则存省愈严，陟降一心，德业一致，此朝乾夕惕、存神尽性之密用，作圣之功于斯至矣。

《江沱》之媵以类行而欲丧朋，故无怨；嫡以类行而不能丧其朋，故不以媵备数。

类者，贵贱之分，朋，私心也。媵安于卑贱之类而忘己私，嫡处于尊贵而恃其类，怀私以不能容物，此得朋丧朋之异，公私之分也。

卒能自悔，得安贞之吉，乃终有庆而其啸也歌。

自悔，则能丧其私而先迷后得矣。坤之为德，以厚载有容为美，而私心间之，则吝而骄；惟去私以广容，而后能承天以利正，妇道也，臣道也，下学逊志，遏欲以存理之始功也。

采卷耳，议酒食，女子所以奉宾祭、厚君亲者足矣；又思酌使臣之劳，推及求贤审官，王季、文王之心，岂是过与！

此引伸《毛传》之旨而广言之。尽仁孝以为本，而推以爱贤任官，王季、文王之德也；后妃以顺承之，则乾、坤合德矣。

《甘棠》初能使民不忍去，中能使民不忍伤，卒能使民知心敬而不渎之以拜，

以拜为致敬之辞，于义未安。

非善教寖明，能取是于民哉！

繇善教，故仁声作。

"振振"，劝使勉也；"归哉归哉"，序其情也。

先劝君子急公而后望其归，发乎情，止乎礼义。

"卷耳"，念臣下小劳则思小饮之，

兕觥。

大劳则思大饮之，

金罍。

甚则知其怨苦嘘叹。妇人能此，则阴诐私谒害政之心，知其无也。

一于正则不邪。

"绸直如发"，贫者纷纵无余，顺其发而直韬之尔。

纵以帛敛发而作纷，古者纷不露发，帛有余，则斜缠绕之，帛不足，则裁直条如其发之长而直韬之，此言俭而不失其容也。

《蓼萧》《棠华》"有誉处兮"，皆谓君接己温厚，则下情得伸，谗毁不入而美名可保也。

处，谓居之安也。谗毁之人，皆舔君有刻薄疑忌之心；君仁臣忠，无所容其间矣。

《商颂》"顾予烝尝，汤孙之将"，言祖考来顾以助汤孙也。

祭者，子孙之心，然必时和年丰，天人胥洽，而后礼备；而孝思可伸，则在祖考之佑助也。古者以祭成为大福。敬按：引此亦与"陟降庭止，在帝左右"之意相通。

"鄂不韡韡"，兄弟之见，不致文于初，本诸诚也。

鄂，花萼；不，音跗；花承蒂小茎也。花方含蕊，文未著，而韡韡之生意在中，兴兄弟之好一本诸诚，非徒尚文。

《采苓》之诗，舍旃则无然，为言则求所得，所誉必有所试，厚之至也。

舍旃，毁之令斥也；无然，无毁也；为言，扬其美也；求所得，察其何所得当于道。誉必试也，毁则无誉，必试而谓之厚者，人之刻薄贼恩，喜怒自任，非其本心；惟轻信人言而不自求诸心，能不因人为毁誉，则好恶从心而伤害于物者多矣。

简，略也，无所难也，甚则不恭焉。

难，去声。于物无所难，以为不足较也。

贤者仕禄，非迫于饥寒，不恭莫甚焉。

孔子为委吏乘田，免于饥寒则去之。此伶官非以贫故，而谓世不足与有为，仕于卑贱，不恭之甚矣。

"简兮简兮"，虽刺时君不用，然为士者不能无太简之讥，故诗人陈其容色之盛，善御之强，

推其贤以责备之。

与夫君子縣房縣敖、不语其材武者异矣。

君子阳阳，安分自得，无疾世之意，故无责焉。

"破我斧""缺我斨"，言四国首乱，乌能有为，徒破缺我斧斨而已；

四国：商、奄、管、蔡。

周公征而安之，爱人之至也。

谅其无能为而不穷兵致讨，念其愚而安之，周公之心，纯乎仁爱。

《伐柯》言正当加礼于周公，取人以身也。

屈己而后能下贤。

其终见《书》"予小子其新逆"。

成王终成此诗之志。

九罭，言王见周公当大其礼命，则大人可致也。

君臣合德则礼命自隆，大人以道致，所谓"同声相应，同气相求"也。

《狼跋》，美周公不失其圣，卒能感人心于和平也。

庸人处变而不知自裁以礼，其贤者则改节降志以自贬损而免患，若郭子仪是已。圣人达于屈伸之感而贞其大常，静正而物自感，心无私累，则物我之气俱顺。人心之和平，公心之和平化之也。

《甫田》"岁取十千"，一成之田九万亩。

九万亩，百井也。按四井为邑，四邑为丘，四丘为甸，甸地方八里，旁加一里为成，止六十五井，五万八千五百亩，此云"九万亩"未详。

公取十千亩，九一之法也。

后稷之生，当在尧舜之中年，

舜摄政而使稷教稼穑，已强仕矣，此云"中年"，未详。

而《诗》云"上帝不宁"，疑在尧时高辛子孙为二王后，而诗人称帝尔。

此谓上帝为天子之称，疑者，未定之辞。实则稷盖帝挚之子，生于诸侯废挚，尧即位之初。挚，尧兄也，兄废弟立，未尝改姓易服，不得称"二王后"。此说未安。

《唐棣》，枝类棘枝，随节屈曲，

未详。

其华一偏一反，

向外生者偏，内出者反。

左右相矫，因得全体均正。偏，喻管、蔡失道，反，喻周公诛殛。言我岂不思兄弟之爱，以权宜合义，主在远者尔。

所系者家国之大。

《唐棣》本文王之诗，

以"唐棣"为"棠棣"，又云"文王作"，盖误。

此一章周公制作，序己情而加之，

谓周公增此一章。

仲尼以不必常存而去之。

汉注合上"可与共学"为一章，以偏反之反为反经合权之比，而张子因之，义多未顺。张子之学主于心得，于博学详说之功多所简忽，若此类是也。

日出而阴升自西，日迎而会之，雨之候也，

日自东而西，微雨自西而东，与日相会合，阴阳和则雨。

喻昏姻之得礼者也；

阳迎阴，男下女，以崇廉节也。

日西矣而阴生于东，

日已去而阴逐其后，日无会阴之心，阴强奔随之，雨终不成。

喻昏姻之失道者也。

"朝隮于西，崇朝其雨"，正而和也；"蝃蝀在东，则人莫敢指"，不正之气也。张子此说为长。朱子谓虹蜺天之淫气，不知微雨漾日光而成虹，人见之然尔，非实有虹也。言虹饮于井者，野人之说。

鹤鸣而子和，言出之善者与！

善则物必应。

鹤鸣鱼潜，畏声闻之不臧者与！

鹤鸣而声闻于天，鱼潜而或在渚，不善则不可掩也。故必善其鸣而慎其潜，乃以得臧。取喻同而义异，《易》以言好仁之益，《诗》以示恶不仁之警。

"鴥彼晨风，郁彼北林"，晨风虽鸷击之鸟，犹时得退而依深林而止也。

兴劳人之不得息。

《渐渐之石》言"有豕白蹢，烝涉波矣"。豕之负涂曳泥，其常性也；今豕足皆白，众与涉波而去，水患之多为可知也。

水患多则征人劳。

"君子所贵乎道者三"，犹"王天下有三重焉"，言也，动也，行也。

君子所贵乎道，求之身而已；言、行、动皆本诸身之道，立其本而中和致，乃可以制礼作乐。若读数文章稽于众，习之者能赞之，犹笾豆之事，任之有司可也。故道以反经为大。

苟造德降，则民诚 当作"诚"。和而凤可致；故鸣鸟闻，所以为和气之应也。

天地人物之气，其原一也。民和则天和不干，天和则物效其和，德施普降，和气达于万民，而物应之不爽矣。

九畴次叙：民资以生，莫先天材，故首曰五行；

畴，事也；九事皆帝王临民之大法。五行者，非天化之止于此，亦非天之秩分五者而不相为通，特以民生所资，厚生利用，需此五者，故炎上、润下、曲直、从革、稼穑及五味，皆就人所资用者言之。五行，天产之才以养民，而善用之者君道也；五事，天命之性以明民，而善用之者君德也；皆切乎民事而言，故曰范，曰畴。汉以后儒者不察，杂引术数家言，分配支离，皆不明于《洪范》之旨；而医卜星命之流，因缘附会以生克休王之鄙说。张子决言其为资生之材以辟邪说，韪矣。

君天下必先正己，故次五事；

正己而后可正人，践形尽性，所以正己。

己正然后邦得而治，故次八政；

八政以节宣五行而立为常典。

政不时举必昏，故次五纪；

合于天乃顺于人。

五纪明然后时措得中，故次建皇极；

极建则随时以处中。

求大中不可不知权，故次三德；

刚柔正直，各适其宜，权也。

权必有疑，故次稽疑；

循常而行，人谋定则可不待卜筮，行权有疑，而后决之以鬼谋。

可征然后疑决，故次庶征；

卜筮隐而天象显。

福极征，然后可不劳而治，故九以向劝终焉。

刑赏合天则大法行，而非徒恃法也。

五为数中，故皇极处之；权过中而合义者也，故三德处六。

次叙之说，亦理之一端。以洛书证之，抑有不尽然者，读者不必泥也。

"亲亲尊尊"。

周道也。

又曰"亲亲尊贤"，

周公治鲁之道。

义虽各施，然而亲均则尊其尊，尊均则亲其亲为可矣。

亲尊互酌而重者见矣。

若亲均尊均，则齿不可以不先，此施于有亲者不疑。

昭穆亦序齿之推也。

若尊贤之等，则于亲之杀，必权而后行。

贤均则以亲疏尊卑为等。

急亲贤为尧、舜之道，

亲贤，谓亲而贤者。

然则亲之贤先得之于疏之贤者为必然。

先得，急之也；谓先举而尊之。

尧明俊德于九族而九族睦，

明，显也；表而尊之，则人皆喻于为善之荣。

章俊德于百姓而万邦协，黎民雍；

九族之贤既举而后举庶士。百姓，谓百官赐族姓者。

皋陶亦以惇叙九族、庶明励翼为迩可远之道；

庶明，庶士之贤者。迩可远，谓即迩以及远。

则九族勉敬之人固先明之，然后远者可次叙而及。

周道以亲亲为本，一尧、舜之道也。

《大学》谓"克明俊德"为自明其德，不若孔氏之注愈。

义民，安分之良民而已；

仅免于恶而不足与为善。

俊民，俊德之民也。

俊，大也；德大则所施亦大。

官能，则准牧无义民；

乡党自好者，可使安于野而不可使在官。

治昏则俊民用散。

取小善而弃大德，昏主之所以坏风俗也；虽圣世不能无乡原，惟置而不用，则不足以贼德。

五言乐语，歌咏五德之言也。

乐语，所歌之文词。

"卜不习吉"，言卜官将占，先决问人心，有疑乃卜，无疑则否。

理显于明而故索之幽，徒乱德而已。

"朕志无疑，人谋金同"。故无所用卜；鬼神必依，龟筮必从，

幽明无二理。

故不必卜筮，玩习其吉以渎神也。

谋已决而欲得吉占，玩神以自快而已。

衍忒未分，有悔吝之防，此卜筮之所繇作也。

衍忒，数之过也。事非常而过于常数，为之则悔，不为则吝，故卜筮以决之。若吉凶之数适如其理，则受人之天下而不辞，蹈白刃而不避，何卜筮之有！卜筮者，所以审在己之悔吝，而非为吉凶也。

王禘篇

此篇略释《三礼》之义，皆礼之大者，先王所以顺天之秩叙而精其义者也。张子之学以立礼为本，而言礼则辨其大而遗其细。盖大经有一定之理，而恭敬、撙节、退让之宜，则存乎人之随时以处中，而不在乎度数之察也。

"礼不王不禘"，则知诸侯岁阙一祭为不禘明矣。

谓夏、商春礿夏禘，即于夏季时享行大禘，诸侯不禘，则夏不祭。

至周以祠为春，以禴为夏，宗庙岁六享，则二享四祭为六矣。

二享：禘、祫；四祭：祠、禴、尝、烝。

诸侯不禘，其四享与！

四时之祭阙其一，合祫而四。周制，诸侯各以其方助祭天子，故其时不行宗庙之祭。

夏、商诸侯，夏特一祫，《王制》谓"礿则不禘，禘则不尝"，假其名以见时祀之数尔；作《记》者不知文之害意，过矣。

《王制》盖谓诸侯祠则不礿，礿则不尝，亦言阙一祭尔。假夏、商时享之名谓礿为禘，于文未审，恐读者不察，且疑诸侯之亦禘，害于礼矣。夏、商诸侯，夏时天子大禘之时而祫祭，非禘也。作《记》者，汉文帝博士。

禘于夏、周当是"商"字之讹。**为春夏，尝于夏、商为秋冬，作《记》者交举，以二气对互而言尔。**

言禘以该礿，言尝以该烝，《礼记》专言禘尝者，以阴阳二气之变，故于夏秋之交相对而言，略春冬而举夏秋，要以夏、商之礼为名；若周，则禘在时享之外。

享尝云者，享为追享朝享，禘亦其一尔。

所自出之帝远矣，故云追享。朝享者，诸侯觐王亦有享礼，以下奉上之通词，故禘亦可云享。

尝以配享，亦对举秋冬而言也。夏、商以禘为时祭，知追事之必在夏也。

谓夏、商因夏之时祭而行大禘，故以与尝对举，尝言秋冬，享言春夏。

然则夏、商天子，岁乃五享，

谓五祭。

禘列四祭，并祫而五也。

以不王不禘，禘为大享，故知夏禘之外不更别行时祭。

周改禘为禴，则天子享六；

禘祫二祭，于四祭外别举之。

诸侯不禘，

祫而不禘。

**又岁阙一祭，则亦四而已矣。《王制》所谓天子犆礿、祫禘、祫尝、
祫烝，既以禘为时祭，则祫可同时而举**。张子自注：礿以物薄，而犆尝从旧。

祫禘云者，据夏、商而言；祫禘、祫尝、祫烝，谓随三时可并行
祫祭。

诸侯礿犆，张子自注：如天子。**禘一犆一祫，言于夏禘之时正为
一祭，**

不祫也。

特一祫而已。

祫随秋冬行之。

然则不王不禘，又著见于此矣。

大禘不得言犆言祫；诸侯之言禘，非禘也，孟夏时享之名也。

又云尝祫烝祫，则尝蒸且祫无疑矣。

秋尝冬烝，可于一时并行，祫祭实止一祫也。

若周制亦当阙一时之祭，则当云诸侯祠则不禴，禴则不尝。

以夏、商之礼言，故云禘。若以周制言之，则当云祠禴，不当云礿
禘；作《记》者杂用三代之文，故害于意。反复释此，所以申明不王不禘
之大义。

庶子不祭祖，张子自注：不止言王考而已。

大夫三庙而上，皆有祖庙祀始受命者。

明其宗也；张子自注：明宗子当祭也。

庶子即为大夫，不得专立祖庙，后世乃可祖之；若宗子，则虽不为大
夫，亦必祭祖。

不祭祢，张子自注：以父为亲之极甚者，故又发此文。

上庶子对继祖之宗子而言，此庶子兼对继祢之宗子而言。苟为庶子，
则祢且不祭，况祖乎！

明其宗也。

唯继祢之宗子乃得祭祢；庶子贵，以其牲就宗子而行事。

庶子不为长子斩，不继祖与祢故也。 张子自注：此以服言，不以祭言，故又发此义。

凡庶子皆不继祖，即有继祢者，亦不为其长子斩，况继祢者虽嫡长，但继己而已，非祖祢之继，义不得伸。

"庶子不祭殇与无后者"，《注》："不祭殇者，父之庶"，

《注》，郑氏《注》也。不继祢之庶子，不继己之殇。

盖以殇未足语世数，特以己不祭祢，故不祭之。

此释郑《注》，言殇非父之适孙，不足列世数。己既非继祢之宗，则殇卑贱不得祭。

"不祭无后者，祖之庶也"，

二句，郑氏《注》文。于祖为庶孙，虽于祢为适子，可以祭殇，而不可以祭诸父昆弟之无后者。

虽无后，以其成人备世数，当祔祖以祭之，己不祭祖，故不得而祭之也。

释郑《注》，言己不敢入祖庙而祭，则共其祭物而宗子主焉，己不祭也。

"祖庶之殇则自祭之也"，

二句郑氏注文。己为祖庶，于祢为适，则可祭己之适殇。

言庶孙则得祭其子之殇者，以己为其祖矣，无所祔之也。

释郑《注》，言庶子，祖之庶也。己之殇，己之适长殇，己为其祖者，己可祭祢为殇之祖矣。无所祔，言不须祔于己之祖庙。

"凡所祭殇者唯适子"，

郑氏《注》文。此适子，谓殇。

此据《礼》天子下祭殇五，皆适子适孙之类。故知凡殇非适不得特祭，惟从祖祔食。

释郑《注》，言必有承祖世爵之贵乃特祭之，其他则难世数，必祔食乃祭。

"无后者，谓诸父昆弟"，

郑氏《注》文。

殇与无后者如祖庙在小宗之家，祭之如在大宗。张子自注：见《曾子问》注。

此引伸郑《注》而言。祖庙在小宗之家，谓大夫更立祖庙别为一宗者。如在大宗，即祔于小宗家之庙，不必合于大宗，从祖而已。

殷而上七庙，自祖考而下五，并远庙为祧者二，

据《王制》而言。

无不迁之太祖庙。至周有不毁之祖，

谓后稷。

则三昭三穆，四为亲庙，二为文、武二世室，并始祖而七。

谓周之亲庙止于四世，五世则祧。

诸侯无二祧，

谓世室。

故五。

四亲庙，与始封之君而五。

大夫无不迁之祖，则一昭一穆，

父与王父。

与祖考而三，

祖考，谓曾祖。大夫不世官，祀之三世而止。

故以祖考通谓为太祖。

名为太祖，实祖考也；以西向之尊，故称太祖。

若祫，则请于其君，并高祖干祫之。张子自注：干祫之，不当祫而特祫之也。

并，合也；干，求也。大夫不得合祭，贵大夫请于君而得行合食之礼。

孔《注》"《王制》谓周制"，亦粗及之而不详尔。

孔《注》，孔颖达《疏》。《王制》所云，非周制也。天子诸侯亲庙各四，所谓五世而斩也。然二昭二穆必于四世，胡氏谓父死子继，兄终弟及，皆为一世，则有兄弟踵立，如齐桓公四子皆为君，则不得祀其祖；且兄弟为昭穆而昭穆乱，其说非也。人君无子，则早立继嗣，必以其昭穆，其未立者，非如汉之冲、质，君道未成，则自私而轻宗庙，当以无后祔食之例祔于祖庙，而不入世数。可知虽天子诸侯无后，亦不得特立庙也。

"铺筵设同几"，疑左右几一云。

享祖考以妣合食则设同几。言同者，以别于左右各一几也。疑者，释其疑之谓。

交鬼神异于人，故夫妇而同几。

人道则夫妇有别，交祖考者以神道，神则阴阳合德而资生，孝子慈孙以其精意感神于漠，即己之志气而神在焉。己为考妣合一之身，不得有阴阳男女之异，鬼神无嫌，不必别也。

求之或于室，或于祊也。

于室者，正祭；于祊，绎祭也。一神而求之多方，神无定在也。夫妇同几而不嫌于同，一神两求而不嫌于异，知分合聚散之理，然后知礼之精义而入神。

祭社稷五祀百神者，以百神之功报天之德尔。

百神，皆天之神所分著者也，随所著而报之。天德无方体，唯天子飨帝然。抑分而使人各效其报，以不忘资始之德。

故以天事鬼神，事之至也，理之尽也。

事鬼神而归本于天，乃穷理以尽人事之至。淫祀者以鬼事鬼，不当于礼，其黩甚矣。

"天子因生以赐姓，诸侯以字为谥当是"氏"字之讹。**"，盖以尊统上、卑统下之义。**

天子赐诸侯之姓，推原其所自生，故鲁、卫同于姬，齐、纪同于姜，本所自出之帝，统于一尊，所以尊诸侯而上之。诸侯赐大夫之氏，因王父之字为氏，不得上统于始祖，分族命氏，以明其所自出之卑。君臣之分，于斯著矣。

"天子因生以赐姓"，难以命于下之人，亦尊统上之道也。

下之人，同姓之大夫也。天子命其大夫之氏，亦必分而各使为氏，与侯国同。天子之大夫视侯，然唯诸侯则因生赐姓，而大夫否，尊统于上不得及下也。子男虽卑，君道也；天子之大夫虽贵，臣道也。

此章旧分为二，今合之。

据《玉藻》，疑天子听朔于明堂，诸侯则于太庙，就藏朔之处告祖而行。

听朔，颁朔也。诸侯奉朔藏于太庙，每月告祖而行。胡氏曰："月，王月也。王者赞天敷治，自己制之，诸侯不敢自专，待命于尊亲。"

受命祖庙，作龟祢宫，次序之宜。

此师行之礼，受命宜于尊者，卜吉宜于亲者。

公之士及大夫之众臣为"众臣"，公之卿大夫、卿大夫之室老及家邑之士为"贵臣"。

公之士，公之众有司也；大夫之众臣仕于大夫为群有司，非室老，又非宰邑者也。卿、大夫，公之贵臣；室老、邑宰，大夫之贵臣。

上言"公士"，所以别士于公者也；

此释《丧礼》之文。别士于公，与士于家者也。士于家，更不在公室众臣之列，愈贱而服愈降。

下言"室老士"，所以别士于家者也。

别士于家者，于公之士也，公之士不为大夫服。

众臣杖不以杖即位，疑义与庶子同。

分卑则不得伸其哀。

"适士"，疑诸侯荐于天子之士及王朝爵命之通名。

诸侯所荐，仕于天子而受三命为士者，与诸侯之士有功而王命之者，皆曰适士。适士，对庶士之称。

盖三命方受位天子之朝，

于王朝有班位。

一命再命受职受服者，疑官长自辟除，未有位于王朝，故谓之"官师"而已。

官长，六官之长，诸侯自命者亦如之。

"小事则专达"，盖得自达于其君，不俟闻于长者，礼所谓"达官"者也。

引《周礼》以证《礼记》达官之义。

所谓"达官之长"者，得自达之长也；

官皆统于六官为之长，而达官又各有长，如今制钦天监行人司遥属礼部，而监正司正又为之长。

所谓"官师"者，次其长者也。然则达官之长必三命而上者，官师则中士而再命者，庶士则一命为可知。

《周礼》"小事则专达"，天子之官也。诸侯亦有达官之长，故以《周礼》推之，知其亦有专达之官，而有长有二，长上士，二则中、下士，故达官之长，于诸侯为贵臣。

"赐官"，使臣其属也。张子自注：若卿大夫以室老士为贵臣，未赐官则不得臣其士也。

明非但诸侯得有其臣，卿大夫既赐官，亦得臣其室老士。

祖庙未毁，教于公宫。

女子许嫁，教之三月。

则知诸侯于有服族人亦引而亲之，如家人焉。

女子既然，则男子可知。诸侯绝期，而云有服者，以士礼推之，五世内服属也。

"下而饮"者，不胜者自下堂而受饮也。其争也，争为谦让而已。

自安于不能，让道也。

君子之射，以中为胜，不必以贯革为胜。侯以布，鹄以革，其不贯革而坠于地者，中鹄为可知矣。

鹄，栖皮于布，侯之中也。布易贯，革难贯，至革而坠，中可知矣。

此"为力不同科"之一也。

有力则贯，无力则否，先王因材取人而不求备，于《射礼》见其一。

"知死而不知生，伤而不吊。"

伤，哭也。

畏、厌、溺可伤尤甚，故特致哀死者，

畏，兵死；厌，木石厌死；溺，没水死。

不吊生者以异之。

虽知生亦不吊，盖哀致于死者，则不暇及于生者。而致其亲之死于畏、《厌、溺，则不孝慈矣，虽与相知，绝之可也。为君父战而死者，非畏也，不在不吊之科。

且"如何不淑"之词，无所施焉。

有故而死，无容问之。此旧注文，申释之以明情与文之必称。

"博依善依"，永而歌乐之也；

习其音调也。

"**杂服**"，杂习于制数服近之文也。

近，犹习也。音调文仪，非礼乐之至，然器缊道设，舍器而无以见道。

《春秋》大要，天子之事也。

大要，谓褒贬寓刑赏之权。

故曰："知我者其唯《春秋》乎，罪我者其唯《春秋》乎！"

胡氏之说备矣。

"苗而不秀者"与下"不足畏也"为一说。

一说，犹言一章。

《张子正蒙注》卷八终

张子正蒙注卷九

乾称篇上

此篇张子书于四牖示学者，题曰《订顽》；伊川程子以启争为疑，改曰《西铭》。龟山杨氏疑其有体无用，近于墨氏，程子为辨明其理一分殊之义，论之详矣。抑考君子之道，自汉以后，皆涉猎故迹，而不知圣学为人道之本。然濂溪周子首为《太极图说》以究天人合一之原，所以明夫人之生也，皆天命流行之实，而以其神化之粹精为性，乃以为日用事物当然之理，无非阴阳变化自然之秩叙，有不可违。然所疑者，自太极分为两仪，运为五行，而《乾》道成男，《坤》道成女，皆《乾》、《坤》之大德，资生资始；则人皆天地之生，而父母特其所禅之几，则人可以不父其父而父天，不母其母而母地，与《六经》《语》《孟》之言相为蹖駮，而与释氏真如缘起之说虽异而同。则濂溪之旨，必有为推本天亲合一者，而后可以合乎人心、顺乎天理而无敝；故张子此篇不容不作，而程子一本之说，诚得其立言之奥而释学者之疑。窃尝沉潜体玩而见其立义之精。其曰"乾称父，坤称母"，初不曰"天吾父，地吾母"也。从其大者而言之，则乾坤为父母，人物之胥生，生于天地之德也固然矣；从其切者而言之，则别无所谓乾，父即生我之乾，别无所谓坤，母即成我之坤；惟生我者其德统天以流形，故称之曰父，惟成我者其德顺天而厚载，故称之曰母。故《书》

曰"唯天地万物父母",统万物而言之也;《诗》曰:"欲报之德,昊天罔极。"德者,健顺之德,则就人之生而切言之也。尽敬以事父,则可以事天者在是;尽爱以事母,则可以事地者在是;守身以事亲,则所以存心养性而事天者在是;推仁孝而有兄弟之恩、夫妇之义、君臣之道、朋友之交,则所以体天地而仁民爱物者在是。人之与天,理气一也;而继之以善,成之以性者,父母之生我,使我有形色以具天性者也。理在气之中,而气为父母之所自分,则即父母而溯之,其德通于天地也,无有间矣。若舍父母而亲天地,虽极其心以扩大而企及之,而非有恻怛不容已之心动于所不可昧。是故于父而知乾元之大也,于母而知坤元之至也,此其诚之必几,禽兽且有觉焉,而况于人乎!故曰"一阴一阳之谓道",乾、坤之谓也;又曰"继之者善,成之者性",谁继天而善吾生?谁成我而使有性?则父母之谓矣。继之成之,即一阴一阳之道,则父母之外,天地之高明博厚,非可躐等而与之亲,而父之为乾、母之为坤,不能离此以求天地之德,亦照然矣。张子此篇,补天人相继之理,以孝道尽穷神知化之致,使学者不舍闺庭之爱敬,而尽致中和以位天地、育万物之大用,诚本理之至一者以立言,而辟佛、老之邪迷,挽人心之横流,真孟子以后所未有也。惜乎程、朱二子引而不发,未能洞示来兹也!此篇朱子摘出别行,而张子门人原合于全书,今仍附之篇中,以明张子学之全体。

乾称父,坤称母;

谓之父母者,亦名也;其心之心不忍忘,必不敢背者,所以生名之实也。惟乾之健,故不敢背,惟坤之顺,故不忍忘,而推致其极,察乎天地,切求之近以念吾之所生成,则太和絪缊,中含健顺之化,诚然而不可昧。故父母之名立,而称天地为父母,迹异而理本同也。朱子曰:"天地者其形体,迹之与父母异者也;乾坤者其性情,理之同者也。"

予兹藐焉,乃混然中处。

混然,合而无间之谓。合父母之生成于一身,即合天地之性情于一心也。

故天地之塞,吾其体;天地之帅,吾其性。

塞者,流行充周;帅,所以主持而行乎秩叙也。塞者,气也,气以成形;帅者,志也,所谓天地之心也。天地之心,性所自出也。父母载乾、坤之德以生成,则天地运行之气,生物之心在是,而吾之形色天性,与父母无二，即天地无二也。

民，吾同胞；物，吾与也。

繇吾同胞之必友爱，交与之必信睦，则于民必仁，于物必爱之理，亦生心而不容已矣。

大君者，吾父母宗子；其大臣，宗子之家相也。

家之有宗子，父母所尊奉，乃天之秩叙，在人心理，必奉此而安者。唯其必有是心，必有是理，故"三月无君则皇皇如也"，"居是邦则事其大夫之贤者"，皆不容已之诚，而人道之所自立也。

尊高年，所以长其长；慈孤弱，所以幼其幼。

家之有长幼，必敬而慈之，故心从其类，有触必感。此理人皆有之，最为明切。

圣，其合德；贤，其秀也。

合德，谓与父母之德合；秀者，父母所矜爱之贤子孙也。希圣友贤，成身以顺亲，即所以顺天。

凡天下疲癃残疾茕独鳏寡，皆吾兄弟之颠连而无告者也。

颠连无告而无恻隐之心，则兄弟亦可不恤，故曰"苟能充之，足以保四海，苟不充之，不足以保妻子"，生理之明昧而已。

"于时保之"，子之翼也；"乐且不忧"，纯乎孝者也。

守身以敬亲而事天，则悦亲而乐天，无小大之异也。

违曰悖德，害仁曰贼，济恶者不才；其践形，惟肖者也。

父母继健顺之理以生成，吾所求肖者此也。亲志以从而无违为顺，然有可从、不可从之异，而理则唯其善而从之者为顺。不从其善而从其不善，或至于残害天理，则贼所生之理矣。济恶而不能干蛊，父母成乎恶而为天之蠹矣；故必践形斯为肖子，肖乾坤而后肖父母，为父母之肖子，则可肖天地矣。故舜所践者瞽瞍之形，而与天合德。

知化则善述其事，穷神则善继其志。

化者，天地生物之事；父母之必教育其子，亦此事也。善述者，必至于知化，而引伸之以陶成乎万物。神者，天地生物之心理，父母所生气中之理，亦即此也善继者，必神无不存，而合撰于乾坤以全至德。

不愧屋漏为无忝，存心养性为匪懈。

止恶于几微，存诚于不息，圣功之至，亦止以敬亲之身而即以昭事上帝矣。

恶旨酒，崇伯子之顾养；育英才，颖封人之锡类。

惟遏欲可以养亲，可以奉天；惟与人为善，则广吾爱而弘天地之仁。

不弛劳而底豫，舜其功也；

不可逆者亲，而有时不能顺，舜尽诚而终于大顺，以此知天地之变化剥复无恒，而大人拨乱反治，惟正己立诚而可挽气化之偏。

无所逃而待烹，申生其恭也。

道尽则安命，而不以死为忧，盖生我者乾、坤之大德，非己自有生而天夺之。故身为父母之身，杀之生之无可逃之义；德未至于圣，无如自靖以俟命。

体其受而归全者，参乎；

全形以归父母，全性以归天地，而形色天性初不相离，全性乃可以全形。

勇于从而顺令者，伯奇也。

勇于从，不畏难也。乾坤之德，易简而已，而险阻该焉。故父母无不爱之子而不无苦难之令，勇于从则皆顺矣。

富贵福泽，将厚吾之生也；贫贱忧戚，庸玉汝于成也。

乾坤之德至矣，或厚其生，或玉于成，皆所以成吾之德；父母之爱与劳，体此者也。无往而不体生成之德，何骄怨之有！

存，吾顺事；没，吾宁也。

有一日之生，则受父母之生于一日，即受天地之化于一日，顺事以没，事亲之事毕，而无扰阴阳之和以善所归，则适得吾常而化自正矣。

此章切言君子修身立命存心养性之功，皆吾生所不容已之事，而即心以体之，则莫切于事亲，故曰"仁之实，事亲是也"。事亲之中，天德存焉，则精义以存诚，诚有不容自诿者。若其负父母之生我，即负天地之大德。学者诚服膺焉，非徒扩其量之弘，而日乾夕惕之心，常有父母以临之，惟恐或蔽于私，以悖德而贼仁，则成身之功，不待警而自笃矣。程、朱二子发明其体之至大，而未极其用之至切，盖欲使学者自求之，而非可以论说穷其蕴也。

乾称篇下

此篇张子书之东牖以示学者，名曰《砭愚》，盖以砭二氏之愚而明圣道之要，程子改曰《东铭》。旧说唯"戏言出于思也"以下为东铭，今按十七篇之数，则此二篇合为一篇明矣，正之。

凡可状，皆有也；

实有其体，故可状。

凡有，皆象也；

天地之间所有者，形质虽殊而各肖其所生，皆天之所垂象者也。

凡象，皆气也。

使之各成其象者，皆气所聚也，故有阴有阳，有柔有刚，而声色、臭味、性情、功效之象著焉。

气之性本虚而神，

性，谓其自然之良能，未聚则虚，虚而能有，故神。虚则入万象之中而不碍，神则生万变之质而不穷。

则神与性乃气所固有，

自其变化不测，则谓之神；自其化之各成而有其条理，以定志趣而效功能者，则谓之性。气既神矣，神成理而成乎性矣，则气之所至，神必行焉，性必凝焉，故物莫不含神而具性，人得其秀而最灵者尔。耳目官骸亦可状之象，凝滞之质，而良知良能之灵无不贯彻，盖气在而神与性偕也。

此鬼神所以体物而不遗也。

鬼神者，气之往来屈伸者也，物以之终，以之始，孰能遗之。此言天下当有之物，皆神之所流行，理之所融结，大而山泽，小而昆虫草木，灵而为人，顽而为物，形形色色，重浊凝滞之质气皆沦浃其中，与为屈伸。盖天包地外而入于地中，重泉确石，天无不彻之化，则即象可以穷神，于形色而见天性，所以辟释氏幻妄起灭，老、庄有生于无之陋说，而示学者不得离皆备之实体以求见性也。

至诚，天性也；

至诚者，实有之至也。目诚能明，耳诚能聪，思诚能睿，子诚能孝，臣诚能忠，诚有是形则诚有是性，此气之保合太和以为定体者也。

不息，天命也。

天之命物，于无而使有，于有而使不穷，屈伸相禅而命之者不已，盖无心而化成，无所倚而有所作止，方来不倦，成功不居；是以聪明可以日益，仁义可以日充。虽在人有学问之事，而所以能然者莫非天命。惟天有不息之命，故人得成其至诚之体；而人能成其至诚之体，则可以受天不息之命。不然，二气之妙合自流行于两间，而时雨不能润槁木，白日不能炤幽谷，命自不息而非其命，唯其有形不践而失吾性也。

人能至诚，则性尽而神可穷矣；

有至诚之性在形中而尽之，则知神之妙万物也。凡吾身之形，天下之物，形质嗜欲之粗滞，皆神之所不遗者。

不息，则命行而化可知矣。

天命不息，而人能瞬存息养，晨乾夕惕，以顺天行，则刻刻皆与天相陟降，而受天之命，无有所遗，于凡万物变化，万事险阻，皆有百顺至当之理，随喜怒哀乐而合于太和，所以感人心于和平而赞天地之化育者，自无间矣。

学未至知化，非真得也。张子自注：舍气，有象否？非象，有意否？

既言"学必至于知化"，又云舍气无象、非象无意，以见知化之学，非索之于虚空变幻之中，即此形形色色庶物人伦之理，无一义之不精，无一物之不体，则极尽乎气之良能而化即在是，此至诚之所以无息。彼不诚无物者，以介然之悟，立幻妄之教，指休歇为究竟，事至物迁而不能继，性之不尽而欲至于命，其狂愚甚矣。

有无虚实通为一物者，性也；

此理体验乃知之，于有而可不碍其未有，于未有而可以为有，非见见闻闻之所能逮。惟性则无无不有，无虚不实，有而不拘，实而不滞。故仁义礼智，求其形体，皆无也，虚也；而定为体，发为用，则皆有也，实也。耳之聪，目之明，心之睿，丽于事物者，皆有也，实也；而用之不测，则无也，虚也。至诚者，无而有，虚而实者也，此性之体撰为然也。

不能为一，非尽性也。

视之而见，听之而闻，则谓之有；目穷于视，耳穷于德，则谓之无；功效可居，则谓之实；顽然寂静，则谓之虚，故老氏以两间为橐籥，释氏以法界为梦幻，知有之有，而不知无之有；知虚之虚，而不知虚之实，因谓实不可居而有为妄。此正彼所谓徇耳目、内通而外于心知，捏目生花，自迷其头者，而谓之尽性，可乎？

饮食男女皆性也，

理皆行乎其中也。

是乌可灭！

释、老亦非能灭之，姑为之说尔。

然则有无皆性也，是岂无对！

老、释以无在有外，复然无对之孤光为性，惟不知神之与气，气之与形，相沦贯而为一体，虚者乃实之藏，而特闻见之所不逮尔。

庄、老、浮屠为此说久矣，果畅真理乎？

庄、老言虚无，言体之无也；浮屠言寂灭，言用之无也；而浮屠所云真空者，则亦销用以归于无体。盖晋、宋间人缘饰浮屠以庄、老之论，故教虽异而实同，其以饮食男女为妄，而广徒众以聚食，天理终不可灭。唯以孩提之爱为贪痴，父母为爱惑所感，毁人伦，灭天理，同于盗贼禽兽尔。

天包载万物于内，所感所性，乾坤、阴阳二端而已；

阴阳实体，乾坤其德也。体立于未形之中，而德各效焉，所性也。有阴则必顺以感乎阳，有阳则必健以感乎阴，相感以动而生生不息，因使各得阴阳之撰以成体而又生其感。

无内外之合，无耳目之引取，与人物蕞然异矣。

人物各成其蕞然之形，性藏不著而感以其畛，故见物为外，见己为内，色引其目而目蔽于色，声引其耳而耳蔽于声，因以所见闻者为有，不可见闻者为无，不能如天地之阴阳浑合，包万物之屈伸而无所蔽也。

人能尽性知天，不为蕞然起见，则几矣。

知其性之无不有而感以其动，感则明，不感则幽，未尝无也，此不为耳目蕞然之见闻所域者也。

有无一，内外合。张子自注：庸圣同。

虽愚不肖，苟非二氏之徒愚于所不见，则于见闻之外，亦不昧其有理，人伦庶物之中，亦不昧其有不可见之理而不可灭，此有无之一，庸之同于圣也。既已为人，则感必因乎其类，目合于色，口合于食，苟非如二氏之愚，欲闭内而灭外，使不得合，则虽圣人不能舍此而生其知觉，但即此而得其理尔。此内外之合，圣之同于庸也。

此人心之所自来也。

内心合外物以启觉，心乃生焉，而于未有者知其有也；故人于所未见未闻者不能生其心。

若圣人则不专以闻见为心，故能不专以闻见为用。

流俗以逐闻见为用，释、老以灭闻见为用，皆以闻见为心故也。昧其有无通一之性，则不知无之本有，而有者正所以载太虚之理。此尽心存神之功，唯圣人能纯体之，超乎闻见，而闻见皆资以备道也。

此章旧连下节为一，今分之。

无所不感者，虚也；感即合也，咸也。

至虚之中，阴阳之撰具焉，绸缊不息，必无止机。故一物去而一物生，一事已而一事兴，一念息而一念起，以生生无穷，而尽天下之理，皆太虚之和气必动之几也。阴阳合而后仁义行，伦物正，感之效也；无所不合，感之周遍者也，故谓之咸。然则莫妙于感，而大经之正，百顺之理在焉，二氏欲灭之，愚矣。

以万物本一，故一能合异；以其能合异，故谓之感；若非有异则无合。

天下之物，皆天命所流行，太和所屈伸之化，既有形而又各成其阴阳刚柔之体，故一而异，惟其本一，故能合；惟其异，故必相须以成而有合。然则感而合者，所以化物之异而适于太和者也；非合人伦庶物之异而统于无异，则仁义不行。资天下之有以用吾之虚，咸之象辞曰："观其所感而天地万物之情见矣。"见其情乃得其理，则尽性以合天者，必利用此几而不容灭矣。

天性，乾坤、阴阳也，

我之性，乾坤之性，皆不越阴阳健顺之二端，纯驳、良楛、灵蠢，随其质而皆兼体。

二端，故有感；本一，故能合。

健顺刚柔，相须以济，必感于物以生其用，而二端本太和，感之斯合矣。以知声色、臭味、君臣、父子、宾主、贤愚，皆吾性相须以合一之诚，不容灭也。

天地生万物，所受虽不同，皆无须臾之不感，所谓性即天道也。

天地之寒暑、雨旸、风雷、霜露、生长、收藏，皆阴阳相感以为大用；万物之所自生，即此动几之成也。故万物之情，无一念之间，无一刻之不与物交；嗜欲之所自兴，即天理之所自出。耽嗜欲者迷于一往，感以其蘉然之闻见而不咸尔，非果感之为害也。若君子瞬有存，息有养，晨乾夕惕，以趋时而应物，则即所感以见天地万物之情，无物非性所皆备，即无感而非天道之流行矣。盖万物即天道以为性，阴阳具于中，故不穷于感，非阴阳相感之外，别有寂然空窅者以为性。释氏欲却感以护其蘉然之灵，违天害性甚矣。

感者，性之神；性者，感之体。张子自注：在人在天，其究一也。

健顺，性也；动静，感也；阴阳合于太和而相容，为物不二，然而阴阳已自成乎其体性，待感而后合以起用。天之生物，人之成能，非有阴阳之体，感无从生，非乘乎感以动静，则体中槁而不能起无穷之体。体生神，神复立体，繇神之复立体，说者遂谓初无阴阳，静乃生阴，动乃生阳，是徒知感后之体，而不知性在动静之先本有其体也。

惟屈伸动静终始之能一也，故所以妙万物而谓之神，通万物而谓之道，体万物而谓之性。

屈伸动静，感也，感者，因与物相对而始生，而万物之静躁、刚柔、吉凶、顺逆，皆太和绸缊之所固有，以始于异而终于大同，则感虽乘乎异而要协于一也。是以神无不妙，道无不通，皆原于性之无不体；在天者本然，而人能尽性体道以穷神，亦惟不失其感之正尔。

至虚之实，实而不固；至静之动，动而不穷。

在天者和气绸缊于太虚，充塞无间，中涵神妙，随形赋牛而不滞。在圣人无私而虚，虚以体理，无理不实；无欲而静，静以应感，无感不通。

实而不固，则一而散；

天以之并育不害，圣人以之与时偕行。

动而不穷，则往且来。

天以之运行不息，圣人以之屈伸合一，是穷神尽性，合天之道，惟在至虚之实，至静之动而已。流俗滞于物以为实，逐于动而不反，异端虚则丧实，静则废动，皆违性而失其神也。

性通极于无，气其一物尔。

无，谓气未聚，形未成，在天之神理。此所言气，谓成形以后形中之气，足以有为者也。气亦受之于天，而神为之御，理为之宰，非气之即为性也。

命禀同于性，遇乃适然焉。

天命之以生，即命之以性，性善而无恶，命亦吉而无凶；若否泰、利钝，因乎时之所遇，天化之屈伸，不以一人而设，遇之者吉凶殊尔。

人一己百，人十己千，然有不至，犹难语性，可以言气。

在气则有愚明、柔强之异，而性不异。故善学者存神而气可变化，若恃气之清刚，则终有所限。

行同报异，犹难语命，可以言遇。

比干之死，孔、孟之穷，非天命之使然，所遇之时然也。故君子言知命、立命而不言安命，所安者遇也。以遇为命者，不知命者也。

浮屠明鬼，谓有识之死，受生循环，遂厌苦求免，可谓知鬼乎？

鬼者，归也，归于太虚之絪缊也。

以人生为妄，可谓知人乎？

人者，阴阳合德之神所聚，而相阴阳以协天地万物之居者也。

天人一物，辄生取舍，可谓知天乎？

天之用在人，人之体无非天，天至虚而实，人实而含虚，声色、臭味、父子、君臣、宾主、贤愚，皆天理之所显现而流行，非空之而别有天也。

孔、孟所谓天，彼所谓道。

道一也，在天则为天道，在人则有人道。人之所谓道，人道也。人道不违于天，然强求同于天之虚静，则必不可得，而终归于无道。

惑者指"游魂为变"为轮回，未之思也。

《易》言"游魂为变"，谓魂返于天，唯天所变化，而非人之所能与。儒之驳者，惑于浮屠，谓死而魂不散，游于两间为中阴，身复随因而变四生之果，诬圣教以助邪说，愚矣！

大学当先知天德，知天德则知圣人，知鬼神。

天之所以为天而化生万物者，太和也，阴阳也，聚散之神也。圣人，体此者也；鬼神，其聚散之几也。

今浮屠极论要归，必谓死生转流，非得道不免，谓之悟道，可乎？ 张子自注：悟则有义有命，均死生一天人，惟知昼夜，通阴阳，体之不二。

死生流转，无蔈然之形以限之，安得复即一人之神识还为一人，若屈伸乘时，则天德之固然，必不能免；假令能免，亦复何为？生而人，死而天，人尽人道而天还天德，其以合于阴阳之正者，一也。

自其说炽传中国，儒者未容窥圣学门墙，已为引取，沦胥其间，指为大道。

繇其不窥圣学，乍于流俗利欲之中闻清脱之说，意为歆动，或遂讥圣学为卑近，或诬圣学为一致，皆所必然。

其俗达之天下，致善恶、知愚、男女、臧获，人人著信。

天下岂有男女、臧获、淫坊、屠肆而可与语上之理，士君子不以为辱而指之为大道，愚矣哉！

使英才间气，生则溺耳目恬习之事，长则师世儒宗尚之言，遂冥然被驱，

如李习之、赵阅道、张子韶，皆英才也，被其驱而陷于邪，惜哉！

因谓圣人可不修而至，大道可不学而知。故未识圣人心，已谓不必求其迹；未见君子志，已谓不必事其文。

近世王氏良知之说正若此，一以浮屠言语道断、心行路绝、迥脱根尘、不立知见为宗。

此人伦所以不察，庶物所以不明，治所以忽，德所以乱，异言满耳，上无礼以防其伪，下无学以稽其弊。

王氏之学，一传而为王畿，再传而为李贽，无忌惮之教立，而廉耻丧，盗贼兴，中国沦没，皆惟怠于明伦察物而求逸获，故君父可以不恤，名义可以不顾。陆子静出而宋亡，其流祸一也。

自古诐淫邪遁之词，翕然并兴，一出于佛氏之门者千五百年，自非独立不惧，精一自信，有大过人之才，何以正立其间，与之较是非、计得失？

精者研几精求，必求止于至善，惟精而后能一。

释氏语实际，乃知道者所谓诚也，天德也。

既谓之实际，则必实有之而为事理之所自出，唯诚与天德可以当之。空则不实，莽荡虚枵则无际。

其语到实际，则以人生为幻妄，有为为疣赘，以世界为阴浊，遂厌而不有，遗而弗存；就使得之，乃诚而恶明者也。

释氏之实际，大率以耳目之穷，疑其无有者也。生而与世相感，虽厌之，安能离之，虽遗之，安能使之无存！自欺而谓有得，信为实而自谓诚，于人伦庶物不明矣，则固伪而不诚矣。安有诚而恶明者哉！

儒者则因明致诚，因诚致明，故天人合一，致学而可以成圣，得天而未始遗人，《易》所谓不遗、不流、不过者也。

诚者，天之实理；明者，性之良能。性之良能出于天之实理，故交相致，而明诚合一。必于人伦庶物，研几、精义、力行以推致其极，驯致于穷神，则天下之理得，而成位乎其中矣。

彼语虽似是，观其发本要归，与吾儒二本殊归矣。

其发本也，下愚厌苦求乐之情；其要归则求必不可得之真空而已。语似是者，谓戒邪淫、杀、盗之类。

道一而已，此是则彼非，此非则彼是，固不当同日而语。

后世陆子静、王伯安必欲同之。

其言流遁失守，

始以白骨微尘为观，不可行则转曰事事无碍。

穷大则淫，

无量无边，凭空为猖狂之语。

推行则诐，

为人之所不为，不为人之所为。

致曲则邪，

下而以金银琉璃诱贪夫，以地狱饿鬼怖懦夫，以因果诱布施，不耕坐食。

求之一卷之中，此弊数数有之。

欲自回互，成其妄说故也。

大率知昼夜阴阳，则能一性命；能知性命，则能知圣人，知鬼神。彼欲直语太虚，不以昼夜阴阳累其心，则是未始见易；

西域愚陋之民，本不足以知性命。中国之儒者，抑不能深研而体验之，而淫于邪说。故闻太虚之名，则以为空无所有而已，明则谓之有，幽则谓之无，岂知错综往来，易之神乎！

未始见易，则虽欲免阴阳昼夜之累，末繇也已。

彼欲免累者，怖死而已，故欲无生。阴阳昼夜，本非累也；见为累，安能免乎！

易且不见，又乌能更语真际！

易，感之神也。真际，性之体也。

舍真际而谈鬼神，妄也。

其言鬼神也，无异于淫巫之陋。

所谓实际，彼徒能语之而已，未始心解也。

正蒙一编，所以发实际之藏也。

《易》谓"原始反终故知死生之说"者，谓原始而知生，则求其终而知死必矣，此夫子所以直子路之问而不隐也。

始终，非有无之谓也；始者聚之始，日增而生以盛，终者聚之终，数盈则日退而息于幽。非有则无以始，终而无则亦不谓之终矣，所自始者即所自终。故夫子令子路原始以知终，非拒其问之不切而不告也。

体不偏滞，乃可谓无方无体。偏滞于昼夜阴阳者，物也；

滞于有者不知死，滞于无者不知生。流俗异端，皆执物之滞于阴阳昼夜以为有无。

若道，则兼体而无累也。

为主于无声无臭之中而不累于无，流行于人伦庶物之繁而不累于有，能明太虚之有实，乃可知万象之皆神。

以其兼体，故曰"一阴一阳"，

言阴阳之均有也。此以静生阴、动生阳言之。

又曰"阴阳不测"，

静而生阴，非无阳；动而生阳，非无阴。

又曰"一阖一辟"，

阴受阳施而阖，阳施于阴而辟。

又曰"通乎昼夜"。

阖辟阴阳虽迭相为用，而道贯其中，昼夜一也。

语其推行，故曰"道"，

在天为推行之理，在人则率之以行。

语其不测故曰"神"，

道为神所著之迹，神乃道之妙也。

语其生生故曰"易"，

不滞于一端而贯通乎终始，故变易而皆以顺乎大经，易所著，其错综化生之象。

其实一物，指事异名尔。

道函神而神成乎道，易于此生焉，则以明夫聚散死生皆在道之中，而非灭尽无馀，幻妄又起，别有出离之道也。

大率天之为德，虚而善应，

吉凶无成心，故曰虚。

其应非思虑聪明可求，故谓之神。

理有其定，合则应，或求而不得，或不求而得，人见其不测，不知其有定而谓之神。

老氏沉诸谷，以此。

老氏见其自然之应，而以谷之应声比之，亦相似矣。而谷无声之实，天有应之理，则非老氏所知也。

太虚者，气之体。

太虚之为体，气也。气未成象，人见其虚，充周无间者皆气也。

气有阴阳。敬按：此二句指阴阳合于太和之气。

此动静之先，阴阳之本体也。

屈伸相感之无穷，故神之应也无穷；

气有阴阳二殊，故以异而相感，其感者即其神也。无所不感，故神不息而应无穷。

其散无数，故神之应也无数。

既感而成象，渐以成形，灵蠢、大小、流峙、死生之散殊，虽各肖其所生而各自为体，不可以数计，而神皆行乎其间。无数者，不可纪之辞。性情、形象、色声、臭味，无相肖者，人事之得失、悔吝亦如之。但此阴阳之变化屈伸，无有乖越，而欲分类自言之，则终不可得。邵子以数限之，愚所未详。

虽无穷，其实湛然；

非逐物而应之，虚静而含至理则自应。

虽无数，其实一而已。

无数者，不出阴阳之二端；阴阳之合于太和者，一也。

阴阳之气，散则万殊，人莫知其一也；

有形有象之后，执形执象之异而不知其本一。

合则混然，人不见其殊也。

象未著，形未成，人但见太虚之同于一色，而不知其有阴阳自有无穷之应。

形聚为物，

神在形中。

形溃反原。

形散而气不损。

反原者，其游魂为变与！

游于太虚以听天之变化。

所谓变者，对聚散、存亡为文，

聚而散，散而聚，故时存时亡。

非如萤雀之化，指前后身而为说也。

散而反原，无复有形之蕞然者以拘之。即前身为后身，释氏之陋说也。

益物必诚，如天之生物，日进日息；

息，长也。诚者，如其应得之理而予之，不计功，不谋利，自见为不容已，无所吝而不倦也。诚，故于物无所矫强，而因材之笃不妄，此天之所以神也。至诚之教育而物自化亦如之，惟诚斯感而神。

自益必诚，如川之方至，日增日得。

以实理为学，贞于一而通于万，则学问思辨皆逢其原，非少有得而自恃以止也。自益益人，皆唯尽其诚，而非在闻见作为之间，此存神之所以百顺也。

施之妄，学之不勤，

恃聪明闻见，而不存神以体实理，其教人必抑人从己，其自为学必矜妙悟而不求贯通，怠于精义，必成乎妄也。

欲自益且益人，难矣哉！

异端之教学以之。

《易》曰："益长裕而不设。"信夫！

设者，非理所固有，随意所见，立科范以求益于其中也。小有所觉，大有所迷，妄而已矣，惟求速获而倦勤故也。盖诚原不息，息则不诚。张子之言天道、圣学，皆上达之旨，而要归于不妄而勤，所以体自强不息之天德，为下学处心用力之实功，示学有以企及，至深切矣。

将修己，必先厚重以自持；厚重知学，德乃进而不固矣。

妄而不勤者，必轻佻而骄吝，诚之不存，神去之矣。

忠信进德，惟尚友而急贤；欲胜己者亲，无如改过之不吝。

过之成也，成于徇迹而妄动；徇物欲，徇意气，皆妄感之迹也。改过不吝，反而求之于心之安，则贤者乐与之亲而气不妄动，神乃可存，所学皆天德之实矣。静专动直，气正而不息，作圣之功，反求诸身心而已也。敬按：此章释《论语》"君子不重"章之旨，为下东铭所元本。

戏言出于思也，戏动作于谋也。

言动虽无大咎，而非理所以应然，任一时之适者，皆戏也。心无游佚之情，则戏言何自而生；不谋非所当为之事，则戏动何自而成？凝神正气，则二者之失亡矣。敬按：此"思"字犹《易》"朋从尔思"之思。

发乎声，见乎四支，谓非己心，不明也；欲人无己疑，不能也。

见于身则已动其心，加于人则人见其妄，而谓偶然言动，无关得失乎！苏子瞻之所以淫昵而召祸也。

过言非心也，过动非诚也。

非物理之应得，任闻见之小辨以言动，虽始非不善而终成乎恶，谓之过。非心者，非其初心，非诚者，非心之实得。敬按：心者，自尽之心；诚者，实有之理，忠信是也。

失于声，缪迷其四体，谓己当然，自诬也；欲他人己从，诬人也。

始亦有意于善，而过则终成乎恶矣。不存诚精义以求至当，自恃其初心之近道自诬，则未有能强人者也。王介甫之所以怙过而取之于天下也。

或者以出于心者归咎为己戏，失于思者自诬为己诚； <small>敬按：出于实心者必不戏，失于浮思者必不诚。</small>

谓为戏，无伤于大义；诬为诚，谓可不怍于天人；自命为君子而成乎妄人。

不知戒其出汝者，归咎其不出汝者，长傲且遂非，不知孰甚焉！ <small>敬按：戒其出汝者，谓戒其朋从之思；归咎其不出汝者，谓心不自尽，归咎于偶戏。</small>

谓己戏而人何疑之已甚，谓偶有过而人不相谅以信从，则怨天尤人，而不知下学之不立其基也。重则无戏，改则无过，瞬有存，息有养，何暇至于戏！过岂有不知，知岂有复行者乎！合天存神之学，切于身心者如此，下学而作圣之功在矣，尽己而化物之道存矣，故正蒙以此终焉。

《张子正蒙注》卷九终

《张子正蒙注》全书终

思问录

思问录内篇

"学而时习之，不亦说乎！有朋自远方来，不亦乐乎！人不知而不愠，不亦君子乎！"人性之善征矣。故以言征性善者，<small>知性，乃知善不易以言征也</small>。必及乎此而后得之。诚及乎此，则若火之始然，泉之始达，道义之门启而常存。若乍见孺子入井而怵惕恻隐，乃梏亡之余仅见于情耳。其存不常，其门不启，或用不逮乎体，或体随用而流，乃孟子之权辞，非所以征性善也。

目所不见，非五色也；耳所不闻，非无声也；言所不通，非无义也。故曰"知之为知之，不知为不知"。知有其不知者存，则既知有之矣，是知也。因此而求之者，尽其所见，则不见之色章；尽其所闻，则不闻之声著；尽其所言，则不言之义立。虽知有其不知，而必因此以致之，不迫于其所不知而索之，此圣学、异端之大辨。

目所不见之有色，耳所不闻之有声，言所不及之有义，小体之小也。至于心而无不得矣，思之所不至而有理，未思焉耳。故曰"尽其心者知其性"。心者，天之具体也。

知、仁、勇，人得之厚而用之也至。然禽兽亦与有之矣，禽兽之与有之者，天之道也。"好学近乎知，力行近乎仁，知耻近乎勇"，人之独而禽兽不得与，人之道也。故知斯三者，则所以修身、治人、治天下国家以此矣。近者，天人之词也；《易》之所谓继也。修身、治人、治天下国家以此，虽圣人恶得而不用此哉！

太虚，一实者也。故曰："诚者天之道也。"用者，皆其体也。故曰"诚之者人之道也"。

无极，无有一极也，无有不极也。有一极，则有不极矣。无极而太极也，无有不极，乃谓太极，故君子无所不用其极。行而后知有道，道犹路也。得而后见有德，德犹得也。储天下之用，给天下之得者，举无能名言之。天曰无极，人曰至善，通天人曰诚，合体用曰中，皆赞辞也，知者喻之耳。喻之而后可与知道，可与见德。

天不听物之自然，是故缊缊而化生。《乾》《坤》之体立，首出以《屯》。雷雨之动满盈，然后无为而成。若物动而己随，则《归妹》矣。《归妹》，人道之穷也。虽通险阻之故，而必动以济之。然后使物莫不顺帝之则。若明于险阻之必有，而中虚以无心照之，则行不穷而道穷矣。庄生《齐物论》，所凭者照也，火水之所以未济也。未济以明测险，人道之穷也。

太极动而生阳，动之动也；静而生阴，动之静也。废然无动而静，阴恶从生哉！一动一静，阖辟之谓也。繇阖而辟，繇辟而阖，皆动也。废然之静，则是息矣。"至诚无息"，况天地乎！"维天之命，于穆不已"，何静之有！

时习而说，朋来而乐，动也。人不知而不愠，静也，动之静也。^{凝存植立即其动。}嗒然若丧其耦，静也，废然之静也。天地自生而吾无所不生，动不能生阳，静不能生阴，委其身心，如山林之畏佳，大木之穴窍，而心死矣。人莫悲于心死，庄生其自道矣乎！

在天而为象，在物而有数，在人心而为理。古之圣人，于象数而得埋也，未闻于理而为之象数也。于理而立之象数，则有天道而无人道。^{疑邵子。}

乾以易知，惟其健也；坤以简能，惟其顺也。健则可大，顺则可久。可大则贤人之德，可久则贤人之业。久大者，贤人之以尽其健顺也。易简者，天地之道，非人之能也。

"知至至之"，尽人道也。"知终终之"，顺俟天也。"九三，上不在天，下不在田"，人道之所自立。故夭寿不贰，修身以俟命，所以立人道也。非跃而欲跃，以强合乎夭体；非潜而欲潜，以委顺而无能自纪：人道不立矣，异端以之。

诚斯几，诚几斯神。"诚无为"，言无为之有诚也。"几善恶"，言当于几而审善恶也。无为而诚不息，几动而善恶必审。立于无穷，应于未著，不疾而速，不行而至矣，神也。

用知不如用好学，用仁不如用力行，用勇不如用知耻。故曰"心能检性，性不知自检其心"。

庄周曰："至人之息以踵。"众人之言动喜怒，一从脣吻而出，故纵耳目之欲而鼓动其血气，引其息于踵，不亦愈乎！虽然，其多废也，浚恒之凶也。五官百骸，心肾顶踵，雷雨之动满盈，积大明以终始。天下之大用奚独踵邪？

过去，吾识也。未来，吾虑也。现在，吾思也。天地古今以此而成，天下之亹亹以此而生，其际不可亲，其备不可遗，呜呼难矣！故曰"为之难"，曰"先难"。泯三际者，难之须臾而易以终身，小人之侥幸也。

乾称父。父，吾乾也。坤称母。母，吾坤也。父母者，乾坤之大德，所以继吾善也。"我日斯迈而月斯征，夙兴夜寐，无忝尔所生"，思健顺之难肖也。

不畏心之难操则健，不疑理之难从则顺。

力其心不使循乎熟，引而之于无据之地，以得其空微，则必有慧以报之。释氏之言悟止此矣，核其实功，老氏之所谓专气也。报之慧而无余功，易也。为之难者不然，存于中历至赜而不舍。温故而知新，死而后已，虽有慧，吾得而获诸？

勇者，曾子之实体也。乐者，颜子之大用也。藏于无所用，体之不实者多矣。见于有所用，用之而不大也久矣。

舜之饭糗茹草，若将终身。及为天子，被袗衣，鼓琴，二女果，若固有之，以处生死，视此尔。终日乾乾夕惕若，故无不可用也。先立其大者以尽人道，则如天之无不覆，地之无不载，近取诸身，饮食居处，富贵贫贱，兼容并包而无疑也。非此而欲忘之，卑者不可期月守，高者且绝人理而乌狗天下，愈入于僻矣。

"立人之道，曰仁与义"，在人之天道也。"繇仁义行"，以人道率天道也。"行仁义"，则待天机之动而后行，非能尽夫人之所以异于禽兽者矣。

天道不遗于禽兽，而人道则为人之独，繇仁义行，大舜存人道圣学也，自然云乎哉！

阴礼阳乐，礼主乎减，乐主乎盈，阴阳之撰可体验者，莫此为显。故曰"明则有礼乐，幽则有鬼神"。鬼神，阴阳之几也，礼乐之蕴也。幽者明之藏，明者幽之显也。知此则太极动而生阳，静而生阴，阳有条理，阴有秩叙，非有以生之，则条理不成，秩叙亦无自而设矣。静生秩叙，非幽谧阒寂之为静可知。呜呼！静之所生秩叙之实，森森乎其不可致，而孰其见之！

天者道，人者器，人之所知也。天者器，人者道，非知德者其孰能知之？"潜虽伏矣，亦孔之昭。""相在尔室，尚不愧于屋漏。"非视不见，听不闻，体物而不可遗者乎！天下之器，皆以为体而不可遗也，人道之流行，以官天府地裁成万物而不见其迹。故曰"天者器，人者道"。

人欲，鬼神之糟粕也。好学、力行、知耻，则二气之良能也。

甘食悦色，天地之化机也，老子所谓犹橐籥动而愈出者也，所谓天地以万物为刍狗者也。非天地之以此刍狗万物，万物自效其刍狗尔。有气而后有几，气有变合而攻取生焉，此在气之后也明甚。告子以为性，不亦愚乎！

天之使人甘食悦色，天之仁也。天之仁，非人之仁也。天有以仁人，人亦有以仁天、仁万物。恃天之仁而违其仁，去禽兽不远矣。

有公理，无公欲。私欲净尽，天理流行，则公矣。天下之理得，则可以给天下之欲矣。以其欲而公诸人，未有能公者也。即或能之，所谓违道以千百姓之誉也，无所往而不称愿人也。

风雨露雷之所不至，天之化不行。日月星之所不至，天之神不行。君子之言天，言其神化之所至者尔。倒景之上，非无天也，苍苍者远而无至极，恶庸知之哉！君子思不出其位，至于神化而止矣。

神化之所不行，非无理也，所谓清虚一大也。张子。神化之所行，非无虚也，清虚一大者未丧也。清受浊，虚受实，大受小，一受赜。清虚一大者不为之碍，亦理存焉耳。函此以为量，澄此以为安，浊而不滞，实而不塞，小而不烦，赜而不乱，动静各得其理而量不为诎，则与天地同体矣。若必舍其神化之迹而欲如倒景以上之天，奚能哉，抑亦非其类矣。神化者，天地之和也。天不引地之升气而与同神化，则否矣。仁智者，貌、言、视、听、思之和也。思不竭貌、言、视、听之材而发生其仁智，则殆矣。故曰"天地不交，否"，"思而不学则殆"。

"五性感而善恶分"，周子。故天下之恶无不可善也，天下之恶无不因乎善也。静而不睹若睹其善，不闻若闻其善；动而审其善之或流，则恒善矣。静而不见有善，动而不审善流于恶之微芒，举而委之无善无恶，善恶皆外而外无所与，介然返静而遽信为不染，身心为二而判然无主，末流之荡为无忌惮之小人而不辞，悲夫！

善恶，人之所知也。自善而恶，几微之介，人之所不知也，斯须移易而已，故曰独。

不学而能，必有良能；不虑而知，必有良知。喜怒哀乐之未发，必有大本。敛精存理，翕气存敬，庶几遇之。堕气黜精以丧我而息肩者，不知有也。

能不以慕少艾妻子仕热中之慕慕其亲乎，能不以羊乌之孝、蜂蚁之忠事其君父乎，而后人道显矣。顺用其自然，未见其异于禽兽也。有仁，故亲亲。有义，故敬长。秩叙森然，经纶不昧，引之而达，推行而恒，返诸心而夔夔齐栗，质诸鬼神而无贰尔心，孟子之所谓良知良能，则如此也。

天地之塞成吾之体，而吾之体不必全用天地之塞。故资万物以备生人之用，而不以仁民之仁爱物。天地之帅成吾之性，而吾之性既立，则志一动气，斟酌饱满，以成乎人道之大用，而不得复如天地之帅以为帅。故喜怒哀乐有权，而生杀不可以无心为用。

天气入乎地气之中而无不浃，犹火之暖气入水中也。性，阳之静也。气，阴阳之动也。形，阴之静也。气浃形中，性浃气中，气人形则性亦人形矣。形之撰，气也，形之理，则亦性也。形无非气之凝，形亦无非性之合也。故人之性虽随习迁，而好恶静躁多如其父母，则精气之与性不相离矣。繇此念之，耳目口体发肤，皆为性之所藏，日用而不知者，不能显耳。鸢飞戾天，鱼跃于渊，道之察上下，于吾身求之自见矣。

"主一之谓敬"，非执一也。"无适之谓一"，非绝物也。肝魂、肺魄、脾意、肾志、心神，不分而各营，心气交辅，帅气充体，尽形神而恭端，以致于有所事。敬，一之实也。

无心而往，安而忘之曰适。主敬者必不使其心有此一几耳。

"静无而动有。"周子。天下皆静无而动有也，奚以圣人为！静无而不昧其有，则明远。动有者，有其静之所涵，感而通，而不缘感以生，则更正，乃以为五常之本，百行之原也。

颜子好学，知者不逮也。伊尹知耻，勇者不逮也。志伊尹之志，学颜子之学，善用其天德矣。

世教衰，民不兴行，"见不贤而内自省"，知耻之功大矣哉！

见不贤而内自省，求己严则为之难。为之难，则达情而无过量之求，亦可以远怨矣。

攻人之恶，则乐察恶。乐察人之恶，则恶之条理熟，厉薰心矣，慎之哉！

"同归而殊途，一致而百虑"，故"肫肫其仁，渊渊其渊，浩浩其天"，德无不备矣。诚未至者，奚以学之邪？"默而识之，学而不厌，诲人不倦"，所以行殊途，极百虑，而协于一也。

"天下何思何虑"，言天下不可得而逆亿也。故曰"无思，本也"，周子。物本然也，义者心之制，思则得之，故曰"思，通用也"，周子。通吾心之用也。死生者亦外也，无所庸其思虑者也。顺事没宁，内也，思则得之者也。不于外而用其逆亿，则患其思之不至耳，岂禁思哉！

大匠能与人以规矩，不能使人巧。巧者，圣功也，博求之事物以会通其得失，以有形象无形而尽其条理，巧之道也。格物穷理而不期旦暮之效者遇之。

修辞立其诚无诚之辞，何以修之哉！修辞诚则天下之诚立，未有者从此建矣，已有者从此不易矣。孔子成《春秋》而乱臣贼子惧，诚也。

"艮其背不获其身，行其庭不见其人"，无咎之道焉耳。"观盥而不荐"，非荐之时，然而必盥也。观我生君子而后可无咎，不然咎矣。内不见己，外不见人，而后得所止焉，其为天理也孤矣。忧世之将剥而不与尝试，非与臣言忠，与子言孝。居处恭，执事敬，与人忠以为德，则且与之为婴儿，知之益明而益困矣。《艮》《观》同道，故君子尤难言之。

履，德之基也。集义，素履也。宜兄弟，乐妻子，而一以戒慎不睹、恐惧不闻之德行之，所谓和而至也。九卦以处忧患，而此为基。君子坦荡荡，修此故也。

见道义之重，则处物为轻，故铢视轩冕，尘视金玉。周子。纯乎其体道义者，天下莫匪道义之府，物不轻矣。一介不以与人，一介不以取诸人，非泛然而以铢尘挥斥之也。处贫贱患难而不易其官天地、府万物之心，则道义不息于己，而己常重矣。

独知炯于众知，昼气清于夜气，而后可与好仁恶不仁。

知地之在天中，而不知天之在地中，惑也。山川金石，坚确浑沦，而其中之天常流行焉，故浊者不足以为清者病也。以浊者为病，则无往而不窒，无往而不疑，无往而不忧。"安汝止，惟几惟康"；"被袗衣，鼓琴，二女果，若固有之"；"箪食瓢饮，不改其乐"；无所窒也，奚忧疑之有哉！

言幽明而不言有无，张子。至矣。谓有生于无，无生于有，皆戏论。不得谓幽生于明，明生于幽也。论至则戏论绝。幽明者，阖辟之影也。故曰是故知幽明之故。原始反终，故知死生之说。

"天尊地卑，乾坤定矣。卑高以陈，贵贱位矣。动静有常，刚柔断矣。"此分而为二，倍而为四，参而为六，剖而为八，参乘四而为十二，五乘六而为三十，十二三十相乘而为三百六十，皆加一倍之定体也。邵子。知其说者，知天地之自然而已。若夫"鼓之以雷霆"，《震》。"润之以风雨"，《巽》。"日月运行，一寒一暑"，《坎》《离》。"乾道成男"，《艮》。"坤道成女"。《兑》。交相摩荡而可大可久之业著焉，则未可以破作四片、破作八片之例例矣。以例例神化，因其自然而丧其匕鬯，天下之理奚以得，而人恶足以成位于中乎！

吉凶、得失、生死，知为天地之常然而无足用其忧疑，亦可以释然矣。释然之余，何以继之？继之以恶而为余食赘行，继之以善而亦为余食赘行，忧疑自此积矣。"知者不惑，仁者不忧"，惟其不于吉凶生死而谋道矣。

言无者激于言有者而破除之也，就言有者之所谓有而谓无其有也。天下果何者而可谓之无哉？言龟无毛，言犬也，非言龟也。言兔无角，言麋也，非言兔也。言者必有所立，而后其说成。今使言者立一无于前，博求之上下四维、古今存亡而不可得，穷矣。

寻求而不得，则将应之曰"无"。姚江之徒以之。天下之寻求而不得者众矣，宜其乐从之也。

不略于明，不昧于幽，善学思者也。

画前有《易》，无非《易》也。无非《易》而舍画以求之于画前，不已愚乎！画前有《易》，故画生焉。画者，画其画前之《易》也。

两端者，虚实也，动静也，聚散也，清浊也，其究一也。_{张子。}实不窒虚，知虚之皆实。静者静动，非不动也，聚于此者散于彼，散于此者聚于彼，浊入清而体清，清入浊而妙浊，而后知其一也，非合两而以一为之纽也。

节者，中之显者也。喜怒哀乐之未发而未有节者存，则发而中者谁之节乎？岂天下之有节乎？是从其白于外之说矣。故周子曰"中也者，和也"，张子曰"大和所谓道"，卓矣。虽喜怒哀乐之未发，而参前倚衡莫非节也。充气以从志，凝志以居德，庶几遇之，阒寂空窅者失之远矣。迫发而始慎之，必有不审不及之忧。

"无不敬"，慎其动也。"俨若思"，静而存也。"安定辞"，立诚于天下也。"俨若思"，于是而有思，则节无不中矣，仁之熟也。

"视思明，听思聪，色思温，貌思恭"，奚以思之哉？"俨若思"之谓也。旁行而不流，安止而几，其功密矣夫。

恃一端之意知，以天下尝试之，强通其所不通，则私，故圣人毋意。即天下而尽其意知以确然于一，则公，故君子诚意。诚意者，实其意也，实体之之谓也。

意虚则受邪。忽然与物感通，物投于未始有之中，斯受之矣。诚其意者，意实则邪无所容也。意受诚于心知，意皆心知之素而无孤行之意，故曰无意。慎独者，君子加谨之功，善后以保其诚尔。后之学者，于心知无功，_{以无善无恶为心知，不加正致之功。}始专恃慎独为至要，遏之而不胜遏，危矣。即遏之已密，但还其虚，虚又受邪之壑，前者扑而后者熏矣。泰州之徒，无能期月守者，不亦宜乎！

"欲修其身者先正其心"，圣学提纲之要也。"勿求于心"，告子迷惑之本也。不求之心，但求之意，后世学者之通病。盖释氏之说暗中之，以七识为生死妄本。七识者，心也。此本一废，则无君无父，皆所不忌。呜呼！舍心不讲，以诚意而为玉钥匙，危矣哉！

求放心则全体立而大用行。若求放意，则迫束危殆，及其至也，逃于虚寂而已。

"默而成之，存乎德行"。故德不孤，必有邻。灼然有其几而不可以臆测，无他，理气相涵，理入气则气从理也。理气者，皆公也，未尝有封畛也。知此，则亦知生死之说，存事没宁之道也。

"吉凶悔吝生于动。"畏凶悔吝而始戒心于动，求其坦荡荡也，能乎哉？

"神之格思，不可度思。"待平旦之气而后好恶与人相近，危矣！危矣！不幸而仅有此，可不惧哉？

死生，昼夜也。"梏之反复，则夜气不足以存"，故君子曰终，终则有始，天行也。小人曰死。

"浩然之气直养而无害，则塞乎天地之间。"塞乎天地之间，则无可为气矜矣。闲来无事不从容，无可为气矜者也。

尽性以至于命。至于命，而后知性之善也。天下之疑，皆允乎人心者也。天下之变，皆顺乎物则者也。何善如之哉！测性于一区，拟性于一时，所言者皆非性也，恶知善？

命曰降，性曰受。性者，生之理，未死以前皆生也，皆降命受性之日也。初生而受性之量，日生而受性之真。为胎元之说者，其人如陶器乎！

"成性存存"，存之又存，相仍不舍。故曰："维天之命，于穆不已。"命不已，性不息矣。谓生初之仅有者，方术家所谓胎元而已。

感而后应者，心得之余也。无所感而应者，性之发也。无所感而兴，若火之始然，泉之始达，然后感而动焉，其动必中，不立私以求感于天下矣。"寂然不动，感而遂通天下之故"，鬼谋也，天化也，非人道也。诚不必豫，待感而通，惟天则然。下此者，草木禽虫与有之，蓍龟之灵是也。

大匠之巧，莫有见其巧者也。无感之兴，莫有见其兴者也。"明发不寐，有怀二人"，寻过去也。"视于无形，听于无声"，豫未来也。舍其过去未来之心，则有亲而不能事，况天下之亹亹者乎？

孩提之童之爱其亲，亲死而他人字之，则爱他人矣。孟子言不学不虑之中尚有此存，则学虑之充其知能者可知。断章取此以为真，而他皆妄，洵夏虫之于冰也。

质以忠信为美，德以好学为极。绝学而游心于虚，吾不知之矣。导天下以弃其忠信，陆子静倡之也。

"天下何思何虑"，则天下之有无，非思虑之所能起灭，明矣。妄者犹惑焉。

"有不善未尝不知"，豫也，"知而未尝复行"，豫也。诚积于中，故合符而爽者觉。诚之者裕于用，故安驱而之善也轻。

闻善则迁，见过则改，损道也，而非益不能。无十朋之龟为之宝鉴，则奚所迁而又恶得改之道哉！惘于道，则惮于改矣。

水之为沤为冰，激之而成，变之失其正也。沤冰之还为水，和而释也。人之生也，孰为固有之质，激于气化之变而成形！其死也，岂遇其和而得释乎！君子之知生者，知良能之妙也。知死，知人道之化也。奚沤冰之足云！<small>张子亦有沤冰之喻，朱子谓其近释氏。</small>

至于不可谓之为"无"而后果无矣。既可曰"无"矣，则是有而无之也。因耳目不可得而见闻，遂躁言之曰"无"，从其小体而蔽也。善恶可得而见闻也，善恶之所自生不可得而见闻也，是以躁言之曰"无善无恶"也。

"我战则克"，慎也。"祭则受福"，慎也。福者，礼成而敏，知神享之，君子以为福莫大焉。慎于物，慎于仪，慎于心，志一气合，雍雍肃肃，不言而靡争，则礼成而敏，神斯享焉。疾风雷雨不作，灾眚不生，气志之感盛，孝子之养成矣。君子之所谓福也。<small>若《春秋》所记仲遂、叔弓之卒，皆人变也。</small>

事人，诚而已矣。"正己而无求于人"，诚也。诚斯上交不谄，下交不渎，故子路问事鬼神，而夫子以事人告之。尽其敬爱，不妄冀求，必无非鬼而祭之谄，再三不告之渎。无他，不以利害交鬼神而已。

道莫盛于趋时。富贵、贫贱、夷狄、患难，极于俄顷之动静、云为以与物接，莫不有自尽之道。时驰于前，不知乘以有功，逮其失而后继之以悔，及其悔而当前之时又失矣。故悔者，终身于悔之道也。动悔有悔，终身于葛藟。往而即新，以尽其乾惕，然后得吉焉。故曰"吉行"，吉在行也。

"君子之过，如日月之食"，更新而趋时尔。以向者之过为悔，于是而有迁就补缀之术，将终身而仅给一过也。

"人役而耻为役"。"如耻之，莫如为仁"。若子路人告之以有过则喜，善用其耻矣。夫唯不以悔累其心也。

于不可耻而耻，则移其良耻以从乎流俗，而耻荡然矣。故曰知耻者知所耻也。

"一以贯之"，圣人久大之成也。"曲能有诚"，圣功专直之通也。未能即一，且求诸贯，贯则一矣。贯者，非可以思虑材力强推而通之也。寻绎其所已知，敦笃其所已能，以熟其仁，仁之熟，则仁之全体现，仁之全体既现，则一也。

"群龙无首"，故一积众精以自强，无有遗也。有首焉，则首一矣，其余不一也，然后以一贯之。不然者而强谓之然，不应者而妄亿其应，佛、老以之，皆以一贯之之术也。

主静，以言乎其时也。主敬，以言乎其气象也。主一，以言乎其量也。摄耳目之官以听于心，盈气以充志，旁行于理之所昭著而不流，雷雨之动满盈而不先时以发，三者之同功也。

"天地之生人为贵"，惟得五行敦厚之化，故无速见之慧。物之始生也，形之发知皆疾于人，而其终也钝。人则具体而储其用，形之发知，视物而不疾也多矣，而其既也敏。孩提始知笑，旋知爱亲，长始知言，旋知敬兄，命日新而性富有也。君子善养之，则耄期而受命。

程子谓"鸡雏可以观仁"，观天地化机之仁也。君子以之充仁之用而已。

佛、老之初，皆立体而废用。用既废，则体亦无实。故其既也，体不立而一因乎用，庄生所谓"寓诸庸"，释氏所谓"行起解灭"是也。君子不废用以立体，则致曲有诚。诚立而用自行。逮其用也，左右逢源而皆其真体。故知先行后之说，非所敢信也。《说命》曰："非知之艰，惟行之难。"次第井然矣。

百物不废，故惧以终始。于物有废，偷安而小息，亦为之欣然，学者之大害也。人欲暂净，天理未还，介然而若脱于桎梏，其几可乘，而息肩之心起矣，危矣哉！惧以终始，故愤；百物不废，故乐。愤乐互行，阴阳之才各尽则和。和而后与道合体。

极深而研几，有为己、为人之辨焉。深者，不闻不见之实也。几者，隐微之独也。极之而无间，研之而审，则道尽于己而忠信立。忠信立，则志通而务成，为己之效也。求天下之深而极之，迎天下之几而研之，敝敝以为人而丧己，逮其下流，欲无为权谋术数之渊薮，不可得也。

言无我者，亦于我而言无我尔。如非有我，更孰从而无我乎！于我而言无我，其为淫遁之辞可知。大抵非能无我，特欲释性流情，恣轻安以出入尔。否则惰归之气，老未至而耄及之者也。公者，命也，理也，成之性也。我者，大公之理所凝也。吾为之子，故事父。父子且然，况其他乎！故曰："万物皆备于我。"有我之非私，审矣。迭为宾主，亦飨舜，尧之无我也。《春秋》书归郓、谨、龟阴之田，自序其绩，孔子之无我也。无我者，为功名势位而言也，圣人处物之大用也。于居德之体而言无我，则义不立而道迷。

有性之理，有性之德。性之理者，吾性之理即天地万物之理，论其所自受，因天因物而仁义礼知浑然大公，不容以我私之也。性之德者，吾既得之于天而人道立，斯以统天而首出万物，论其所既受，既在我矣，惟当体之知能为不妄，而知仁勇之性情功效效乎志以为撰。必实有我以受天地万物之归，无我则无所凝矣。言无我者，酌于此而后不徇辞以贼道。

"鱼在于渚，或潜于渊"，逐物者不能得也。故君子为己，而天下之理得矣。

耳目口体互相增长以为好恶，则淫矣。淫于众人之淫习，舍己而化之，则溺矣。耳目口体各止其所，节自具焉，不随习以迁，欲其所欲，为其所为，有过则知，而节可见矣。"艮其背，不获其身"，背非身也，不于身获之。"行其庭，不见其人"，身非人也，不于人见之。能止其所遏恶之要也。循而持之，安而中节，耳顺、从欲不逾矩，自此驯致。

己十九而非己也。天下善人恒少，不善人恒多。诐而淫，邪而遁，私欲私意，不出于颖而迭为日新。喜其新而惊为非常之美，惊喜移情，而遂据为己之畛域，故曰"习与性成"。苟能求其好恶之实而不为物迁，虽不即复于礼，不远矣。故曰"为仁繇己"。

佛、老之言，能动刍荛而警之。然刍荛可询而佛、老不可询，何也？

"人之患，在好为人师"，但好为师，则无父无君，皆可不恤。刍荛，无为师之心也，以刍荛视佛、老而夺其为师之说，可也；片辞有采于其为师之说，隐恶而扬善，不可也。隐恶扬善，则但得其为师之邪，而不知用其刍荛也。

不出于颖，一间而已矣。舜与跖之分，利与善之间也。尽用其视听心思于利害，则颖。超于利害，则如日月之明，离于重云之中，光明赫然不可涯量。

因得失而有利害。利害生而得失隐昏也。不昧于利害之始，则动微而吉先见，奚利害之足忧！驰驱于生死之涂，孰为羿之彀中乎！

待物感之不交而后欲不妄，待闻见之不杂而后意不私，难矣哉！故为二氏之学者，未有能守之终身者也。推而极之于其意之萌，未有能守之期月者也。

以天下而试吾说，玩人丧德之大者也。尽其才以应天下，发己自尽，循物无违，奚伎俩之可试哉！

为因物无心之教者，亦以天下而试吾无心之伎俩者也。无所不用其极之谓密。密者，圣人之藏，异端窃之以为诡秘。

气者，理之依也。气盛则理达。天积其健盛之气，故秩叙条理，精密变化而日新。故天子之齐，日膳大牢，以充气而达诚也。天地之产，皆精微茂美之气所成；人取精以养生，莫非天也。气之所自盛，诚之所自凝，理之所自给；推其所自来，皆天地精微茂美之化。其酝酿变化，初不丧其至善之用。释氏斥之为鼓粥饭气，道家斥之为后天之阴，悍而愚矣。

"先天而天弗违"，人道之功大矣哉！邵子乃反谓之后天。

知见之所自生，非固有。非固有而自生者，日新之命也。原知见之自生，资于见闻。见闻之所得，因于天地之所昭著与人心之所先得。人心之所先得，自圣人以至于夫妇，皆气化之良能也。能合古今人物为一体者，知见之所得，皆天理之来复而非外至矣。故知见不可不立也，立其诚也。介然恃其初闻初见之知为良能，以知见为客感，所谓不出于颖者也，悲夫！

尧、舜、禹、汤、文、武、周、孔，相师而道不同，无忌惮之小人不相师而所行若合符节。道理一而分殊。不学不虑，因意欲而行，则下流同归也。谓东海西海此心此理之同者，吾知其所同矣。

上天下地曰宇，往古来今曰宙，虽然，莫为之郛郭也。惟有郛郭者，则旁有质而中无实，谓之空洞可矣。宇宙其如是哉！宇宙者，积而成乎久大者也。二气絪缊，知能不舍，故成乎久大。二气絪缊而健顺章，诚也。知能不舍而变合禅，诚之者也。谓之空洞而以虚室触物之影为良知，可乎！

不玩空而丧志，不玩物而骄德，信天地之生而敬之。言性道而能然者，鲜矣！

病则喜寂，哀则喜慸。喜者，阳之舒；寂慸者，阴之惨。阴胜而夺其阳，故所喜随之而移于阴，非病与哀，则小人而已矣。"帝出乎震"，"震来虩虩，笑言哑哑"，乐在其中矣。故曰："吾未见刚者。"喜流于阴柔，而以呴沫为仁，以空阒为静者，皆女子小人之道也。

"形而下者谓之器"，器则老子所谓"当其无、有车器之用"也。君子之所贵者道也，以诚体物也，车器云乎哉！

无心而待用者，器而已矣。镜与衡，皆器也。"君子不器"，而谓圣人之心如镜空衡平，可乎！镜能显妍媸而不能藏往，衡能测轻重而随物以轻重，本无故也。明其如日乎，继明以照于四方也。平其如水平，维心亨行险而不失其信。继，恒也，信，恒也，有恒者，圣功之藏也。

"道远人则不仁"，_{张子。}夫孰能远人以为道哉！杨、墨、佛、老，皆言人也，诞而之于言天，亦言人也，特不仁而已矣。人者，生也。生者，有也。有者，诚也。礼明而乐备，教修而性显，彻乎费隐而无不贯洽之谓仁。窃其未有之几，舍会通之典礼，以邀变合往来之几，斯之谓远人已耳！

"谦亨，君子有终。"君子望道未见，而爱人不忍伤之，故能有终。小人欲取固与，柔逊卑屈以行其钩致之术，则始于谦恒者，终于行师，谦不终矣。谦者，仁之不容已，而或流于忍，故戒之。

先难则愤，后获则乐，"地道无成"，顺之至也。获与否，无所不顺，其乐不改，则老将至而不衰。今之学者，_{姚江之徒。}速期一悟之获，幸而获其所获，遂恣以佚乐。佚乐之流，报以尪羸惰归之戚，老未至而耄及之，其能免乎！

诚则形，形乃著明，有成形于中，规模条理未有而有，然后可著见而明示于天下。故虽视不可见，听不可闻，而为物之体历然矣。当其形也，或谓之"言语道断"，犹之可也；谓之"心行路绝"，可乎！心行路绝则无形，无形者，不诚者也。不诚，非妄而何！

"名之必可言"，言或有不可名者矣。"言之必可行"，行或有不容言者矣。能言乎名之所不得限，则修辞之诚尽矣。能行乎言之所不能至，则藏密之用备矣。至于行而无所不逮，行所不逮者，天也，非人之事也。天之事，行不逮而心喻之，心止矣。故尽心则知天。放其心于心行路绝者，舍心而下从乎意以迁流者也。志、神、气交竭。其才笃实以发光辉，谓之尽心。

不识，无迹之可循，不能为之名也。不知，不豫测其变也。知能日新，则前未有名者，礼缘义起。俟命不贰，则变不可知者，冥升不息。以斯而顺帝之则，乃无不顺也。识所不逮，义自喻焉，况其识乎！知所不豫，行且通焉，况其知乎！此文王之德之纯也，非谓细识泯知而后帝则可顺也。

诚于为，则天下之矗矗者皆能生吾之心。物，无非天象也。变，无非天化也。凶吉、得失、亨利、悔吝，无非天教也。或导之以顺，或成之以逆，无不受天之诏。故曰"帝谓文王，无然畔援，无然歆羡"，诚于为而已矣。

天继，故善。圣人缉，故熙。人能有恒，则曲能有诚而形著明矣。

能一能十，非才之美者也。能百能千而不厌不倦，其才不可及也。得天之健，故不倦。得地之顺，故不厌。好学、力行、知耻皆秉此以为德。其有恒者，生知安行者也。

吉凶成败皆有自然之数，而非可以人力安排。澹于利欲者，廓其心于俯仰倚伏之间而几矣。乃见仅及此，而以亿天理之皆然，遂以谓莫匪自然，而学问、思辨、笃行皆为增益，而与天理不相应，是以利之心而测义也，陋矣！故人心不可以测天道，道心乃能知人道。言自然者虽极观物知化之能，亦尽人心之用而已。尽其心者，尽道心也。

禹之治水，行其所无事也，循乎地中，相其所归，即以泛滥之水为我用，以效浚涤之功。若欲别凿一空洞之壑以置水，而冀中国之长无水患，则势必不能，徒妄而已，所谓凿也。言性者舍固有之节文条理，凿一无善无恶之区以为此心之归，讵不谓之凿乎！凿者必不能成，迨其狂决骤发，舍善而趋恶如崩，自然之势也。

心浮乘于耳目而遗其本居，则从小体。心不舍其居而施光辉于耳目，则从大体。虽从大体，不遗小体，非犹从小体者之遗大体也。

天不言，物不言，其相授受，以法象相示而已。形声者，物之法象也。圣人体天以为化，故欲无言。言者，人之大用也，绍天有力而异乎物者也。子贡求尽人道，故曰："子如不言，则小子何述焉？"竖指摇拂、目击道存者，吾不知之矣。

子孙，体之传也。言行之迹，气之传也。心之陟降，理之传也。三者各有以传之，无戕贼污蚀之，全而归之者也。

但为魂，则必变矣。魂日游而日有所变，乃欲拘其魂而使勿变，魏伯阳、张平叔之鄙也，其可得乎！魂之游变，非特死也。死者，游之终尔。故鬼神之事，吾之与之也多矣。灾祥、险易、善恶、通否，日生于天地之间者，我恒与之矣。唯居大位、志至道者，为尤盛焉。

"惠迪吉，从逆凶"之不差，居天下之广居者如视诸掌，欲速见小者不能知尔。

习气熹然充满于人间，皆吾思齐自省之大用，^{用大则体非妄可知。}勿以厌恶之心当之，则心洗而藏密矣。"三人行，必有我师"，非圣人灼知天地充塞无间之理，不云尔也。

无妄，灾也。灾而无妄，孰为妄哉？故孟子言好色好货于王何有。雎且不妄，而况灾乎！"诚者，天之道也"，无变而不正也，存乎诚之者尔。

"形色，天性也"，故身体发肤不敢毁伤，毁则灭性以戕天矣。知之，始有端；志之，始有定；行之，始有立。其植不厚而以速成期之，则必为似忠似信似廉洁者所摇，仁依姑息，义依曲谨，礼依便僻，知依纤察。天性之善，皆能培栽而覆倾，如物之始蒙，勿但忧其稚弱，正恐欲速成而依非其类，则和风甘雨亦能为之伤，故曰"蒙以养正"。养之正者，学以聚之，问以辨之，宽以居之，仁以行之，则能不依流俗之毁誉，异端之神变，以期速获而丧其先难，故曰"利御寇"。

"默而成之"，乐也。"不言而信"，礼也。乐存乎德，礼存乎行，而乐以养德，礼以敦行，礼乐德行，相为终始。故君子之于礼乐，不以斯须去身。然则无体之则而言尚行，无乐之意而言养德者，其为异端可知已。

知崇法大，天道必下济而光明。礼卑法地，或从王事，则知光大与天絜矣。天一而人之言之者三：有自其与地相纲缊化成而言者，有自清晶以施光明于地而言者，有以空洞无质与地殊绝而言者。与地殊绝而空洞无质，讵可以知法乎！法其与地纲缊成化者以为知，其不离乎礼固已。即其清晶以施光明于地者，亦必得地而光明始凝以显。不然，如置灯烛于辽廓之所，不特远无所丽，即咫尺之内亦以散而昏。彼无所丽而言良知者，吾见其咫尺之内散而昏也。

知者，知礼者也。礼者，履其知也。履其知而礼皆中节，知礼则精义入神，日进于高明而不穷。故天地交而泰，天地不交而否。是以为良知之说者，物我相拒，初终相反，心行相戾，否道也。

"苟志于仁矣，无恶也。"物之感，己之欲，各归其所，则皆见其顺而不逾矩，奚恶之有！灼然见其无恶，则推之好勇、好货、好色而皆可善，无有所谓恶也。疑恶之所自生以疑性者，从恶而测之尔。志于仁而无恶，安有恶之所从生而别为一本哉！

言性之善，言其无恶也。既无有恶，则粹然一善而已矣。

有善者，性之体也。无恶者，性之用也。

从善而视之，见性之无恶，则充实而不杂者显矣。从无恶而视之，则将见性之无善，而充实之体堕矣。故必志于仁，而后无恶。诚无恶也，皆善也。

苟志于仁则无恶，苟志于不仁则无善，此言性者之疑也。乃志于仁者反诸己而从其源也，志于不仁者逐于物而从其流也。<small>体验乃实知之。</small>夫性之己而非物、源而非流也明矣，奚得谓性之无善哉！

气质之偏，则善隐而不易发，微而不克昌者有之矣，未有杂恶于其中者也。何也？天下固无恶也，志于仁则知之。

五行无相克之理，言克者，术家之肤见也。五行之神不相悖害，<small>木神仁，火神礼，土神信，金神义，水神知。</small>充塞乎天地之间，人心其尤著者也。故太虚无虚，人心无无。

得五行之和气，则能备美而力差弱。得五行之专气，则不能备美而力较健。伯夷、伊尹、柳下惠，不能备美而亦圣。五行各太极，虽专而犹相为备，故致曲而能有诚。气质之偏，奚足以为性病哉！

"乘六龙以御天"，位易而龙不易也，乘之者不易也。"博学而详说之以反约"，则潜见跃飞，皆取诸源而给之，奚随时而无适守乎！此之不审，于是无本之学托于乘时观化以逃刑而邀利，其说中于人心，而末流不可问也。

天德不可为首，无非首也，故"博学而详说之以反说约"。学以聚之，问以辨之，宽以居之，仁以行之，不执一以贯万，乃可行乎变化而龙德全也。

统此一物，形而上则谓之道，形而下则谓之器，无非一阴一阳之和而成。尽器则道在其中矣。

圣人之所不知不能者，器也。夫妇之所与知与能者，道也。故尽器难矣，尽器则道无不贯。尽道所以审器，知至于尽器，能至于践形，德盛矣哉！

"一阴一阳之谓道"，不可云二也。自其合则一，自其分则多寡随乎时位，繁赜细密而不可破，亹亹而不穷，天下之数不足以纪之。参差衰益，莫知其畛，乃见一阴一阳之云，遂判然分而为二，随而倍之，瓜分缕析，谓皆有成数之不易，将无执与！

"继之者善也"，善则随多寡损益以皆适矣。"成之者性也"，性则挥然一体而无形埒之分矣。

以数言理，但不于吉凶、成败、死生言之则得。以数言吉凶、成败、死生，喻义乎？喻利乎？吾不知之也。

"成章而后达。"成章者，不杂也，不黯也。"言顾行，行顾言"，则不杂；"较然易知而易从"，则不黯。异端者始末倏忽，自救其弊以无恒，人莫能执其首尾，行所不可逮而姑为之言说，终身而不得成其章，奚望达乎！

德成而骄，非其德矣。道广而同，非其道矣。"泰而不骄，和而不同。"君子之守也。"惟精惟一，允执其中"，至矣，而申之以"无稽之言勿听，弗询之谋勿庸"。酌行四代之礼乐，盛矣而申之以"放郑声，远佞人"。圣人洗心退藏而与民同患。邪说佞人，移易心志，凡民之公患也，圣人不敢不以为患。若庞然自大，谓道无不容，三教百家可合而为一冶，亦无忌惮矣哉！

谓井田、封建、肉刑之不可行者，不知道也。谓其必可行者，不知德也。勇于德则道凝，勇于道则道为天下病矣。德之不勇，褐宽博且将惴焉，况天下之大乎！

所欲与聚，所恶勿施，然匹夫匹妇，欲速见小，习气之所流，类于公好公恶而非其实，正于君子而裁成之。非王者起，必世而仁，习气所扇，天下贸贸然胥欲而胥恶之，如暴潦之横集，不待其归壑而与俱泛滥，迷复之凶，其可长乎！是故有公理，无公欲，公欲者习气之妄也。不择于此，则胡广、谯周、冯道，亦顺一时之人情，将有谓其因时顺民如李贽者矣，酷矣哉！

性者善之藏，才者善之用。用皆因体而得，而用不足以尽体，故才有或穷，而诚无不察。于才之穷，不废其诚，则性尽矣。"多闻阙疑，多见阙殆"，"有马者，借人乘之"，借犹请也，谓有马而自不能御，则请善御者为调习，不强所不能以侥幸。玩"之"字可见。皆不诎诚以就才也。充其类，则知尽性者之不穷于诚矣。

"不屑之教诲，是亦教诲之。"教诲之道有在，不屑者默而成之，卷而怀之，以保天地之正，使人心尚知有其不知而不逮，亦扶世教之一道也。释氏不择知、愚、贤、不肖，而皆指使之见性，故道贱，而托之者之恶不可纪极，而况姚枢、许衡之自为枉辱哉！

"居处恭，执事敬，与人忠，虽之夷狄不可弃"，自尽之道也。"不可与言而不言"，卫道之正也。"不可与言而与之言"，必且曲道以徇之，何以回天而俟后乎！

《思问录》内篇终

思问录外篇

绘太极图，无已而绘一圆圈尔，非有匡郭也。如绘珠之与绘环无以异，实则珠环悬殊矣。珠无中边之别，太极虽虚而理气充凝，亦无内外虚实之异。从来说者竟作一圆圈，围二殊五行于中，悖矣。此理气遇方则方，遇圆则圆，或大或小，纲缊变化，初无定质，无已而以圆写之者，取其不滞而已。王充谓从远观火，但见其圆，亦此理也。

太极第二图，东有《坎》，西有《离》，颇与玄家毕月乌、房日兔、龙吞虎髓、虎吸龙精之说相类，所谓"互藏其宅"也，世传周子得之于陈图南，愚意陈所传者此一图，而上下四图则周子以其心得者益之，非陈所及也。

立之于前而视其面，在吾之左者，彼之右也，彼自有定方，与吾相反。太极图位阴静于吾之右，彼之左也；阳动于吾之左，彼之右也。初不得其解，以实求之，图有五重，从上而下。今以此图首北趾南，顺而悬之，从下窥之，则阳东阴西，其位不易矣。

"动极而静，静极复动。"所谓"动极""静极"者，言动静乎此太极也。如以极至言之，则两间之化，人事之几，往来吉凶，生杀善败，固有极其至而后反者，而岂皆极其至而后反哉！《周易》六十四卦，三十六体，或错或综，疾相往复，方动即静，方静旋动，静即含动，动不舍静，善体天地之化者，未有不如此者也。待动之极而后静，待静之极而后动，其极也唯恐不甚，其反也厚集而怒报之，则天地之情，前之不恤其过，后之褊迫以取偿，两间日构而未有宁矣。此殆夫以细人之衷测道者与！

治乱循环，一阴阳动静之几也。今云乱极而治，犹可言也；借曰治极而乱，其可乎？乱若生于治极，则尧、舜、禹之相承，治已极矣，胡弗即报以永嘉、靖康之祸乎？方乱而治人生，治法未亡，乃治；方治而乱，人生治法弛，乃乱。阴阳动静，固莫不然。阳含静德，故方动而静。阴储动能，故方静而动。故曰"动静无端"。待其极至而后大反，则有端矣。

邵子"雷从何方起"之问，窃疑非邵子之言也。雷从于百里内外耳，假令此土闻雷从震方起，更在其东者即闻从兑方起矣。有一定之方可测哉？

筮以归奇志奇偶，简便法尔。《易》曰："归奇于扐以象闰。"历之有闰，通法而非成法，归奇亦通法也。归奇之有十三、十七、二十一、二十五，胥于法象蔑当也，必过揲乎！过揲之三十六，九也；三十二，八也；二十八，七也；二十四，六也；七、八、九、六，上生下生，四象备矣。舍此而以归奇纪数，吾不知也。老阴之归奇二十五，为数最多，老阳之归奇十三，为数最少，岂阴乐施而有余，阳吝与而不足乎？至以四为奇，九为偶，尤非待审求而后知其不然也。

纯《乾》，老阳之象也，六位各一，以天道参之，以地道两之，每画之数六，六其六，三十六也。纯《坤》，老阴之象也，六位各一，以阳爻拟之，三分而中缺其一，左右各得二为四，六其四，二十四也。阳之一为一，为三，阴一二阳，更加中一为三。为六；阴之一为三之二，为六之四。阳实有余，阴虚不足，象数皆然。故纪筮之奇偶，必以过揲为正。

黄钟之律九九八十一，自古传之，未有易也。闽中李文利者，窃《吕览》不经之说，为三寸九分之言，而近人亟称之，惑矣！夫所谓吹律者，非取律笛而吹之也；以律为长短、厚薄、大小之则准，以作箫管笙竽而吹之也。且非徒吹之也，金、石、土、革、木搏拊戛击之音，形模之厚薄、长短、轻重、大小，丝之多寡，一准乎律，言吹者，统词耳。文利之愚，以谓箫长则声清，箫短则声浊，黄钟以宏大为诸律君，故其箫必短。乃长者大称之，短者小称之。长大浊，短小清，较然易知，彼惛而不察耳。今俗有所谓管子、剌八、琐拿、画角，长短清浊具在，文利虽喙长三尺，其能辨此哉！若洞箫之长而清，则狭故也。使黄钟之长三寸九分，则围亦三寸九分，径一寸三分，狭于诸律，清细必甚。况乎律箭者，无有旁窍，顽重不舒，固不成响，亦何从而测其清浊哉！且使黄钟之竹三寸九分，则黄钟之丝亦三十九丝，金石之制俱必极乎短小轻薄，革属腔棬必小，音之幺细，不问而知矣。乃黄钟者，统众声以为君者。小不可以统大，薄不可以统厚，短不可以统长，一定之理也。今欲以极乎小薄短轻者人众乐而君长之，其为余律所夺，且不可以自宣，而奚以统之邪！故应钟之律，极乎短者也，以之为宫，则必用黄钟变宫之半，而不敢还用黄钟，畏其逼也。使其为三寸九分，则诸律可以役之而不忧其逼，何云诸律之不敢役乎！且天下之数，减也有涯而增也无涯。减而不已，则视不成形，听不成声，人未有用之者矣。故立乎长大重厚以制不逾之节，渐减之则可，至于不可减而止。如使立于短小轻薄以为之制而渐增之，则愈增无已，而形愈著，声愈宣，复奚从而限之乎！故古之圣人，极乎长大厚重之数至黄钟而止，为之不可增，以止其淫也。繇是而递减之，至应钟之变宫四寸六分七毫四丝三忽一初四秒而止。又或用其半，至无射之二寸四分四厘二毫四丝而止。下此则金薄而裂，竹短而暗，丝弱而脆，革小而不受桴，虽有欲更减者，无得而减也。藉令繇三寸九分以渐而增之，虽至于无穷之长大厚重而不可复止矣。《乐记》曰，乐主乎盈，盈而反。黄钟，盈也，其损而为十一律，反也。舍圣经而徇《吕览》一曲之言，亦恶足与论是非哉！

太极图，以象著天地之化也。《易》曰"天一，地二，天三，地四，天五，地六，天七，地八，天九，地十"，以数纪天地之化也，可言皆化也。天地之体，象无不备，数无有量。不可拟议者，天一非独，九亦非众，地二非寡，十亦非赜。先儒言《洪范》五行之序，谓水最微，土最著，尚测度之言耳。聚则谓之少，散则谓之多。一，最聚者也。十，最散者也。气至聚而水生，次聚而火生，水金又次之，土最散者也。是以块然钝处，而无锐往旁行坚津之用。数极其散，而化亦渐向于情归矣。九聚则一也，十聚则二也，天地之数，聚散而已矣，其实均也。

润下作咸，炎上作苦，曲直作酸，从革作辛，稼穑作甘。作者，用也，五味成于五行之发用，非五行之固有此味也。执水、火、木、金、土而求味，金何尝辛，土何尝甘，木兼五味，岂仅酸乎？稼之穑之，土所作也，若夫稼穑则木也。以木之甘言土，言其致用者可知已。区区以海水成盐，煮焦成苦征之，亦致远恐泥之说。况云两木相摩则齿酸，金伤肌则辛痛，求味于舌而不得，求之耳闻，又求之肤肉，不亦诞乎！

天地之德不易，而天地之化日新。今日之风雷，非昨日之风雷，是以知今日之日月非昨日之日月也。风同气，雷同声，月同魄，日同明，一也。抑以知今日之官骸非昨日之官骸。视听同喻，触觉同知耳，皆以其德之不易者类聚而化相符也。其屈而消，即鬼也；伸而息，则神也。神则生，鬼则死。消之也速而息不给于相继，则夭而死。守其故物而不能日新，虽其未消，亦槁而死。不能待其消之已尽而已死，则未消者槁。故曰"日新之谓盛德"，岂特庄生藏舟之说为然哉！

已消者，皆鬼也。且息者，皆神也。然则自吾有生以至今日，其为鬼于天壤也多矣。已消者已鬼矣，且息者固神也，则吾今日未有明日之吾而能有明日之吾者，不远矣。以化言之，亦与父母未生以前一而已矣。盈天地之间，絪缊化醇，皆吾本来面目也。其几，气也。其神，理也。释氏交臂失之而冥搜索之，愚矣哉！

其化也速则消之速，其化也迟则以时消者亦以时息也。故仓公谓"洞下之药为火齐"，五行之化，唯火为速，大黄、芩、连、栀、檗之类，皆火齐也，能疾引入水谷之滋、膏液之泽而化之。方书谓其性寒者，非也。火挟火以速去，则府藏之间有余者清以适，不足者栩以寒，遂因而谓之寒。可谓其用寒，不可谓其性寒也。呜呼！不知性者之不以用为性，鲜矣！天地之命人物也，有性，有材，有用。或顺而致，或逆而成，或曲而就。牛之任耕，马之任乘，材也。地黄、巴戟天之补，栀、檗、芩、连之泻，用也。牛不以不任耕、马不以不任乘而失其心理之安。地黄、巴戟天之黑而润，受之于水。栀、檗、芩、连之赤而燥，受之于火。乃胥谓其性固然，岂知性者哉！

药食不终留于人之府藏，化迟则益，化速则损。火郁而有余者不消，则需损耳。损者，非徒其自化之速不能致养，抑引所与为类者而俱速。故栀、檗以其火引火而速去，半夏、南星以其滑液引入之液而速去。谓栀、檗凉，半夏、南星燥者，犹墨吏贫人之国，而谓墨吏贫也。

《内经》云：“寒之中人，巨阳先受之。”方术之士不知其说，谓膀胱之为府也薄，寒易入焉。夫纩絮之厚以御服之者之寒，岂自御乎！膀胱中虚，将谁御乎！府藏之位，肺最居上，膀胱最下。肺捷通于咽，膀胱捷通于阴窍。凉自上入，肺先受之。寒自下生，膀胱先受之。故感凉而鼽咳必中于手太阴，感寒而㿏热必中于足太阳。《姤》之二所以为“包有鱼”，《夬》之五所以为“苋陆夬夬”也。故力未足以闲邪者，莫如远邪。

《易》言“先音霰。天而天弗违，后天而奉天时”，以圣人之德业而言，非谓天之有先后也。天纯一而无间，不因物之已生、未生而有殊，何先后之有哉？先天、后天之说，始于玄家；以天地生物之气为先天，以水火土谷之滋所生之气为后天，故有“后天气接先天气”之说。此区区养生之琐论尔，其说亦时窃《易》之卦象附会之。而邵子于《易》亦循之，而有先后天之辨，虽与魏、徐、吕、张诸黄冠之言气者不同，而以天地之自然为先天，事物之流行为后天，则抑暗用其说矣。夫伏羲画卦，即为筮用，吉凶大业，皆繇此出。文王亦循而用之尔，岂伏羲无所与于人谋，而文王略天道而不之体乎！邵子之学，详于言自然之运数，而略人事之调燮，其末流之弊，遂为术士射覆之资，要其源，则“先天”二字启之也。胡文定曰：“伏羲氏，后天者也。”一语可以破千秋之妄矣。

《河图》出，圣人则之以画八卦。则者，则其象也。上下，《乾》《坤》也。一、五、七，《乾》也。六、十、二，《坤》也。《乾》尽乎极南而不至乎极北，《坤》生乎极北而不底乎极南；《乾》皆上而《坤》皆下也。故曰“天地定位，上下奠也”。左、右，《坎》《离》也。八、三、十，《坎》也，位乎右不至乎左。九、四、五，《离》也，位乎左不至乎右。中五与十互相函焉，以止而不相逾，故曰“水火不相射”。一、三、二，《兑》也。二、四、一，《艮》也。一、二互用，参三、四而成《艮》《兑》，故曰“山泽通气”。《兑》生乎二，故位南东。《艮》成乎二，故位南西。《艮》《兑》在中，少者处内也，而数极乎少，少则少也。九、六、八，《震》也。八、七、九，《巽》也。八、九互用，参六、七而《震》《巽》成。《震》自西而北而东，《巽》自东而南而西，有相追逐之象焉，故曰“雷风相薄”。《震》成乎八，故位东北。《巽》成乎九，故位西南。《震》《巽》在外，长者处外也，而数极乎多，多则长也。朱子曰：“析四方之合以为《乾》《坤》《坎》《离》，补四隅之空以为《兑》《巽》《震》《艮》。"亦此谓与！

《河图》明列八卦之象，而无当于《洪范》。《洛书》顺布九畴之叙，说见《尚书稗疏》。而无肖于《易》。刘牧托陈抟之说而倒易之，其妄明甚。牧以《书》为《图》者，其意以谓《河图》先天之理，《洛书》后天之事；而玄家所云"东三南二还成五，北一西方四共之"，正用《洛书》之象而以后天为嫌，因易之为《河图》以自旌其先天尔，狂愚不可瘳哉！

历家之言，天左旋，日、月、五星右转，为天所运，人见其左耳。天日左行一周，日日右行一度，月日右行十三度十九分度之七。五星之行，金、水最速，岁一小周；火次之，二岁而一周；木次之，十二岁而一周，故谓之岁星；土最迟，二十八岁而始一周。而儒家之说非之，谓历家之以右转起算，从其简而逆数之耳。日阳月阴，阴之行不宜逾阳，日、月、五行皆左旋也。天日一周而过一度，天行健也。日日行一周天，不及天一度。月日行三百五十二度十九分度之十六七十五秒，秒母百。不及天十三度十九分度之七。其说始于张子，而朱子韪之。夫七曜之行，或随天左行，见其不及；或迎天右转，见其所差；从下而窥之，未可辨也。张子据理而论，伸日以抑月，初无象之可据，唯阳健阴弱之理而已。乃理自天出，在天者即为理，非可执人之理以强使天从之也。理一而用不齐，阳刚宜速，阴柔宜缓，亦理之一端耳。而谓凡理之必然，以齐其不齐之用，又奚可哉！且以理而求日、月，则亦当以理而求五星。日、月随天而左，则五星亦左矣。今以右转言之，则莫疾于金、水而莫迟于土。若以左旋言之，则是镇星日行一周而又过乎周天者二十八分度之二十七矣。谓天行健而过，土亦行健而过乎！是七曜之行，土最疾，木次之，火次之，金、水、日又次之，其劣于行者唯月而已。金、水与日并驱，而火、木、土皆逾于日，此于日行最速、太阳健行之说又何以解邪！日，夫也；月，妻也；妻让夫得矣。日、月，父母也；五星，子也；子疾行而先父，又岂理哉！阴之成形，凝重而不敏于行者，莫土若也。土最敏而月最钝，抑又何所取乎！故以理言天，未有不穷者也。姑无已而以理言：日，火之精；月，水之精也。三峡之流，晨夕千里。燎原之火，弥日而不逾乎一舍。五行之序，水微而火著，土尤著者也。微者轻疾，著者重迟，土愈著而愈钝矣。抑水有质，火无质，日、月非有情于行，固不自行，大气运之也。有质者易运，无质者难运；难易之分，疾徐因之。阳火喜纤，而阴水怒决，阴之不必迟钝于阳，明矣。然此姑就理言之，以折阳疾阴迟之论耳。若夫天之不可以理求，而在天者即为理，故五纬之疾迟，水、金、火、木、土以为序，不必与五行之序合。况木以十二岁一周，岁历一次，故谓之岁星。使其左旋，则亦一日一周天，无所取义于岁矣。以心取理，执理论天，不如师成宪之为得也。

谓日行当敏，月行当钝；东西之度既尔，南北之道何独不然！乃日之发敛也，黄道一岁而一终，自冬至至于夏至，百八十二日六千二百一十二分半，始历四十七度八千六十分。《授时历》法。若月之发敛也，二十七日二千一百二十二分二十四秒，南出乎黄道之南，北出乎黄道之北者，五度十七分有奇；盖不及乎一岁者，十一日四千五百三十二分有奇而已。十三经天矣，其自最北以至最南，才十三日六千六十一分一十二秒，而已过乎太阳一百八十二日六千二百一十二分半所历之道，则是太阴南北行之疾于日者十三倍三十六分八十七秒半。南北发敛，月疾于日，既无可疑；而独于东西之行，必屈为说以伸日而抑月，抑为不知通矣！

远镜质测之法，月最居下，金、水次之，日次之，火次之，木次之，土最居上。盖凡行者必有所凭，凭实则速，凭虚则迟。气渐高则渐益清微，而凭之以行者亦渐无力。故近下者行速，高则渐缓。月之二十七日三十一刻新法大略。而一周，土星之二十九年一百五日有奇亦新法大略。而一周，实有其理，而为右转亡疑已。西洋历家既能测知七曜远近之实，而又窃张子左旋之说，以相杂立论。盖西夷之可取者，唯远近测法一术，其他则皆剿袭中国之绪余，而无通理之可守也。

古之建侯者，有定土疆而无定爵。宋，公也，秦，伯也；而微仲、秦仲以字称，是二君之爵视大夫耳。齐，侯也，而丁公称公，当周制初定之时，应无僭谥，则尝进爵而公矣。《春秋》进退诸侯，用周道尔，非若《纲目》"莽大夫"之为创笔也。

其君从苟简而用夷礼，其国之俗未改，则狄其君，不狄其国。故滕、杞称子而国不以号举。其政教风俗化于夷，而君不降礼，则狄其国，不狄其君。故秦不贬其伯而以号举。吴、楚、越两用之，尽乎夷之辞，以其礼坏而俗恶也。

《未济》，男之终也；《归妹》，女之穷也。缘此二卦，中四用爻皆失其位，而《未济》初阴而上阳，《归妹》初阳而上阴。上者，终穷之位也；离乎初则不能生，至乎上则无所往矣。《周易》以《未济》终，京房所传卦变以《归妹》终，盖取诸此。乃以循环之理言之，阳终而复之以阳，化之所以不息；阴穷而复之以阳，则阴之绝已旷矣。故《未济》可以再起《乾》，而《归妹》不能。此《周易》之所以非京房之得与也。

京房八宫六十四卦，整齐对待，一倍分明。邵子所传《先天方图》，蔡九峰《九九数图》皆然。要之，天地间无有如此整齐者，唯人为所作则有然耳。圆而可规，方而可矩，皆人为之巧，自然生物，未有如此者也。《易》曰："周流六虚，不可为典要。"可典可要，则形穷于视，声穷于听，即不能体物而不遗矣。唯圣人而后能穷神以知化。

唯《易》兼十数，而参差用之：太极，一也。奇偶，二也。三画而小成，三也。揲以四，四也。大衍之数五十，五也。六位，六也。其用四十有九，七也。八卦，八也。《乾》《坤》之策三百六十，九也。十虽不用，而一即十也。不倚于一数而无不用，斯以范围天地而不过。《太玄》用三，《皇极经世》用四，《潜虚》用五，《洪范》皇极用九；固不可谓三、四、五、九非天地之数，然用其一，废其余，致之也固而太过，废之也旷而不及，宜其乍合而多爽也。

《皇极经世》之旨，尽于朱子"破作两片"之语，谓天下无不相对待者耳。乃阴阳之与刚柔，太之与少，岂相对待者乎？阴阳，气也；刚柔，质也。有是气则成是质，有是质则具是气，其可析乎！析之则质为死形，而气为游气矣。少即太之稚也，太即少之老也；将一人之生，老、少称为二人乎？自稚至老，渐移而无分画之涯际，将以何一日焉为少之终而老之始乎？故两片四片之说，猜量比拟，非自然之理也。

《乾》《坤》之策三百六十，当期之数，去气盈朔虚不入数中，亦言其大概耳。当者，仿佛之辞也，犹云万一千五百二十当万物之数，非必物之数恰如此而无余欠也。既然，则数非一定，固不可奉为一定之母以相乘相积矣。《经世》数十二之，又三十之，但据一年之月、一月之日以为之母。月之有闰，日之有气盈朔虚，俱割弃之。其母不真，则其积之所差必甚。

自四千三百二十以放于《坤》数之至赜，其所差者以十万计。是市侩家收七去三之术也，而以限天地积微成章之化，其足凭乎！

京房卦气之说立，而后之言理数者一因之。邵子《先天圆图》，蔡九峰《九九圆图》，皆此术耳；扬雄《太玄》亦但如之。以卦气治历，且粗疏而不审，况欲推之物理乎？《参同契》亦用卦气，而精于其术者且有活子时、活冬至之说，明乎以历配合之不亲也。何诸先生之墨守之也！邵子据"数往者顺，知来者逆"之说以为卦序，乃自其圆图观之，自《复》起午中至《坤》为子半，皆左旋顺行，未尝有所谓逆也。九峰分八十一为八节，每节得十，而冬至独得十一，亦与《太玄》赘立《踦》《嬴》二赞，均皆无可奈何而姑为安顿也。

宋熙宁中有郑夬者，著书谈《易》变曰："《坤》一变生《复》，得一阳；二变生《临》，得二阳；三变生《泰》，得四阳；四变生《大壮》，得八阳；五变生《夬》，得十六阳；六变生《归妹》，此当云生《渐》，传写之误。得三十二阳。《乾》一变生《姤》，得一阴；二变生《遁》，得二阴；三变生《否》，得四阴；四变生《观》，得八阴；五变生《剥》，得十六阴；六变生《归妹》，得三十二阴。"同时有秦玠者，附会艳称之，谓其泄天地之藏，为鬼神所谴。成、弘中，桑通判悦矜传以为神秘。皆所谓一隅窥天者耳。其云二、四、八、十六、三十二者，谓其所成之卦也。一阳卦即《复》也，一阴卦即《姤》也，得者谓其既得也。二阳卦，《复》《师》也。二阴卦，《姤》《同人》也。四阳卦，《复》《师》《临》《升》也。四阴卦，《姤》《同人》《遁》《无妄》也。以次上变，上下推移，则三十二卦各成，而备乎六十四矣。其说亦卦气之流耳，何所尽于天地之藏，而玠与悦乃为之大言不惭至是邪！三十二卦阴，三十二卦阳，又即邵子"一破两片"之旨；乃玠又云"西都邵雍所不能知"，不亦诬乎！夬又曰："《乾》《坤》，大父母也；《复》《姤》，小父母也。"则邵子亦尝言之矣。父母而有二，是二本矣。以《复》《姤》为小父母者，自其交构而言之，玄家最下之说也。且以一阳施于阴中谓之父，似矣；一阴入阳中谓之母，其于施受、翕辟、多寡之义，岂不悖哉！故《易》曰："《复》其见天地之心。"天施地生，父母之道，皆于《复》见之。一阳，父也；五阴，母也。《姤》者杀之始，何足以为万物之母哉！故《姤》之《象》曰"勿用取女"，初六曰"嬴豕孚踯躅"，其不足以当母仪明矣。

水生木，一生三也，则老子一生二之说不行矣。木生火，三生二也，则老子二生三之说不行矣。火生土，二生五也；土生金，五生四也，则邵子二生四之说不行矣。金生水，四生一也，则邵子四生八之说不行矣。天地之化，迭相损益以上下其生，律吕肖之，而微有变通，要非自聚而散，以之于多而不可卷；自散向聚，以之于少而不可舒也。

五行生克之说，但言其气之变通，性之互成耳，非生者果如父母，克者果如仇敌也。克，能也，制也；效能于彼，制而成之。术家以克者为官，所克者为妻，尚不失此旨。医家泥于其说，遂将谓脾强则妨肾，肾强则妨心，心强则妨肺，肺强则妨肝，肝强则妨脾；岂人之府藏日构怨于胸中，得势以骄而即相凌夺乎！悬坐以必争之势，而泻彼以补此，其不为元气之贼也几何哉！

证金克木，以刃之伐木；则水渍火焚不当坏木矣。证木克土，以草树之根蚀土；则凡孳息其中者皆伤彼者乎！土致养于草树，犹乳子也；子乳子母，岂刑母邪！证土克水，以上之埋水则不流；是鲧得顺五行之性，而何云"汨乱"！土壅水，水必决，土劣于水明矣。证水克火，以水之熄火；乃火亦熯水矣，非水之定胜也。且火入水中而成汤，彼此相函而固不相害也。证火克金，以冶中之销铄；曾不知火炀金流，流已而固无损，固不似土埋水渍之能蚀金也。凡为彼说，皆成戏论，非穷物理者之所当信，故曰：克，能也，致能于彼而互相成也。天地之化，其消其息，不可以形迹之增损成毁测之。有息之而乃以消之者，有消之而乃以息之者，无有故常而藏用密。是故化无恩怨，而天地不忧，奈何其以攻取之情测之！

水之为体最微，而其为利害最大，要其所为利者，即其所为害也。愚尝谓不贪水之利，则不受水之害；以黄河漕者，进寇于庭而资其刃以割鸡也。吾乡大司马刘舜咨先生所著《河议》，言之娓娓矣。乃天子都燕，则漕必资河。以要言之，燕固不可为天子之都。无粟而悬命于远漕，又因之以益河患，岂仁且知者之所择处哉！

以都燕为天子自守边，尤其悖者。独不闻孤注之说乎？西周扼西陲而北狄日逼，东迁以后，委之秦而有余。弥与之近，则觊觎之心弥剧，艳而恔也。艳恔动于寇心，而孤注之势又成，不亦危乎！天子所恃以威四夷者，太上以道，其次以略，未闻恃一身两臂之力也。徒然率六军而望哺于万里，以导河而为兖、徐忧，自非金源、蒙古之习处苦寒，何为恋此哉！

"郊以事天，社以事地"，礼有明文，古无伉地于天而郊之之礼。天之德德，地之德养；德以立性，养以适情。故人皆养于地，而不敢伉之以同于天，贵德而贱养，崇性而替情也。人同性也，物各养也，故无可分之天而有可分之地。天主气，浑沦一气而无疆埒。地主形，居其壤，食其毛，其地之人即其人之地矣。是以惟天子统天下而后祀天。若夫地，则天子社之，诸侯社之，大夫以至庶人各有置社，无不可祀也。无不可祀，而天子又奚郊邪！天子、诸侯自立社，又为民立社。自立社者，无异子民之自社也。为民立社，天于止社其畿内而不及侯国，诸侯社其国中而不及境外，分土之义也，性统万物而养各有方也。地主形，形有广狭而祀因之，形有崇卑大小而秩因之，故五岳四渎，秩隆于社。今乃创立皇地祇至尊之秩，而岳渎从祀，则不知所谓地祇者何也，岂概九州而统此一祇乎！山泽异形，燥湿异形，坟垲异形，垆黎异形，草谷异产，人物异质，则其神亦异矣，而强括之以一，是为皇地之名者，诬亦甚矣！《周礼》夏至合乐方泽之说，肄习社稷山川祀事之乐耳，非谓祀也。后世不察于性情德养之差，形气分合之理，阴阳崇卑之别，伉北郊以拟天，下伐上，臣干君，乱自此而生。乃纷纷议分议合，不愈愼也乎！

继父之服，不知其义所自出。继父者，从乎母而亲者尔。从母而亲者，莫亲于外祖父母，其服之也小功而已。而同居继父之服期，何独私子母之后夫哉！即其为营寝庙，修祭祀，亦朋友通财之等。营寝庙，修祭祀，其财力为之也。古者母之服期，母之后夫亦期焉，从服者视所从而无杀，殆以伉诸尊父而尊继母之礼与？则亦禽狄之道矣。孰立继父之名，因制继父之服？父其可继乎哉！同母异父之兄弟姊妹，视从兄弟而小功，亦野人之道也。母之后夫，同母异父之兄弟姊妹，以朋友皆在他邦之服服之，袒免焉可矣。

从服因所从者为之服，不以己之昵而服之，则亦不以己之嫌而已之。兄弟一体之亲，从乎兄弟，而为兄弟之妻服，庸不可乎！若以嫂叔不通问为疑，乃嫌疑之际，君臣男女，一也。未仕者从父而为父之君服，不以不为臣不见之义为疑而已之。盖所从者，义之重者也；嫌疑，义之轻者也。其生也，不为臣不见，嫂叔不通问，厚君臣男女之别。其没也，从乎父与兄弟而服之，以笃尊亲之谊，亦并行而不悖矣。男子从乎兄弟而服兄弟之妻，妇人从乎夫而服夫之兄弟。今礼有善于古者，此类是已。

明堂之说，制度纷纭，大抵出于汉新垣平、公玉带之徒，神其说而附益之尔。《戴记·明堂位》不言十二室、五室之制，而有应门之文，则亦天子之庙堂耳。故孟子曰："明堂者，王者之堂也。"《孝经》称"宗祀文王于明堂，以配上帝"；所谓配上帝者，谓以天子之礼祀之，成其配天之业也。后世增大飨，而以人道事天；又分天与帝为二，傅以谶纬之诬说，荒怪甚矣！《月令》为青阳、明堂、总章、玄堂之名，随月居之以听政，琐屑烦冗，拟天而失其伦。不知吕不韦传于何一曲儒，以启后世纷纭之喙，乃欲创一曲房斜户之屋，几令匠石无所施其结构。宋诸先生议复古多矣，而不及明堂，诚以其不典而徒烦也。

《月令》位土于季夏，惟不达于相克者相成之义，疑火金之不相见而介绍之以土，且以四时无置土之位，弗获已而以季夏当之尔。其云律中黄钟之宫，既不可使有十三律，则虽立宫之名，犹是黄钟也。将令林钟不能全应一月，于义尤为鲁莽。其说既不足以立，历家又从而易之，割每季之十八日以为土王，尤虚立疆畛而无实。五行之运，不息于两间，岂有分时乘权之理！必欲以其温凉晴雨之大较而言之，则《素问》六气之序，以六十日当一气，为风寒燥湿阳火阴火之别，考之气应，实有可征，贤于每行七十二日之说远矣。且天地之化，以不齐而妙，亦以不齐而均。时自四也，行自五也，恶用截鹤补凫以必出于一辙哉！《易》称元亨利贞，配木火金土而水不与，<small>贞土德，非水德。详《周易外传》。</small>则四序之应，虽遗一土，亦何嫌乎！天地非一印板，万化从此刷出，拘墟者自不知耳。

水之制火，不如土之不争而速。《素问》二火之说，以言化理尤密。龙雷之火，附水而生，得水益烈，遇土则蔑不伏也。土与金虽相抱以居，而块然其不相孳乳，燥湿之别久矣。《素问》以湿言土，以燥言金，皆其实也。金既燥，与水杳不相亲，奚水之生乎！两间之金几何，而水无穷，水岂待金而生邪！五行同受命于大化，《河图》五位浑成，显出一大冶气象，现成五位具足，不相资抑不相害。故谈五行者必欲以四时之序序之，与其言生也，不如其言传也；与其言克也，不如其言配也。

《月令》及汉历先惊蛰而后雨水；汉以后历先雨水而后惊蛰。盖古人察有恒之动于其微，著可见之动于其常也。正月蛰虫振于地中，察微者知之，待著而后喻者不知也。正月或雨雪，或雨水，虽或雨水而非其常；二月则以雨水为常。惊变者不待其变之定而纪之，不验者多矣。护蛰虫之生当于其微，而后生理得苏。效天时之和润以起田功，当待其常，而后人牛不困。后人之不古若，而精意泯矣。

天无度，人以太阳一日所行之舍为之度。天无次，人以月建之域为之次。非天所有，名因人立；名非天造，必从其实。十有二次因乎十有二建而得名，日运刻移，东西循环，固无一定之方也。大寒为建丑之中气，故以夏正十有二月为星纪之月，而丑因从为星纪之次。斗柄所指，在地之北东隅，丑方也。丑所以为星纪者，一日之辰，随天左移所加之方，而为十二时正方也。东正卯，西正酉，上正午，下正子，八方随之以序，则因卯酉而立之名也。故卯酉为有定之方，而为十二次之纪。建丑之月，古历日在子，其时日方正午，加于子宿，未加亥，申加戌，酉正加酉，卯正加卯，在天卯酉之位，与在日卯酉之时相值而中。方卯而卯中，方酉而酉中，故曰星纪。此古历"冬至日在斗，大寒日在虚"之所推也。自岁差之法明，尧时冬至日在虚，周、汉以后冬至日在斗，而今日在箕三度矣。治历者不为之通变之术，仍循汉、唐之法，以危十二度起，至女二度为玄枵之次，其辰子；女二度起，至斗二度，为星纪之次，其辰丑；斗二度起，至尾三度，为析木之次，其辰寅。余九次因此。则是大寒之气，日在牛三度而加丑；在天之丑，值日之午，酉加戌，卯加辰，不得谓之为星纪矣。方是月也，斗柄指丑，而人之以十二次分之者乃在子，不亦忒乎！用今之历，纪今之星，揆今之日，因今之时，谓一日十二时。定今之次，自当即今冬至日在箕三度至牵牛四度为丑，牵牛三度至危六度为子，危七度至东壁三度为亥。余九次准此。岁差则从之而差，所不可差者，斗柄所建之方而已。循是而推之，则冬至日仍在丑，雨水日仍在亥，建丑之月，卯仍卯中，酉仍酉中。名从实起，次随建转，即今以顺古。非变古而立今，其尚允乎！

古之为历者，皆以月平分二十九日五十三刻有奇为一朔，恒一大一小相间，而月行有迟疾，未之审焉。故日月之食恒不当乎朔望。谷梁子未朔、既朔、正朔之说，繇此而立，而汉儒遂杂以灾祥之说，用相爝乱。至祖冲之谂知其疏，乃以平分大略之朔为经朔，而随月之迟疾出入于经朔之内外为定朔。非徒为密以示察也，以非此则不足以审日月交食之贞也。西洋夷乃欲以此法求日，而制二十四气之长短，则徒为繁密而无益矣。其说大略以日行距地远近不等，迟疾亦异，自春分至秋分其行盈，自秋分至春分其行缩，而节以漏准，故冬一节不及十五日者十五刻有奇，夏一节过于十五日者七十二刻有奇。乃以之测日月之食，则疏于郭守敬之法而恒差。若以纪节之气至与否，则春夏秋冬、温暑凉寒，万物之生长收藏，皆以日之晨昏为主，不在漏刻之长短也。故曰：日者，天之心也。则自今日日出以至于明日日出为一日，阖辟明晦之几定于斯焉。若一昼一夜之内，或长一刻或短一刻，铢累而较之，将以何为平！日之有昼夜，犹人之有生死，世之有鼎革也。纪世者以一君为一世，一姓为一代足矣。倘令割周之长，补秦之短，欲使均齐而无盈缩之差，岂不徒絭乱乎！西夷以巧密夸长，大率类此，盖亦三年而为棘端之猴也。

雾之所至，土气至之。雷电之所至，金气至之。云雨之所至，木气至之。七曜之所至，水火之气至之。经星以上，苍苍而无穷极者，五行之气所不至也。因此，知凡气皆地气也，出乎地上则谓之天气。一升一降，皆天地之间以纲缊者耳。《月令》曰："天气下降，地气上腾。"从地气之升，而若见天气之降，实非此晶晶苍苍之中有气下施以交于地也。经星以上之天既无所施降于下，则附地之天亦无自体之气以与五行之气互相含吐而推荡，明矣。天主量，地主实；天主理，地主气；天主澄，地主和。故张子以清虚一大言天，亦明乎其非气也。

不于地气之外别有天气，则玄家所云先天气者无实矣。既生以后，玄之所谓后天也；则固凡为其气者，皆水、火、金、木、土、谷之气矣。^{实但谷气，一曰胃气。}未生以前，胞胎之气其先天者乎！然亦父母所资六府之气也，在己与其在父母者，则何择焉！无已，将以六府之气在吾形以内，酝酿而成为后天之气，五行之气自行于天地之间以生化万物，未经夫人身之酝酿者为先天乎？然以实推之，彼五行之气自行而生化者，水成寒，火成炅，木成风，金成燥，土成湿，皆不可使丝毫漏入于人之形中者也。鱼在水中，水入腹则死；人在气中，气入腹则病。人腹之空，且为人害，况荣卫魂魄之实者乎！故以知所云先天气者无实也。栖心淡泊，神不妄动，则酝酿清微而其行不迫，以此养生，庶乎可矣。不审而谓此气之自天而来，在五行之先，亦诞也已！

邵子之言先天，亦倚气以言天耳。气，有质者也，有质则有未有质者。《淮南子》云"有夫未始有无者"，所谓先天者此也。乃天固不可以质求，而并未有气，则强欲先之，将谁先乎！张子云"清虚一大"，立诚之辞也，无有先于清虚一大者也。玄家谓"顺之则生人生物"者，谓繇魄聚气，繇气立魂，繇魂生神，繇神动意，意动而阴阳之感通，则人物以生矣。"逆之则成佛成仙"者，谓以意驭神，以神充魂，以魂袭气，以气环魄，为主于身中而神常不死也。呜呼！彼之所为秘而不宣者，吾数言尽之矣。乃其说则告子已为之嚆矢。告子曰"不得于心，勿求于气"，亦"心使气、气不生心"之说。夫既不待我，而孟子折之详矣。天地之化，以其气生我；我之生，以魄凝气而生其魂神，意始发焉。若幸天地之生我而有意，乃窃之以背天而自用，虽善盗天地以自养，生也有涯，而恶亦大矣。故曰："小人有勇而无义为盗。"

释氏之所谓六识者，虑也；七识者，志也；八识者，量也；前五识者，小体之官也。呜呼！小体，人禽共者也；虑者，犹禽之所得分者也。人之所以异于禽者，唯志而已矣。不守其志，不充其量，则人何以异于禽哉！而诬之以名曰"染识"，率兽食人，罪奚辞乎！

释道生曰："敲空作响，击木无声。"此亦何足为名理而矜言之也！天下莫大之声，无逾于雷霆，乃岂非敲空作响乎！木之有声者，其中空也。即不空者，击空向木，木止空不行，反触而鸣也。举木按木，虽竭贲、获之力，声亦不生，则击木固无声矣。释氏之论，大抵如此，愚者初未置心于其际，乍闻而惊之尔。如《楞严》所称"耳闻梅而涎从口出"之类，亦复成何义旨，有血性者当不屑言，亦不屑辨也。

三代之政，简于赋而详于役，非重用其财而轻用其力也。赋，专制于君者也，制一定，虽墨吏附会科文以取之，不能十溢其三四也。役则先事集而后事息，随时损益，固难画一；听吏之上下，而不能悉听于君上，不为之不可；溢之数，尽取君与吏所必需于民者而备征之，则吏可以遽不请命而唯意为调发，虽重法以绳吏，而彼固有辞。是故先王不避繁重之名，使民逐事以效功，则一国之常变巨细皆有期会之必赴，而抑早取其追摄不逮、冗促不相待之数，宽为额而豫其期，吏得裕于所事而弗能借口于烦速。其庀具供给之日，不移此以就彼，吏抑无从那移而施其巧。且役与赋必判然分而为二。征财虽径，征力虽迂，而必不敛其值以雇于公。民即劳而事有绪，吏不能以意欲增损之，而劳亦有节矣。知此，则创为一条鞭之法者概役而赋之，其法苟简而病民于无穷，非知治体者之所尚矣。一条鞭立而民不知役，吏乃以谓民之未有役而可役；数十年以后，赋徒增而役更起，是欲径省其一役而两役之矣。王介甫雇役之法倡之，朱英之一条鞭成之，暴君者又为裁减公费、驿递、工食之法，以夺之吏而偿之民。夺之吏者一而偿之民者百，是又不如增赋之虐民有数也。

置邮之说，始见于《孟子》而传闻于孔子，《周礼》无述焉。意亦衰周五伯之乱政，非三代之制也。《春秋传》鲁庄公传乘而归，楚子乘驲会师于临品，皆军中所置以待急迫，犹今之塘拨耳。孔子所谓传命者，亦谓军中之命令也。三代之制，大夫以上皆自畜马，有所使命，自驾而行而不需于公家。士及庶人在官者之衔命，则公家予之以驾，而不取给于赋役。故问国君之富，数马以对；国马蕃于公厩，无所资于民矣。吉行，日五十里，马力不疲，适远而不须更易，驾以往者即驾以返，无用驲也。诸侯之交，适远者少。天子之使，或达于千里之外，则有轩辒之车，舆轻马良，亦即所乘以远届而已。古之政令，立法有章，号令统一，事豫而期有恒，故日行五十里而不失期会。后世有天下者起于行陈，遂以军中驿传之法取快一时者为承平之经制，先事之不豫，征求期会之无恒，马力不足给其意欲，而立法以求急疾，至于鱼蟹瓜果口腹之需，一惟其速而取办于驿传。天下增此一役，而民困益甚矣。诚假郡县以畜牧之资，使自畜马以供公役，自近侍以至冗散，皆丰其禄饩僆从，各得多其蕃畜，一切奏报征召，皆自乘以行，而特给以刍秣，虽乘舆之圉，亦取之国马而足，则赋可减，役可捐，而中国亦资以富强，将不待辇锱笼茶以请命于番夷，上下交益之道也。开国之主，一为创制，捷于反掌，非如井田、封建之不易复也。

张子曰："日月之形，万古不变。"形者，言其规模仪象也，非谓质也。质日代而形如一，无恒器而有恒道也。江河之水，今犹古也，而非今水之即古水。灯烛之光，昨犹今也，而非昨火之即今火。水火近而易知，日月远而不察耳。爪发之日生而旧者消也，人所知也。肌肉之日生而旧者消也，人所未知也。人见形之不变而不知其质之已迁，则疑今兹之日月为邃古之日月，今兹之肌肉为初生之肌肉，恶足以语日新之化哉！阳而聚明者恒如，斯以为日；阴而聚魄者恒如，斯以为月；日新而不爽其故，斯以为无妄也与！必用其故物而后有恒，则当其变而必昧其初矣。

月食之故，谓为地影所遮，则当全晦而现青晶之魄矣。今月食所现之魄赤而浊，异乎初生明时之魄，未全晦也。抑或谓太阳暗虚所射，近之矣。乃日之本无暗虚，于始出及落时谂之自见。日通体皆明，而人于正午见之，若中暗虚而光从旁发者，目眩故尔。日犹火也，岂有中边之异哉！盖月之受辉于日，犹中宵之镜受明于灯也。今以灯临镜而人从侧视之，灯与镜不正相值，则镜光以发；灯正临镜，则两明相冲，镜面之色微赤而浊，犹月食之色也。介立其中者，不能取照于镜矣。日在下，月在上，相值相临，日光逼冲乎月魄，人居其中，不见返映之辉而但见红昏之色，又何疑哉！

历法有日月之发敛，而无步五星发敛之术。盖土星二十九年有奇而始一周，行迟则发敛亦微，未易测也。乃五星固各有其发敛，则去黄道之近远与出入乎黄道，亦各自有其差。太白于五星，光芒最盛，去黄道近，则日出而隐；其或经天昼见者，去黄道甚远，则日不能夺之也。然则使置五星发敛之术以与太阳互算，则太白经天亦可推测之矣。其为体咎，则亦与日月食之虽有恒度而人当其下则为灾也等，要皆为有常之异也。

盐政开中之法，其名甚美，综核而行之乍利，要不可以行远，非通计理财之大法也。商之不可为农，犹农之不可为商也。商其农，徒窳其农而贫之于商。农其商，徒困其商而要不可为农。开中者，将使商自耕乎？抑使募人以耕乎？商固不能自耕，而必募人以耕，乃天下可耕之人皆怀土重迁者，商且悬重利以购之，则贪者舍先畴以趋远利，而中土之腴田芜矣。不则徒使商豢游惰之农，而出不能裨其入也。抑天下果有有余之农为可募邪，则胡不官募之而必假于商乎？农出粟而使之输金，唐、宋以降之弊政也；商利用金而使之输粟，则开中之弊法也。颠倒有无而责非其有，贸迁于南而田庐于北，人心拂而理势逆，故行之未百年而叶淇得以挠之，商乃宁输数倍之金以丐免遥耕之苦，必然之势也。耕犹食也，莫之劝而自勤者也。强人以耕，殆犹夫强人以食，与不噎而哕者几何哉！宜开中之不能久也。

与其开中而假手于商以垦塞田也，亡宁徙民以实塞。民就徙，则渐安其可怀之土矣，独疑无从得民而募徙之尔。叶淇以前，商所募者为何许人？当时不留之以为官佃，则淇之罪也。或皆游惰而鲁莽者乎？乃今广西桂平、浔梧之间有獞人者，习于刀耕火种，勤苦耐劳，徙以府江左右皆不毛之土，无从得耕，故劫掠居民行旅以为食。韩雍以来，建开府，增戍卒，转饷千里，大举小入，数百年无宁日，斩杀徙勤而终不悛。若置之可耕之土，则贼皆农也。或虑其犷不受募，则可用雕剿之法，以兵迁其一二，得千许人，丰给其资粮牛具，安插塞下，择良将吏拊循之，数年以还，俾既有饱暖之色，择其渠魁，假之职名，还令自相呼致。行之十年之外，府江之獞可空，塞下之莱可熟矣。且其人类犷悍习战，尤可收为墩堡之备，即因之简兵节饷可也。汉迁瓯人而八闽安，中国实用此道尔。他如黔、蜀之苗、犵，可迁者有矣；亳、宿、郧、夔之流民，可耕者有矣；汀、邵之山民，转耕蓝麻于四方，可募者有矣。当国者以实心而任良吏，皆为塞下之农也，奚必开中而后得粟哉！

《内经》之言，不无繁芜，而合理者不乏。《灵枢经》云："肝藏血，血舍魂。脾藏荣，荣舍意。心藏脉，脉舍神。肺藏气，气舍魄。肾藏精，精舍志。"是则五藏皆为性情之舍，而灵明发焉，不独心也。君子独言心者，魂为神使，意因神发，魄待神动，志受神摄，故神为四者之津会也。然亦当知凡言心则四者在其中，非但一心之灵而余皆不灵。孟子言持志，功在精也；言养气，功加魄也。若告子则孤守此心之神尔。《灵枢》又云："天之在我者，德也；地之在我者，气也。"亦足以征有地气而非有天气矣。德无所不凝，气无所不彻，故曰"在我"。气之所至，德即至焉，岂独五藏胥为舍德之府而不仅心哉！四支、百骸、肤肉、筋骨，苟喻痛痒者，地气之所充，天德即达，皆为吾性中所显之仁，所藏之用。故孟子曰："形色，天性也。"

庄子谓风之积也厚，故能负大鹏之翼，非也。浊则重，清则微；天地之间，大气所蒸，渐上则渐清，渐下则渐浊。气浊以重，则风力亦骛；气清以微，则风力亦缓。然则微霄之上，虽或有风，微飔而已，安所得积而厚哉！莺、鸠之飞不能高，翼小力弱，须有凭以举，能乘重而不能乘轻也。鹏之高也，翼广力大，不必重有所凭而亦能乘也。使大鸟必资厚气以举，如大舟之须积水，虽九万里亦平地之升尔。则方起翼之初，如大舟之一试于浅水而早不能运，何从拔地振起以得上升哉！庄生以意智测物而不穷物理，故宜其云然。

"东苍天，西白天，南赤天，北玄天"，于晴夕月未出时观之则然，盖霄色尔。霄色者，因日月星光之远近，地气之清浊而异，非天之有殊色也。自霄以上，地气之所不至，三光之所不行，乃天之本色。天之本色，一无色也。无色、无质、无象、无数，是以谓之清也，虚也，一也，大也，为理之所自出而已矣。

周正建子，而以子、丑、寅之月为春，卯、辰、巳之月为夏，午、未、申之月为秋，酉、戌、亥之月为冬。肇春于南至，而讫冬于大雪，非仅以天为统之说也。子、丑、寅之月，寒色略同；卯、辰、巳之月，温色略同；午、未、申之月，暑色略同；酉、戌、亥之月，凉色略同。因其同者而为之一，时气之验也。自南至以后九十一日有奇，日自极南而至乎赤道；又九十一日有奇，自赤道而至乎极北。北至以后九十一日有奇，自极北而返乎赤道；又九十一日有奇，自赤道以至乎极南。赤道中分，南北大返，四至而分四时，天之象也。一阳生于地中，水泉动，故曰"春者，蠢也"。雷发声，电见，桃李荣，故曰"夏者，大也"。一阴生，反舌无声，故曰"秋者，揪也"。水始涸，蛰虫坏户，故曰"冬者，终也"。化之征也。然则周所谓四时者，不可谓无其理矣。既有其理，而《泰誓》春大会于孟津，又明著其文，则知以建子之月为春王正月，自鲁史之旧，而非夫子以夏时冠周月，创亡实之文。胡文定之说，诚有所未审，而朱子驳之，宜矣。

盖天之说，亦就二十八宿所维系之天而言也。北极出地四十度。《授时历》所测北都度数。南极入地四十度。赤道之南，去地七十一度有奇耳；其北，去地一百一十一度有奇也，则有如斜倚于南矣。其法当以赤道之中，当盖之部尊，盖枢也。南北二极当盖之垂溜，盖檐也。既倚于南而复西转、类盖之仄动。其说不过如此，非谓尽天之体而北高南下也。

推其说，则北极之北，经星之所不至，当不得谓之天，故曰"天不满西北"。然则极北之苍苍者果何名邪？此其说之窒者也。抑即以经星之天论之，使以赤道为部尊，南北二极为垂溜，则赤道之中，当恒见而不隐；北极出地上，当以日推移而不恒见。而今反是，则倚盖之譬，可状其象而不可状其动也。此浑天之说所以为胜。乃浑天者，自其全而言之也。盖天者，自其半而言之也。要皆但以三垣二十八宿之天言天，则亦言天者画一之理。经星以上，人无可得而见焉。北极以北，人无可得而纪焉。无象可指，无动可征，而近之言天者，于其上加以宗动天之名，为蛇足而已矣。

浑天家言天地如鸡卵，地处天中犹卵黄。黄虽重浊，白虽轻清，而白能涵黄使不坠于一隅尔，非谓地之果肖卵黄而圆如弹丸也。利玛窦至中国而闻其说，执滞而不得其语外之意，遂谓地形之果如弹丸，因以其小慧附会之，而为地球之象。人不能立乎地外以全见地，则言出而无与为辨。乃就玛窦之言质之，其云地周围尽于九万里，则非有穷大而不可测者矣。今使有至圆之山于此，绕行其六七分之一，则亦可以见其迤逦而圆矣。而自沙漠以至于交趾，自辽左以至于葱岭，盖不但九万里六七分之一也。其或平或陂，或洼或凸，其圆也安在？而每当久旱日入之后，则有赤光间青气数股自西而迄乎天中，盖西极之地，山之或高或下，地之或侈出或缺入者为之。则地之欹斜不齐，高下广衍，无一定之形，审矣。而玛窦如目击而掌玩之，规两仪为一丸，何其陋也！

利玛窦地形周围九万里之说，以人北行二百五十里则见极高一度为准；其所据者，人之目力耳。目力不可以为一定之征，远近异则高下异等。当其不见，则毫厘迥绝；及其既见，则倏尔寻丈；未可以分数量也。抑且北极之出地，从平视而望之也。平视则迎目速而度分如伸，及其渐升，至与人之眉目相值，则移目促而度分若缩。今观太阳初出之影，晷刻数丈；至于将中，则徘徊若留；非其行之迟速、道之远近，所望异也。抑望远山者见其耸拔蔽霄，及其近则失其高而若卑，失其且近而旷然远矣。盖所望之规有大小而所见以殊，何得以所见之一度为一度，地下之二百五十里为天上之一度邪？况此二百五十里之途，高下不一，升降殊观，而谓可准乎！且使果如玛窦之说，地体圆如弹丸，则人处至圆之上，无所往而不踞其绝顶，其所远望之天体，可见之分必得其三分之二，则所差之广狭莫可依据，而奈何分一半以为见分，因之以起数哉！弹丸之说既必不然，则当北极出地之际，或侈出、或缺入，俱不可知，故但以平线准之，亦弗获已之术也，而得据为一定邪！且人之行，不能一依鸟道，则求一确然之二百五十里者而不可得，奚况九万里之遥哉！苏子瞻诗云："不识庐山真面目，只缘身在此山中。"王元泽有云："铢铢而累之，至两必差。"玛窦身处大地之中，目力亦与人同，乃倚一远镜之技，死算大地为九万里，使中国有人焉如子瞻、元泽者，曾不足以当其一笑。而百年以来无有能窥其狂呆者，可叹也！

岁之有次，因岁星所次而纪也。月之有建，因斗柄所建而纪也。时之有辰，因太阳所加之辰而纪也。是故十干、十二技之配合生焉。若日之以甲子纪，不知其何所因也。既观象于天而无所因以纪，则必推原子所自始而因之矣。倘无所纪，又无所因，将古今来之以六十甲子纪日者，皆人为之名数而非其固然乎！非其固然，则随指一日以为甲子，奚不可哉！日之有甲子，因历元而推者也。上古历元天正，冬至之日以甲子始，故可因仍鳞次，至于今而不爽。乃以验之于天，若以甲庚执破候晴雨之类，往往合符。是以知古人之置历，元非强用推测为理，以求天之合也。郭守敬废历元，趋简而已。历元可废，则甲子将谁从始哉！古法有似徒设无益而终不废者，天之用不一端，人之知天不一道，非可径省为简易。惟未曙于此，则将有如方密之阁学欲尽废气盈朔虚，一以中气分十二节而罢朔闰者，天人之精意泯矣。

年与日之以甲子纪，皆以历元次第推而得之。月之因乎斗柄，时之因乎太阳，但取征于十二次，则亦但可以十二技纪之而已。若同一建寅之月，孰为丙寅？孰为戊寅？同一加子之时，孰为甲子？孰为丙子？既无象数之可征，特依倚历元初始月，时始于甲干而推尔。乃以历元言之，则冬至月建甲子，已为岁首。而今用夏正，甲子之岁始干丙寅，抑甲子之建自冬至始，而大雪以后即建甲子，义亦相违。故古人于月但言建某枝之月；于时但言时加某枝，而不系以天干，立义精慎。后世琐琐壬遁星命之流，辄为增加以饰其邪说，非治历之大经也。

谓黄帝吹律以审音。吹者，吹其律之笙箫管龠也。而蔡西山坚持吹之一字，以讥王朴用尺之非，过矣！朴用尺而废律，固为不可。尺者，律之一用耳，可以度长短大小，而不可以测中之所容与其轻重。且律兼度量衡而为之准，是律为母而尺其子也。用一子以废群子之母，其失固然矣。然律者，要不可以吹者也。枵然洞达之篇，音从何发？即令成音，亦怒号之窍、于喁之声而已。且吹之有清浊也，不尽因乎管，而因乎吹之者洪纤舒疾之气。今以一管易人而吹之，且以一人异用其气而吹之；高下鸿杀，固不一矣，又将何据以定中声乎！唯手口心耳无固然之则，故虽圣人必倚律以为程，则管不待吹，弦不待弹，鼓不待伐，钟不待考，而五音十二律已有画一之章。然则言吹律者，律已成，乐已审，而吹以验之也，非藉吹之得声而据之以为乐也。用尺虽于法未全，自贤于任吹者之徒徇口耳矣。

黄道出入赤道内外之差，冬至自南而反北，人在赤道北，故曰反。初迟后疾，至于赤道，则又渐向于迟。夏至自北而之南，亦初迟后疾，至于亦道则又渐向于迟。唯近赤道则疾，远则渐迟；历家测其实，未明其故。盖赤道当天之中，其体最高，则黄道所经亦高，渐移而南北，则渐降而下。在天成象者，清虚而利亲上，故趋于高则其行利，趋于下则其行滞，犹在地成形者之利于下。是以二至之发敛三十秒，二分之发敛极于三十八分九十五秒也。据《授时历》。

谓日高，故度分远，是以日行一度；月下，故度分近，是以日行十三度有奇；亦周旋曲护阴当迟、阳当疾之说尔。七曜之行，非有情则非有程；而强为之辞，谓月与五星一日之行，各如日一度之远近，亦诬矣。且经星托体最高，其左旋何以如是之速邪！夫使日之一度抵月之十三度有奇，则土星之一度当抵月之三百五十一度有奇矣。果如是其远焉否也？抑必七政之疾徐，画一而无参差，但以度分之远近而异，东西既尔，南北亦宜然；月之九道何以出乎黄道外者五度十七分有奇邪？天化推迁随动而成理数，阴阳迟疾，体用不测；画一以为之典要，人为之妄也。以之论天，奚当焉！

月中之影，或以为地影，非也。凡形之因照而成影，正出，旁出，横出，长短大小，必不相类。况大地之体，恶能上下四旁之如一哉！今观其自东升历天中，以至于西坠，其影如一；自南至北，阅九道，出入四十八度，其影如一。地移而影不改，则非地影明矣。乃其所以尔者，当繇月魄之体，非如日之充满匀洽尔。受明者，魄也；不受明者，魄之缺也。意者魄之在天，如云气之有断续疏漏，或浓或淡，或厚或薄；所疏漏者，上通苍苍无极之天，明无所丽，因以不留乎！亦阳用有余、阴用不足之象也。有余则重而行迟，不足则轻而行速，抑可通于日月迟疾之故矣。

月行之道所以斜出入于黄道者，日行黄道之差，每日大概以二十六分强为率，分百为度。三日半而始得一度；若月，则一日而差三度半弱。故日虽渐迤南北，而其道恒直；月则每日所差既远，其道恒斜也。日其经而月其纬乎！

"孙可以为王父尸"；可以者，通辞也，不必定其孙而为之也。假令周当平、桓以降，祭文、武二世室，安从得孙而为之尸乎！天子七庙，虽无孙而在五世祖免之内，亲未尽则形气相属不远，皆可为尸。文、武、后稷既已远，而德厚者流光，凡其子孙与同昭穆者，皆可尸也。然则祭祢庙者而未有孙，或取诸五世以内为诸孙之列者与！若又无之，则取之所祭者再从以外之兄弟，期于无乱昭穆而已。

自汉以来，祭不立尸，疑其已简。古人阴厌阳厌，于彼于此，亦不敢信祖考之神必栖于尸，弗获已而以有所施敬者为安，亦要孝子极致之情尔。礼有不必执古以非今者，此其一邪！且祖考之尸用诸孙，祖妣之尸将用诸孙之妇邪？则形气固不相属矣。《诗》云："谁其尸之，有齐季女。"说见《诗稗疏》。是明乎必取诸孙女之列也。一堂之上，合族以修大事于祖考，乃使女子与昆弟同几筵以合食，而取象于夫妇；人道之别，不亦紊乎！必无已，而不必其形气之相属，使为祖尸者之妇为祖妣尸。乃同牢之礼仅用于始昏，亦同于室而不同于堂；自此以外，必厚别之。乃于礼乐之地，兄弟具来，而夫妇合食以无嫌，亦媟甚矣。更无已而妣配无尸，即以祖之尸摄之，则一人而两致献酬，男子而妇人之，又已不伦。念及此，则不立尸为犹愈也。司马、程、朱定所作《家礼》论复古备矣，而不及尸，亦求之情理而不得其安也！

《素问》之言天曰运，言地曰气。运者，动之纪也，理也，则亦天主理、地主气之验也。故诸家之说，唯《素问》为见天地之化而不滞五运之序。甲己土，乙庚金，丙辛水，丁壬木，戊癸火，以理序也。天以其纪善五行之生，则五行所以成材者，天之纪也。土成而后金孕其中。虽孕而非其生。土金坚立，水不漫散而后流焉；水土相得，金气坚之，而后木以昌植；木效其才，而火丽之以明，故古有无火之世，两间有无木之山碛，无无金之川泽，而土水不穷。砂石皆金属也。自然而成者长，有待而成者稚。五行之生，虽终始无端，而以理言之，则其序如此。故知五运者，以纪理也。地主气，则浑然一气之中，六用班焉而不相先后。同气相求，必以类应；故风木与阳火君火。相得也，阴热相火。与燥金相得也，湿土与寒水相得也。相得则相互，故或司天，或在泉，两相唱和，无适先也。以类互应，均有而不相制，奚生克之有哉！倘以生克之说求之，则水，土克也；金，火克也；胡为其相符以成岁邪！理据其已成而为之序，而不问其气之相嬗；故以土始，不以水始，异《洪范》。亦不以木始，异《月令》。非有相生之说也。气因具相得者而合，风兴则火炀，火烈则风生；热熯则燥成，燥迫则热盛；湿荫则寒凝，寒嘘则湿聚；非有相克之说也。风，春气也；故厥阴为初火。热，夏气也；燥，秋气也；湿寒，冬气也。冬水聚，湿气胜。应四时之序而不虚寄土位于中宫，于以体天地之化，贤于诸家远矣。有滞理而化与物不我肖也，则不得已而为之增减以相就。如八卦配五行者，木二，金二，土二，水火一；不知水火之何以不足，木金土之何以有余也！以五行配四时者，或分季夏以居土，或割四季月之十八日以居土；不知土之何以必主此一月之中与此十八日之内也！抑不知季夏之气、林钟之律，何为当自减以奉土也！唯《素问》"天有一火，地有二火"之说为不然。天主理；理者，名实之辨。均之为火，名同而实未有异，故天著其象，凡火皆火一而已矣。地主气，气则分阴阳之殊矣。阴阳之各有其火，灼然著见于两间，不相訴合，不能以阴火之气为阳火也。阴火，自然之火也；阳火，翕聚之火也。阴火不丽木而明，不炀金以流，不炼土以坚，不遇水而息；而阳火反是。萤入火则焦，烛触电则灭，反相息矣。故知二火之说，贤于木金土各占二卦之强为增配也。

五运在天而以理言，则可以言性矣。性著而为五德，土德信，金德义，水德知，木德仁，火德礼。信者，人之恒心，自然而成，诸善之长也。恒心者贞，是非之不易而固存者也。是非在我之谓义，是非在物之谓知，知非而存其是，油然不舍之谓仁，仁著于酬酢之蕃变之谓礼，礼行而五德备矣。故恒心者，犹十干之甲、己，五行之土，包孕发生乎四德而为之长也。《论语》谓之识，《易》谓之蕴，《书》谓之念，作圣之始功，《蒙》之所谓"果行育德"也。故通乎《素问》之言天者，可与言德。

蔡伯靖言"水异出而同归，山同出而异归"，非也。水，流者也，故有出有归。山，峙者也，奚以谓之出，奚以谓之归乎！自宋以来，闽中无稽之游士，始创此说以为人营葬。伯靖父子习染其术，而朱子惑之，亦大儒之疵也。古之葬者，兆域有定，以世次昭穆而附焉。即至后代，管辂、郭璞有相地之说，犹但言形势高下，未指山自某来为龙也。世传郭璞《葬经》一卷，其言固自近理。自鬻术者起，乃窃《禹贡》"导山"之文，谓山有来去。不知"导山"云者，因山通路，启荆榛，平险阻，置传舍尔，非山有流裔而禹为分疏之也。水之有出有归，往者过矣，来者续矣，自此至彼，骎骎以行明矣。若山则亘古此土，亘古此石，洪濛不知所出，向后必无所归，而奚可以出归言之！彼徒见冈脊之容，一起一伏，如波浪之层叠，龙蛇之蜒屈，目荧成妄，犹眩者见空中之花，遂谓此花有植根，有结实，其妄陋可笑，自不待言。如谓有所自起，有所自止，则高以下为基，可云自平地拔起，至于最高之峰而止，必不可云自高峰之脊而下至于丘皋也。海滨，最下者也，必欲为连属之说，海滨为昆仑之祖，非昆仑之行至海滨而尽。一峰之积，四面培壅而成，亦可谓异出而同归矣。水以下为归，山以高为归，不易之理也。况乎踞峰四望，群山杂列于地下，正如陈盂盏于案，彼此之各有其区域而固不相因，明矣。术士之说，但以夸张形似，诱不孝之贪夫，以父母之骸骼为媒富贵之资。有王者起，必置之诛而不舍之科。为君子者，如之何犹听其导于迷流邪！

谓"天开于子，子之前无天；地辟于丑，丑之前无地；人生于寅，寅之前无人"；吾无此邃古之传闻，不能征其然否也。谓"酉而无人，戌而无地，亥而无天"；吾无无穷之耳目，不能征其虚实也。吾无以征之，不知为此说者之何以征之如是其确也！考古者，以可闻之实而已；知来者，以先见之几而已。故吾所知者，中国之天下，轩辕以前，其犹夷狄乎！太昊以上，其犹禽兽乎！禽兽不能全其质，夷狄不能备其文。文之不备，渐至于无文，则前无与识，后无与传，是非无恒，取舍无据，所谓饥则呴呴，饱则弃余者，亦植立之兽而已矣。魏、晋之降，刘、石之滥觞，中国之文，乍明乍灭，他日者必且陵蔑以之于无文，而人之返乎轩辕以前，蔑不夷矣。文去而质不足以留，且将食非其食，衣非其衣，食异而血气改，衣异而形仪殊，又返乎太昊以前，而蔑不兽矣，至是而文字不行，闻见不征，虽有亿万年之耳目，亦无与征之矣，此为混沌而已矣。

天地之气衰旺，彼此迭相易也。太昊以前，中国之人若麋聚鸟集，非必日照月临之下而皆然也；必有一方焉，如唐、虞、三代之中国也。既人力所不通，而方彼之盛，此之衰而不能征之；迨此之盛，则彼又衰而弗能述以授人，故亦蔑从知之也。以其近且小者推之，吴、楚、闽、越，汉以前夷也，而今为文教之薮。齐、晋、燕、赵，唐、隋以前之中夏也，而今之椎钝鸷戾者，十九而抱禽心矣。宋之去今五百年耳，邵子谓南人作相，乱自此始，则南人犹劣于北也，洪、永以来，学术、节义、事功、文章，皆出荆、扬之产，而贪忍无良、弑君卖国、结宫禁、附宦寺、事仇雠者，北人为尤酷焉。则邵子之言，验于宋而移于今矣。今且两粤、滇、黔，渐向文明，而徐、豫以北风俗人心益不忍问。地气南徙，在近小间有如此者。推之荒远，此混沌而彼文明，又何怪乎！《易》曰"乾坤毁则无以见易"，非谓天地之灭裂也；乾坤之大，文不行于此土，则其德毁矣。故曰"黄帝、尧、舜垂衣裳而天下治，盖取诸《乾》《坤》"，则虽谓天开地辟于轩辕之代焉可矣。

《思问录》外篇终

《思问录》全书终

俟解

俟解题词

所言至浅，解之良易，此愚平情以求效于有志者也。然窃恐解之者希也，故命之"俟解"，非敢轻读者而谓其不解，惧夫解者之果于不解尔。其故有三：

一者，以文句解之，如嚼蜡然，而未尝解之以己。反诸其所言、所行、所志、所欲，孰与之合，孰与之离，以因是而推之以远大。此解者也，吾且莫俟之。一者，谓汝之所言者然也，而吾之所尚尚者异于是，是犹进野蔌于王公之前，非所甘也。虚其心，平其气，但察其与人之所以为人者离合何如，而勿曰汝能言之，未必能行之，况于我而焉用此为，则俯而从之。此解者，吾且莫俟之。一者，则谓汝所言者陈言也，生乎今之世，善斯可矣。如汝所言，则身且不安，用且不利，吾焉能从汝哉！同此天地，同此日月，吾亦同此耳目，同此心思，一治一乱，同此世运，尧、舜之世不无恶习，夏、殷之末自有贞人，同污合俗，不必安身而利用，亦何为而不可自处于豪杰哉！此解者，吾且莫俟之。

甲子重午，船山病笔。

俟解

博文约礼，复礼之实功也。以礼治非礼，犹谋国者固本自强而外患自辑，治病者调养元气而客邪自散。若独思御患，则御之之术即患所生，专攻客邪则府脏先伤而邪传不已。礼已复而己未尽克，其以省察克治自易。克己而不复礼，其害终身不瘳。玄家有炼己之术，释氏为空诸所有之说，皆不知复礼而欲克己者也。先儒谓"难克处克将去"。难克处蔽锢已深，未易急令降伏，欲克者但强忍耳。愚意程子言"见猎心喜"，亦是难克处毕竟难克。若将古人射御师田之礼，服而习之，以调养其志气，得其比礼比乐教忠教孝者有如是之美，而我驰驱鹰犬之乐淡然无味矣，则于以克己不较易乎！颜子已于博文约礼欲罢不能，故夫子于是更教以克己，使加上一重细密细勘工夫，而终不舍礼以为封治之本。若学者始下手做切实事，则博文约礼，如饥之食、寒之衣，更不须觅严冬不寒、辟谷不饥之术。且遵圣人之教，循循不舍，其益克方，其乐无已也。

读史亦博文之事，而程子斥谢上蔡为玩物丧志。所恶于丧志者，玩也。玩者，喜而弄之之谓。如《史记·项羽本纪》及《窦婴灌夫传》之类，淋漓痛快，读者流连不舍，则有代为悲喜，神飞魂荡而不自持。于斯时也，其素所志尚者不知何往，此之谓丧志。以其志气横发，无益于身心也，岂独读史为然哉！经亦有可玩者，玩之亦有所丧。如玩《七月》之诗，则且沉溺于妇子生计、盐米布帛之中。玩《东山》之诗，则且淫泆于室家嚅呪、寒温拊摩之内。《春秋传》此类尤众。故必约之以礼，皆以肃然之心临之，一节、一目、一字、一句皆引归身心，求合于所志之大者，则博可弗畔，而礼无不在矣。近世有《千百年眼》《史怀》《史取》诸书及屠纬真《鸿苞》，陈仲淳《古文品外录》之类，要以供人之玩。而李贽《藏书》，为害尤烈，有志者勿惑焉，斯可与于博文之学。

人之所以异于禽兽者，君子存之，则小人去之矣，不言"小人"而言"庶民"，害不在小人而在庶民也。小人之为禽兽，人得而诛之。庶民之为禽兽，不但不可胜诛，且无能知其为恶者，不但不知其为恶，且乐得而称之，相与崇尚而不敢逾越。学者但取十姓百家之言行而勘之，其异于禽兽者，百不得一也。营营终日，生与死俱者何事？一人倡之，千百人和之，若将不及者何心？芳春昼永，燕飞莺语，见为佳丽。清秋之夕，猿啼蛩吟，见为孤清。乃其所以然者，求食、求匹偶、求安居，不则相斗已耳；不则畏死而震摄已耳。庶民之终日营营，有不如此者乎？二气五行，抟合灵妙，使我为人而异于彼，抑不绝吾有生之情而或同于彼，乃迷其所同而失其所以异，负天地之至仁以自负其生，此君子所以忧勤惕厉而不容已也。庶民者，流俗也。流俗者，禽兽也。明伦、察物、居仁、繇义，四者禽兽之所不得与。壁立万仞，止争一线，可弗惧哉！

以明伦言之，虎狼之父子，蜂蚁之君臣，庶民亦知之，亦能之，乃以朴实二字覆盖之，欲爱则爱，欲敬则敬，不勉强于所不知不能，谓之为率真。以察物言之，庶物之理，非学不知，非博不辨，而俗儒怠而欲速，为恶师友所锢蔽，曰何用如彼，谓之所学不杂。其惑乎异端者，少所见而多所怪，为绝圣弃智、不立文字之说以求冥解，谓之妙悟。以仁言之，且无言克复敬恕也。乃事其大夫之贤者，友其士之仁者，亦以骄惰夺其志气，谓之寡交。居处、执事、与人，皆以机巧丧其本心，谓之善于处世。以义言之，且无言精义入神也，以言话，以不言话，有能此者谓之伶俐。鸡鸣而起，孳孳为利，谓之勤俭传家。庶民之所以为庶民者此也，此之谓禽兽。

有豪杰而不圣贤者矣，未有圣贤而不豪杰者也。能兴即谓之豪杰。兴者，性之生乎气者也。拖沓委顺当世之然而然，不然而不然，终日劳而不能度越于禄位田宅妻子之中，数米计薪，日以挫其志气，仰视天而不知其高，俯视地而不知其厚，虽觉如梦，虽视如盲，虽勤动其四体而心不灵，惟不兴故也。圣人以《诗》教以荡涤其浊心，震其暮气，纳之于豪杰而后期之以圣贤，此救人道于乱世之大权也。

君子小人，但争义利，不争喻不喻。即于义有所未喻，己必不为小人，于利未喻，终不可纳之于君子。所不能喻利者，特其欲喻而不能，故苟察于鸡豚，疑枉于寻尺，使其小有才，恶浮于桀、纣必矣。此庶民之祸所以烈于小人也。

梁惠王鸿雁麋鹿之乐，齐宣王之好乐及雪宫之乐，孟子皆以为可推而行王政。独于利则推而及于大夫士庶，其祸必至于篡弑，言一及之，即如堇毒之入口。此理自天子至于庶人一也。私之于己则自贼，推之于人则贼人。善推恩者，止推老老幼幼而已，非己有仳仳之屋、蔌蔌之粟而推之人使有之也。禽鱼、音乐、游观，私之于己而不节，则近于禽兽。仳仳之屋，蔌蔌之粟，擅有之而置于无用之地，禽兽之所不为也。孔子言"后其食"，言"不谋食"，君子忠厚待人之词也。抑春秋之时，风俗犹淳，贪者谋食而已。食之外有陈红贯朽无用之物，以敛怨而积之，自战国始，至秦而烈，痴迷中于人心而不可复反矣。欲曰人欲，犹人之欲也；积金困粟，则非人之欲而初不可欲者也。流俗之恶至此，乃有食淡衣粗而务此者。君子有救世之心，当思何以挽之。必不可丝毫夹带于灵府，尤不待言。

欲速成之病，始于识量之小。识量小，则谓天下之理、圣贤之学可以快捷方式疾取而计日有得。陆象山、杨慈湖以此诱天下，其说高远，其实卑陋苟简而已。识量小者恒骄，夜郎王问汉孰与我大，亦何不可骄之有！苟简速成，可以快意，高深在望，且生媢忌之心，终身陷溺而不知愧矣。见贤思齐而可忌乎哉！贤无穷，吾初不知有之境，贤者已至，乃至一得之善，吾且不能测其何以能然，而敢忌乎哉！见不贤而内自省，而可傲乎哉！不贤亦无穷，不贤者之所不为而己或为之，归于不贤一也，而敢傲乎哉！立身天地之间，父母生之，何以不忝？终日与人酬酢，何以不疚？会其理则一，通其类则尧不足以尽善，桀不足以尽恶。不可以意度，不可以数纪，方且无有告成之日，而况于远！故学者以去骄去惰为本，识自此而充。如登高山，登一峰始见彼峰之矗立于上，远望则最上之峰早如在目，果在目也云乎哉！

不获其身易，不见其人难。艮以一阳孤立在二阴之上，阴盛之世，其庭之人皆无足见者也，其是非鄙，其毁誉诬，其去就速，其恩怨轻。苟见有其人而与之就，不屑也，流俗污世下可与同也。见有其人而与之竞，亦不屑也，其喜怒无恒，徒劳吾之喜怒而彼不受也。孤行一意，迥不与之相涉，方且忘其为非，而况或取其一得之是！鸟兽不与同群，唯不见其人而已。是以笃实之光辉，如泰山乔岳屹立群峰之表，当世之是非、毁誉、去就、恩怨漠然于己无与，而后俯临乎流俗污世而物莫能撄。故孔子可以笔削诛乱臣，讨贼子，而凶人不能害；孟子可以距杨、墨，斥公孙衍、张仪为妾妇，而不畏其伤。不然，虽自信其矗然之志操，而谦退则逢其侮，刚厉则犯其怒，皆咎府焉，唯见有人而与之为欣、与之为拒也。三代以下，惟黄叔度其庶几乎！为陈寔则流，为张俭、石介则折，皆行乎阴盛之庭而见有人也。

《易》曰："知鬼神之情状"，然则鬼神之有情有状明矣。世之所谓鬼神之状者，仿佛乎人之状。所谓鬼神之情者，推之以凡近之情。于是稍有识者，谓鬼神之无情无状，因而并疑无鬼无神。夫鬼神之状非人之状，而人之状则鬼神之状。鬼神之情非人之情，而人之情则鬼神之情。自无而之有者，神未尝有而可以有。自有而之无者，鬼当其无而固未尝无。特人视之不能见，听之不能闻耳。

雷者，阳气发于地中，以有光响而或凝为斧之石。斜日微雨沾苗叶，渐成形而能蠕动。于此可验神之状。汞受火煎，无以覆之，则散而无有；盂覆其上，遂成朱粉。油薪爇于空旷，烟散而无纤埃，密室闭室，乃有煤墨。于此可验鬼之状。发生之气，条达循理，可顺而不可逆，神之所好者义也，所恶者不义也。焄蒿凄怆，悲死而依生，鬼之所恶者不仁也，所好者仁也。于此可验神鬼之情。如谓两间之无鬼神，则亦可谓天下之无理气。气者生无从而去无迹，理者亦古人为之名而不可见、不可闻者也。司马迁曰，何知仁义，以享其利者为有德。循名责实，必求其可见、可闻者以为情状，则暴气逆理，而但据如取如携之利，亦何所不可哉！鬼神者，圣人知之，君子敬之，学者尽人事以事之，自与流俗之下愚媚妖妄以求福者天地悬隔，何得临下愚之深以为高乎！

"明则有礼乐，幽则有鬼神"，人道之通于天，天德之察乎人者也。鬼神则视不可得而见，听不可得而闻，礼乐则饥不可得而食，寒不可得而衣，亦奚用此哉！苟简嗜利之人，或托高明以蔑鬼神，或托质朴以毁礼乐，而生人之心固有所不安，于是下愚鄙野之夫，以其不安之情，横出而为风俗，以诬鬼神，以乱礼乐，昔苟简嗜利者激而导之也。以草野之拱箸，酬酒为礼，以箛、管、筚栗、大钹、独弦及狭邪之淫哇为乐，以小说、杂剧之所演，游髡、妖巫之所假说者为鬼神。如钟馗，斧首也，而谓为唐进士；张仙，孟昶像也，而谓求嗣之神；文昌，星也，而谓之梓橦；玄武，龟蛇也，而谓修行于武当，皆小说猥谈。涂关壮缪之面以朱，绘雷霆之喙以鸟，皆优人杂剧倡之。而鬼神乱于幽，礼乐乱于明，诚为可恶。乃名山大川，仅供游玩，行歌互叫，自适情欲，取野人不容昧之情而澌灭之，则忠孝皆赘疣，不如金粟之切于日用久矣。存养省察之几，临之以鬼神则严；君民亲友之分，文之以礼乐则安。所甚恶于天下者，循名责实之质朴，适情荡性之高明也。人道之存亡，于此决也。

堂堂巍巍，壁立万仞，心气自尔和平。强如壮有力者，虽负重任行赤日中，自能不喘，力大气必和也。毋以箪豆筜篨为恩怨，毋以妇人稚子之啼笑、田夫市贩之毁誉为得失，以之守身，以之事亲，以之治人，焉往而生不平之气哉！故曰"未有小人而仁者也"，卑下之必生于惨刻也。学道好修之士，自命为豪杰，于此亦割舍不下，奚足以与于仁！王龙溪家为火焚，其往来书牍，言之不置，平生讲良知，至此躁气浮动，其所谓良知者，非良知也。夫子厩焚不问马，故恻怛之心专注于人，人幸无伤，则太和自在圣人胞中，以之事亲则底豫，以之立身则浩然，以之治人则天下归之，此之谓良知。

吝似俭，鄙似勤，懦似慎。吝者贪得无已，何俭之有！鄙者消磨岁月精力于农圃箪豆之中，而荒废其与生俱生之理，何勤之有！懦者畏祸而避之，躬陷于大恶而不恤，何慎之有！俭者，节其耳目口体之欲，节己而不节人。勤者，不使此心昏昧偷安于近小，心专而志致。慎者，畏其身入于非道，以守死持之而不为祸福利害所乱。能俭、能勤、能慎，可以为豪杰矣。庄生非知道者，且曰"人莫悲于心死，而身死次之"，吝也、鄙也、懦也，皆以死其心者也。

凡事但适如其节，则神化不测之妙即于此。礼者，节也，"道前定则不穷"，秉礼而已。圣人自有定式之可学，但忽略而不知通耳。陈白沙与庄定山同渡江，舟中有恶少，知为两先生而故侮之，纵谈淫媒，至不忍闻。定山怒形于色，回视白沙，神色甚和，若不见其人、不闻其语者。定山以此服白沙为不可及。定山之怒，正也，而轻用之恶少，则君子之威亦亵。白沙抑未免有柳下不恭之意，视其人如鸡犬之乱于前。不恭者君子所不繇，至此而二者之用穷矣。子曰"以吾从大夫之后，不可徒行"，秉周礼也。白沙已授词林，定山官主事矣，渡江自当独觅一舟，而问津于买渡之艇，使恶少得交臂而坐，遂无以处之于后，非简略之过欤！圣人不徒行，但循乎礼制之当然，而以远狎侮者，即此而在。养其性情之和，不妄于喜怒容纳愚贱，以使不得罪于君子，亦即在此。此即所谓圣而不可知也，无往而非礼焉耳。

罗念庵殿试第一，闻报之日，自袖米赴野寺讲学，此贤于鄙夫耳。闻报之明日，即面恩拜命，乃君子出身事主之始，自当敬慎以俟，而置若罔闻，何也？名位自轻于讲习，君父则重矣。《诗》云："被之僮僮，夙夜在公。"妇人且虔虔夙夜以待事，而况君子！念庵此等举动，自少年意气，又为阳明禅学所惑，故偏而不中如此。后来见龙溪之放纵，一意践履，自应知当时之非。凡但异于流俗，为流俗所惊叹而艳称者，皆皮肤上一重粗迹，立志深远者不屑以此自见。

生污世、处僻壤而又不免于贫贱，无高明俊伟之师友相与熏陶，抑不能不与恶俗人相见，其自处莫要于慎言。言之下慎，因彼所知而言之，因彼所言而言之，则将与俱化。如与仕者言则言迁除交结，与乡人言则言赋役狱讼，不知痛戒而习为固然，其迷失本心，难以救药矣，守口如瓶，莫此为至。吾所言非彼所欲闻，则量晴较雨，问山川，谈风物可尔。若范希文做秀才时以天下为己任，不容不询刍荛以达天下之情，然必此中莹净，不夹带一丝自家饥寒利害在内，方可出而问世。不然，且姑自爱其口。若恶俗无耻，苦相聒厌，则当引咎自反，我必有以致此物之至，益加缄默，生彼之愧，勿容自恕也。

庄生云："参万岁为而一成纯。"言万岁，亦荒远矣，虽圣人有所不知，而何以参之！乃数千年以内，见闻可及者，天运之变，物理之不齐，升降污隆治乱之数，质文风尚之殊，自当参其变而知其常，以立一成纯之局而酌所以自处者，历乎无穷之险阻而皆不丧其所依，则不为世所颠倒而可与立矣。使我而生乎三代，将何如？使我而生乎汉、唐、宋之盛，将何如？使我而生乎秦、隋，将何如？使我而生乎南北朝、五代，将何如？使我而生乎契丹、金、元之世，将何如？则我生乎今日而将何如？岂在彼在此遂可沉与俱沉、浮与俱浮邪？参之而成纯之一审矣。极吾一生数十年之内，使我而为王侯卿相，将何如？使我而饥寒不能免，将何如？使我而蹈乎刀锯鼎镬之下，将何如？使我而名满天下，功盖当世，将何如？使我而槁项黄馘，没没以死于绳枢瓮牖之中，将何如？使我不荣不辱，终天年于闾巷田畴，将何如？岂如此如彼，遂可骄、可移、可屈邪？参之而成纯之一又审矣。变者岁也，不变者一也。变者用也，不变者体也。岁之寒喧晴雨异，而天之左旋、七曜之右转也一。手所持之物、足所履之地，或动或止异。而手之可以持、足之可以行也一。唯其一也，是以可参于万世。无恒之人，富而骄，贫而谄，旦而秦，暮而楚，缁衣而出，素衣而入，蝇飞蝶惊，如飘风之不终日，暴雨之不终晨，有识者哀其心之死，能勿以自警乎！

朴之为说，始于老氏，后世习以为美谈。朴者，木之已伐而未裁者也。已伐则生理已绝，未裁则不成于用，终乎朴则终乎无用矣。如其用之，可栋可楹，可豆可俎，而抑可溷可牢，可杻可梏者也。人之生理在生气之中，原自盎然充满，条达荣茂。伐而绝之，使不得以畅茂，而又不施以琢磨之功，任其顽质，则天然之美既丧，而人事又废，君子而野人，人而禽，胥此为之。若以朴言，则唯饥可得而食、寒可得而衣者为切实有用。养不死之躯以待尽，天下岂少若而人邪！自鬻为奴，穿窬为盗，皆以全其朴，奚不可哉！养其生理自然之文，而修饰之以成乎用者，礼也。《诗》曰："人而无礼，胡不遄死"，遄死者，木之伐而为朴者也。

唯直之一字最易蒙昧，不察则引人入禽兽，故直情径行，礼之所斥也。证父攘羊，欲直而不知直，堕此者多矣。子曰，"父为子隐，子为父隐"，隐字切难体会。隐非诬也，但默而不言，非以无作有，以皂作白，故左其说以相欺罔也，则又何害于道哉！岂独父子为然乎！待天下人，论天下事，可不言者隐而不言，又何尝枉曲直邪！父而攘羊不可证，固不待言，即令他人攘羊，亦自有证之者，假令无证之者，亦无大损，总不以天下之曲直是非揽之于己，而违其坦然自遂，付物之是非于天下公论之心。即至莅官听讼，亦以不得已之心应之。吾尽吾道，不为人情爱憎起一波澜曲折，此之谓直。隐即直也，隐而是非曲直原不于我一人而废天下之公，则直在其中矣。

子之于父母，去一媚字不得。臣之于君，用一智字不得。口之于味，目之于色，耳之于声，鼻之于臭，四肢之于安佚，小人之媚人也在此。而加以色之温，言之柔，其媚乃工。舜尽事亲之道，此而已矣。辱之不避，斥之不退，刑戮将加而不忧，知必无可为之理而茫昧不知止，可谓不智矣。已而以之穷困，以之躯不得全，妻子不保，不智之尤也。宁武子、刘子政、段太尉、方正学之所守，此而已矣。自非君父，则媚者小人之术，不智者下愚之自陷于阱矣。以处人之道事君父，以事君父之道事人，学术之不明，而害性情之正。故人不可以不学。

语学而有云秘传密语者，不必更问而即知其为邪说。"夫子之言性与天道不可得而闻"，待可教而后教耳。及其言之，则亦与众昌言，如呼曾子而告一以贯之，则门人共闻，而曾子亦不难以忠恕注破，固夫子之所雅言也。峦室传心之法，乃玄禅两家自欺欺人事，学者未能拣别所闻之邪正且于此分晓，早已除一分邪惑矣。王龙溪、钱绪山天泉传道一事，乃模仿慧能、神秀而为之，其"无善无恶"四句，即"身是菩提树"四句转语。附耳相师，天下繁有其徒，学者当远之。

无誉者，圣人之直道，而曲成天下之善即在于此。誉则有过情之言，因而本无此坚僻之志者，以无知者之推崇而成乎不肯下之势，则力护其名而邪淫必极。如阳明抚赣以前，举动俊伟，文字谨密，又岂人所易及！后为龙溪、心斋、绪山、萝石辈推高，便尽失其故吾。故田州之役，一无足观。使阳明而早如此，则劾刘瑾、讨宸濠，事亦不成矣。盖斥奸佞、讨乱贼，皆分别善恶事，不合于无善、无恶之旨也。翕然而为人听推奖，乃大不幸事。孔子自颜子无言不说，子贡力折群毁外，他弟子皆有疑而相助之意，不失其訚訚、侃侃、行行之素。固当时人才之盛，亦圣人之熏陶学者，别是一种气象，自不至如蜂之绕王，薨薨扇羽也。况德未立，学未成，而誉言至乎！闻誉而惧，庶几免夫！

天地既命我为人，寸心未死，亦必于饥不可得而食、寒不可得而衣者留吾意焉。圣贤之言，皆不可令、不可衣者也。今之读书者，以之为饥之食、寒之衣，是以圣贤之言为俗髡、妖巫之科仪符咒也。哀哉！

王介甫以经义易诗赋，其意良善，欲使天下之为士者自习于圣贤之言，虽未深造，而心目之间常有此理作镜中之影，以自知妍媸而饰之。自王守溪以弱肉强食之句为邱琼山所赏拔，而其所为呼应开合、裁剪整齐之法，群相奉为大家。不知天地间要此文字何为，士风日流于靡，盖此作之俑也。子曰："辞达而已矣。"有意不达，达而不已，拙也。无意可达，惟言是饰，是谓言不繇衷。王守溪、薛方山之经义，何大复、王元美之诗，皆无意可达者也。为士于今日，不能不以此为事，能达其意，如顾泾阳可矣。黄石斋之文狂，黄蕴生之文狷，殆其次乎！

"侮圣人之言"，小人之大恶也。自苏明允以斗筲之识，将《孟子》支分条合，附会其雕虫之技，孙月峰于《国风》《考工记》《檀弓》《公羊》《谷梁》效其尤，而以纤巧拈弄之：皆所谓侮圣人之言也。然侮其词，犹不敢侮其义。至姚江之学出，更横拈圣言之近似者，摘一句一字以为要妙，窜入其禅宗，尤为无忌惮之至。读《五经》《四书》，但平平读去，涵泳中自有无穷之妙。心平则敬，气平则静，真如父母师保之临其上，而何敢侮之有！

陶渊明"读书但观大意"。盖自汉以后，注疏家琐琐训诂，为无益之长言，如昔人所诮"曰若稽古"四字释至万余言，如此者不得逐之以泛滥失归。陶公善于取舍，而当时小儒惊为迥异。乃此语流传，遂为慵惰疏狂者之口实。韩退之谓"《尔雅》注虫鱼"为非磊落人，而其讥荀、扬择不精、语不详，则自矜磊落者必至之病。读书者以对父母师保之心临之，一謦欬、一欠伸皆不敢忽，而加以视于无形、听于无声之情，将顺于意言之表，方可谓畏圣人之言。以疏慵之才而效陶公，自命为磊落，此之谓自暴。

"唯仁者能好人，能恶人。"苟仁未熟而欲孤行，其好恶也必僻，则必有所资以行吾好恶者。与君子处，则好君子之好，恶君子之恶。与小人处，则好小人之好，恶小人之恶。又下而与流俗顽鄙者处，则亦随之以好恶矣。故友善士者，自乡国天下以及于古人，所胃"以友辅仁"也，谓引吾好恶之情而扩充吾善善恶恶之量也。

君子之怀刑者，常设一圣王在上、良有司奉法惟谨之象于衰乱之世，则其所必不可为者见矣。乱世末俗之所谓不可为者，有可为者也，其所可为者，多不可为者也。出乎刑者入乎礼，岂惴惴然趋利避害之谓乎！

"毋友不如己者"，安所得必胜己者而友之！必求胜己，则友孤矣。恒人之病，乐友不如己者以自表暴，而忌胜己者不与之友，故切以为戒。人之气质，互有胜劣，动静敏迟，刚柔俭博，交相为胜。忌其相胜，则取近己之偏者而与友，近己之偏则固不如己矣。以其动振己之静，以其静节己之动，以其刚辅己之柔，以其柔抑己之刚，以其敏策己之迟，以其迟裁己之敏，以其俭约己之博，以其博益己之俭，则虽贤不如己而皆胜己者矣。凡见为如己者，皆不如己者也。从己之偏，己既有一偏之长矣，彼无能益而相奖以益偏，此之谓不如己。

守其所见而不为违心之行，亦可谓之信，忘乎己而一于理之谓诚，故曰"言不必信"，一于理也。朱子谓："众人之信，只可唤作信，未可唤作诚。"盖流俗之所谓诚者，皆不必之信。天下之物理无穷，已精而又有其精者，随时以变而皆不失其正，但信诸己而即执之，如何得当！况其所为信诸己者，又或因习气，或守一先生之言，渐渍而据为己心乎！

人之所为，万变不齐，而志则必一，从无一人而两志者。志于彼又志于此，则不可名为志，而直谓之无志。天下之事，无不可行吾志者，如良医用药，温凉寒熟俱以攻病，必欲病之愈者，志也。志正则无不可用，志不持则无一可用。婷婷然一往必伸者，介然之气也。气则有伸有屈，其既必迁。以此为志，终身不成。

学易而好难，行易而力难，耻易而知难。学之不好，行之不力，皆不知耻而耻其所不足耻者，乱之也。不学不行者有矣，人未有一无所耻者，乞人与有之。自恶衣恶食，宫室之不美，妻妾之不奉，所识穷乏者之不得我，至于流俗之毁誉，污世之好尚，皆足以动人之耻心。抑有为害最大而人不知者，师友之规谏，贤智之相形，不以欣然顺受企慕之心承之，而愤怍掩覆，若唯恐见之，唯恐闻之。此念一蒙，则虽学而非其好，虽行而必不力，乐与谗谄面谀之人交，而忌媚毁谤，以陷溺于不肯之为，皆无所不至。故耻必知择，而后可谓之有耻。

直而济之以慎，乃非证父攘羊之直。慎而用之于直，乃非容头过身之慎。道听之，途说之，闻善则誉之，闻不善则毁之，纵心纵口，无忌惮而为小人，直之贼也，惟不慎也。欲进而不敢进，欲退而不敢退，无取怨于人之道而犹畏人之怨己，无不可伸志之为而犹隐忍而不敢为，慎之贼也，唯不直也。一失足于流俗，则终身之耻不可洒，一得罪于清议，则百行不能掩其非，如之何不慎！慎者，慎吾之不直也。惟恐不直，则惟恐不慎。直而不慎，则为似忠信之乡原。慎而不直，则为患得失之鄙夫。将以免尤悔，幸而免焉，鬼神谪之，况其不能免乎！

忽然一念横发，或缘旧所爱憎，或驰逐于物之所攻取，皆习气暗中于心而不禁其发者。于此而欲遏抑之，诚难。如见人食梅，则涎流不能自禁，若从未尝食梅者，涎必不流。故天下之恶，以不闻为幸。闻之而知恶之，亦是误嚼乌喙，以药解之。特不速毙，未尝不染其毒。亲正人，远宵小，庶几免夫！若莅官听讼，不容已于闻人之恶，乃《易》曰"无留狱"，曾子曰"勿喜"，非止矜恤之，亦以天下千条万绪之恶不堪涵泳也。

末俗有习气，无性气。其见为必然而必为，见为不可而不为，以婞婞然自任者，何一而果其自好自恶者哉！昔习闻习见而据之，气遂为之使者也。习之中于气，如瘴之中人，中于所不及知，而其发也，血气皆为之潬涌。故气质之偏，可致曲也，嗜欲之动，可推以及人也，惟习气移人为不可复施斤削。呜呼！今之父教其子，兄教其弟，师友之互相教者，何一而非习气乎！苟于事已情定之际，思吾之此心此气，何自而生？见为不可已者，果不可已乎？见为可不顾者，果可不顾乎？假令从不闻此，从不见此，而吾必不可不如此乎？吾所见所闻者，其人果可以千古、可以没世乎？则知害之所自中矣。吾性在气之中，气原以效性之用，而舍己以为天下用，是亦可以悔矣。如其不能自觉，则日与古人可诵之诗、可读之书相为浃洽，而潜移其气，自有见其本心之日昧者。不知者曰，"吾之性气然也"，人亦责之曰，"其性气偏也"。呜呼！吾安得性中之生气而与之乎！

"伯夷隘，柳下惠不恭，君子不繇"，君子之所耻如此其大也。圣人之瑕，且耻繇之矣。降而为天下之善士，有不足者，耻与之同；降而一国之善士，耻与之同其失；降而一乡之善士，耻与之同其失；止矣。若夫人之与我不同类，其卑陋颠倒之为，屑屑然以之为戒，则将以幸不为彼之为而自足。呜呼！吾之生也而仅异于彼乎！人之大小，自截然分为两涂，如黑白之不相杂。舍其黑而求全于白之中，雪也，玉也，且于雪、玉有择焉，而但求白之异于黑乎！"三人行，择其不善而改之"，圣人之大用，非尔所及也。

法语之言而从，巽与之言而说，即不绎、不改之心也。法言而能说，巽言而能从，说而后改，从而后绎，闻教之下，移易其情则善矣。巽言而说者，好谀之心也。法言而从者，无耻之耻也。待言而生改过迁善之心，已末矣，况但以声音笑貌而易其情乎！

孟子言性，孔子言习。性者天道，习者人道。《鲁论》二十篇皆言习，故曰"性与天道不可得而闻也"。已失之习而欲求之性，虽见性且不能救其习，况不能见乎！《易》言"蒙以养正，圣功也"。养其习于童蒙，则作圣之基立于此。人不幸而失教，陷入于恶习，耳所闻者非人之言，目所见者非人之事，日渐月渍于里巷村落之中，而有志者欲挽回于成人之后，非洗髓伐毛，必不能胜。恶他人之恶，不如恶在我。昔日之所知、所行、所闻、所见，高洋治乱丝，拔刀斩之，斯为直截。但于其中拣择可为、不可为，而欲姑存以便所熟习，终其身于下愚而已。

人之唯其意之所发而为不善者，或寡矣，即有之，亦以无所资藉、无所印证而不图其失已着，尚可革也。故唯其所发而为不善者，过也，非恶也。闻恶人之言，因而信之，则成乎恶而不可救。故君子于人之不善，矜其自为之过而望其改，其听恶人之言而效之，则深恶而痛绝之。臣岂敢杀其君，子岂忍杀其父，皆有导之者也，导之者，皆言之有故，行之有利者也。国有鄙夫，家有败类，以其利口强有力成人之恶，习焉安焉，遂成乎下愚不移，终不移于善矣。故圣人所以化成天下者，习而已矣。

做经生读书时，见古今之暴君污吏，怒之怨之，长言而诋诽之。即此一念，已知其出而居人上，毁廉耻，肆戕虐者，殆有甚焉。何也？其与流俗诋诽者，非果有恶恶之心，特以甚不利于己而怒怨之耳。有志者，其量亦远。伊尹当夏桀之世而乐，何屑与之争得失乎！且彼之为暴、为污者，惟其以利于己为心也。彼以利于己而为民贼，吾亦以不利于己而怨怒之，易地皆然，故曰出而居人上，殆有甚焉。恶人之得居人上而害及人，天也。晦蒙否塞，气数之常也，安之而已。退而自思，吾虽贫贱，亦有居吾下者，亦有取于人者，亦有宜与人者，勿见可为而即为，见可欲而即欲，以求异于彼而不为风气所移，则孤月之明，炳于长夜，充之可以任天下。

不得已而为资生之计，言者曰惟勤惟俭。俭尚矣，勤则吾不知也。勤所以不可者，非惰之谓。人之志气才力，与有涯之岁月，唯能胜一勤而不能胜二勤。吾自有吾之志气，勤于此则荒于彼。鸡鸣而起，孳孳为利，专心并气以趋一涂，人理亡矣。若夫俭，则古人有言曰："俭，德之共也。侈，恶之大也。"俭所以为德之共者，俭则事简，事简则心清，心清则中虚，而可以容无穷之理。而抑不至浮气逐物，以丧其所知所能之固有。彼言资生而以俭与勤并称者，非俭也，吝也。俭以自节，吝以成贪，其别久矣。吝而勤，充其所为，至不知君父，呜呼，危矣哉！天地授我以明聪，父母生我以肢体，何者为可以竭精疲神而不可惰？思之思之，尚知所以用吾勤乎！

　　《俟解》全书终

噩梦

序

教有本，治有宗，立国有纲，知人有道，运天下于一心而行其典礼，其极致不易言也。所可言者，因时之极敝而补之，非其至者也。如衡低而移其权，又虑其昂；虽然，亦有其平者。卑之勿甚高论，度其可行，无大损于上而可以益下，无过求于精微而特去流俗苟且迷复之凶，民亦易从，亦易见德。如大旱之得雨，且破其块，继之以霢霂者，亦循此而进之。鲁两生曰："礼乐必百年而后兴。"百年之始，荡涤烦苛，佀不违中和之大端而已。天其欲苏人之死，解人之狂，则旦而言之，夕而行之可也。呜呼！吾老矣，惟此心在天壤间，谁为授此者？故曰"噩梦"。

玄黓阉茂之岁，阳月朔旦甲戌，船山遗老识。

噩梦

孟子言井田之略，皆谓取民之制，非授民也。天下受治于王者，故王者臣天下之人而效职焉。若土，则非王者之所得私也。天地之间，有土而人生其上，因资以养焉。有其力者治其地，故改姓受命而民自有其恒畴，不待王者之授之。唯人非王者不治，则宜以其力养君子。井田之一夫百亩，盖言百亩而一夫也。夫既定而田从之，田有分而赋随之。其始也以地制夫而夫定，其后则唯以夫计赋役而不更求之地，所以百姓不乱而民劝于耕。后世之法，始也以夫制地，其后求之地而不求之夫，民不耕则赋役不及，而人且以农为戏，不驱而折入于权势奸诡之家而不已，此井田取民之制所以为盛王之良法，后世莫能及焉。夫则有制矣，田则无制也。上地不易，百亩而一夫，中地一易，二百亩而一夫；下地再易，三百亩而一夫。田之易不易，非为法禁民使旷而不耕也，亦言赋役之递除耳。再易者，百亩三岁而一征也。一易者，间岁而一征也。上地百亩而一夫，中地二百亩而一夫，下地三百亩而一夫，三代率因夏禹之则壤为一定之夫家，而田之或熟、或莱、或有广斥，皆不复问。其弃本逐末，一夫之赋自若，民乃谨守先畴而不敢废。故《春秋》讥初税亩，舍版籍之夫而据见在垦田之亩以税也。讥作邱甲，用田赋者先王之制，五百七十六夫而出长毂一乘，至此则核实四邱之田为一甸。其后并以井邑邱甸为不实而据见在之田亩，合并畸零以起赋。舍人而从土，鲁之所以日敝也。然则取民之制，必当因版籍以定户口，则户口以制税粮，虽时有登降，而抛荒鲁莽、投卖强豪、逃匿隐漏之弊，民自不敢自贻以害。得井田之意而通之，不必问三代之成法而可以百世而无敝也。

孟子言农夫获谷之数凡五等，以中为率。古者上岁民食月四鬴，中岁三鬴，下岁二鬴，以三鬴为准，十一而取一夫之税，岁赋二十五鬴有奇。鬴六斗四升，古斗斛大小不可详考，大率一鬴当今三斗而弱。其赋七石五斗，以米半折之，为米三石七斗有奇，赋未尝轻也。古今量制虽难通算，而以食七人准之，则岁获略止四十九石。今南方稻田，岁获上田不过十二亩，下田不过二十亩，今法止额粮一石内外耳。是古之赋税且三倍于今而有余，民何以堪！惟古者以夫定税，一夫止取其百亩之赋。殷、周一沿夏之则壤，而但记其民籍之登耗。地虽辟而赋不溢，若其荒废而赋亦不减，则所谓农服先畴而治安长久也。今云南以工计田，猓洞以户起科，皆其遗意。故民有余而无逋欠，岁入有恒，量入为出，亦无忧国用之不给也。即如洪武间惟征本色一石，亦不患金钱之匮，则核户口于立国之始，以永定田制，民何忧不足，地何忧不垦！逋负无所容奸，蠲赦可以不数，而国抑何忧乏哉！

立国之始，法不得不详。有国之道，用不得不丰。不祥则苛横者议其后，面变易增加之无已。不丰则事起而猝无以应，必横取之民，以成乎陋习。如驿递者，国之脉络，不容壅滞者也。故在国初，水马驿栉比蔓绵，恒处于有余。建驿官，设驿卒，站马、站夫，红船、快船，铺程供应口粮，皆细计而优储之，即驿官利其有余而私之，勿问也。乃以济公事，而民力以事，而民力以不与闻而舒。嘉靖间，言利之小人始兴。万历继之，崇祯又继之，日为裁减。为之说曰："非勘合火牌，不许应付。"而实则大不然，水则掳船，陆则派夫，县不给则委之殷实，委之行户，已而全委之里甲。孰为作此俑者，流毒无穷？则何如加赋之犹有定额也！驿递之外，莫如公费。且若皇华衔命，监司巡行，宾客经过，节序宴会，相为酬酢，宾兴考课，必有供奖，廨宇桥路，必时修理，下逮舆皂犒赐，孤贫拯给，皆人情物理不可废之需。无故统天下而作贫苦无聊之态，实则不能废而听吏横取之民。苟其横取，则无可复制而益趋奢滥，于是而民日困，国日贫，诬上行私，莫之纪极矣。

《会典》田粮起科，上田每亩不过七升八合极矣。乃今南方额派，有亩一石有奇至二石者。其源有二，苏、松、常、湖等郡，则张士诚君臣没官之田，与籍没豪右及迁徙濠、泗之产，皆名为官田，俱照佃客纳租田主之数输官而免其赋役。当时稍便之，愚民利小利赁耕之，遂为世业。其后督责不堪，足以逃亡。海中丞瑞不能为奏请改民以均苏之，而平铺于民田，以为一切苟且之计。故无官无民，其派均重，而民困极矣。若他处虽无官田，而市郭民居、山林、园圃、陂池，皆丈量起科。其后鬻产者留宅地山林而卖其田，乃以彼粮铺于田亩。岁久移易，莫从稽考，而粮有倍堕者矣。其失在不念廛居之征，以市肆冲僻为上下，初非可以丈量定者。山林则荣落无恒，园池则修废因人，岂得计亩以为额！古者廛有廛税，不入经界。林木竹苇则可于鬻处税之，而不可限以恒有。今欲苏民之困，唯有据见在之垦田，以七升八合递下为准，而元额断不可复。但令实科实征，民自可无逋欠，亦何国计不足之有！若弘治、万历两次丈量，所司皆以取足元额，而略为增减。其万历中江陵操切，尤为一切之法，愈不足据也。

言三代以下之弊政，类曰强豪兼并，赁民以耕而役之，国取十一而强豪取十五，为农民之苦。乃不知赋敛无恒，墨吏猾胥，奸侵无已，夫家之征，并入田亩，村野愚惯之民，以存田为祸，以得有强豪兼并者为苟免逃亡、起死回生之计。唯强豪者乃能与墨吏猾胥相浮沉，以应无艺之征。则使夺豪右之田以畀贫惯，且宁死而不肯受。向令赋有成法而不任其轻重，孤儿独老可循式以输官，则不待夺有余授不足，而人以有田为利，强豪其能横夺之乎！赋役名数不简，公费驿递不复，夫家无征，一切责之田亩，田不尽归之强豪不止，而天下之乱且不知所极矣。

唐制：郡县有赤、畿、望、雄、紧、上、中、下八等，以为官秩之崇卑，出身之优劣，升迁之上下。事之繁简，任之轻重，人才之进退，因以分焉，诚善法也。今官制于府州县注以繁简，犹之可尔。注以顽淳，已非奖厉风俗、责成教养之道。况注以饶瘠，则是羡之以贪而悼其廉也。筮仕之初，已有饶瘠在其胸中，欲士之有廉耻，民之有生理，得乎！

税粮分派，令民征纳多寡有截然之数，则愚民易知而奸诡无所容。立法者在上一切为苟简，而使下分析之为繁难，此甚无谓也。如漕运以四百万石为准，派于直省各若干万。乃额粮之多寡，初不整齐，而部授数于司，司分派于州县，取必于部授之总数，以碎细洒分之，遂于斗、升之下，立合、勺、抄、撮、圭、粒、粟等虚立之名。因而轻赍、耗脚、水利、_{河南}。过湖、_{江西}。两尖及楞木、松板，亦就零星派数而洒加之。奸伪相乘，善算者莫之能诘，而况愚氓乎！夫名，因实而生者也。勺、抄以下，无此量器，何从而为之名？十粒为圭，千粒为抄，谁为历数？粒下有粟，岂剖碎稻麦为十粟耶？凡此，皆可资一笑。乃徒以燋乱人之耳目，而施之以利析秋毫之教，非小失也。且如北运以广储偫，亦岂必四百万之整齐而无余欠哉！则何如通计可漕地面夏说秋粮共若干，因坐派民米一石，运米几斗几升，至于升而止，即或于四百万石之数有余有欠，亦何不可！官仓所入，不妨岁有畸零。农民所输，自可截然画一。若民田亩之有畸零，自以三从五，七从十，一二消除，皆至升而止，则一切脚耗之类，皆可简明计之矣。如折色输银者，亦但可至厘而止，其下有毫、丝、忽、抄、微、尘、纤、埃，猥诞亡实名目，尽属可汰。盖部司惮烦，不先为分析，而约略授以总数，乃使郡邑缕分，而至于泛滥以成乎纤诡耳。至丈量地亩，古人至亩而止，不成亩者勿计也。今即不能，亦可至一亩十分而止，如厘、毫、丝、忽之名，奚从而生？使于亩分之外，算有余赢，蠲以与民，亦不至于病国，王者亦何爱此锱铢，而显受尽地力之恶哉！凡诸琐细不经之名数，前代未有，始于宋、元之间舞文小生，窃律历家之余沈以殃民。祸虽小而实大，安得一涤除之，以快天下之心目也耶！

光禄寺岁费二十四万，郊庙、社稷、群小祀、庆成、长至、元旦、万寿、番使宴赐皆取给于内，乾清、坤宁二宫常膳，上奉慈养，旁及东宫与未就封之皇子皇女，下给六宫六尚，以至宫婢阉寺之食料，莫不仰资。一日之费仅六百六十两有奇，其俭蔑以加矣。盖米面出于正供，酒醋、醢菹、禽鱼、蔬果具于各署，盐茶蜡枣俱有实收本色，不尽以烦太仓，其措置亦密矣。乃仰未免有唐、魏之风焉。故逮成化时，虚祖宗积贮之帑藏以供御用，而后又可知已。至正德移太仓银一百一万有奇为金花，以供游幸犒赐之用，凡四倍于岁供，而国遂虚。嘉靖初，新都总己，于遗诏未能复归太仓，以待新主之善政，因循一年，遂转为醮坛之费。醮坛罢而御用承之，相沿以至于匮乏，则二十四万二千余两之制，空有其名而费不赀矣。然后知《周礼》"唯王及后不会"之用意精也。王后之好赐，虽不会而取给于职币。职币之人，多寡随时，俭可以畜而奢有所止，中主之志欲亦得矣。萧何有言，"使后世无以加"，诚远虑也。子孙处承平之后，不能深喻艰难，束之则愈纵，势所必至，何似豫达其情以为之节宣哉！

黄册之法，始于开尚书济一言而定一代之规。乃行之既久，十甲司册者习为奸私，以成影射飞漏之弊。然法虽诡而人存，脱漏堕射，犹有所稽核，迨册书废而愈乱矣。一县数万户，册籍轮掌，而总寄之一县吏，又非大猾不任此，安能持之数十年乎！若通黄册之法而善用之，无如不专任十甲，而当十年大造之际，于十甲内递轮一甲管十年之籍，新旧交相对验，各存旧册以相稽考。且县之有丞薄，非漫设也，唐、宋有司户之官，正为此设。无如专委于薄，以统纠其鬻卖别户收除之实，每一官交代，即举任内有无推收，具册呈县。其县每岁实征之册，必从薄发，而令当年里长与册书封验，无有差讹而后开征。此最为民事利病之尤者，必不可以苟且取便者也。

立法之始，无取太宽。常留有余之德意于法外以使有可宽，故大貉小貉之弊必至于大桀小桀。唯通国计之常变，而处于有余之地，乃宽之于课程，则民不狎为易供而其后受束湿之苦，斯以乐生有道矣。今百姓之困敝，殆无孑遗，皆自守令之考成为始祸之本。闻嘉、隆间且以岁课满八分以上者，大计膺贪酷之黜。上虽未为之法，而下自体德意以行之，故民力裕而民心固，虽土木之变，邓茂七、黄萧养、刘、赵、鄢、蓝诸寇之窃发，弗能摇也。以税粮完欠为有司之殿最，法始于江陵，一决其藩而不可复收矣。申、王二相，反江陵而过为纵弛，乃以资言利者之口实。温体仁全师江陵之术而加甚焉，有户书李待问者为之羽翼，乃令知推行取，府县印官给繇，皆行户部，比较任内完欠，遂使牧民者唯鞭笞赤子为务，而究之逋负山积，激成大变，所谓"则何益矣"者，信矣。故户部考成之陋制不革，而欲民之免于深热，必不可得也。

军卫之制，行之百余年而大坏。成、弘间军尚可用，卫弁亦尚自力于武事，正、嘉而后，不可复理，势所必然也。唐变府兵为彍骑，而特重边帅之寄，故虽有渔阳之祸而终得朔方之益，揖吐蕃、回纥而进之而终诎于中国之强。宋与本朝仍旧相沿，惮为改饬。宋之禁军、厢军与卫军略同。禁军，团营也，厢军，卫所也，皆散武备于腹里也。夫唯军卫聚屯于边，其身家托焉，而又沐浴于刚劲之气，则莫之劝惩而自练习于武勇。若散屯于腹里，使其黠者游文墨歌舞之中，其陋者龌龊于鸡豚园池之利，心厌甲胄，而神气俱为之疲苶，欲其不化而为惊麇缩蝟，不可得已。且兵聚则勇，散则怯，故东汉自平乱以后，置屯黎阳，所以聚之于勇武之乡也。天下皆有兵。而天下无兵矣。腹里之所防者，盗贼耳。其始发也，良有司率机快健捕制之而有余；藉令其啸聚渐众，移边兵而讨之，亦易尔，乌庸是郡郡而置军乎！洪、永间分列卫所，颇以迁就功臣而处之善地，遂以坏一代之军政。即以屯田言之，使屯于腹里而耕民所可垦之田，何若屯于边而垦民所不耕之土乎！制腹里之盗贼，以民兵而已足。畜厚威于边，不特夷狄莫之敢窥，腹里之奸宄，亦隐然有所畏耆而不敢逞。南循海澨，接南宁、太平，绕黔、滇、建昌、黎、岷，遵九边尽于登、莱，皆用武之区。中间要害如徐州、虔南、偏沅、郧、夔、潼关，亦可扼险而收土著丁健之用。沿海则水师训习之地也。环绕以固中区，为诗礼耕桑之域。运天下于掌，而处九州如一室，莫便于此，勿为袭赵宋褊忌之计，以自翦羽翼而成禽也。

武举之制，至乌程、武陵秉国之后而败坏极矣。顾其始亦未为得也。文章吏治，有循序渐进之道焉，养之以从容，而慎重之以奖其廉耻，固一道也。若武夫，则用其朝气而不用其暮气者也。以次而举之，果有能者，必不耐其迁迟；其能耐者，必其大不堪者也。勿为之科，而于大阅之日募草泽之有智略勇敢者，督抚试而特举之，部核之而授之以试职，即使之从大帅军中以待命于边，或为突骑，或为队哨之长，或分城堡之守，或效幄幕之用，实委之以战守之事。其失也，不过亡一人。其得也，遂可以拔非常之士，而黠懦者不敢以身尝试。则岁一举之而已足，何事于科场之琐琐，决取舍于数矢之中否，数行之通塞哉！

言治术者，有名美而实大不然，则乡团保甲是已。其说模仿《周礼》，而所师者管仲轨里连乡之制尔。自周以前，列国各自立军，大国三军，次国二军，小国一军。一国之隘，无从别得男武之士而用之，则就农民而尽用其丁壮，亦如今土司之派其狼猡以为兵，盖以防邻国之兼并，而或因以兼并邻国。其事本不道，而毒民深矣。封建既废，天下安堵，农工商贾各从其业，而可免于荷戈致死之苦，此天地穷则变而可久者也，奈何更欲争斗其民哉！朱子自谓守郡日时有土寇，故欲训练保甲，后熟思此土之民已竟武勇，奈何复导之以强，因而已之。大儒体国靖民之远图，不泥于古固如此，未尝挟一寓兵于农之成说，以学术杀天下，如王介甫之鳃鳃于保甲也。盗贼初非敌国也，以政安之，以法治之。天子建吏，不能为民弭盗，而使民之以生死争一旦之利乎！团保之立，若不实核之以武备，则徒为儿戏而只以扰民。若使器械必精，期会必一，技击必试，立之以长而纠之，小则黠豪以牟侵贫弱，大则教之以乱，而邓茂七之祸不旋踵而发。唯刘念台先生尹京时听行条规，以申六条饬冠昏丧祭之礼，而讥察游惰非违者，不责之以武备，庶为可行，盖亦王政之枝叶也。

自盐政边储之坏，议者争言开中输粟旧法之善，而不知其非。既违事之宜，又拂人之情，故叶淇得以利动一时而尽废边屯，诚有以召之也。法之最颠倒者，农所可取苦粟，而条鞭使输金钱；商所可征者金钱，而屯盐使之输粟。边可屯，官不能屯，而委之素不安于农之商；粟可博金钱，官不移丰以就歉，而责农之易金钱以偿官。其不交困也，得乎！取之必于其所有，使之必于其所长，一人效一人之能，一物抵一事之费，《周官》之善，尽于此耳。

人各效其所能，物各取其所有，事各资于所备，圣人复起，不能易此理也。且如周制，兵车之赋出于商贾，盖车乘、马牛，本商之所取利，而皮革、金钱、丝麻、竹木、翎毛、布絮之类，皆贾之所操，是军器皮作火器各局之费，应责之于商贾也无疑。如曰税重则物价贵，还以病民，乃人之藉于市买者皆自度有余，而非资尘所必藉，非若粟之一日不得而即死者也。且在周之世，天子未尝全有九州之壤，若列国封域，尤为褊小，所需之产，什不得一，则但责之商贾尔。今四海一家，官山府海，何产不丰！凡诸军国所需，取铁于冶，取皮于原，取竹木于林，取丝于桑土，取麻絮于园，或就民而税，或官自畜植，又不必尽责之于商贾。乃国计尽弛，悉授之末业之黠民，而徒督责之于田亩之征，不给则令死于桁杨，死于逃窜，不亦憯乎！农所输者止以养君子，饱士马，何患乎不足！而一切取办，则何望其能支！汉人《盐铁》之论，言之似理而实不然，汉之所以舒农民而培国本者，非后世之所能及。王介甫狭小汉制，而以青苗、免役、保马诸法重困农氓，其利害亦曙然。洪武棕园、漆园之设，可惟为万世法，后人且视为迂琐。民之方苏，共俟之何日耶！

行盐之有地界，商人之奸利，而有国者听之。同此天下之人，食此天下之盐，何畛域乎！通行，则商人不得持有无以增一时腾涌之价。若地分，则舟车之浩繁，自然不行，其可行者自然各有所底止。唯偶然一方缺乏，则他方济之，究竟商人可以通融得利而无所大损，但不能操低昂以抑勒细民而已。无地界，则盐价恒平，商之利亦有恒，而狡者愿者不至贳获之悬绝。且如河东盐池，因晴雨而盈诎。其诎也，则食河东盐之地界，其淡食者多矣；其盈也，又不能通贸之他方，而或视为赘余，置之不足收；此两病也。又如广东海南之盐，行赣、吉、衡、永、郴、宝，有上泷、过陡、过山之迟阻。当议法时，唯以佐广西之经用，而不知天下一家，随在可以挪给，岂必在粤输粤而割裂以为之限乎！利便一听之民，而上但取其固然之利于所出之地，何至殉商人之奸以困编氓，而召私盐挟仗行凶之祸！诚欲惠商，支放以时而无坐待寄引之苦，则已足矣。

国以马为强弱。秦之强也肇于非子，而赵唯骑射乃能以一国抗初张之匈奴，汉、唐之所以能张者，皆唯畜牧之盛也。五代方域小而年促，仅作旦夕之计，而宋承之，举汉、唐之故苑置之于蔓草田畴之中，而强赋之民为保马，其视金、元，如鼠之遇狸，诚不敌也。昭代乘□元之披靡，驱之无角逐之劳，其与张、陈争成败者，皆舟师步卒格斗于吴、楚，用马之力少，而马亦仅矣。然犹广置牧苑，为边防计，使循而不弛，不百年而蕃庶可待。乃不知谁为之策，俵养于江北、山东、河南、北直民间，使民牧而责其驹。其为民患也，则始领种马之日，愚民稍以为利，既而子孙怠于牧畜，则或家无三尺之驹而岁供滋生之马。垂至百年以外，刷马、印马之繁，折价之苦，计户坐征，加赋外之赋，而民敝极矣。其为国患也，民贫而诡，则以驽羸之马应官，既不堪用，莫能整饬。而苟且之臣，又谓承平无用此赘物，不如折价贮于闾寺为国储。其边镇需马，则上疏奏讨，发闾帑以听其自买。债帅十不买一，而徒充囊橐，于是中国几无马，而或资茶以贸于西番，仰鼻息于裔夷。抑且水草失性，动至仆毙，徒为猾驵、墨吏之中饱。边警以来，人持短兵以当万骑之冲突，责之以不败，必不可得已。夫自宁夏而南，至于岷、黎、建昌，又南而滇、洱，皆宜马之地也，黄河退滩自同、华而东，至于淮、泗，皆可牧之场也。舍弥望之荒壤，捐数千顷之闲田，调坐食之冗卒，募游食之余夫，通天下而计之，为费几何？行之一二十年，而入番之茶可使以金代马，中国之滋息，自较夷狄而尤盛。固可蠲江北、中原之马价以苏尺，而民益苏矣。谋国者不以家视国，国之蠹也。八口之家，牛、豕、鸡、鹜不仰于市，佣夫惰妇一切藉粒粟以易之，其馁可待。舍其生聚，听产乘之空虚，驱偃蹇之卒以当践蹂，而国以沦胥，良可为痛哭也。保马为祸阶，俵马继之，赔折积怨，同金尽而国随，亦必然之势已。

牧苑之法行，国马取给于牧地，而通其法以广公私之畜，纾民役之苦者，又莫若随府州县而置牧。每邑各有牧场，以邑之大小，草料之难易，酌其多寡。其收放、打草、剔除之役，量置官夫，谷粟取之县仓本色。特恐传舍之吏不加爱惜，则无如分任正佐官，每官牧若干匹，交盘清楚之外，许寄牧私马半于公马任满，听其作归装之用。其官牧之马，以半供驿递，半授民兵操演逐盗之用，使民兵之壮者习骑射焉。若其滋息盈余，则三年一计其登耗，斥卖为亭传修饬之用，恒令宽然有余而不为吏苦，且乘人者，夏桀之虐政也，马不给用，而狡胥之顽躯皆以累良民之项领。马既蕃衍，则严乘人之禁。在任官非五品以上，休致官非七品以上，士儒耆老非七十以上，及有病妇女非五十以下及受封者，不许用肩舆。则民相劝于养马，而无形之富强寓于居平，以待不测，此通数百年强本治内之要图也。

严于督民而宽于计吏，则国必无与立。史称元政不纲，唯其宽也。唐制：州县官秩满，则谢事赴都，听吏部铨简，而后更授新除，谓之选人。虽士大夫不无疲劳之苦及待选之难，然使受命临民者皆得奉一王之灵爽而听廷臣之清议，则自郑重其官箴而不敢偷。三年入觐，因行大计之曲，亦通此法而得其平也。考满给繇，必亲领司文，赴部考核，而后授以官阶，则不满于公议者，昏耄老疾者，皆无所隐匿，而吏道清矣。自以催科为急，于是有借口钱粮任重，而郡县长吏有终身不入都门者。升降皆遥为除受，其陟其黜，一听之上官，上且不知有天子，而况知有廷臣之公是非乎！上官者唯知己之好恶，又其下则唯知货贿已耳。而天子设部司，设台省，将以何为！故郡邑之吏不入觐受计，赴部考满，而觊天下之治，必无此理。

核吏不得不严，而士大夫自有廉耻奖掖之者，抑其本也。孟子言"君之视臣如犬马，则臣视君如国人"。养犬马者犹必充其刍豢，而官俸勿论多少，皆实支三石，折绢折钞，则尽名有而实无。一月但支三石，以食九人，而不足庶人在官者之稍食也。为吏者去其乡，荒废其资生之田里，子女僮仆取给于实支者，十不偿一，勿论其上有父母之甘旨也。况其葬、祭、昏、嫁、子孙读习之费，而在官抑有往来酬赠，楮笔镫油之需，虽至俭约，亦岂能如于陵仲子之资屦纑乎！全与实支，犹且不给。故唐、宋之制，店舍、鱼步、园圃皆委之郡邑而不以上供，所以佐俸人之穷也。至于修理公廨，铺程酒饭，心红油蜡，一切皆有经费，宽为数而不问其盈余，要令公私各得拔葵逐织，而出无政事之埤，入无交遍之谪，然后秉国法以课其廉顽，则贤者奖、不肖者惩而不怨。今俸人不堪，吏莫能自养。其始也，亏替公费，耗没祭祀、学校、夫马、铺递、民快之贽以自入，而一责之民。其既也，则无所不为，而成乎豺虎矣。国家常畜数千饥鹰以牧飞鸟，犹且曰彼自有之而无待于公家，则何以为民元后耶！

历之纪建、除、宜、不宜，其弊始于唐，沿于宋，相循以为故常，未有知其非者。唯解大绅《庖西封事》言之，而未能详也。王者敬授民时之大典，而以惑世诬民之小道当之，导民以需，而为事之贼，其亵天迷人甚矣。故《王制》曰："假于鬼神时日卜筮以疑众，杀。"尤可异者，历尾逆推六十年甲子一周之岁，徒列其年而无所取。宋人以天子年逾六十，欲展为百二十，盖使六十以外之人不登于历数，非恤老者之所忍，不但天子然也。且下注男几宫、女几宫，仅合婚之邪说，尤为俾民卒迷，而以此失其配耦之正者多矣。不能利民而滋害之，君道亡矣。历授民时，使民知因时而趋事，则但当首纪月之大小，月建之所临；次纪某日某时日躔某；次纪中节日时刻分社、伏；次纪朔、弦、望、盈虚；次纪方今月令之宜，如立春正月节，则曰自某日立春以后，某候至，可以作某事，如出耒耜，火田莱，五谷插、稷、薅、获，生蚕，种草棉，理桑苎，种瓜蔬，合牛马，字鸡鹜，捵鱼苗，平道途，架桥梁，苫墙屋，备薪炭之类，逐月逐候而示民乘时以竟功；其次则纪六气司天在泉之正变，示民以节饮食、慎起居而远疾眚；其次纪官司祀事，民间尝新、荐寝、社、蜡、傩饮之时；如此，则本天以治人之道立矣。若御用历，则因一岁之节序，时之德刑，日之刚柔，定戎祀庆威之度，及发政布令之期，以宪天而出治。尤不当以琐琐灾祥于有国之典礼，明矣。至壬遁历以命将临戎，尤为悖蠹。两军相当，生死争于俄顷，废智勇而听命于妄人之说，不亦危乎！

因逆臣之阻兵而废藩镇，因权臣之蠹国而除宰相，弃尔辅矣。宰相废而分任于六官，以仿周制，是或一道也。乃周六官之长无所不统，而今太仆不统于兵部，太常、鸿胪不统于礼部，光禄、上林不统于吏部，通政、大理不统于刑部，国子监不统于户部，官联不审，事权散乱，统之者唯秉笔内臣而已。至于内臣之必统于吏部，尤为国之大纲，而都督位兵部之上，莫能仰诘。二者乃治乱安危之枢机，《周官》之扼要。于此一失，纲纪尽亡，区区以行人司、钦天监为礼部之遥属，胡不推此以正六卿之职也！

牧民之道，教养合而成用，故古者学校领于司徒，精意存焉。今学政贡举一归礼部，则以为此彬彬者仪文而已，户部但操头会箕敛以取民，为国家收债之驵侩，王者意之重轻，形著于命官分职，治乱于此决矣。督学官，司教者也，宜为布政使司之分司亡疑，而以按察使司官为之，欲以刑束天下士乎！其始制之意，不过欲重其事权，以弹压提调之有司耳。乃按察只以纠大奸、拆大狱为职，若经常教养之事，布政司领所属长吏之治而考其成，以上计定黜陟。今学政兴废，无所事事，而授之廉访提刑之官，则布政司一持筹督迫之租吏，使为一方之师帅，天下何缘而治也！

洪、永间岁贡最重，与进士相颉颃，故授以训导，其选师儒，未尝不重也。其时学校初立，岁贡生前无积累，非有日暮涂穷之意，而朱善、苗衷皆以教官擢大位，曹鼐自陈不敢为人师，其不以闲冗视之可知也。相沿既久，挨贡法行，岁贡者皆学不足以博一举，而视此为末路，其能擢国学县令者百不得一，惰归之气乘之，虽欲不弃教道而弋脯修，不可得已。要未始非立法者之不图其后也。学政唯宋为得，师儒皆州县礼聘，而不系职于有司。若令提调就附近致仕闲住、告病、告养品官之中，及举人年四十以上，学行果尔表著者，官率生徒，执贽拜请，以典教事。其禄养资给，因地方大小，生徒众寡，差等以立之经制。督学官一以宾礼接见，不与察计之列，行移不通于有司，迎诏、拜表、岁、时、朔、望无所参谒，若其教无成绩，而所教生徒屡科不与乡举，岁试优等少而劣等多，及行劣至三五人以上，不先送提调官详黜，又或告发干名犯义及数干门禁者，则引身告退。若提调官所聘非人，及奖劝乖方，致令惰劣者，督学官纠参如法。师儒若有成教，则不论年岁，敦留卒业，待其果老、果疾或品官起用、举人中式受职，而后更聘。一以道义廉耻相奖，则人才士风，庶几可改。长此不革，师道贱而教无术，监司府县任意差委，滥与钱谷刑名之役，若簿尉仓巡为奔走之下吏，仆仆参候，与僧道之长同其趋跄，不肖者因之以希锱铢之利。害极于末流，而其始抑有以启之也。

弘治间初命按察司官督学，授之特敕，其敕皆劝奖人才之语。至万历初所改敕，则如诘奸制盗，置士子于不肖之中而勒束之。故率天下于寡廉鲜耻之涂者，万历之初政，江陵之变法，申、商之莠说也。两敕具载《会典》。江陵之法行，而劣生把持、包揽，赇吏鬻青衿、受嘱托之风益烈，盖以扑之者炀之也。

进士科始于隋，垂千年而不能易。后有易之者，未知以何道为得。王安石革词赋，用书义，亦且五百余载矣，使学者习效圣贤之言以移其志气，其贤于词赋明甚。至文体之屡变，或趋于陋，或淫于邪，皆乘时会，不能为之豫谋。伹可厘正者，导以读书穷理之实而已。书义而外，论以推明经史，而通其说于治教之详，策以习天人治乱、礼乐、兵刑、农桑、学校、律历、吏治之理，非此则浮辞靡调，假于《五经》《四书》而不知其所言者何谓，国无可用之士，而士益偷则益贱，固其宜已。闻万历初年，县试儒童，无策者不送。府试且有以《河图》、《洛书》、九宫、八卦策问儒童者，则所重可知已。万历中叶，姚江之徒兴，剽窃禅悟，不立文字，于是经史高阁，房牍孤行，以词调相尚。取士者亦略不识字，专以初场软美之套为取舍，而士气之不堪，至此极矣。原其所始，立法亦有未善者，故流弊有所必至。科场七日而三试，作者倦而阅者亦烦，则操一了事之心以应后场，必矣。二场所试者，表判骈艳之语，将以何为？旧制：诰诏表随科一道，诰诏视表判为愈矣。然士方在衡茅，使习知经国长民之道，固无不宜，若王者命令之大体，非立朝廷之上，深喻国体者不知。故唐、宋知制诰者，即文名夙著、官在清要者，尚须试授，则不可使士子揣摩为之，明矣。诰诏既所不能，表判又为无实，何如改三场为两试！初场书义淹通，每解额一人，取定两人，令赴二场，试以二论三策，然后决取一人中式。初场以十日阅文，一日拆卷，凡十二日而试二场，又五日而放榜，则作者精力有余，阅者安详不遽。尊经穷理以为本，适时合用以为宜，登士于实学，固科场救弊之一道也。未得创制显庸之圣，作法以待贤者，亦将必出于此。

问刑官故出入人罪，律以概论。然考之宋制，故出罚轻而故入罚重，此王政也。故出、故入，有受赃、不受赃之别，亦但当于故出项下分受赃、不受赃，而不受赃者从轻。其故入，则虽不受赃，自应与受赃者等。故出则勿论已决遣、未决遣，一例行罚。盖虽已决遣，而复核果当从重，不难补决，自不致逸元恶之诛。若故入，已决遣与未决遣者固应殊科。盖故入决遣，死者不可复生，刑者不可复完，徒流已配者不可追偿，其已受之劳辱，已决遣之罚自应加重。其致死者，倍宜加等。即不抵罪，而终身禁锢，与大计贪官同处，不得朦胧起废，及以边材等项名目滥与荐举。则问刑之吏尚知所惩，而酷风衰止，贪亦无以济矣。

赃以满贯抵重罪，刻法绳人，此所谓一切之法也。抑贪劝廉，唯在进人于有耻，画一以严劲之，则吏之不犯者鲜，更无廉耻之可恤而唯思巧为规避，上吏亦且重以锱铢陷人于重罚而曲为掩盖。上愈严而下愈匿，情与势之必然也。且凡所受于下吏、部民者，乃至鸡凫、扇帕、纸墨、油炭，皆坐价抵赃，绳人于交际之途，且必开其掠夺之大焉。有出身事主，而可如于陵仲子争名于一鹅半李之间者乎？既不枉法矣，则何谓之赃？其枉法也，则所枉之大小与受赃之多少，孰为重轻？假令一兵部官滥授一武职，以致激变丧师，或因情面嘱托，实所受贿仅得五十贯；令一吏部官滥授一仓巡河泊，其人无大过犯，而得贿二百贯；又令一问刑官受一诬告者之贿而故入一人于死，仅得五十贯；其一受诬告者之贿而故入人于杖，得二百贯；岂可以贯之多少定罪之重轻乎？则无如不论贯而但论其枉不枉，于枉法之中又分所枉之重轻，但除因公科敛，因所剥削之多少，分等定罪。其他非黄白狼藉累万盈千者，苟非枉法，但付吏部记过，全士大夫之名节于竿牍饮食之中，而重之于箕敛渔猎之条。唯宽也，乃能行其严，恶用此一切之法为！

弭盗无上策，逐捕亦法之所不可废。宋制：捕盗获全夥者，加一官，其法较善。盖责有司以捕盗，唯可赏而不可罚，罚一行则匿盗不报以苟免于谪，而盗益猖獗矣。盗无可全获之理，十人得七，即可膺全夥之赏。其未获者，责令乡保户族长立认状，不拘年分，曾否经赦，及已获贼首处决与否，失主存亡，旧案远近，皆一应责令擒送。若有隐匿，被人首出，即同窝盗。嗣后捕盗员役若能盘拿积年未获之盗，旧案分明不枉者，即照捕获全夥例纪录，能捕人役，一例给赏。其犯盗人田产在逃未获者，即行变卖，给失主赔赃。如此，则官司无讳盗之心。而失主自告报后，非火下识认须当官指证者，但其一真实赃单，明填记识，俟验合认领，更不烦频令到官，一听官司自行审决，则被盗亦何惮而不泄其荼毒乎！此亦弭盗于末流之善术也。

冗事于一官，而冗官于无事，两失之道也。在京如吏部稽勋司，其职掌漫无可课之功，而文选冗沓，以滋黠吏乘司官之促迫督乱而售其奸；何如以初选任之文选，而以升迁、调降、起复之补除任之稽勋，则曹务繁简称矣。工部屯田司，亦无实之署也；何不令三岁一稽天下田亩荒垦，有无崩坍淤退，并课有司陂堰圩堤之兴废，而核实地亩增减，以授户部而登耗其税粮。都水则专任黄、漕二渠之通塞。在外则同知、通判、推官，沿五代及宋掣制之陋以建置，而漫无专任，为课最所不及；自好者持禄以待迁，否则法外生事以扰民，而事集于知府之一人，求暇以课农桑、亲学校而不可得；何似明任以诘戎、捕盗、督粮、问刑之职，如汉分曹之制，受成于知府，而各给印信，得上达于监司，俾知府一意教养，则前代行春、劝农、宾贤、钦射之典可复也。

官自有体，国家授之以体，则为吏者有所矜式以养其品行，民亦受其福矣。相沿非九卿堂上官，及法司属官差审刑狱，五城四门巡视官，不置刑杖。若内阁翰林等清署，虽隶从有犯，亦送兵马司杖治，所以优君子于清简和平，而刑亦不滥。不然，在京文武吏且盈千，辇毂之下血溅肉飞矣。以在外言之，凡为吏者即置刑具。如捕盗理刑官，固其职掌。若分司守巡及府州县佐贰首领，用此何为？以快其怒，张其威，甚则胁民而取其货耳。若布政司府州县正印官，不得无刑人之事，律既有笞杖定制，或稍使得用讯杖竹篦，以警欺窳可尔。若夹踝挵指，乃不得已而用以诘盗，今牧民者以施于民，是长吏者民之鸷鸟猛兽，而刑具者其爪牙也。失父母师保之尊亲而为狱吏，知自好者亦应耻为之。相习不愧，因而不仁，岂自知其辱人贱行耶！乃民亦何辜而縻血肉于司牧者之堂也！仓巡驿泊，师师相仿，民其余几！乃至教职亦挟杖以行，廉耻荡然矣。自应急为厘正：讯盗之械,唯捕盗官得用之;理刑官得用讯杖;正印官得用小薄竹箆,以惩不恪。若正犯笞杖,即与如法之决。奸欺大蠹,即本署役从,亦大则送理刑官,小则发巡捕首领讯治。斯以矜重长吏,全其君子之体,而以宽斯民之束湿者,即在乎此。若征收役粮,除奸欺里甲付理刑官追比问罪外,则自有劝诚乐输之道在。若以天子之尊,遣数千鹰犬威制匹夫匹妇,而索升斗铢累之得,不但羞当世之士,而亦重辱朝廷矣。

尹京之难,古今所同,故两汉多用严酷之吏以处之。然京尹,牧民之长,乃天下郡守之师表,而以毛鸷为尚,则是倡四方之舍德而崇刑戮也。顾辇毂之下,土著少而宾旅众,其去乡里而来都下者,类皆其黠者也,非可素施以渐摩之训。则非任张敞、赵广汉、严挺之之流,诚有难治者。故以郊外编氓属京尹之政教,而国门以内属兵马司、巡视御史之纠察,庶两得之道也。乃一城而五之,莫相统摄,窜匿闪烁,百弊所生。兵马司秩卑权轻,动为权贵所掣。巡视御史差以月计,传舍视之。奸不胜诘,而法且穷矣。故其后也,一授法纪于缇帅、厂阉而成乎大乱,风波之狱,毒流善类,皆巡察者之权不一、任不重有以致之也。缇帅之职,视汉之司隶校尉也,而可使纨绔近倖之狡者任之乎!诚欲以牧民任京尹,而以辑奸任执法,无如以五城内外乡饮、读约、廛税、夫役听京尹,畿县仍视外府州县。其缉拿探丸、发篋、窥探、贿诈,禁止饮博、猖狂、阑狱、扰市,凡属五城所掌之禁令刑名,于都察院堂上副佥专任一员总提督之。劾其纵怠,禁其淫刑,官尊威重,法可必伸。移缇帅之权以授廉直刚毅之大臣,养京尹之仁使尽抚字敬敷之大体,斯为经国之良规也乎!

常平仓,良法也,而每中圯不行,非但不得其人,亦立法之未尽也。仓米不出于经制,故墨吏可以侵牟,窳吏可容怠弛。若于立法之始,每年夏秋二税内借征本色,田亩起科最轻者,如广西、云南、江北等处。每民米一石借征一斗五升,其次借征一斗,最重者借征五升。如苏、松等处。但遇饥荒谷贵之年,即行平价粜卖。坐充输粮入户本年应纳钱粮,若价过五钱以上,即以有余银米赈济。如三年不遇岁饥,将存米一半,于应解漕粮地方肢解,照数减征粮户本年漕米。其非水次、无漕运地方,亦支放一半,或发卖,或充官吏俸粮,民皂、铺递、膳夫、斗级等项公食,每石酌价五钱,坐减粮户本年应纳折色。至六年而旧米支尽,新者相仍,假有民米万石之县，以中则准之，恒有六千石之畜矣。其米于高爽塞燥地面，征火米、黄米；卑湿蒸热之乡，每米一斗，征晾过干谷二斗二升；皆于十月十五日输仓为止。支放之日，数有亏欠，经收官不论在任及升调降罢，行提坐赃，追赔问罪。盖有粮之家，类非籴贵坐馁之人，通有余以补不足，但损其息，不损其实。三年而无歉岁，则亦适如其应输之数，而通济均平之道得矣。坐抵起解钱粮，则有司无所施其侵渔。若湿漏雀鼠之坏腐折耗，典守者固无所逃其责。不此之图，而丰年发官本以收籴，则有抑勒强买之害，挪移狼藉之弊。至于罚谷存仓，则只以启墨吏肉攫折金入橐之门，而五刑收赎之外有之外有无涯之峻罚，徒为民蠹，无粒粟之实惠也。

黄籍户口之外，有司别有烟民册，此政之颠倒而但可一笑者。率土之滨，莫非王臣，此穰穰者何人，而徒以勤耕苦获，供国家之租赋者谓之户口也！且如人丁绢，唐之庸调也。桑丝绢，□元按户课桑之加征也。户口盐钞者，原以国初盐课每引止输边粟四斗，盐价贱，民食其利，故稍派令出钞以助正课也。丝绢之税不专于农民，通城市村坊逐末技作之民均输之。既宅不毛者不免里布之遗意，而食盐之利，计其多寡，则逐末技作者必多，而农民恒有经旬淡食者，固宜分派烟民也无疑。但宅其地，不论客户、土著、佃耕、自种、工商、游食，一令稍有输将，以供王民之职，乃名不登于天府，无一丝文钱之奉公，而重困农民，代为堕输，尚得为有君统理，有吏分治之天下乎！即烟民而为户口，三载而考去留登降之数，何所不宜，而执数百年已朽之鬼录，索非法之财耶！

朱子言救荒无良策，不如修水利，诚牧民之要言也。然仅为东南可潴可堰者言尔，江、淮以北中原平衍之地，更无水利可修。且修水利者在良有司躬亲之，朝廷都水所掌，非不具立条贯，无人奉行，则亦听民之有雨则弛，无雨则争，非画一可久必行之道也。《周礼》荒政，多兴工作以聚失业之人，此最为通变之善术。盖年虽凶荒，病在民而国未尝遽瘠也。若河南、山东、淮、泗一带，黄、漕二渠岁不赀，假令灾伤之岁，于九月后度所宜修之堤岸，所当疏浚之支流，即行就灾伤地面，募无食之民，鸠工起事，以所应用钱粮，于相近成熟州县，平价和籴米麦，或截抵价漕粮，给丁夫口食佣直，及采买竹木礐石，俱以见米支价。其在山、陕、北直，则就近相视边墙、堡哨、墩台、壕堑合当修者，即借支漕米，募饥民挑筑，仍扣该镇应支修边银两，解户部仓场堂上官。俟次年成熟，于相近水次地方，买米麦补运。若黄、漕二渠应有河工银两，工部即交割仓场，候熟买补，尤为利便。倘更不足，则临清、德州二仓预备米，正可挪支。唯在丰年，则自非房冲要紧地面崩坍急须挑筑，及漕河十分淤塞，黄河异常决坏，为患深大，一概不得修理。留待荒岁，民有所仰以全其生，而流散团聚，积为寇盗之源塞矣。若东南既有水利之可修，但在严立课程，专官管辖，则自无大欸。倘水旱太甚，亦可修城，浚壕，治道途，葺馆驿，缮公廨、学宫、神祠，以合用钱粮，告籴于邻近成熟郡邑，支给工食。大抵北方之旱，千里弥绵，又无野蔌龟蠃之产，故死徙寇盗，倍甚于南方。因地制宜，存乎良有司之实心实政，非朝廷之可为遥处。唯留工作以待荒年，可设为成法。且民有宁死而不受米粥之拯，且吏胥者约无所售其奸欺，唯募工之为两得。荒政十二，此为要已。

移度支以供滇、黔、粤右，固不容已，然能安其人而渐化之，则虽劳而有造。乃田粮起科极乎无可轻，而州县之虐取更倍于腹里之重赋。郡邑之吏，有坐升而无内转，虽行取而不得清要，有拿问而无重法。弃置之于荣辱不加之地，无所顾恤，而听其为蟊贼，以求远入之绥而移易其犷顽，其可得耶！使悉从乎直省之法，官有箴，事有制，赋役有经，即以粤之财治粤，以黔之财治黔而亦足，而何况于滇！且其名为州县，大小饶瘠，恒不相称。如临桂乃省会首邑，而壤地瘠隘，不能供一城三月之食，灵川县界去之十余里，何不可并为一县！其他蕞尔箐峒之中，不能当一乡保者，亦强立州县，如修仁、荔浦、荔波、永从，独山等，皆设城隍、学校官吏以牵其民，而使日暮涂远之人以朘削之者，又不可胜纪。苗、獞非庸懦之守令可制，但不生事以激之，则可以渐而引之向方。若八闽全土，在汉为东冶一县而已，东晋以还，日革故俗，今遂为庶富文明之巨省。简以治之，易从而可亲，何事此纷纭建置哉！如以郡县少不能成一省会，则兼两广为一布政司，而建司治于苍梧，分贵州入湖广、四川、云南三布政司，使习腹里之政教，以移易其吏民苟且之心，则此日之粤右、滇、黔，不可如他日之闽、浙乎！倘以苗夷窃发，必须弹制，自可于贵阳、柳州设督制镇巡，开军府如甘肃、郧、赣、偏沅，亦何用此无政无刑之藩、臬为也！

兵柄无所专统，自宋而始，然枢密院犹与宰相相为颉颃，盖亦仿西汉大司马、大将军之制，而稍替其权，未为失也。若《周官》九伐一掌于司马，全领夏官之政，不专任兵事，则封建郡县，形势不同。周之戎事，止于千里王畿之车徒，以讨诸侯之不庭者，非后世外有强夷，内有大盗，争安危存亡于一战也。兵部统武选承袭矣，又统职方九边之战守，及车驾、武库、卤簿、驿递、兵器之繁，吏治杂而枢机仅其偶应之一节。乃使军中遥禀其节度，与督巡镇帅均其功罪，欲军之不偾，不可能已。分奏复、清核冗沓簿书之余力，以揣度千里外之进止，虽日斩丁汝夔、王洽，亦徒为淫刑而已。兵部所可司者，兵制之常也。军卫句补绝除添调之政，腹里武职世袭黜陟之铨，裔夷朝贡封削之典，驿传夫马摆给之制，兵器造作给发之数，已不胜其繁矣。若边防征剿，出大师以决安危，自应必有专任庙算者。殿阁学士固参赞密勿之官，既有文华、武英之别号，则首辅统理而外，宜分武英殿大学士专理机密文字，调度边镇守御征剿，无事则申饬训练，以考核镇巡。凡有军政之官而进退之，其枚卜会推，一视阁臣，而必于曾任督制及本兵尚书、侍郎中曾有边功及威望隆重者推之，而慎选武英殿中书舍人，听其委任。庶乎不以有国之司命，付之悠悠持禄之人，涂饰而趋于赢以毙也。

题奏得旨，科抄下部，印发邸报，使中外咸知，此固以公是非得失于天下，而令知所奉行。然在寻常铨除、降调、论劾、荐举、典礼、刑狱、钱粮、工役之类则可。即如缇骑逮问，刑科且先行驾帖，不发邸抄，况用兵大事，奸细窥觇，密之犹恐不密，乃使喧传中外，俾夷狄盗贼得以早测进止乎！若仿唐、宋枢密院之遗意，专任一阁臣典司之，则凡系军情奏请、敕旨传谕及上言兵事者，不论可否从违，每科抄即送武英，应会议者即集官会议，应传谕军中镇巡将领者即弥封传谕，应知会直省督抚监司军卫调发接济者即行部知会，其建言兵事可否采用，即召赴阁熟问奏行。自余不应知闻衙门及在外官民，自不当徧令测知，一概勿得抄入邸报，敢有漏泄者，如律治之。不然，律禁漏泄，而邸报流传远迩，一何悖也！其夷虏入犯，盗寇窃发，该汛地官飞报与临阵胜败、城堡存亡、贼势衰盛及侦探敌情一应塘报，皆止抄发应与知闻衙门，俱不得抄入邸报。唯扫荡大捷，应行露布通传者，方许发抄。则机事密而人心定，斯为庙算之永贞乎！

六科之职，有封驳，有抄参。封驳之制，唐门下省掌之。门下与中书俱宰执也，而相为驳异，非大臣协恭之体。给事中，门下属员也，廷诤为宜，以正君德，饬国政，儆官箴，尽民隐，自不易之良法。若抄参，则为私意横行之便径矣。且如抄出严之，抄出速之，抄出商之，与六部相斟酌而申饬焉，犹之可也。若抄出已之，尤为非法。使其事大而必不可行，则自当封驳。若事小而在可行、可不行之间，且以听部院各衙门之行止，而徐议其得失未晚。乃唯一人之意，更不俟公论，不请君命，而以意为废兴，此何法也！自持禄养交之阁臣务为诡随，任科臣之泛滥以免指摘，于是而上下争权以成乎灭裂，一激而为尽削台省之权以任六部，贿赂公行，纲纪蔑绝。后有作者，必且大反而又失其平，则封驳、抄参，酌中正以适治理，所必熟讲也。

总宪得其人，则吏治自饬，大司成得其人，则士气自清，顾公佐之在都察院，李公时勉之在国子监，其明效也。六科无所统属，故吏科都给事中宜任大计及分发红本、封驳抄参之事。若御史虽多，业有总宪为之纲纪，又任掌河南道印者以大计、提差、考核之权，则虽有方严之总宪，或掣之矣。国子监不得与闻直省之学政，而以督举官之磨勘授之部科，教之不一，而望文体之正，士习之端，难矣。凡差提学官，一委祭酒、司业保任，以所保者之称职与否为保者之殿最。若私通贿赂及宽而纵弛、严而苛刻及倡率士子为诡诞庸陋之学者，国学不先纠论而台省举发者，大司成以不职坐废。其所颁条约，俱国子监颁行之，或因时规正，大司成具列奏准酌定，庶教出一源，而士风其可齐也。

鬻爵之政，始自晁错，所鬻者爵耳，爵非官也，以复除、以赎罪而已矣。后世乃以鬻官，又其甚者乃至于鬻士，纳马、纳粟而入太学。成化间之乱政，从古所未有闻，其说开自大学士邱浚。浚之为人，乐道秦桧者也，固其宜矣。天子自鬻国子生，则下之鬻乡会试，鬻弟子员，孰从禁之！未几而程敏政、唐寅之事起，自有虞氏设庠以来，极乎金、元之贱士，未有灭裂人廉耻，以败国之纲维如此者。乃相沿二百年而趋益下，浚之罪可胜诛乎！粟、马之纳，于国计几何，乃以教化之源为铜臭之府耶！万不得已，如晁错之急于实边以纾民力，自可别立闲散秩名以酬之，免其徭役，而自杖以下，有司不得辄加讯辱。又进而假以鸿胪、光禄、上林诸署冗员，任事则给以禄俸，犹未至重亏夫名教也。

今之乡饮酒，非古之乡饮酒也，然如《会典》行之，亦有裨于风教。乃有司奉行故事者犹数百年，而里正之饮于乡者久废。无他，里正疲于徭税，偷薄狠戾，先自里正倡之也。其徒更有钱粮不认父子之谣，而尚暇及此乎！惟公费、驿递自有经制，不遣里正任其茶苦，正供简明易遵，按籍以责税户，不诛完欠于里正，则里正不任为嗾放入山搜攫之猎犬。力既有余，而播恶之习气且革，则亦知自爱，而以风教任之，彼且以得行典礼、司教化为己荣矣。若古之乡饮酒，则今之起送科举及乡试鹿鸣宴是已，此尤崇奖始进于礼教之大者。乃架月桥，令伎人簪花作杂剧，殊为可耻，宜其一变而以犒兵、馕役之酒食，呼蹴而与，以讫于不复行也。鹿鸣虽歌古诗，而音节无传，仅同巫咒，簪花挂彩，轻艳不伦。此当自唐人曲江宴来，宋司马温公闻喜宴不肯簪花，礼部亦不强之。今古乐不可复，不如且革淫乐，而以宾主献酢之礼行之。榜首为宾，亚元为介，余为众宾，请乡先生三品以上德望重者为馔。

州县统于府，而府别有学，其制与州县等，此甚无谓。宜于州县学中岁试优者，行提调官核其德行，无出入公门、亏损名义等过，升之府学而饩之。量府之大小，人才之盛衰而为之额，多者不过百人。凡州县学，但与乡试，不得岁贡，士升于府学而后贡之，升府学者不必科试，竟送乡试。廷试其优者与出身，次者入太学。大府岁试而贡之者三人，次二人，小府一人。不但名实相称，且学之于乡，已小成而进于郡，及就郡学，则师友益广，勿使局促井里，犴昵习气，至以钱粮、讼狱陷溺其心，所以扩其耳目，逸其志趣以变之礼，所谓游其志也。升府学，则以胡安定教法及白鹿洞学规酌而教之。学以渐而可大，孰与老于乡校，锢蔽于腐悖时文之中，而以乡贡为日暮涂穷之旁径，使偷靡以终其身乎！

截解似两便于国民，而不知其适为两害也。财用出纳消息之权，必操之朝廷而后张弛随宜，裕于用而民不困。为苟且之术者，规一时之简易，而鲁莽灭裂之祸不可言。如嘉靖间因吉囊、俺答之患，陕西三边用兵孔棘，遂将陕西一应钱粮尽行截作三边之饷，不足则截四川盐课补充。当时在民则免于解京之难而和解边之近，在户部则免接济不及之咎，以委之总制之自为催督，而以速济边事、减省路费为辞。乃自此而后，户部付西边之有无于度外，至甘肃一镇经数十年而无斗粟一镪之给，宁夏、延绥亦仅有给者，收支无可稽考，托于未解以匿为中饱者多矣。兵数损而士心离，起而为盗，所必然也。催督之权一归总制，任非其人，则胥吏威行于郡邑，令牌、令箭驰突官府，动以军兴相恐喝，民日死于催科桁杨之下，水旱流离，莫能告缓，故激而为流寇。流寇之独盛于关陕者，非秦人之乐为寇也，截解之催督使然也。完欠支放，朝廷无从稽核，百姓无可控告，以陕西委陕西而求其不叛，庸可得乎！此夏、严之流任意而听部司之委卸，为总制者又贪利权之归己，以成乎患害。不知法有必迂曲而后可无弊者，概从简径，则无纪纲而必裂。夫民必输国，而兵必待养于度支，此定理也。水旱可以宽恤，边事之缓急可以损益，皆听庙堂之张弛，恶有刻定民间若干之赋税，为边兵若干之军需，而不忧额饷之有时不给，民力之有时不支者乎！穷乡远徼之民，皆知输正供于京师而饥馑可以望恩，行伍之士，亦知待养于司农而节宣皆唯庙算，然后兵民之分义明，中外之血脉通，而无痿痹隔壅之病。谋国者苟且无术，而贻祸无穷，亦可为永鉴也已。

历代唯唐以钱绢杂用，盖沿北魏、周、隋，江、淮以北地不产铜而钱诎，开通元宝始铸而不给也。自余皆以钱为通用之资。宋以前，银价虽贵，然仅用为器饰，犹今之黄金耳。银产少而淘炼难，铜随在可采，而通市交缅犹易充足，物有余，斯可为不穷之用也。若宋末会子、交子，元变为钞，洪武初犹承用之，其法极乎陋敝，而必不可久，然则利生民之用，自太公以来迄于今，无如钱矣。钱法之坏，乱世贪人坏之也。国贫而攘利亟，铜本少而钱薄劣，觊多得利而终于不行，盗铸亦因之以起。有天下者通计而期之久远，何汲汲于旦夕之厚获耶！即今千钱之本费至九百五十文，但得息五十文，在国家计之，亦为无穷之益，而民之盗铸者以无利而废然返矣。拣精铜而以佳锡点之，<small>倭铅贱而恶，盗铸者便之。锡产虽不多，然浙中打造锡箔，最为暴殄，严禁之，一岁可得锡数十万斤。</small>每文足重一钱二分，而当银一厘。轮郭圆好，文画清整，铜色纯青，漆背光坚，非是者，官收炼铜而以铜价偿之，虽一钱亦不放行。要令鼓铸不辍，则青钱广而恶钱自息，不待严之以流配之刑也。假使岁得百万缗，则岁增百万两银之用于天下，无论在官在民，优然有余，而国自不贫，况实有五万缗之息，虽至薄，亦岁计之余乎！增此百万缗于人间，则粟麦、丝麻、水陆物产之流通皆速。惟钱少而银不给，故物产所出之乡留滞而极乎贱，非所出之乡阻缺而成乎贵，民之饥寒流离，国之赋税逋欠，皆职此之繇，上下交患贫而国非其国矣。钱多则粟货日流，即或凶荒，而通天下以相灌输，上下自无交困。故钱法行者，非一朝一夕骤获之利，积始终、彻上下而自然以裕乎财用者也。欲钱之行无他法，惟少取息、务精好而已矣。

户部天平，金针玉铰，滑易而平倾速效，吏无能为奸弊。各布政司用铜铁者，猾吏隔宿以醋浇之，生绿涩，随手一拗，加至数两不能移，挥槌连击不能动。有天下者，何惜此数两金、数片玉，不为民除无穷之蠹乎！斗斛铁铸信善矣，然但用以较量，而重不可举。若以桐木为之，加铁裹二三寸于唇上。三年而一颁，通行天下司府州县，不过二千余具。请旨验发，敢以私斗斛收税粮者，以矫旨从重论。所颁既广，自莫有敢为同异者。大抵有国者不可惜费惮烦，如此类者亦多矣。

班匠之制，一以开国之初所定为额。阅数百载后，其子孙或耕、或商、或读、或吏，不复知有先世之业，而犹使之供班，或令折银，徒为无穷之累。若彼操技术以食于民者，曾不供一王之役，此政之大不平者也。且直省之中，若广东、四川、云南为工作之数，广西、贵州地虽瘠而百工之所为亦备，乃独无班匠，亦非法也。朝廷所用工匠，自宜招募和雇，其禀饩之资，则当即取之工匠无疑。诚于十五直省州县分为九等，制其名额，每名依公旬之制，岁役三日，酌其佣直多少，量加路费。不论土著客作，但于地面应付经一月者，即令著役，给以当年经收信票，即往他处，本岁不致重征。岁役一二人为甲首，征收纳解。合用工匠衙门招募拣选工匠，称其难易巧拙而分饩之。其或上用之匠多而民间少，或民间之匠多而上用少，通各色免役之实征，则均足矣。如木瓦匠所在多有，钱金刺绣民间少而上用不少，但均算所征银两，随宜支给，不可以一匠抵一匠之用。若招募不以其道，工食尅侵，役使过度，刑责过峻，以致销沮其趋事求精之心，甚至避逃不赴，造作稽迟，及粗恶不中程式，但责之部司之官而不责之匠，则弗患其不能来百工矣。若国有大兴作，非大匠不能经度，工成应赏以禄秩，宜于工部别建职名，丰其禄秩；特不可假以尚书、侍郎、郎中等名色以乱流品而已。匠无世业，巧者能之。不以匠还匠而求之农民，农之困非一端，末柄锄矜且不能不以钱粟往求于匠，而尤代之供京班之役，无怪乎人之乐舍南亩而趋末作也！

所与守天下者，军也，军所尤重者，北边、南瘴之屯戍也，城堡之哨瞭也。天子倚边军以固天下，三军倚瞭哨以决死生，自非与将吏同心以效忠于国者，不可以此委之，明矣。乃自充军之例兴，杂犯死罪，若流若徒，皆以例发充军。军舍武职有大罪则调边卫，边卫有大罪则发哨瞭，是以封疆大故为刑人抵罪之地，明示阃外之任为辱贱投死之罚，督制镇将且为罪人之渠帅，如驿吏之领囚徒，国家之神气，几何而不沮丧乎！且其人既已奸宄，幸脱于死，而无惜廉耻以告乡里之心，无保井庐以全亲戚之念，其不叛不逃，复何顾焉！其尤黠者，甘心延寇以快报复于一朝耳。本死地也而使之乐，本劳地也而使之劝，本险地也而使愿者处之以保其贞，乃可令兵亲其将，而以躯命报恩礼！正当于民间拣选有志行者，奖以荣名而使之为兵，于腹里屯卫拣选有志行者，奖以荣名而使之居边，于边军拣选有志行者，奖以荣名而使之瞭哨，人慕荣名，然后上下相亲而乐为之死。彼罪谪戍边，秦、隋之所以速亡；刺配军州，宋之所以拱手而授天下于□□，而何效焉！

惟合万国以享帝、享亲，则编氓皆所应效。太常寺所需，当责之户口田亩，土产者征本色，非土产者征折色以和买。自外则米、麦以供禄饷，为农民听应输，次则棉绒、豆料、丝麻、牲口、柴薪，旧制柴薪及捷柴夫伛责之畿南北、山东、山西、河南，亦为不均。可均派天下之户口，枣、茶、竹、漆可派之园林。此外凡国用所需，若皮张、弓箭、翎毛、蜡油、颜料、铅、铁、筋、角之类，皆商贾之所居盈以射利者也。田野之民，辛苦以采畜之，虽有余而市之，亦以供终岁之用而不足，商贾坐而邀其利。乃自一条鞭之法行，而革税课河泊所官之税务，尽没其从出之原，概责之地亩，抑本崇末，民日偷而国日贫矣。盖农民愿懦，责取之也易，商贾黠狡，责取之也难。悉举国用而胁蚩蚩之氓以输将，其始具列名目，虽若繁细，犹存名色；一条鞭矣，则并其名而去之，但知征粟征金，而不知何为而须此矣。万历间每府州县皆置税场，但不宜遣内使督扰耳，言者谓之扰民。其云扰者，要皆市井奸嚚之宵小，于国家根本所依南亩之劳人，未有怨咨也。或且谓农民日用亦必资于商贾，随地而税，则物价增贵，农民亦受其病。不知人必免于冻馁而后可有求于市，则以税故而价稍增，亦其所可堪者也。若苦于饥寒征徭，而无告之民经年而不入市者多矣，曾何损耶！议法于廷者，皆不耕而食，居近市而多求于市买，利商贾以自利，习闻商贾之言而不知稼穑之艰难者也。孰能通四民之有余、不足、劳逸、强懦而酌其平乎！杂派分责之商税，则田亩之科征可减，而国用自处于优，国民两赖之善术也。孟子言"关讥而不征"，又言"市廛而不征，法而不廛"，谓当时列国分据，彼疆此界，商贾阻难，需货于邻国，非宽恤之使厚获利，则趋他国而不至，故以不征诱之耳。后世四海一家，舟车衔尾而往来，何患于商贾之不来乎！孟子言恤商而孔子不言，鲁用田赋，以商贾之赋赋农民则讥之，斯万世不易之法也。

边粮有本色、折色之异。本色粮料草束，就近截解以省飞挽，可矣。折色银两，转解无难，自当总解户部，请旨发边。盖事有缓急，兵有增减，有调彼赴此、随急而应之异，采买粮料有丰凶、缺足、贵贱之不等，原不可以一定之数听之督制镇巡，使有余则恣其渔猎，不足则或短少粮料以亏军士，或更请增加以病国。唯必从部发，相缓急贵贱而为之制，省无事之费以储之而待有事，节丰足之价以储之而待凶缺，一定于庙堂之斟酌而权衡皆专于一，则事用恒足，而民亦不受边镇雷霆风火之督迫，边亦不苦有司秦越肥瘠之视。假令岁解银百万，枉道繇京而至边，所费二千人之役而已。以都燕言之，蓟宣、大同近在肘掖，辽左、延绥、宁夏不过旬余，惟固原、甘肃为远，然亦沿途驿站之均劳耳。财者，朝廷所以维系边关者也，散网纽于四外而听其自为取与，可乎！苟且以趋便，所谓以细人之心谋国也。

天子所都，即不得陆海之地而居之，亦未有不生五谷者。宫中之食与百官之禄，支本色者亦有限，未有不可给者。以都燕言之，若都他处，更为易给。顺、永、保、河四府夏、秋二税二十三万有奇，所需细糙白粮于苏、松、常三府者十五万有奇耳。即以四府二税之米麦，供宫中及百官、师生、吏役之禄入及酒醋之需，犹有盈余以资他用。而必责之数千里逆流闸水之挽运，其船脚、尖耗、松板、垫席之费且倍于正供，又金解大户，使倾产殒命以任之，此何为者？盖沿洪武定都金陵，苏、松、常带水之便，因就近上供。及永乐北迁，谋国者苟且从欲，莫为改厘，其害遂至于今而不已。不知近者纳本色，远者纳折色，此通《禹贡》五服百里、二百里异职贡之道，万世必因者也。若谓天子之都，民食宜裕，不可使输粟过多，则何不增此十五万之漕粮于应漕之地，以代畿民之他赋，而免此更端之扰、偏重之役乎！或以吴下粳米精好，玉食者所宜享，则慈闱、上用，中宫、东宫、诸王、妃主之常膳，岁可数百石而给，令三府酌贡足矣。若遵大禹菲食之道，居其地，食其产，以为百官倡，尤盛德之事。食不厌精而已，何土之粟不可精耶！况郊庙粢盛，取之籍田，一畿之土耳，又何以仰质于上帝与祖考乎！

流民不知何时而始有，自宋以上无闻。大抵自元政不网，富者骄而贫者顽惰，有司莫之问。未流之先，不为存恤，既流之后，不为安集，相沿至于成化而始剧。初为流民，既为流寇，遂延绵而不可弭。江北、河南，旷莽千里，旱蝗一起，赤地无余，舟楫不通，籴买无从，劝农之法不讲，而税粮又多征本色。无三年之食，国已非国，及其弃土就熟，乃更授以公据、文凭，令横行天下以索食。夫此流者既不难去其乡矣，使屯种于边，何不可者？即不欲赴边，而土广人稀之地，如六安、英、霍，接汝、黄之境，及南漳以西，白河以南，夔府以东，北接淅川、内乡之界，有所谓禁山者，何为而禁之？若饥民告去其乡者，于彼山地安插之，使刀耕火种，各成聚落，于郧、夔、汉中、庐、安、汝、黄诸府增县建官以牧之，轻其税徭以安之。又如崇阳而南，至于浏、醴，东接瑞、袁、吉安之西境，宣、歙、衢、严，南至于建、汀，山肥土泽，可粟可麻，而不耕不税，为豪民之影占，择地而立之邑，授土而奠之耕，皆可以安寘此曹，而化疲顽为率教之氓，易荒穷为错绣之国。此以处夫既流而不复业之民矣。乃以妥未流之民，使永安其土者，则除已流之户籍，分给田产于土著而使之广种，减其漕运本色之数，多置常平以权丰凶之积，使有所凭借而不欲去其土。十年之后，将必耻恶其游荡素食之故态，而况忍为探丸啸伏之奸乎！河南、江北，唐、宋以前皆文治之国，朴秀之俗也。谁移之而使成为乞、为盗之俗？任教养之责者，乃更给之符檄以奖之乎！转移之权，在加意而已。

勾捕逃军之禁甚严，横及于无辜之户族邻里，作法之凉，乃使龚而为之者捕逃、送逃，毒流于中原之赤子亦憯矣。夫惟出征临敌而逃者，于军法不可贳，亦立募获之赏，禁沿涂之诱匿于授钺之日而已。若其著伍之日，无出征之令，而或操或屯，则天下之必不可强之使为者兵也，欲其捐生以效命于原野，而拘縶怯懦离心之人以尝试乎！养之有恩，驭之有道，能为兵者自乐为之，不能为兵者听其告退而归民籍，别募以补伍，奚患乎无兵而待严逃禁哉！其有逃者，必其为长，为帅者之不能恤士也，诘其所以逃之故，亦罪坐主者而已矣。唯问罪发充之军，逃所必诛。然罪人充配，损国威而短士气，始为谪罪充军之议者，庸人误国之祸原也。以屯田言之，则人逃而田故在，如其欲脱籍而去，即以所屯之田归之官，而更授募者。假令募者不能耕，即坐收屯粟以为新军之食，固亦甚易。唯典卖军屯之禁不严，故或军退而无田可归。其法但按始授军屯之籍，不论其所卖之或军或民，责于余粮子粒之外，苟非正身著伍，即令输上仓十二石月量之数，则典卖不行，而屯产恒在，有以给新军矣。人之才力性情各有所宜，不欲为兵者强使为兵而不得，欲为兵者亦抑令为民而不安，在经国者之裁成耳，如之何为苛法以虔刘斯民也！

自文官不许封侯之法立，而五等夷为粗官，朝廷奖驭勋劳之权日轻，故王威宁以封侯入右班为耻。公侯之为帅者，匍伏于士大夫之门，上欲扬之而只以抑之，势之所激必然也。自隋、唐重进士之科，崇尚文墨，则古者文武并于一涂之道不可复行。然出身之涂可异，而自三品以上，为国大臣，出而屏藩，入而经纬，固宜合也。诚使自戎伍而登仕者至三品，则通经术、明法律者，自词林而外，卿贰督抚皆可历试，其不谙文事者，亦可兼衔。自科目而登仕者至三品，则出而提督边关，皆可挂印充总兵官，入而理戎政，为枢部之长贰，亦可兼都督之职。苟为尽忠宣力之大将，亦得进而与闻乎国政。而文臣登籍以后，志在大用者，不徒高吟曳裾，以清流自标榜，而贻无用之诮于武夫。分释褐从人之途，以使各专其业，合大臣宪邦之用以使交重，而不相激以偏轻。君天下者，勿任意见之私，当开创之始，不矜马上而贱诗书，在守成之日，不忘武备而轻介胄，纳天下于揆文奋武之治，在其斡运而已。

文臣不许封侯，至以极刑严之，顾亦念古今之以文臣窃天下者凡几，若宋赵普、韩琦，皆赠王爵，亦何病于国！虽秦桧亦滥王封，然不可以桧之失訾普、琦之得也。名爵为人主所必惜，固也。乃惜之于文臣，而以正二品之世爵施之汉贼张鲁之苗裔，使与阙里并崇，因宋、元之陋而流及于今，亦可长太息者也。滥名器，崇邪说，其徒乃得藉以游食，煽贫民而取其财，数百年无一人言及者，可异也。今所谓王侯者，非古之列土牧民者也，名焉耳。生而爵之，没而赠之，以褒臣子，以宠鬼神，一也。公侯之名，惜于论道经邦、尊俎折冲之文臣如此其重。帝一而已，昊天之尊称，一人之大号也。真武一龟蛇之灵耳，关壮缪一将帅之雄耳，而封之曰上帝，曰大帝，乃使愚人无以复加，而称之曰夫子，公然一洙泗矣。上行下效，曾何纪极？此其宜与禹放蛇龙，孔子成《春秋》黜荆、吴之僭王同法也，奚疑！

三恪之封，自曹魏而下，攘人之天下，而姑以虚名谢疚耳。然迄于唐，介、酅之封，犹不失为天下贵。但承所窃之闰位，而非崇元德显功之嗣以修配天之事守，如唐舍汉后而尊宇文、杨氏，非帝眷之不忘，民心之不昧也。宋得柴氏之天下，遂废李唐之祀，其于柴氏也抑未尝为之显名，于兹偷矣。唯汉舍秦而崇殷、周，独得三代之遗意焉。洪武初，置此礼于不讲，乃使李、赵拨乱安民，数百年天地神人之主，降为编氓，顾授买的里以侯封。此当时赞襄诸臣自有仕元之慝，而曲学阿世以成乎大失，其罪不容逭也。李、赵之苗裔，于今未远，谱系非无可征。且如汉室宗支，若长沙定王之后，散在江、楚者历四十余世，统绪尚未佚亡，而况于李、赵近而可稽乎！为中国之主，嗣百王而大一统，前有所承，则后有所授。沛国之子孙若手授之陇西，陇西之子孙若手授之天水，天水之子孙若手授之盱眙，所宜访求其嫡系，肇封公侯，使修其先祀，护其陵寝，以正中夏之大绪。而国家有纳后妃、降公主之典，自应于此族选之，选之不得而后及于他族，又清流品、正婚姻之大义也。一姓不再兴，何嫌何疑！而顾与盗贼□□相先后而不耻乎！以赫赫炎炎汉、唐、有宋之功施有夏，而顾不及妖贼张鲁之余孽，世受宠光，不待义夫而为之扼腕矣。敦忠厚立国之道以定民志，昭功德而俟后王，固不容不于此加之意也。

《噩梦》全书终

黄书

黄书

原极第一

夫观初始于天地者，岂不大哉！洋洋乎金以铣之，木以干之，土以敦之，火烜、风挠、水裹以烝化之，彼滋此孕以繁之，脉脉门门，泮涣抟翕以离合之，故盛德行于无疆而不知其届也。然而清其族，绝其畛，建其位，各归其屏者，则函舆之功所以为虑至防以切。是故山禽趾疏，泽禽趾幂，乘禽力横，耕禽力纵，水耕宜南，霜耕宜北，是非忍于其泮散而使析其大宗也，亦势之不能相救而绝其祸也。是故圣人审物之皆然而自畛其类，尸天下而为之君长。区其灵冥，湔其疑似，乘其蛊坏，峻其墉廓，所以绝其祸而使之相救，故曰"圣人与天地合德"者，岂虚构哉！

夫人之于物，阴阳均也，食息均也，而不能绝乎物。华夏之于夷狄，骸窍均也，聚析均也，而不能绝乎夷狄。所以然者，何也？人不自畛以绝物，则天维裂矣。华夏不自畛以绝夷，则地维裂矣。天地制人以畛，人不能自畛以绝其党，则人维裂矣。是故三维者。三极之大司也。

昔者，周之衰也，誓诰替，刺雅兴，镐京沦，东都徙，号祭存，纲纽佚，诅盟屡私，数圻日兼，故抱器服而思烹溉者，日恻恻然移玉之为忧。而圣人之所深长思者，或不在此，作《春秋》，明王道，内中夏，外戎狄，疑号者正其辜而终徕之，外会者斥其贱而等摈之。夫周之衰，非有匈奴、吐蕃、契丹、鞑靼以为之外逼也，陆浑、吾离、允姓、侨如之族种不能配中国之一名都也，燕之北鄙，秦之西陲，未尝晨夕于奔命也。葵丘束牲而小白求三脊之茅，城濮馆谷而重耳干隧道之请，周之玉步将上逼之为兢兢，而圣人终不以彼忧易此恤者，则其故何也？

文武之兴，昕履牧率，夕步天祚，滥唐沿虞，服夏褫商，承建列侯，各君分长，山河塞厄际蛮戎夷貊者，昔之天下也。既规规然惴其旁午，复鼎鼎然虞其上下，诸侯或僻介荒小，用寡捍强，以小藩大，势诎于所守，力仅于所争，固未尝不纠回蜿蜒于圣王之心。夫廷万国，一君长，挟尺捶而奔役四宇，功施铁钺，烂然开于共主而天下弗分其功名，圣人岂异人情而不欲此哉！然而山、河以西，师、且分牧。函、崤以东，召奭代理。五侯九伯，州长连率，经纬缝缀，割制员幅者，使之控大扶小，连营载魄。是故偏方远服，不受孤警。连城通国，若运揽臂。则周之盛王所以维系神皋，摈拒夷类者，意未有所弛而权不可得而衰。夷、厉而降，牧长无命，纲维溃破，锋矢寻于同仇，牖户薄于外御。是故孤竹蹙燕，淮夷病杞，鄎瞒、义渠侮齐，宋而窥河、渭，然而天子不能命伯。列侯之强大者矫激奋起，北斥南征，故斩令支，轹卑耳，拓西戎，刘潞氏者，犹赫赫然震矜其功以张赤县之帜。彼其左旋右携，夸武辟疆者，虽不足以与圣王权衡三维，裘领八极之盛心，而圣人犹将登进之，为稍持其祸而异于澌灭也。是以周之天子赐斨俎，锡彤弓，命随会，敿戮冕，贺任好，播金鼓，而不见讥于《春秋》。故曰"其事则齐桓、晋文，其义则某窃取之矣"，盖进之也。

夫奠三极，长中区，智周乎四皇，心尽乎来许。清露零柯而场圃入保，片云合岱而金堤戒滥，吴呼好冠而晋视命圭，杞用夷礼而胄绌神禹，莫不逆警萌甲而先靖宫庭。是故智小一身，力举天下，保其类者为之长，卫其群者为之邱。故圣人先号万姓而示之以独贵，保其所贵，匡其终乱，施于孙子，须于后圣，可禅，可继，可革，而不可使夷类间之。然后植其弱，掖其僵，扬其洁，倾其滓，冠昏饮射以文之，哭踊虞祔以哀之，堂廉级次以序之，刑杀征伐以整之，清气疏曈，血脉强固，物不干人，沴不侵祥；黄钟以节之，唱叹以浏之，故礼乐兴，神人和，四灵集，而朱草、醴泉相踵而奔其灵也。

今夫玄驹之有君也，长其穴壤，而赤蚍、飞蚙之窥其门者，必部其族以噬杀之，终远其垤，无相干杂，则役众蠢者，必有以护之也。若夫无百祀之忧，鲜九垓之辨，尊以其身于天下，愤盈侪侣，畛畔同气，猜割牵役，弱靡中区，乃霍霍然保尊贵，偷豫尸功，患至而无以敌，物逼而无以固，子孙之所不能私，种类之所不能覆，盖王道泯绝而《春秋》之所大懑也。

古仪第二

自昔炎裔德衰，轩辕肇纪，悯阽危，铸五兵，诛铜额，涤飞沙，弭刃于涿鹿之野，垂文鼓弦，巡瑞定鼎，来鸑梦弼，建屏万邦，而神明之胄骈武以登天位者，迄于刘汉五姓百十有七后，岂不伟！是岂有私神器以贻曾玄之心哉！而天贶不舍，灵光来集者，盖建美意以垂家法，传流云昆，不丧初旨，群氓蒸蒸，必以得此而后足于凭依，故屡滨播弃，而卒不能舍去以外求宗主。迹其所以焘冒天下者，树屏中区，闲摈殊类而止。若乃天命去留，即彼舍此之际，无庸置心。要以衣冠乌带之伦，自相统役，奠维措命，长远丑孽者，实以为符，得人而遂授之。然而帝眷民怀，丝游胶液，纷纷延延，弥保云系者，则贸于相求而隐于相报也。

迄于孤秦，家法沦坠，胶胶然固天下于揽握，顾盼惊猜，恐强有力者旦夕崛起，效己而劫其藏。故翼者翦之，机者撞之，腴者割之，贰人主者不能藉尺土，长亭邑者不能囊寸金。欲以凝固鸿业，长久一姓，而偾败旋趾。繇此言之，詹詹凿陋，未尝回轸神区而援立灵族，岂不左与！

汉承其敝，古型秦轨，白黑兼半，而强干植条为数百年之计者，亦自创异意，冥合十九。侯王封君，兼城占籍，铸兵支粟，不为禁戒。故长沙可以支三粤之侵叛，而燕旦受封制册之中，所以防遏獯鬻氏者三致意焉。景、武以还，推恩少力，酎金夺侯。虽辅辅弱助，而命大将，遣单使，得以意行消息，权制士马。而且金、虎、铜、竹，虽握禁闼，军民部署，尤隆刺、守。故元、成运替，安、顺爽凌，然而楼兰、郅支，绝亢悬首；乌桓、羌部，踬驾伏尸。虽莽僭西都，丕夺许鼎，而南阳、益部连衍而接坠绪者，犹此枌榆之苗裔也。

晋氏失计，延非族以召祸乱，中国陨陨，非无自致，而州牧分土，长其君，子其民，措施不拔，琅琊以延。向使泮散消弱，守牧无资，十六国之戎马精悍，非江东之所能敌也。六代文蠃，漫不足纪，遗法余力，仅支江介者二百七十年。使彼孱主孤邦，日斤斤焉以孤寡陵迟，倒柄藩牧为虑，曾不足以建十年，而石、苻、拓跋已褰裳而绝安流矣。

是故天下之势，有合者，有分者，有张者，有翕者，有纵而随者，强彼而固此者。故曰"大制不割"，乐天下之成而成之，选天下之利而利之。今夫柔骛击，辑纵横，驱合于农则实去。要愿朴，建脆弱，驱合于兵则名存。名存实去，则自忘其弱而丧其畛。方且割万有，专己私，佟身臂，矜总持，不纵以权，不强其辅，则所以善役天下而救其祸者，荡然无所利赖。此仁者之悲膺疾颡，而俗儒之利以为名也。

唐无三代牧伯帅长之援，无深仁大计，建民、固本、清族类、拒外侮之谋。窃尸寓农之遗号，强合兵农，分制府兵，征发宿戎，一听于京师。此其法，足以数世速亡，而迄于天宝祸发始尬者，岂府兵之败轨特迟哉！溯其仅存，寻其利赖，自西州沿北庭迄辽左，置督护、都督者不随腹里，得专措置。故一时大勋名将若李勣、薛仁贵、王忠嗣、郭元振之流，进止刑赏，不受中复。选士马，审机宜，滂沛椎酷，奴隶偏裨，下至乾没，犹无所问。极重不返，而节度逆行，干天历以成五季者，事势澜流洄漩，激而反倒其归也。然且更迭闰位，图录弈改，石晋北倾，恃怙蠢丑，而并阳不拔，胡马北首，数阅而仍归中国，内强之效亦可睹焉。

宋以藩臣，暴兴鼎祚，意表所授，不寐而惊。赵普斗筲菲姿，负乘铉器，贡谋苟且，肘枕生猜。于是假杯酒以固欢，托孔云而媚下，削节镇，领宿卫，改易藩武，建置文弱，收总禁军，衰老填籍，孤立于强虏之侧，亭亭然无十世之谋。纵佚文吏，拘法牵执，一传而弱，再传而靡。赵保吉之去来，刘六符之恫喝，玩在廷于偶线之中而莫之或省。城下受盟，金缯岁益，偷息视肉，崇以将阶，推毂建牙，遗风渐灭。狄青以枢副之任，稍自掀举，苟异一切，而密席未温，嫌疑指斥，是以英流屏足，巨室寒心。降及南渡，犹祖前谋，蕲、循仅存于货酒，岳氏遽陷于风波，挠栋触藩，莫斯为甚！夫无为与者，伤之致也；交自疑者，殊俗之听乘也。卒使中区趋靡，形势解散，一折而入于女真，再折而入于鞑靼，以三、五、汉、唐之区宇，尽鬋发负笠，渐丧残剭，以溃无穷之防，生民以来未有之祸，秦开之而宋成之也。是故秦私天下而力克举，宋私天下而力自诎。祸速者绝其胄，祸长者丧其维，非独自丧也，抑丧天地分建之极。呜呼！岂不哀哉！

夫石守信、高怀德之流，非有韩、彭倔强之资也，分节钺，拥镇牙，非有齐、秦百二剖土君民之厚实也，谈笑尊豆，兵符立释，非有田承嗣、王武俊、李纳之跋扈而不可革也。使宋能优全故将，别建英贤，颠倒奔奏，星罗牙错，充实内地，树结边隅，一方溃茂，声援谷响，虽逮陵迟，取资百足。亦何至延息海滨，乞灵潮水，皋亭纳玺，冈岛沉渊，终使奇渥吞舟，乾坤霾塞，滨百年而需远复哉！惟其涂蔽万民，偷锢大器，瓦缶之量，得盈为欢；婴儿护饵，偃鼠贪河，愚夫之惑，智者哂焉。

《易》曰："其亡其亡，系于苞桑。"苟有系也，足以固矣，而必于苞桑焉，秦、宋之系于苕枝而不知其根之拔也。故曰"前事之失，后事之师"，其来兹之谓与！

宰制第三

今欲取天下而宰制之，有圣人，反三维，起在位，度不十数传，复有□□□□之等夷，狡焉思裂维而盗神器，如□所为，彼固狃以为故常，无足难也。而天下亦恬不知所怪，天地之气相干凌矣，亦或羸槁不能为人救。圣人坚揽定趾以救天地之祸，非大反孤秦、陋宋之为不得延，固以天下为神器，毋凝滞而尽私之。故《易》曰："圣人之大宝曰位，何以守位曰人，何以聚人曰财。"非与于贞观之道者，亦安足以穷其辞哉！天地之产，聪明材勇，物力丰犀，势足资中区而给其卫。圣人官府之，公天下而私存，因天下用而用天下。故曰"天无私覆，地无私载，王者无私以一人治天下"，此之谓也。今欲宰制之，莫若分兵民而专其治，散列藩辅而制其用。

今之自县以上，三进而及市政使司，凡以治民者，自秦而下不能易也。县隶府，府隶司，司受命于天子，足以呼响，无关格之疢矣。府治其属，既不能专，其有事，旁挠于同、判、推官，而巡守兵备安坐其上以扼郡邑之呼吸，则分司之建可革也。山东府六而分司者十六，山西府五而分司者十三，陕西府八而分司者二十四，四川府九而分司者十七，或倍之，或参倍之。其佐倅遇府设焉，或稍浮于府，未有一道而兼制数府者也。所以束湿缠系于知府者，可谓急矣。而一郡数邑，不得以制其短长之命，且夕不测，其民视牧长，如逸兔之于惊鹯也。况其为天子守疆圉，取必而与城共命乎！魏尚之于云中，李广之于陇西，以一郡捍匈奴之名王者，事权重而战守专也。

故革分司，重府权，尽治其郡，设推官以赞其吏治，立武监以简其兵赋，兵赋所讲，受成于府，有所征发，府受台计而遣之。刑名、钱镶、驿置、屯田、水利，奏最于两司足矣。夫挠郡权而临其上者，不过治府绪之余，而形隔势碍，推委以积其坏，是庞睫儋耳，无益于视听而益损其官也。自郡上之，为民之治者受于司，为兵之治者请仍巡抚使之任，而去其京衔，定其镇地，制其厄塞，重其威令，金其劲锐，间其文武，假其利资。七者具修以置藩辅，各战其境，互战其边，行之百年，以意消息，中国可反汉、唐之强，而绝孤秦、陋宋之丰祸也。

中区之地，四战用文，河山用武，沙衍耐骑，箐峒耐步，江海耐舟，麦食耐勇，稻食耐智，杂食耐劳，广土坟争，峚崎壁守，卤国给醝，泽国给积，涝乡给鱼，赭山给铸，林阜给莾，边徼互马，殷道课关；其它连锡、丝枲、筋鳔、皮革、蒲条、硝黄、翎毛、杉楠、冈桐、栟榈、漆林、苎絮之所产者，可相输而各奏其利。大司农不登之书，非中监渔采，则豪猾墨吏兼并闾右之所攘也，一切取足，其瘠疲不耐给者，百之四五。故曰利资可假，劲锐可金，厄塞可制也。

请置河北、山东为一使，江北、济南为一使，河南、荆北为一使，燕南、河东为一使，关陕、秦、陇为一使，荆南、江右为一使，江南、福、浙为一使，巴西、泸南为一使，南赣、岭海为一使，岭西、桂、象为一使，滇、黔、洱海为一使。此十一区者，用武地六，用文地四，兼错犬牙率得险者，或十六七，或十三四。因舒蜿，随原隰，各固其圉，取材其产，搜其军实以听边关之不时。畿辅为一使，左辅为一使，右辅为一使，大同为一使，延绥为一使，宁夏为一使，河西为一使。此七区者，战地十九，内地十一，大司农因漕委输，转十五司之粟米以灌注之。

滑州襟带黄河，右腋太行，左腋巨野，临制河南之膺隔，一要区也，河北、山东行台治之。其地起大名，北有广平、顺德；南有彰德、卫辉、封邱、延津、阳武、原武；东得东昌、济南；东传于海，得益都、临淄、泰安、博兴、寿光、昌乐、临朐、高苑，又东得登、莱，极于海；西得怀庆、潞安、泽、沁，扼太行，窥冀、晋，传于山。

洛阳据土中，左京、索，右潼关，三涂、岳鄩，神明之区也，河南、荆北行台治之。其地起河南，东北得汝州、开封、许、禹、郑之属邑，穷于荥泽；东南得南、汝，南得襄、郧、承德；西南得兴安、平利、石泉、洵阳、紫阳、白河、汉阴；滨汉、沔，间潢、清，承楚脊，控关南，东固汝水，放于淮。

徐州凭黄流，睨大江，披带长淮，东枕琅琊，咽扃南北，一要区也，江北、济南行台治之。其地起徐州，东南得凤阳、淮安；南得庐州、安庆、黄州、滁、和，尽于江；东北得兖州、安丘、诸城、蒙阴、莒州、沂水、日照，北阻大岘；东传于海；西得归德、太康、陈州、商水、西华、项城、沈丘，穷于汝，颍之交。

太原以故晋之墟，左山右河，北阻忻、代，士马劲疾，险障重沓，一要区也，燕南、河东行台治之。别治晋阳，别嫌藩司，形势无相互格。其地起阳曲、太原、榆次、太谷、祁、徐沟、清源、交城、文水、寿阳、盂、静乐、平定，割雁塞以为大同守；西南得汾州、平阳、辽州；西尽河；南不尽太行，以壮泽、潞；东出土门，历常山，得真定，弥互络绎，以承右辅之或赢。

咸阳居渭流之北，与长安相望，秦川八百，关河沃衍之区也，关陕、秦陇行台治之。别治渭北，别嫌藩司，形势无相互格。其地起西安，北尽北洛，界梁山；西南得凤翔、汉中、宁羌之属，割兴安界河南为右腋；西得巩昌，阻阴平，锁蜀汉；北得平凉、华亭、镇原、崇信、泾州、灵台、安化、合水、宁州、真宁、狄道、渭源、庆、洮、平凉诸边之剧邑，割实边藩，为所保守，有秦川供三边之奔命；又西得岷、洮；北阻萧关；西戎河、湟，以司茶马之居傲；又西不尽于生番。

武昌，长江东下，清汉南来，雄挽中流，挎蛮中引，江外一要区也，荆南、江右行台治之。治故鄂城，别嫌藩司，形势无相互格。其地起武昌，逾江得汉阳，阻浈水；南得岳州、长沙、衡阳、安仁、衡山、鄳县、耒阳、常宁，迄南条；西南逾洞庭，得荆州、辰、常，溯于沅，有黎平、平溪、清浪，迄于偏镇，中括施、撒、永定、永顺、保靖，兼汉土；西又南，得邵阳、新化，分资水为南塞；东得南昌、瑞州、九江、袁、临、饶、广、南康，包彭蠡，有江右之衍区；诸挟岭为闽、广脊，受无赖者，割以为南赣守。

镇江因京、岘，缘扬子，西接汉、岷，北拒淮、泗，漕守山东，俯拾建业，一要区也，江南、福、浙行台治之。其地起镇江，得苏、松、常州、广德，西上夹辅应天，沿江得宁国、池、太；东有徽州，倚三天子鄣，沿浙江，东有全浙；循海而南，得福、泉、兴化，福宁；渡江北直海门狼山，锁大江，得扬州，尽淮东；罄折江海，索腴赋，休士马，辉戈船，根抵南国，以备倭盗而资山东之奔命。

合州，三江所会，鱼复、僰道、褒骆、武都、严道、夜郎之所奏而会，一要区也，巴西、泸南行台治之。其地全有四川，自威、茂、杂谷、天全、黎、邛、昌，跨大渡，度相岭，右绕东川乌撒、乌蒙界水西，尽辖土夷；南渡乌江，得平越；东北上，得清平、兴隆、思南、石仟、思州、铜仁，穷五塞，南尽于沅。

赣州咳颐梅关，延纡岭塞，注泻海峤，络引大帽、浰头、东乡之条纪，武备所向，楼船步卒之冲，一要区也，南赣、岭海行台治之。其地起赣州、南安，西得郴、桂、临、蓝、嘉禾，尽楚猺地；北得吉安；东北缘山，有建昌、抚州，故盗区数；下杉关，得延平、邵武、建宁，南迤汀、漳，穷于海；次海滨，得惠、潮、广州，蔓引连阳，与临桂会，而西尽于漓水之交。

梧州控肘楚峤，垂臂琼海，是漓潭、牂牁漓江之下游，逆邀其所趣，土、汉噤喉之要区也，岭西、桂、象行台治之。其地起梧州，东得肇庆，穷于漓口；东南得罗定、高州、雷、廉，南极交趾，滨于海，渡海得琼；西溯三江，全有广西；北越秦城，放湘源，得永州、武冈、城步、新宁、靖州，通西延、古泥之径；寻左江西上，得都匀，犬牙楚、黔，界于播夷。

大理、叶榆所派，金、沧所维，北捍土蕃，南覆挝、甸、六诏，上游之雄徼，一要区也。滇、黔、洱海行台治之。其地全有云南，并夷部，东迳县度出箐道，得贵州西境；东有贵阳，迄乎新添北缘、陆广，赤水、乌撒而界于泸南；沿平伐、镇宁，顶营募役，凿初道以通乎泗城，而西南穷于交趾。

于是登其甲乘，制其刑典，宅其赏罚，司其汰补，宽其踪指，要其连系。盗贼踞山谷泛洋汛者，府自部讨之，闻于台。盗名城，躏旁邑，暨小夷之窃发，台部讨之，闻于司马。边徼奔命，巨寇弥延，羽书驰于司马，下徵台使，因其形势，奔走疾呼，以应其邻左；劳逸腴瘠，挢隘劲脆，以视其往来。滑台涉钜鹿，通天津，以纡左辅。徐州沿淮、泗，下盱眙，以固江南，东放琅琊以应登、莱之不逮。河南搜练腹里，开花园、党子，西南缀上庸瓯脱，纡秦、蜀，制山南，北守黄河，犄角畿南而抚其怠。太原居西，补河曲，急则东纡右辅，或出雁塞以应大同。关、陕阻关自保，声势山河，视其旁午，连川河以轸绥宁、河曲之恤。江、湖、赣、岭、巴、蜀、滇、黔，既随以蛮夷、海汛分其所守，就近参援而调置往来。泝大海，沿淮海，以纡山东；入武关，绕松、洮，以纡关外；或驰孔道，下冥厄，骋大梁，绝黄河以卫京畿。因裹粻兵，取给于十五使司，登大司农而受裁于庙议者，皆以流荡营魄而振戴根本也。

台之所治，或千余里，或二三千里际荒陲，容受不轨，卒相摇动，禁制不时。河北则东登、莱，滨海线通海、盖；西泽、潞，太行伏戎。河南则襄阳受沔下游，制郧，西受夔、庸逋逃。江北则安庆以名城阻江、楚。江南则温州总海以须岛夷，芜湖对濡须直江北之冲。荆南则沅州领苗夷，殿黔道。关陕则阶、文制生番，匡川北之不虞。巴西则马湖逼泸水，亢嗉南中，威州孤悬鸟术，垂制江外。南赣则潮州承闽而分海汛；岭西则雷州障交夷，县穷发；庆远扈田、泗，西系那丹，以通都泥。滇黔则贵阳总线道，飞系荒远；楚雄殿六诏之中，右哀牢，左特磨，直下车里，老挝以距南丑。凡各分司以镇之，而受其生死动静之数于台。武监之治，请视兵赋之多寡。弱郡并之，劲郡专之，或赢置之，以登成于知府，而受其生死动静之数于台。故指臂相须，而批导形便也。诸行边领重镇者，地俭于腹里，而刍粟士马，节制旌旄，秩等部从，不亚于中区。或复增之系其任。或卿尹出牧；或他台使以崇望右陟；或大将超裨校，威信足恃赖，以大将军行使，系其人。

昌平屏拥翠微，衡盖辇下，左古北，右居庸，畿辅行台治之。起喜峰，出定州，西至延庆，为其守；北抵滦西清兀良哈之塞。

永平东北极徼，环海循山，外邀三垒、白狼之险，东丑之所出入也，左辅行台治之。接喜峰，画滦水，东尽关门，沿海下天津为其守；东北出三卫金源故地，穷兴中、大定，东捣开、铁，靖其庭穴。

宣府有偏岭、飞狐之胜，繁饶悍鸷，直开平之吭，右辅行台治之。起怀来，阻桑干，西抵广昌为其守；北出兴和，扩亭障，斥地沙漠。

大同平衍广野，内护句注，散战之区也，大同行台治之。内连广昌，北出天城、阳和，绕黑河而西，尽东胜，遵浊河，下偏关，抵河曲、保德，画大河为其守；渡黑水，击云内，奏集宁斥丰州之塞。

葭州外控榆林，左拊西河，保甘泉之外障，延绥行台治之。东起黄甫，际河而西，西抵花马池之右，怀抱环、庆为其守；直北清河，南修受降之遗地。

宁夏左省觊，右贺兰，赫连兀卒之自雄其都也，灵武之所繇收关、洛也，宁夏行台治之。修杨制使之遗塞，东起花马池，东尽兰州为其守；北逾贺兰，驰燕支之下。

甘州绵缀新秦，壤地数千里，孤峙以制西夷之生命，河西行台治之。东起庄浪，西极嘉峪，南绕西宁、归德，渡碛石，抵河州为其守；出酒泉，修瓜、沙之塞，横亘自保，以维西陲；余力蓄士马，奔他边之棘；相附郡邑，守隧所统，往来所奏，则分隶其台。

畿辅得保安、延庆、顺天，效上供之余。左辅得永平、河间、天津。右辅得保定、万全。大同得大同、忻、代、岢岚、保德之属。延绥得延安、环县。宁夏得六卫、中卫、靖房、固原、静宁、庄浪、隆德、兰州、金县。河西得甘、凉、肃、庄浪、西宁、镇番、永昌、河州。以资其刍收、工匠、滋养、鼓铸之用，丁男挽运，城堡筑浚之役，征调游弈，视中区为费。司农宽赋役以休息之，疲者不赋于大官。藩司登计其入，移台用者十可三四给也；不足，仰于腹里。行漕开中，不尽于京师，便归其塞。胶、莱漕关东、汴渠、屯氏。沽、潞漕畿，分漕万全。桑干漕大同。淇、沁漕太行，浮于河。河漕延绥，浮渭抵陕，济宁夏。河西不足漕者，牛车橐驴之所任也。渠河流，润苦壤，修屯积粟，大农济其畚畚，稍给牛具金铁之资焉。

凡军伍之金，中区之厚土，烈风、山箐、水国之任为兵者，可数也。

边徼先其土著，阅其子弟，蕃其牧养，不足，请命逾台以调益之。中区各佥其治毋逾，十八而传，六十而老，废疾而给，及身而放，不传子弟；予弟以总角从军，验其娴熟精慓者传之。榆关而西，极乎大同，其民小悍。延绥、灵、朔、环、庆之区，其民大悍。庄浪度河，甘、凉，洮，岷之间，其民小悍。皆家丁子弟之闻于天下者也。泽、潞、太行、河北、山东之弓马。登、莱海舟，死走盐利。南阳毛葫卢之桑弓、毒矢。郧阳维五方，依老山，沿汉而上，南通庸、蜀流民之苗孽。庐、凤习江北，轻生乐祸，舒、皖、六安茶山射猎之徒，劲弩药镞，洞中沸糜。木陵、黄土、新市之脊，共争之区，依砦步斗者，以寡击众。太原、汾、辽、易、定之间，赵、代也，民小悍。京口僄锐，沿江海者渐为下，义乌之步卒，青溪之亡命，其族故存。徽之行贾，便习剑击，宣、泾喜弩猎，在江表为强。福、广濒海习舟，依山习步，猿接猱跳，飞瓦攫樯。赣、抚、汀、建依山者嗜利喜死，抚、建为下。辰、沅而西，起永定篁子，放乎云、贵、宋、蔡、犵猡，西南之尤悍者也。蜀沿江有巴、渝之遗，汶、黎、松潘相岭冲天之徼，东绕马、泸，讫黔、酉土司，各以标枪、利弩、火器、革氅之资，耐劳奔险，乐死好斗。南、太狼家尽泗城而西，不下数十万，顾保其区，不战散地。其他一邑一乡，颇有劲悍者。守监随多寡占募，不以额佥如府兵、彍骑、禁厢、卫所之制，老死子孙而诛及疲劣，则上下数百年中区之材用，可因时消息而登之用也。

夫捐父老，犯零露，贱伏尸，间熛火，争死于百一者，涖以洁清皭白之率长，使啖粝茹蔌，穷年永岁，无酾酒、割鲜、蒲塞、驰射之欢，携修眉、听哮歌、靡滥柔暖、妖娈弦索之戏，则蛇慵麏散而不可止。故牛酒时作，金钱飞沥，所以贾桀骜之死心也。而况旗帜、帷幛、号矢、刀矛、火器、马匹、鞍鞯之精铣，率不再岁而敝坏与！夫闻谍、侦探、游宾、说客、死士之往来，国家不能括资于经费之中，则假台使以权，宽其缮具。倘如昔者守司农所放，率不得请，请下得报，报不得速，事机先失，守文吏随持其后，此以约束庸愚而坐自弱其势矣。

今夫中区之产八，谷不与赋于大农，其滂溢横射，走天下全利者，鹾政为上。淮安、通、泰隶两淮者，北食陈、汝，南食长沙，利参天下之一。长芦领北海，食畿下。山东领胶东、滨、乐，并食徐、邳。解池三场食两河，届泽、沁。陕西领灵州池，障西和井，食陇右。河西山丹红盐，居延白盐，稍食其地。浙江领许村、仁和、嘉兴、松江、宁、绍、温、台，食吴会。福建自食。广东食岭东、南海北，兼食广西，北食衡、宝。云南黑白井自食。四川领成都、富顺、潲川、荣昌、大昌、开县、盐亭诸井，食其地。或因其产，或因其食，隶之台治。商引料价，批杂税，割太仓之半，分畀台使。开中者听其自募牢盆，稍食稍取给焉。川、湖、六、霍，茶荈之所出也，铅、铁、铜、锡炉、甘、苎、竹有所产，吴松原蚕，滨江芦荻鱼利，山后石煤，边番互市，福、广番舶，浒墅、临清、九江、芜湖、梅岭、钱塘以放关，市船碁布丝蓁者，间饱渔侵。使台使诸得自领，会出其余，以佐他镇之歉迫，台无上计，部无授程，悉俟九载以奏其出纳，而纳其奇羡。于是因盈余，饬六师，精器备，广城堡，溢赏格，走死智勇于边徼杀戮之地，为天子使。

是故中国财足自亿也，兵足自强也，智足自名也。不以一人疑天下，不以天下私一人，休养厉精，土㑩粟积，取威万方，濯秦愚，刷宋耻，此以保延千祀，博衣、弁带、仁育、义植之士氓，足以固其族而无忧矣。

慎选第四

万族蒸蒸，各保其命，各正其性，所以为之者，岂非天哉！饮食而有血气，阴阳而有生死，天之同人于物也。出尘舒光，漂轻存重，变不变以为信智，敢不敢以为仁勇，拔万类而授之人，拔人族而授之圣贤之族，天之异人于物、异圣贤于人也。同者为贱，异者为贵，以有尤贵滋性而统君之。无同则害命，无异则沦性。故圣王齐物以为养，从天之同也；别物以为教，宠天之异也。从者差养，宠者辨教，澂汰滓魄，濯洗清明，分万命，理万性，拣其粹白以珍之万族之上，所以助天而保合太和者，始于大公而终于至正也。

《虞书》曰："日宣三德，夙夜浚明，有家日严，只敬六德，亮采有邦。"等而上之，知九德之有天下明矣。家邦以给之。三六以别之，德以画之，俊乂咸事，来章一人。天下之大，万民之众，审其所撰，忖其所藏，繇臣之不虚贵也，知主之不虚王也。如此，则踞天位而长万邦者，彼何人哉！德未至，不敢干。德已至，不敢越。井井然犹墙墈阶圯之累上，故奇杰意消，聪明思返，卒以奠大宝而徕尊亲矣。故同、异、贵、贱、差、辨，此六数者，圣王所以正天下之性，效阴阳之位也，而一以胥天下之和平。尚其所尊而鼓钟以乐之，则和矣。量其不能而桑亩以安之，则平矣。故怨蘦不起，而奸宄息也。

三代以降，汉之选举以郡邑州将，曹魏六代以大小中正。始于扬汰，终于浮滥，亵薄天宠，流觞婥竞者，往往弊自上开。而当其严整，犹有差别之足纪焉。隋承陈、梁之末造，宫体先吹，文争实长，其曼声、曳趾、挑绮、拾英之流习，滥于崇朝。科目之兴，寻远古则然，世会所争，不能逆流而溯之上矣。因缘其轨，欲以稍静天下者，固当心载大公，较隆天秩，则异非所异而宠殊所宠，犹可以徐俟和平，来附人心，而明贵贱之级。流及于宋，窃窃然唯恐天下之异心也，师武瞾之智，开笼络之术，广进士，明经、学究之科，下逮七科、乙等之目，推郊祀、任子、异姓甥婿、门客之恩，摇荡诱饵天下于堂陛嫌微之际。而当时桀黠者，亦微测上旨，倒持来去，以邀荣朊，不得则李巨川、张元、吴昊之流愤起而播其乱。其君臣之间，犹发篋行侩之相为禁持，故和平去心，而粹白失性，胥中区而沦虐老兽心之俗者，非无所自开其源也。近世之思政者，踵而用之，增文学，益解额，倍制科，升乙榜，推恩乡贡，职名不足，缀冗员、速资格以济之，而天下之怨亦繇是而兴。夫天下，恩之不胜恩也，怨之不胜怨也，恩之所止，怨之所流。故曰"和大怨者必有余怨"。而窃天地之恩以鬻贩人民而胶饴其心，施天下以私而责其公报，犹假敌戈铤，望其稽伏，其不伤腔陷胸于彼者，盖亦鲜矣。

《诗》曰："尸鸠在桑，其子七兮。"淑人君子，均平专一，而风流雒毂，无私之谓也。故孔子射于瞿相之圃，退者十九，早知不能而使退，故法严而怨不起。今广其科目于此，人倖得焉，而得者百一，则怨一矣。捷其资格于此，人倖远焉，而速者十一，则怨二矣。两者皆以恩天下也，而贸其怨。故士自授经成读，昧偏傍，盲语助，老死童子者，皆有怨心。其极则躐六卿，登黄阁，皓发返林，赐镪驰驿，祖帐辉煌传于亭，而闲语乘兴，犹戟髯把揽，呃塞而不得语。彼亲天子之侧者，乖沴横塞，奴虏驵贩如此，其他上逼下流，畜狡伺而幸翻覆，侵寻沉淖，尤不知其所届。是何也？始诱之以甚易，而后继之以极难也。弓之解也，胶液筋缓，则煨而张之。承今之敝，建小康之术，莫若先其甚难而后稍授以易。先其所难，则知不能者退矣，犹礮相之射也，废然而无妒媚之心矣。

是故以贤者厕不肖，不肖者忮；以不肖者厕贤，贤者惭。惭发于贤者，故拾橡织约，愤弃君父之忧；忮发于不肖，溃决奸宄，郁不可折之势以仇君父，长乱阶，不濒之亡而不止。坤之履霜，不肖之忮也；括囊，贤人之惭也。贤人隐，弑逆作，相乘之理，渐不知保，岂一朝一夕之故哉！

是故顺异同，立差辨，以小人养君子，天之制也。观其所养，故养而不穷。今一邑之小，补生徒者养于民，成岁贡者养于民，偕乡计者养于民，登进士者养于民，授职官者养于民。五累而上，养之益丰。五降而下，养之益繁。而又无以观其所养，博泛丛阘，登进苟且，其一切所为，卒无以异于阛阓拚除卒伍之行。籍起上流，尸避徭役，公私谒请，流连嬉谑，以操细民之生命。其不一旦得当，裂冠冕而泄其不堪者，寡矣。裁生徒，节贡举，省进士，谨资格，持之以难，择之以慎，天下乃晓然知上所尊尚之旨，其不容苟且如此，而抑欢然奉养于长吏孝秀而永谢其望心。况累是而上，享玉食，蹈天位者，不愈震耀肌魄以推戴莫京哉！故差其所养，别其所教，执相成而功相倚也。

王者规天道，长万族，顺其所从，珍其所宠，则性命正矣。累上以为益尊，则天位凝矣。忘恩以远怨，则和平臻矣。节养以息民，返不率以归农，则民志定矣。革陋宋鬻贩之私，则大公行矣。百年之内，乘千岁之弊，仍科目而减其额，核资格而难其选，则始基立矣。然后抑浮藻，登德行，立庠序，讲正学，厉廉耻，易科目，升孝秀，俟之必世之后而天气清，人维固，禽心息，□行泯。沄沄陶陶，太和旋复。《诗》曰："文王在上，于昭于天。"言其赞助清明，而扶光霄极，叶天道也。

任官第五

董子曰："仁者人也，义者我也。"以仁爱人，以义制我。以仁爱人，不授以制而尽其私。以义制我，不私所爱而厚其疑。恶有为天下王者自爱而制人，可以宰九州，建千祀者乎！且诚非所以自爱。天有四时、五行、四方，各位其位，时其时。不疑冬之凄苦而间以燠；不疑夏之歊暑而间以寒，不疑西北之有昆仑，崇堕釜崔，隔己而陵夷之；不疑东南之有尾闾，淫浸沉没，泛己而堙燥之。四时、五行、四方各行其职，胥以归功，盖相报也。《诗》云："投我以木桃，报之以琼瑶。"言齐桓推亡固存，以诚信礼卫，毁于两河胿吻之间而不相疑，故取似实果而赠美琼瑶也。

王者拜贶天醮，宅履中区，感河流光，承剑启玄，以贻后世，得之叮咛，付之郑重，固其所也。然三、五之代，以历迭兴，或及身而授，或数十世而授，卒不越神明之胤。恶有如赵宋之削其援，弱其族，以□之□□者乎！彼耶律、完颜、奇渥温之初始，亦尝分尺土，籍一民，伏莽啮堤，以为窥窃之资也哉！若晋、宋、梁、唐之末造，僭逼孤寡，权壅上流，彼界受苟简，日习而次垂之，此又无庸致怪也。流风沿递，疑积相仍，乃至论道之职，喉舌之司，六官之长，旬宣之使，下及郡邑，城不足百雉，户不满三千者，盈天下而无非疑地。以为不可疑也，是戈矛填心而黔刨割腕也。以为可疑也，是授跻、跖以龠键而稍滞其户牡也。以为疑在此而制以彼也，是忌狸窃雏而间之以狐也。

舜之命官也，禹陟司空，宅百揆，弃为后稷，契作司徒，皋陶作士，伯作秩宗，夔典乐，教胄子，龙作纳言，各专其采。虽稽让从容，后心载俞，而旁任必咈，其汝谐以往者，共工百度之数，虞理名山大泽之长也。故劳谢专尸以体其爱，道孤独赞以去其制，则仁义立而天工亮矣。天地之气，刑德相召，祸喜相感。甘草兆熟，苦草兆饥。醴泉甘露，不流桀池。夹珥阴风，不凄尧宇。诚繇诚往，疑用疑来。是故五臣、十乱、郦、留、冯、邓之侣，布心洒血而不恤，彼有以召之也。李广之射石，非虎也而饮金没羽。诚以拔之，则小人革面；疑以任之，则君子寒心。是故豫生饮药于赵都，百里行哭于秦族，越石授命于并阳，袁、刘縻姓于台下，杨业介马以丧元，余阙凭城而溅血。此数子者，事二姓，弃旧君，比匪类，仕伪邦，非有皎日白水之畴昔也，而一旦甘死趋祸，大贸其夙夜之狂心者，岂非任服躬而难委，诚推心以必酬者乎！故专任者不期报而报臻，疑投者不期欺而欺应矣。

今命官之制，在外者，一县之令，丞、簿不听命焉。一郡之守，同知、判、推不听命焉。一司之使，分以左右，二参、副、佥不听命焉。文移印信，封掌押发，登于公座，唯恐长官之或偷也，而钳束之如胥吏。行未百年，法已圮坏，犹使借口公座，脱独尸之咎，疑制之患，已大可睹。又复分其屯田、水利、钱法、驿传、盐政，分为数道以制司。道立分司，督察巡守兵粮之务以制郡。巡按之使，络绎驰道，循环迭任，无隙日月以尽制之。所以制外者无遗力矣。在内者，取都督一府而五之，间以同、佥。六部卿贰，或七八员。都堂、大理、通政、太仆以放，虽有长贰之别，而事权散出，不受裁制。黄扉论道之席，至永刊极刑以废其官。其文移印信，封掌押法，公同朝参者犹外也，复使给谏御史巡视刷卷以制之。卒有爰立大僚、边关盗贼、建置河漕、三礼疑似之事，所部不得决，又设会议、抄参、私揭以制之。所以制内者无遗力矣。以一人敌天下之力，以一代敌数百年之力，力穷法匮，私蠹蚀烂，乃使相秀而谢之。非己之专也，则是开以滑避之径而绝其功名之涂也，岂不拂与！

夫一职而分官以领之，连衔以辖之，所以疑制不肖也。人才之数，曰贤，曰不肖，曰中人。贤制不肖则不肖惧，不肖制贤则贤者忧，中人制不肖则恶不弹，中人制贤则善不长，贤制中人则疲于效命，不肖制中人则靡于朋淫，贤制贤则意见差，不肖制不肖则声气叶。不肖惧则裂而伤贤，贤者忧则引而避不肖，恶不弹则忌惮益忘，善不长则登进无助，疲于效命则事会圮，靡于朋淫则媚术张，意见差则乖左折中，声气叶则胶固两利。然则疑制者，唯两不肖而后谐也，亦将大违其疑制之始心矣。

天原道，君原天，相原君，百官原相，大哉！滂沛万登，而纲纽尺握，乃以禁制朕兆，膏泛群族也！今以天下之大，选贤简德之繁且久，不能得一二心膂之臣，任以论思，乃靳然果废其官，夫唯开业于风雨，英敏神灵者，括万几，统一心，无所凝滞。过此以往，奏报日冗，陈案日仍，晏安日藉，声色玩好、禽马柔曼，淫音幻技日进于深宫，外劳内蛊，其不折而入于中阉者，无几也。故胡惟庸、汪广洋之祸，消于纶扉，移于涓寺，而万安、焦芳、黄立极、丁绍轼之徒，承颏颐，奉密教于北门者，且波溶瓦散而不可救。元气痿，大务阁，民愁闾左，士叹十亩，粮空于野，金蚀于藏，彼撮此让，晋□□而□之大□，可不痛与！则仁义不立，而疑制深也。

《传》曰："贱妨贵，新间旧，小加大，逆也。"故王者制名，天下奉名，百官赴名。倒其所制，昧其所奉，贸其所赴，则将贱爵禄而重事权。爵禄者，天之秩也，事权者，上之意也。菲天秩则士薄功名，尊上意则人丧廉耻。是以王者慎名，名正则任重，任重则责隆，责隆则政理矣。今夫学士之秩，五品也，使立于九卿之上。贱妨贵，小加大，背鳌凌迟者，莫甚于此！则将使天下蜗瞀蝇营以趋事权，而天秩之自然，荡然不可复稽。夫虚一品之置者，靳其爱以制物也。爱以我私，而制尽人族，与仁义背驰，而求治天下，亦难矣。给事、御史之秩，胥七品也，给事以巡视遣，御史以巡按遣，则操六卿、两司大臣之臧否以乱其掌故。彼之愿职任，累岁时，登进崇阶，代天工，作民牧，其前效已可睹也。早知不能，废之而已。乃升新进，夸小臣，翻庚趾肘，使黄发卿尹呵斥所辍者，屏息蹴踽，褫绣隅坐，以承其欤笑，不亦左与！

故主贵其名，莫不贵之也；贱其名，莫不贱之也。制名以任贤能，疑名以尊意旨，浮薄长进，权藉推委，效著于偶然而垂为法制，故人纪贱而天维缺，非建国不拔之典矣。唯除疑制者不然。尊其尊，卑其卑，位其位，事其事，难其选举，易其防闲，公其心，去其危，尽中区之智力，治轩辕之天下，族类强植，仁勇竞命，虽历百世而弱丧之祸消也。

大正第六

昔者三、五之王也，推五德，承终始，其原本洒祓嬗革之际，如平旦之受夜，虞渊之受昼也。后世五德失坠，治无主尚，以意为轻重，至于湔恶俗，拯民瘵，创业中兴，莫不有仿佛之意焉。粤自成汤革夏配天，伊尹、仲虺以弼之，一德馨闻，廷野革面。不数十世，而故家大族盘枕膏腴、湛溺财贿者，以乱阿衡之治。故盘庚之诰曰："无总于货宝，生生自庸。"繇是言之，凌迟乾没，绍治而启乱者，明主所深患也。《传》曰："国家之败，繇官邪也；官之失德，宠赂彰也。"可不戒与！

天以五行养万民，食于阴，饮于阳，衣被荣虫，侑佐盐醯，水滋土敦，木实火调，若此者，民承养于天，无须于王者之制，而流荡生死，萦纤往来，通愚强之力，致文弱之养。金之为用，王者所加于天，以损民而益之上也。故水之德润，木之德成，土之德安，火之德化，金之德贼。是以圣人尤难之，行于不得已而用其利，戒于祸之必魁而制其贼，愚强者宝之以劝其功，文弱者贱之以杀其滥。沃以所宝，则小人和平；教以所贱，则君子强固；此为节宣五行而胜其害气也。其有不率教者，于是诃斥以辱之，裔夷以逊之，缧棘以锢之，刑杀以威之。夫王者之于万姓，视犹一父之子也。其聪明文辨、便数强固者，亦克家当户之子也，则岂不惨怛割裂、涕湏于刑戮之加哉！而其受五行之贼，犯王者之贱，越辐欺轨，沉没淫滥，螟螣细民，愁痛孤寡者，则尤忍然其忍之。《诗》曰："去其螟螣，及其蟊贼，无害我田稺，田祖有神，秉畀炎火。"言远害也。

今夫农夫泞耕，红女寒织，渔凌曾波，猎犯鸷兽，行旅履霜，酸悲乡土，淘金、采珠、罗翠羽、探珊象，生死出入，童年皓发以获盈余者，岂不顾父母，拊妻子，慰终天之思，邀须臾之乐哉！而刷玄鬓，长指爪，宴安谐笑于其上者，密布毕网，巧为射弋，甚或鞭楚斩杀以继其后。乃使县馨在堂，肌肤刽削，含声陨涕，郁闷宛转于老母弱子之侧，此亦可寒心而栗体矣。而以是鼓声名，市奏最，渔猎大官，毗封门荫，层累封垄，以至于无穷，则金死一家而害气亦逬集焉。夫故家名族，公卿勋旧之子孙，其运数与国家为长短，而贼害怨咨之气偏结凝滞，则和平消霣，倾否折足，亦甚非灵长之利也。即或狼藉著见，挂吏议，左降褫锢者，犹衔舟络马，飞运以返乡里，有司宾之，乡社祝之，闾里畏之，广顷亩，益陂池，敞榭邃房，鼓钟妖舞，春容鱼雅以终其天年，锢石椁，簪翁仲，梵呗云潮以荣施于重泉之下。而游佻公子，发其盈余，买越娃，拥小史，食游客，长夜酣饮，骤马轻纨，六博投琼而散犹未尽。亦恶知向之朘削零丁者，已灭族斩胤于塞阡、荒壑之旁也！岂不痛与！

赵宋之有天下也，解散法禁以惑媚强智，而苟固其位者，可谓泰矣。然京朝长吏以赃贿败者，其刑大辟，岁论决若而人无所赦。法合世重，惠逮孤寡，以振起五代之残刘者，有足重焉。降及太宗，减大辟流沙门岛，而滥觞起矣。真宗以还，复减流岛之科，刺配腹里军州；天书降赦而后，此法愈减，贪墨跋扈，运馨尺水者，恣无所恤，而蔡京、王黼、韩侂胄、贾似道之流，鸣上风以登飞鸟之音矣。鞑靼九十年间，其狼戾睢盱者，不仅在阿合马、桑哥之尤著。太祖起田间，尤惨其所为，故刑法严厉，夷风以革。数传而后，仅以大计裭削当炎火迎猫之刑，无惑其裂廉隅而莫惩也。律法监临主守盗公物盈贯以上，积至死罪，而敕使、守臣、郡邑之长猎部民极巨万，不以投辟。绎成汤之责，寻仲蔑之言，亦已悖矣。《诗》云："君子如怒，乱庶遄沮。"承贪乱之余，不以刑辟整绝之，未有能齐一天步，柔辑悍独者也。

天地之奥区，田蚕所宜，流肥潴聚，江海陆会所凑。河北之滑、浚，山东之青、济，晋之平阳，秦之泾阳、三原，河南大梁、陈、睢、太康，东传于颖，江北淮、扬、通、泰，江南三吴滨海之区，歙，休良贾移于衣冠，福、广番舶之居僦，蜀都盐、锦，建昌番布，丽江氂毡金碧所自产，邕管、容、贵稻畜滞积，其他千户之邑，极于瘠薄，亦莫不有素封巨族冠其乡焉。此盖以流金粟，通贫弱之有无，田夫畦叟，盐鲑布褐，伏腊酒浆所自给也。卒有旱涝，长史请蠲赈，卒不得报，稍需日月，道殣相望。而怀百钱，挟空券，要豪右之门，则晨户叩而夕炊举矣。故大贾富民者，国之司命也。今吏极亡赖，然胶刻单贫，卒无厚实，抑弃而不屑，乃藉锄豪右，文致贪婪，则显名厚实之都矣。以故粟货凝滞，根柢浅薄，腾涌焦涩，贫弱孤寡佣作称贷之涂窒，而流死道左相望也。汉法：积粟多者得拜爵免罪，比文学孝秀，今纵鹰鸷攫猎之，曾不得比于偷惰苟且之游民，欲国无贫困，以折入于□□，势不得已。故惩墨吏，纾富民，而后国可得而息也。

《易》曰："观盥而不荐，有孚颙若。"阴长于下，连类遂志，刑害阴私，贪各污鄙，逼天位而无忌，故圣人神道以示观。退省其躬，行下言之教，成加民之治，故曰下观而化，慎所示也。明兴，家法忠质，宫庭洁清，无别馆、离宫之崇饰，龙舟、步辇、驰道旁午之游观，无置骑、飞舸、千里割鲜、铜狄花石之供，无算车、料产，均输、酒酢、香药、子母责息之利谋，观道尽矣。而贪沿下游，极重不复者，法教不施而风俗苟简也。州县之制，以差选人者，唐、宋分畿、赤、次、雄、望、紧、上、中、下，凡九等，以分别资格，升降除擢而止。今吏部之注府州县，分系以瘠、饶、淳、顽，进士、乙科、乡贡、任子视以除授，则将部、台、藩、臬、分司岁时、生辰、荐奖之苞苴视以厚薄，钦使往来，供亿、劳赇、车船之悉索视以苛简，而长吏之乾没其民者亦将视以衰益，胥上下之耳目交注于淳饶，而其瘝可知也。抑县垂格范，为割蜜分羹不刊之则，固授之以亡廉销耻之术逮矣。

古者未命之士，食如其力，等而上之，亚于国君，位次升，禄次腆，车乘家老次备，赠答宴祭次隆。故延州投绡，子产献纻，足于己而无籍于物也。今万户之邑，十万之都，皆古诸侯之治也。稍给禄养，不逮家臣。居禁掖，登小卿者，劣食十口，宾客服佩之不给。郎官冗散，称子息，仰给责家，指拟差遣外除以售所贷，而子弟横乡里，尸狱讼，以仅完田庐。徒广其科目，易其升擢，博置员额，以诱其仕心。禄入已菲，米钞又折减其什五，率天下养百官而不足，纵百官食天下而有余，此何异饥鹰以攫雉兔乎！请罢劝贪之的，革饶瘠之目。除授之别，以轻、重、边、腹差等其资色，而禄石、傔从、薪马、纻丝、公私宴答之给，授以本色而丰溢之。不率，则刑辟拟其后，而无仁恕之歉也。

比国家之加惠搢绅者，下逮休废，尤为沦洽。起废员，晋勋阶，有大庆则播为恩例。其非制科、不登五品者，宾于乡饮酒礼。而氂荒畜厚之家，迹绝金闺，犹走谒要津，窥倖庆典。清白县车者，复恬静白遗恩外。抑褫夺、靡戍、狼藉、篦脱之寒灰，晋与饮礼，终日百拜，清酒九酳，习为优戏，荣施愚目、而自好者莫不非笑之。今为之定制，诸非居任以廉最者，虽边功建言，不得与起废晋阶之科。其尤沉没之伦，遇乡饮酒，齿之下座以折辱之。而告老闲住者，买声色，教歌舞，广亭榭，不以俭率子弟，所司岁具上闻，追还封诰，齿于僇民。帛锧终于在笥，桑榆鉴于□□，斯不肖销心而贤廉得意，亦移风振俗之一道也。

学校者，国之教也，士之所步趋而进退也。比者邑置郡设，鸣琴释菜，虚器岁修，官掌故者垂老气尽，渔猎生徒。学使奖行绌劣，率一二人，视掌故郡邑之喜怒，士之诵习帖括者，固已羔雁视之，寓目横经，则朵颐温饱。廉耻风衰，君师道丧，未有如斯之酷烈也。今即旦暮不能废隋、宋之格，而稍涤正之，尤当以行相参，定其殿最，如较文之等。州、县之长，超乙科，廉静文弱，才下任剧者，改邑教授；郎、舍、守、令起制科者，改郡教授。晋其秩如先所任，纪其教成，以为礼曹、太常、国子、学使之选。或乡老休致者，郡邑得聘领之，为之授兼经，讲正学，考内行，辨同异，究性命。举于乡者，不通四民之旨，及因缘长吏，与闻狱讼者，学使犹得按而黜之。以需数十年之后，廉耻厉，行检修，学术正，然后革词章，慎乡物，较隋、宋，媲庠序，虽有泛驾之士，亦戒足沉溺而正衿稜觚矣。

故王者养贤以养民，□□以配天。继于其乱，先以刑禁；继于其治，终以德化。相因小民之疾苦，则焦頯焚灼，妖怨巫起，而欲望建淳和以迓祥吉者，是滋息螟蟘而冀登嘉谷也。

离合第七

中区之间，轩辕所冶，大禹之所经维，起勾注之西，迤石梯，画黄河，东逾白登，阻桑干，复山叠嶂，界以野狐、居庸二翻之险。极东尽渝关，凭海阳。其外乱岫荒原，丰草大泊，曾冰酷寒，毛革酪乳之乡，殊形诡嗜，以讫北维之丘。西自黄甫川阻奢延之水，度盐池，跨南河，有贺兰、燕支、车箱、雪山之险，以西极乎青海黑水，逆流而南，放乎湟、洮。其外平沙朔野，横吹万里，间以西戎。积石而南，西倾、三危、岛㭾、太白、岷、嶓、严道、越巂、峨、嶵经脊地岫，峻削崩奔。其内羌、沔、大江、若、沫支流倾润乎中国。其外县绁流沙，赤土头痛，积雪夏飞之野，戒以碧目鬖面鬍发环耳之俗。滇诏之西，金沙、潞江、麓川之水，羊肠盘曲，南结以护嶍、岷之塞，放特磨，界交趾，几络乎广右。其南则邕部、百粤、铁围、鬼门、狼夷高髻藤笠之族，东被而尽乎海滨。渝关以南，巨浸浮绝，潏沸淳泊，南历沐榆、之罘、瑯琊、海门、三江、舟山、雁荡、霍童、紫帽、甲子之门，罗浮、七星以柱南维。过崖、冈而西，接合浦而界以日南。其他东辽水，北开平，西瓜、沙，南哀牢、缅甸、交趾北户之乡，盖中区之余气也。崇峦沓嶂以垣结之，沙衍茅苇以纷披之，绝壁渴涧以沟画之，瀚海尾闾以凝荡之。其中带束脉绕，搏聚约固，寒暑相剂，言语相译，形象相若，百谷相养，六畜相字，货贝相灌，百川流恶，群山荫夕以翕成乎中区之合，自然之合也。天地之气，辅其自然而循其不得已，辅其自然故合，循其不得已故离。是故知天地之昼夜者，可与语离合之故矣。行其不得已，知其有离，不得已者抑自然之所出也。而后统以三条，分以两戒，郭景纯、僧一行、朱元晦之说繇此其选焉。

中区之形，首建乎西北而穷乎东南，支山自主，支水自戒，文武自俗，厄塞自理。大河中画，北燥南润。火故润之，水故燥之，天地所以节阴阳也，而遂有不相需之时，以成南北。河北则桑干以南，恒山之支，历井陉、少山、黑岭、伏牛、羊头，峙以太行、王屋，穷于中条，委于河，而太行之东，淇、洹、漳、涠凑山东者，成为一区。河右则割黄流，洇秦川，南穷于褒、斜者，或稍舆山西合而离乎！河山以东，河南则出潼、殽、嵩、少、熊耳、桐柏之山，东延成皋，南间平靖、黄土、木陵、岐岭，结为潜、霍之岳，以渐乎江，是大江之所守也。江南则岷、峨南垂，放泸水以北，迳牂牁，出夫夷，东被衡山，以尽乎彭蠡，而上庸之北，障以武当，沿沔而西，北极武关，萦纡汉中，限以大散，南赴荆门、归峡，穷于沅、酉，江东浙岭、浙江分以太湖。闽有武林、仙霞、杉关之隘。粤有五岭、泷水、秦城、潭中之塞。若此者，旁条畦列，亦乘天地之间气，率以为离也。间气际离，纯气际合。合气恒昼，离气恒夜。无平不陂，无往不复，否泰之所都也。虽然，亦存其人焉。

昔者轩辕之帝也，上承羲、炎，下被有周，敦亲贤，祚神明，建万国，树侯王，君其国，子其民，修其徽圉，差共政教，顺其竞绿，乘其合，稍其离，早为之所，而无夸大同。然后总其奔奏，戴其正朔，徕其觐请，讲其婚姻，缔其盟会，系以牧伯，纠以州长，甥舅相若，死丧相闻，水旱相周，兵戎相卫，仕宦羁旅往来，富贵相为出入，名系一统，而实存四国。此三、五之代寓涣散于纠缠，存天地之纯气而戒其割裂，故气应以正而天报以合，数千年之间，中区之内间间如也。秦、汉以降，东南一尉，西北均候，缀万国于一人之襟，而又开河西，通瓯骆，郡朱崖，县滇筰，其合也泰焉。物不可以久合，故河山条派奇杰分背之气，率数百年而一离。建安以后，裂为七八而离为三。太康合之，未百年而又离，播为十六。宇文、高氏稍合，而别于江左者终离为三。开皇合之，未三十年而又离，以逮乎武德而后，合者几三百年。天宝乱而河北小离，广明乱而并晋、大梁、幽镇、吴越、闽广、荆湖、两川之草据者不胜离也。雍熙合之而燕、云终离，未二百年而卒离为二。靰鞨驱除其离，以授其合于洪武。

祥兴以后，中区之气，永合于兹者四百载矣。是故合极而乱，乱极而离，离极而又合，合而后圣人作焉。受命定符，握枢表正，以凝保中区之太和，自然之节，不得已之数也，天且弗能违，而况于人乎！故太史儋曰："始秦与周合而离，离五百岁而复合，合七十余岁而霸王者出焉。"终南、汧、渭之交，周、秦之先所合处也。平王东迁，弃其故地。秦阻殽、函，东西并峙。其后守府仅存，四伯迭起，不能复问丰、镐之王迹，迄于战国，瓜分瓦解，而河山以东仅敌一秦者，东西相离之大致也。故三川并而天下一，驱除尽而汉祖兴。繇此言之，离合之际，非深识者不测其旨矣。

夫三、五而降，其得姓授氏，为冠盖之族，或稍陵夷衰微，迁徙寡占，南屯北戍，遂为殊俗者，其始皆数姓之胤胄矣。精脉嬗演，筋肉同抵，姻亚僚寀，欢若臂腋，迨其涣散，不可寻忆，则有兄弟互斗于原野，甥舅各畜其弋铤，血肉狼藉，巴吞鸩禁，此非惨心痛髓之事，而天地之所深悼哉！然而闻其害气，则姑且听之，行其不得已。尤惧其坏溃而无以救其孑遗，则原坂以阻之，江河以堑之，金铁、粟米、盐卤、皮革散其产以资之，贤豪财勇各君其地、帅其师以长之。是故合者圣人之德也，离者贤人之功也。今戒其或离而求致其功，所以因条戒，络地脉，靳天宝，采物杰，因民志，建规抚者，无庸褒耳经维而蔽目规画矣。

南条之纪，不得熊耳、冥厄、寿春，不足于守。中条之纪，不得杨刘、曹濮、河内、太行，不足于守。东条之纪，不得虎牢、广武、少室、熊耳，不足于守。江汉之纪，不得荆门、上庸、襄阳、舒、皖、濡须，不足于守。坤维之纪，不得武都、天水、仇池、陈仓，不足于守。武林放海，余气也，不阻太湖，不足于守。五岭穷于蛮中，余气也，不左洞庭，右彭蠡，不足于守。用文之国，士马佻脆，数战以逞，魄浸耀、气浸衰而不知，因长以攻瑕者，不足于守。珍先王之典器，葆其训物，崇廉耻，敬臣民，厉风轨，敌苛虐，武健以邀辅皇天，而故反其道，谐于霸夷者，不足于守。鱼盐、秔稻、锦绮、玑象，宅其地，登其盈，以争长靡丽，嬉荡民心而弱败之，不足于守。不制其臣，不珍其宝，盗窃偷步，祸发堂廉，授敌间而乘之；或惩其道，上猜下离，自弃其辅，偏一于此，不足于守。此十一不守者，贤者所必鉴也。故地有必争，天有必顺，气有必养，谊有必正，道有必反，物有必惜，权有必谨，辅有必强。取必八术以遂其功，所以慭爱余民，救害气于十一，抑可以为百年之谋矣。《诗》曰："既顺迺宣，而无永叹。"顺民之离迸，以经其畛畔，遏救残刘，消弭啼怨，公刘之所以延天笃也。

或曰：天地之数，或三或五，三百年而小变，千五百年而大变。繇轩辕迄桀千五百年，禅让之消，放伐变之。繇成汤迄汉千五百年，封建之消，离合变之。繇汉迄乎祥兴千五百年，离合之消，纯杂变之。纯以绍合，杂以绍离。纯从同，杂乱异。同类主中国，□□□□□，各往其复，各泰其否。然则授天命以振三维者，非奖掖中区，宰制清刚，作智勇之助，骁悍碙骏之气，固不能早绝纯杂之消，反之于太古轩辕之治，后之治也而无所俟焉。呜呼！非察消息，通昼夜，范围天地而不过者，又恶足以观其化哉！

后序

述古继天而王者，本轩辕之治，建黄中，拒间气殊类之灾，扶长中夏以尽其材，治道该矣。

客曰：昔者夫子惩祸乱，表殷忧，明王道，作《春秋》。后儒绍隆其说，董、胡为尤焉，莫不正道谊，绌权谋。今子所撰，或异于是，功力以为固，法禁以为措，苟穷诸理，抑衍而论其数。虽复称仁义，重德化，引性命，探天地之素，恐乖异乎《春秋》之度也！

曰：何为其然也？民之初生，自纪其群，远其害沴，摈其□□，统建维君。故仁以自爱其类，义以自制其伦，强干自辅，所以凝黄中之絪缊也。今族类之不能自固，而何他仁义之云云也哉！

客曰：宰制所谟，以贻无疆，固当通其变而不滞其常。汉起西京，中兴洛阳，子之所制，定燕蓟为会同之邦，不已固与？

曰：王者相阴阳，定风雨，建之邦畿，为宰治主，亦莫不用气之厚而固自然之宇也。是故羲、农之都，或陈或鲁。平阳、蒲坂、安邑、耿、相，凭河东北，以为安处。长安、洛阳、大梁之土，后王宅之，数百年之下而后地力衰歇，渐以薄卤。今燕、蓟之宅，受命而兴者，女真、鞑靼曾不足于称数。永乐定鼎，始建九五，水土未薄，天气翕聚，天子守边，四方来辅。后之所宅，固当蹑迹灵区，以光赞我成祖也。

客曰：贤哲制未乱，庸愚谋已然，立说之大凡也。今子所撰，陈于数十年之前，可以救而保其坚；方兹陆沉，□□忽其斩焉，过述先事之失，为期忌惄，子所谓失鱼而求筌也。

曰：孔子著《春秋》，定、哀之间多微辞。言之当时，世莫我知。聊忼瘝而陈之，且亦以劝进于来兹也。昔在承平，祸乱未臻，法祖从王，是为俊民。虽痛哭流涕以将其过计,进不效其言,而退必灾其身矣。天下师师,谁别玉珉,荏苒首解,大命以沦。于是哀其所败,原其所剧,始于嬴秦,沿于赵宋,以自毁其极,推初弱丧,具有伦脊。故哀怨繁心,于邑填膈,矫其所自失,以返轩辕之区画。延首圣明,中邦作辟,行其教,削其辟,以藩扦中区,而终远□□,则形质消隟,灵爽亦为之悦怿矣。岁德在丙,火运宣也。斗建维辰,春气全也。文明以应,窃承天也。太原之系,世胄绵也。为汉大行,忠效捐也。悲懑穷愁,退论旆也。明明我后,遂播迁也。俟之方将,须永年也。《黄书》之所以传也,意在斯乎?

　　《黄书》全书终

识小录

识小录引

　　识小者，不忍坠地也。已坠于地，而道固不可坠。无小非大，故曰"人之异于禽兽者几希"，几希者，小也。大可冒，小不可假，故曹丕得言舜禹，冯道可以救人之仁归契丹，唯小者则筋骸不可强，血气不可遏。乃嚣然曰："恶用此哉？"于是而蚁穴决金堤，星火焚昆冈矣。所甚忧者，小之坠也，几希之绝也。陶潜氏曰："今我不述，后生何闻哉？"顾以未得与于承平荃宰之下，少有所闻，百不逮一，病中约略忆而录之，固不保其能传，亦尽吾垂死之孤心而已。

　　己巳秋，船山病叟王夫之录。

识小录

元旦、长至、圣寿御殿，百官皆朝服。朔望御门听政，皆公服。^{服制}详《会典》。御文华殿经筵，平台便殿召对，皆常服，唯许用朱玄色，后或用天蓝、油绿，非制也，有旨禁之。在外唯三大节拜牌及迎诏用朝服，初莅任望阙谢恩用公服。其出使在外者，虽三大节及受敕皆常，服行五拜礼于其署。

在外官初任，望阙谢恩，东乡不北面者，旧说以为洪武初建都金陵，在中国之东，故东乡。非也。苏、松、浙、福皆在金陵之东，不西乡；山东在北，不南乡；江、广在南，不北乡。何也？盖北为本官出治之位，非至尊所御。而古天子适诸侯，馆于其庙，位在阼阶。庙既在诸侯大寝之左，阼阶又西乡，故虚左以为临幸之位。此古之遗意犹存者也。拜于仪门者，亦以古之庙制在大门内，正与仪门相值也。

常参、召对、请见及经筵日讲，常服皆朱玄云纻绣补，如其品。虽待罪被召诘问亦然。以素服用皂绢，唯国忌及灾异衣之，吉凶不敢相渎也。外官见所监临，一应俱衣皂绢无绣补，非礼也。其失始自府州正官品高于参议、佥事、御史，布按二司官品高于佥都御史，佞人自抑以求容，傲吏恃权而临之，遂以凶服概施之于吉，国初无有也。万历间，犹有巡按御史某禁之。

文官绣补极于云鹤，武官极于麒麟。文官一品有武功则赐麒麟。公侯有翼赞之功及戚畹辈行尊者则赐云鹤，中叶之特典也。逮后乃有赐蟒、赐斗牛者。内官亦有飞鱼之赐。

常服绽丝及纱，皆织云纹，唯未入流朱衣，不得有云。七品以下，每列七云。四品至六品五云，三品以上三云，赐玉者一衣十三云。

自世爵品官至于生儒耆老吏典，皆有本等服色。军校胥皂亦有衣帽之制。其品官之舍余与庶人不充胥役，无公私过犯者，皆绽丝圆顶帽，衣倚褹音撒，其制：方领有硬衬摆头。青条，皂皮靴。荐先于寝及有宾嘉之礼则服之。万历中年以后，人趋苟简，此制乃亡。

冬至乃赐百官戴暖耳，俗谓之帽套。加纱帽上，虽人见亦然。是日，上始戴之。盖南郊见帝，不敢以毛物蒙冕上，礼成后乃以御寒。外官唯北土苦寒，在所必用；官南方者，雪盛乃尔。壮年不畏寒者，虽极寒，犹嫌其不雅，不戴也。

士大夫子弟行冠礼者，初加儒巾、青衫，再加幞头、公服，三加进贤冠、朝服。

自十二月望，在京官皆服朱衣，至正月灯节后，乃随易他色服，吉月则自边关紧急，及月内应行典礼外，一切刑名、钱谷事务，奏剳皆不行。

带用玉、犀、金、银、明角，为五等。黑角鞓者，凶礼服、素服及未入流官所系也。以轻便取适者，用伽南、水沉、班竹皮、玳瑁、黄白纱为鞓质，而以本品宜用金或银镶之。三品之金鞓，五品之银鞓，皆突起花样，余则否。

一品虽有服玉带之制，然非特赐，即加宫保至三少，仍犀也。金银带唯纯金纯银者以入见，其用香纱、竹、玳瑁为质而镶之者，不敢以入见。犀则以金镶之。

翼善冠脚直指上，脚，俗谓之剪翅。王冠脚俯垂向前，郡王冠脚既前垂而又斜迤向中，品官则平列冠下。此上下之别也。

毡笠之圆者，谓之宣帽。启、祯间宣府武弁始制之，遂遍天下，盖马上所便也。旧制马上大帽有以皂纱蒙漆纱为之而金箔饰顶者，有缠棕及马尾为之者。武官及州县佐领职捕盗者，皆戴之以见上官。其衣则大摆倚褹，或缀绣补。举人下第归，亦戴此与地方官酬酢，万历中年无此矣，皆仍儒冠。盖示将复上计偕于马上也。下至抚按司道吏典随行者，于马上亦戴此唯此。可移用无定式。

进士软脚幞头衫带，皆仿唐制，礼部给之。唯榜下服之。既分曹观政，则官帽皂袍角带。庶吉士亦然。皆以未列于品官，无级无俸，则无服色也。唯岁宗廷试后赐七品服色，受教职则仍与未入流同。

举人中会试，仍称某学生，则亦与诸生无异，服色不应有殊。乡试榜发，例给青袍易蓝，盖亦所司破格旌厉之耳。入监，则仍服监衫而不袍。衫无里衣衬摆。既衣青袍，则暑月可衣华素。松江举人独衣天青、油绿纻丝袍，非天下之通例也。

乡约必六十以上非曾充吏胥有公私过犯者为之，戴东坡巾漆纱为之，后垂双带。衣布行衣，青衣蓝缘；系大带，亦青质蓝缘；白袜、青鞋。耆老头巾如儒冠，而冠顶正方向后如"民"字样。吏巾如儒官而上方，亦微向后，衣青绢袍，无里衬。皂皮靴。

京官可便服以见外吏。大僚云鹤服色者，可衣鹤氅。织成玄色纻丝，白鹤间色。余可行衣、大带、方舄。唯部郎及冗散中行评博等。接见巡抚、藩伯、宪长资深望重者，必官服耳。或假归，或致仕在途，俱可以便服接品官。外吏虽藩伯二品之尊，则以官服来者必以官服接之。虽生儒服巾衫见者，亦必然。

后世冠服，日与古异。唯朝服、祭服、公服略存古制，若此外则士大夫之敛用深衣者，与《礼记》差无大异。丧衰亦近古。斩衰之冠，以双绞草绖为武，中以一寸许大麻布从额至项缀于绖上，则是免也。两旁缀木棉球以代充耳，剪数寸布缀绖下当额，仿佛如纩延，皆通古义。衰肩有负版、削衽、辟袂，两襟皆上方下锐，腰绖以草，皆古也。期功以下皆有所谓一梁冠者，其实免耳。若以数尺布复首，垂后至腰，谓之拖头，则野人之为，士类不闻有此。

士大夫居父母丧，宾客非吊事则辞之。若不可辞，客虽官服，自可以丧服接见，虽尊贵，不易服。唯州县官闻讣，以仓库未得交盘，须谒上官清卸，则官帽加凶帻上，皂绢袍去里，以衰袭之，黑角带草屦入公门参谒，其谢吊，自衰服拜于门外。

吊服三不易，官帽、镶带、靴也。服如袍制，以白绢为之。

为人后者，于所生父母之丧，可告假治葬，钦允假三月归籍。然必待二十七月后乃赴京销假，虽奉旨召用，必辞待月足。在外官亦可准此，特无有能行之者耳。母早没，庶母慈己如母者，亦可援此例，以尽报德之心。

自州县正官而上，衙署皆有家庙，莅任则奉行主于中，以时拜奠，如于其家。改任乃迁。奉主归，皆有祭告。官署窄隘，则于寝室之中堂奉奠。

大朝，行十六拜礼。详《会典》。礼部尚书出班赴御座前，致词进表，承制乃退就班。御门，行四拜礼。详《会典》。召对、经筵、面恩，皆如之。在外则布政使府州县正印官如宗伯之仪，就龙亭前行礼。出使官则在本衙门设香案，行五拜礼。致仕闲住及起复未赴部官，皆于私宅设香案中堂，行五拜礼，不与地方官同序班行。唯有王府处则咸趋府第，随王行礼，不论在任在籍，一以官品及衙门为班序。

大朝，内阁，不拘员数。翰林，侍读以下。给事中二员，中书舍人二员，尚宝司官一员，御史二员，纠仪。皆赴内殿行四拜礼，随驾出，升座后，各侍班。鸿胪寺赞礼者各就其立位唱赞，不入班。凡拜兴鞠躬，依唱赞声为节，从容磬折。非但以肃观瞻，人之所以异于禽兽者，亦于此辨之。

笏本用象。趋轻便者，用黄杨及槐木为之，非制也。或乃以孔林楷木作笏，衍圣公以此赠人，要非士君子所忍用。

佩既有囊，唐、宋所增。于是趋简约者，以襄汉间药料所烧者充玉。官卑俸薄，不得已而用此。若大臣不自媟其章服以象德，即用玉，亦未至不给也。

南郊之礼，备辂车，乘步辇，至青城下马牌下，即步行入大次。夕坐待旦，坐小杌子，不御炉火，候时至，登坛行礼。礼成，步出青门，乃乘辇归阙。燕地苦寒，不能频岁举行，多遣官代祀，而望拜于宫中。即此一事，燕不可为天子都，亦明矣。

幸学，祭酒、司业各讲一经。命监生讲，则讲；无特旨，则否。旧有"颜渊问仁""子曰参乎"二章讲义刻于彝伦堂，然所讲不必此也。祭酒、司业赐坐讲，以尊师尚贤。文武大臣，或赐坐或否。

大臣之丧，驾临幸亲祭，洪武初屡行之，后不复行，其礼《会典》不载。驾次端州临，祭何中湘、李宁夏，乃搜《大明集礼》得其仪。主人豫画遗像，朝服执笏侧立，并神主设席于西楹，东乡。若在殡亦迁于右。驾将至，主人斩衰服，匍伏于门外，见辇止哭。驾入次更衣，素服入门，主人乃入，即位于堂西阶下，北乡。少长各以服为序，匍伏候驾升堂，南面立，鸿胪官奏举哀，上三举哀，从官皆哭，主人哭稽颡。以次奏进香，初、亚、终献，皆上亲举，而太常官受奠于席。读祝毕，复三举哀，主人哭，稽颡无数。驾兴，主人止哭，趋出，匍伏道右恭送，易素服诣朝门外谢恩。明日，百官皆吊祭。

敦趋，唯施之内阁旧臣，其冢宰唯官宫保望重者。差行人赍敕，开读后，即具本辞。行人留候旨。得旨不允，行人及地方官日促装，乃行。至中途稍留，再具本辞。不允，乃诣阙。鸿胪受敕，趋入见。陛见后，复具本辞。不允，阁臣乃入直，冢宰乃谢恩莅任。陛见后，台谏有异议，则坚辞引去。难进易退之节，大臣之道宜然，非虚伪也。

阁臣以礼致仕，天子念其旧德，则有存问。冢宰加宫保二少，望重恩隆者，亦得邀恩。所赐不过银五十两、纻丝二表里，米羊则有司供之。天子存问，则境内及尝与册封之亲王、府部、卿寺、台谏、词林，与直省抚按、本省司道府州正官、同乡同榜门生故吏在仕籍者，皆修启候问起居，其仪物各有差等。虽清介素却苞苴者，无不受也。

封赠之制，国法极严。虽应得封赠，而曾犯公私杖徒以上，与曾充隶役者，及妇人再醮者、被出者、出身娼婢者，皆不得滥冒。若曾任台谏等官，与管兵官以失机致罪而充军伏法者，皆必先与昭雪复职，而后可加赠。当奏请时，必先具行状送验封司，仍责府县官下逮乡耆里老结状，乃许奏给。在岭外时，诰敕滥矣，然严云从以扈从功封伯，应赠四代，而严世蕃其曾祖也，所部核而不予，犹存此制。

为人后者，于所生父母可移己身及妻诰敕赠之。封则不得赠。亦一命而止，加赠不许再移。

相见必拜，拜则必答，人道之大节也。唯翰林院能存此礼。先后辈以序分东西交拜。初入院及差假久出回院、冬至、正旦皆交拜。有所贺谢，则宾主分东西再拜。其不答者，唯祭酒、司业于彝伦堂坐受监生旅拜。师道之尊，等于君父也。中式者于主考四拜，答其二。拜者北乡，答者西乡。生员于督学官及教官亦四拜而两答之。若下吏见上官，生儒见州县正官以上，庭参后必禀拜。上官随设毡于上，交拜成礼。其后有禀拜而答以免者，骄简慢易者则然也。唯按察使司悬牌厅柱云："参见官免拜，禀事官免揖。"以风宪严厉,用都察院宪纲也。若衙官非科资出身,于监司不揖不拜,叩头而已。

庭参之仪,再跪再起,起而揖,今之揖,古之肃拜也。腰不屈,首不俯。诮人下首叩地,则是拜也。下吏见上官,三鞠躬而退,卑者一鞠躬而退。衙官见监司,则趋出不鞠躬。

举贡于礼部、礼科,其提调也,见必具上衔手揭,庭参禀拜。礼部司官唯仪制司为然,其余则以后辈见前辈礼酌行之。

布政司、府州县正亲民官所属绅士,必执子弟礼,肩舆不入仪门。步入仪门,必从角门出入,不敢坐其正堂。虽位公辅,不能逾也。故府县有于仪门外搭棚安上座,以逆内阁及冢宰之事。其余则仪门外有迎宾馆,上坐可也。按察司及巡抚巡按察吏而不治民,则肩舆升堂上坐,无不可者。明伦堂,士执经受业之所。故本所肄业之学,虽登八座,位宫保,不敢以宾客礼登堂。若邻州县学,则正宾位于堂可矣。日讲或六员,或四员,间日轮讲。每值讲之前一日,具讲义稿,呈内阁及勋爵知经筵者阅订。有疵句则批驳令自改正。改已,复遍呈之,虽至再至三,必改定乃缮写一本进呈。至日,对御诵讲,或有问难,则因而详对。此定制也。高新郑、张江陵当国,则以己意为讲义,日讲官诵之而已。今新郑集中有《四书解》,江陵《直解》则通行海内,要惟二公自用为然。

日讲依《四书》次第,若子疾病、颜渊死,时有避讳耳。经筵则随意取《四书》《五经》以时献替,于朔望后一日进讲,寒暑弗辍。日讲以二月十五日进讲,五月十五日止;八月十五日进讲,十一月十五日止。极寒盛暑辍之。每一期毕,有宴、币之赐。

翰林名曰读中秘书,而实无一书之藏可读。唯行人司每一员出使,则先索书目以行。购书目中所无者,多至数册,少亦必一册,纳之司署。专设司吏一人,收贮检晒,而厚给其糈。故行人司藏书最富,盖得《周礼·大行人》之遗意。

阁门红牌:"文武官员擅入此门者斩。"永乐间制也。唯翰林院官、中书科中书舍人不在此禁。文华殿中书舍人则执事于内,辅臣或年高目暗,则为读题奏本,研墨注砚,烦劳之事,皆任为之,以不许从人入故也。六科官入门,于阶下立谈,不得登堂。

内阁有钦赐图书，方一寸二分，银章，鼻纽，玉筋篆，唯可用之进呈文字奏单。若有特奏实封，首辅仍用文渊阁印。余俱白本不得用图书。其制始于洪熙间赐蹇义等，后遂承以为制。虽罢政归，不缴。然不得复用之于卷帙。亲王亦有赐者，亦止用于候问万安国书，别以石刻所赐字样，如"钦赐"二字作引首，施之诗文字画之上可尔。

京官差出，虽在外，皆与在京同，不为少贬。即监军、治河、督饷、监造，有功罪之责，而与在廷交接，文移皆如其本衙门体统。奉祀、册封、主试，尤勿论已。唯御史奉巡按之命，则于都察院及内阁、史部用青壳上衔手本，衣皂绢袍，黑角带，与外官同。考核后，该院题允回道，乃复旧。盖吏治必严，宪纲必饬也。

内阁虽兼尚书，然不以部衔为尊，自以密勿儒臣为尚。故其往外，无受外吏庭参之礼。唯江陵不知此，受三司参拜，适以自亵而已。在京，则谒见者必躬答之。

都御史巡抚地方，旧为本院左副、左佥及繇京堂升授曾于都堂上任者，巡按御史以堂属礼见，至仪门下肩舆，从角门步入。若繇藩臬擢授，则巡按御史与之敌体，虽加部衔无所屈也。

御史台极为尊严，盖弹压百司，私交所绝，天下之理乱、生民之生死所系也。御史出巡按，自同知以下俱无茶坐之礼。且庭参后非有所谕，不敢白事，即趋出。若都御史巡抚地方，则虽奉旨遵行，乃至军务、军储，亦止行司道转下府州县，无径下府之理。天启间，贵州安酋之乱，川湖云贵总督一差使至衡州催饷，郡守以不行藩司而径下府，杖其人而驱之。公事且然。岁节、生辰、升迁不敢称贺，画一之法，谁敢逾者！知府以下，敢以仪物上交抚按者，崇祯末之乱政也。

文官自知府以上，武官自副总兵以，朝谒藩王则宴之，此下赐银折宴而已。钦差官则不论品级，皆为设宴用乐。朝谒之班，在任与在籍一例以官品序。三品以上，拜于殿门内。巡按御史及钦差册封、存问、戒谕、吊祭者，不论品级亦如之。余皆拜于殿门檐下。同知以下谒见，拜于二门内，不为升殿。于三品以上及巡按监司有书致问及言国事，称先生。武官则副总兵以上称将军。余虽馈赐，无书。有国事下令旨，长史司移牒行之。

帝子初封，其长史以科目任部属者充选，资深者带参议或佥事衔，一例升转。自是以后，为左迁及例监升任。岁满则罢，称臣于其国，俸薪于其禄内支给。唯有军功可超擢起用，亦异数也。

藩王于其所封府州城士绅，皆有赏馈。岁时、生朝、吉凶大故，随尊卑疏密为差等。下逮生儒，亦有赍予。士绅亦得以脯果之属致敬。盖于其地长子孙且连婚媾，恩礼所必浃也。秦、晋、周、楚、蜀封于省会，乡试中式者皆特宴之，所赐厚薄不等，所知者楚府银酒盏一，《四书》一册。但与连姻，则不得任京官。山西孔天胤赐进士一甲第三人，以婚于王府，不得授编修，外任同知，擢督学参议而止。

乡试旧惟两都差词林，而以中行评博及畿内知推为同考。浙江以下十三省则考试官、同考官皆以教官为之。其后监临御史轻教官而夺其权，誊录特具虚文耳，实则以所号为收掌试卷弥封、誊录、对读等诸郡邑官分阅墨卷，监试官为副总裁，而一缢御史定取舍，所谓内帘者不能取一人也。至万历中年乃革其弊，各省皆差京官：礼部拟四人，上内定二人，命下即行，而以推官、知县及署教谕举人有文望者为同考，不足则聘之邻省。外帘官各司其事，与监临监、试皆不得干预。所差考试官，浙江、江西、湖广、福建各翰林一员，_{编检。}给事中一员。河南、山东各郎中二员。广东、陕西各郎中或员外郎二员。四川、广西各主事二员。山西少卿一员，郎中一员。云南、贵州各主事一员，中书舍人或行人一员。

会试考试官唯上所命。正、嘉后率以阁臣充之，或宫詹学士兼卿贰者。类不能再命，虽得君如江陵，入相如方从哲，亦一典礼闱而止。唯万历辛丑、甲辰，冯用韫琦、曾直卿朝节以宫詹、礼侍两典之，不知当时何所据以为典章？抑必词林夙学而后膺此任？丁丑张阁学至发繇刑部侍郎入直而为副考，亦破格也。进士额既广至四百人，或十八房，或二十房，分考者少卿一人，部曹四人或六人。考功郎以大计之劳，职方郎以机务之重，必与焉。余四部取有文望而资深者给事中四人，余皆词林，自宫坊讲读至编修，皆唯选用，唯本科典乡试者不得与。

云南乡试，旧合为一。贵州府、卫学无几，皆就试云南。至嘉靖丁酉，乃别于贵阳开文场，而以五开、平溪、镇远、清浪四卫隶湖广者就贵州试。其牌坊、锦帐等，贵州犹执非所属不予，令就湖广领之。

云南在天末，去京师一万一千余里，故会试举人例给火牌，应付马二匹。或取道四川，出栈道，走潼关；或出贵州，自辰、沅走襄、汉。皆唯所便而给之。

廪膳生员六等，充吏仍许应乡试，此嘉、隆以前旧制也。儒童未入学者，自度文已优通，报名于督学道考试，拔其尤者，准应乡试，谓之儒士观场，万历间犹行之。任子入监读书，亦准于两京随监生应试。中式则可移所荫于子弟。

未入流官，乡会试皆可与。制敕房试中书舍人，以举人文理典瞻、书字端楷者充选。不入品，不给俸，仍准会试一次。中式则径授检讨，否则升主事。举人署教谕，贡生为学正、教谕、训导，应乡会试皆戴纱帽而去其脚。中式以后，仍其冠服。中会试则仍依殿试甲第授官。贡生中乡试、会试后，即升助教、知县等官。

知府繇任子升授，及州县缺正官、佐贰首领，繇例监及吏员出身署印者，考试生童不得任阅文之任。府试则督学别委府佐，州县则知府别委教官，文册、印卷、供给等务，仍本官提调，所委阅文者不代任也。考试日，佐贰官不繇科贡出身者，不得上堂金坐。

宰相之称师相，自秦桧始。然桧实为相，位三公。若内阁，虽有代言之权，祖训固严爰立之禁。故嘉、隆以前，但独阁老，称之曰老先生而止。分宜、新郑、江陵既自尊大，媚之者以师相称之，不知其适以待桧者待之也。

老先生之称，士大夫之极致也。词林以称前辈，于词为允。九卿台省以称内阁，亦为得体。士大夫致仕家居，年尊望重，则地方官及后进迄乎生儒，皆以是称之，斯可受之无惭。迨其后，少年新登仕籍者乃至中乡试未离经生者皆蒙此号，又其甚者，武夫阉竖皆称之。天启以前无有也。

举子于乡会主考分考、殿试读卷官，可自称门生，而未尝以师称之。在三之谊，不可媟也。唯入太学者于司成，庶吉士于所教习，生儒于教官，则可称师。汤义仍《集》于主考但称举主某公，可见滥称老师，万历中年后之末俗也。崇祯末年乃有夫子之称。尤可笑者，至以关侯与孔子同尊。谄人不足，谄非其鬼，人理亡矣。

督学之称宗师，自蔡虚斋始。其学行之粹，教思之笃，为士子所敬重，故缘情而立名，实则原本《庄子》，亦不足贵也。虚斋而外，士子于督学但称先生、大人至矣。迨其末流，乃以施之郡邑之长吏，滥极则贱矣。

部属御史、评博、署丞于堂官，俱止称堂翁。分司于藩臬长、佐贰于郡邑长官亦然。首领官繇科贡出身者，称堂上官亦但曰大人。唯吏员出身者有老爷之称。武官于其所施敬，亦称老先生，或称恩台止矣。总督权重，则称宪台。逮问官于法州及巡按、分巡称法台。唯总旗以下，乃称文武大吏曰老爷。谓他人父，岂可自同奴隶哉！

同署而不称寅者，内阁、翰林、中书科、礼部以文事交奖，无法纪之待协恭也；都宪、给事、御史、吏部，按察司以觉察相纠，非比合为朋党也。中书舍人在衙门不称寅，迁他官，顾于后授者称旧寅。行人虽登八座，于初授者皆称旧寅。司中旧谓为贫贱之交。给事相呼曰老掌科。御史相呼曰老道长。吏部相呼曰老长官。礼部相呼曰老省丈。词林则以字呼，同辈或称兄，古道也。

台省于其同官，不年不眷，虽姻娅亦止以侍生往还，严法纪也。旧为属吏者称旧属，而擢翰林、吏部、给事、御史，则一受命即绝属礼。唯曾为其郡邑长吏者称旧治，始终以之。命官不齿，故朔望后一日会讲六条，与地方官分左右坐，生儒耆老于下立听。唯有戚属尊行。则避而不往可耳。封君不与。

《识小录》全书终

搔首问（增补）

刘人熙序（增补）

搔首问者，即屈子之天问。明社既屋，中原陆沉，志士仁人肝脑涂地，无补天倾，抱孤心而诉苍旻，天帝亦疑于醉矣。然默赞神化以俟数百年之远复，则韦布之功贤于台鼎，船山之搔首而问者，造物者不难一一条答，相视而笑，莫逆于心也。知此，然后可以见船山之心，学船山之学，读船山之《搔首问》，吾师乎？吾师乎？

民国三年重九节后二十日后学浏阳刘人熙序于船山学社之凝粹堂。

搔首问

“知仁勇之仁，乃君子成德之极；清任和之清，为学者入德之基。”此思宗皇帝与黄公道周论学语也。天下不知有清，而上不能全其仁，以致于倾覆，哀哉！

壬辰冬，于安定侯所见思宗皇帝御书硬黄龙纹笺，书唐人“天涯尽处无征战，兵气销为日月光”之句，端丽不让唐太宗书。

历朝宽大之政，其昭著于税粮征之。洪武间天下初定，户口流亡未复，田亩荒芜未垦，所丈量田亩起科尚赢。迨及弘治十年，承平已久，而丈量科税顾缩。以湖广稽之，弘治所减洪武夏税七千五百六十五石有奇，所减秋粮二十九万七千五百六十七石有奇。不知田土渐垦者几何矣，而不但不增，且多所减。圣子神孙恩泽之厚如子，服先畴、长子孙者忘恩叛上，杀运之淫，抑自取之也。万历九年，江陵以申、商之法御天下，责实丈量，然亦就弘治额稍为逡易耳。国宪在，人心不能恣行其刻核也。

宋亡而韦布之士如郑所南思肖、龚圣予开、王炎午、汪水云、谢皋羽翱、方千里凤，悲吟泽畔者，不一而足，今则空谷之音窅然。虽或文采表见不逮数子，抑世日趋下，无与乐道之也。唯山阴文学王毓蓍显著。如余杭文学朱治升不肯薙发，弃家走入天目山，匿月余，恐不得免，自经于林，唯一僧收瘗之。阅三十年，其子寻求，获遇其僧，乃负骨归家。若生存而抱负以隐者，则安成、陈二止觐孝廉，独居攸县之欧公山，屏妻子，绝交游，忍冻馁，二十余年未尝下山，年七十而终。闻有遗稿，其门人颜弁为刊藏之。弁字伊骐，亦奇士也。祁阳张参可纶，刘子参惟赞先后中乡举，皆全节避世。参可，孤介士也。子参有当世才，隐居后结小茅亭于深山危壁，有徐、陈二生，皆弃诸生，不改冠服，随与俱隐，饥寒以死。

青原极丸老人书来，道吉安人士孤贞自守者，如刘安礼、周畴五，皆凤闻其风操。别有魏冰叔、林确庵，亦鼎鼎非此世界中人。又有郭门，字林外，不婚，不就试，好钞录奇书，孤僻自遂，亦奇士也。

昭代理学，自薛文清而外，见道明，执德固，卓然特立，不浸淫于佛、老者，唯顾泾阳先生。锡山书院所讲说见院志者如日星，有目者无不可见也。东林会讲，人但知为储皇羽翼，不知其当新学邪说横行之日，砥柱狂澜，为斯道卫之尤烈也。先生前无所承，后亦无所授，同时同志若高景逸先生，已自有不同者。要之，有德之言，唯心得之，乃与往圣合符。韩退之言尧舜递传至孟子，岂有密室心印、衣钵拂子如浮屠之授受乎？阳明天泉付法，止依北秀南能一转语作葫芦样，不特充塞仁义，其不知廉耻亦甚矣？

茹檗张姓，昆明人，以乡举任县令，城陷走，祝发为浮屠。言：滇中所在为杨用修立祠屋，迄今俎豆不衰；李贽生祠，贽死即拆毁，弃其像于沟壑。用修戍滇，嬉游不修小节，而滇人思慕不忘者，其忠耿大节既足动人，且以贵公子状元及第，而未尝挟之以交当事，与滇中政刑，弋一钱之获。贽为郡守，恣其贪暴，凌轹士民，故滇人切齿恨之。贽受法于龙溪。龙溪之告唐应德曰："他人以戒定慧治贪嗔痴，公当以贪嗔痴治戒定慧。"宜其心印之若此。

楚俗好鬼，淫祀其小者也。妖术繁兴，乃欲试之兵戎之大事。士大夫惑于其说，为害甚烈。江汉间翕然相尚，贤者亦堕其中。如嘉鱼金公声以死殉国，岂非烈丈夫，而崇信申甫，以致丧师辱国，城几不守，与宋郭京一辙，贻万世笑。江复游肩生侍御大任，在台中亦铮铮有声望。乃信一妖僧，谓能断人头，噀水续之复生。取一仆试之，既不可复续，妖僧逃去。侍御惶遽，以肩舆载尸出城，甫至城门，头从舆中坠地。其时适有中奸细悬朱旗，上书五关七返贤招令于巡抚衙门，城内盘诘方严，遂穷究其事。抚按驰奏，下侍御于狱。虽仅坐无罪杀雇工人律，免大辟，而终身不齿于士类，亦可羞已。

昭代无隐逸，不知后有修史者，以何人位置于此？盖缘经义取士，庠序法沉，科目人众，从童子授读时，早已将圣贤学问作利达之资，贤者且待利见以表著其功名志节。不然，则一青衿抑可藉以为利，况登仕版乎！父兄以教，子弟以学，沉湎终身，谁复知有独善其身者？下之风尚如此，而安车蒲轮之典旷废不行。且有寰中士大夫小为君用充军之例，宜其销铄至于沦亡也。就中如陈布衣、吴聘君、陈白沙，名虽上闻，而以理学著，不欲居隐逸之科。他如谢茂榛、孙太初、王百谷、沈嘉则、徐文长、周公瑕、赵凡夫、陈仲醇，文艺自矜，志行不立，邀游王公贵人之门，其去陈昂、宋登春之猥贱也无几，总以落魄故，转此一局以谋温饱，不足数也。必欲求尚志之士，则永乐初王处士宾字不著、成弘间史明古鉴、伍光宇名侯考、李大崖承箕，嘉鱼人，中乡举不仕足以当之，

为国大臣，不幸而值丧亡，虽归休林下，亦止有一死字。贺对扬、刘念台两先生于此决绝，则怡然顺受之而已。熊鱼山、郭天门已落第二义矣。留生以有待，非大臣之道也。且有待者终无可待，到末后无收杀处，念此使人惭惶。顺德黄阁老士俊，四十年状元宰相，粤东陷，荏苒投款。及李成栋反正，复傲入纶扉，思以盖愆。票拟为台省所持，不能安位，乃叹曰："学生亦无他不是处，但少一死字。诸君何相苦乃尔？"不知少此一字，更无不是也。

稼轩、别山两先生殉难日，乃庚寅十一月十二日，桂林雨雪大作，雷电交集。秋冶先生于南宁为孙可望爪牙吴姓者挝坠水，蓰数日，虎从水中负尸出岸上，肤发无损。天地何尝负人，人自负天地耳。赣州陈给谏泰来死难，其夫人流离，侨处西延峒，虑为游兵所扰，遣人求护持于别山先生。先生署榜其门曰："忠臣烈妇之家，风雷不敢侵，而况人乎？"先生奋腕疾书时，余方在座，见其目光射人如炬，自信以信天，果不诬也。

朝参官例给牙牌，出入掖门。别山先生为中舍，奉使宣谕诸王，辞朝日忘缴进，未复命而国变作。先生奉之中堂，朔望必于牌前行五拜礼乃出。先生自二十七日易服后，于公服外不衣寸帛，裹白网巾，以之殉难。

甲申、乙酉二大变殉国者，《明季遗闻》十得其八九。粤东初陷，则陈宗伯子壮、张太史家玉为烈。其再陷也，文臣无一死者，唯南阳侯李元胤。粤西则瞿、张二公外朱总戎昱如，皆衣冠端坐以待刃。滇南之惨死于

缅甸者，皆为缅夷诱杀耳，唯黔国公沐天波力战而死。黔中大帅皮熊，初姓罗，名联芳，与韩王固守水西，水西破，被执，诱之令降，熊十日不食。有见之者，端坐高谈古今成败、纲常大义，五六日尚声出金石，十日死。仅此二公而已。

刘念台先生人谱，用以破袁、黄功过格之妖妄。但提一"人"字，如何敢于此字外谋利害生死？如先生者，亦止求像一人模样耳。黄本猥下之鄙夫，所谓功者，俗髡、村道士诱三家村人之猥说。如惜字纸固未尝不是，然成何等善，便欲以此责富贵之报于天，非欺天乎？先生所集，犹有未惬处。人之为人，原不可限量。善学先生者，止一"人"字足矣。

夏缓公既殉难，其公子在义兵军中，年方十三，草檄数千言，诸名宿在军中者不能易一字。事败被执，守松江者以其弱龄英概，欲生之，叱曰："汝童子，那能作此，必他人假汝名尔。"公子奋臂呼曰："此实我作。我岂推委他人，向犬豕求活？如不信，可授我纸笔，更作一首。前作犹未尽数中国降附者之恶，当畅言之。"遂遇害。

前代之亡，皆以国无人而致败。惟本朝不然。数十年间，虽如杨、左、高、赵、二周、黄、魏、袁、李诸公，为阉党所摧折，而踵起者若刘念台、黄石斋、李懋明、范质公、倪鸿宝、文湛持、史道邻、姜居之、高硁斋诸先生，皆大僚也，使得行其志，当不仅如赵惟重、李伯纪之在建炎。而抑有如陈大樽、夏缓公、吴幼洪、杨机部，使参密勿，应可颉顽陆敬舆之于贞元。然而无救于亡者，自万历间沈一贯、顾天埈、汤宾尹一流，结宫禁宦寺，呼党招摇，士大夫贪昧者十九从之，内有张彝宪、曹化淳辈为之主持，诸君子才一运肘，即为所掣，唯一死谢国而已。

印雪浪为余言，昔官南驾部时，谢德州升以南冢宰敕召掌北铨，奉旨驰驿。雪浪焰勘合例给外不增匹马一夫。冢宰累重，屡求益，坚持不与。遂并勘合夫马发回，自雇以行。其北渡也，南畿官旅送江干，印独不往。冢宰顾笑曰："印君何见怒之深也？"雪浪自揣必遇摧抑。已而谢入纶扉，印迁镇江守，与推官雷起剑忿争，张中丞四维左袒于雷，参印解任听勘，印因叩阙讼张。德州谓同官曰："印守孤耿之士，我夙知之，张、雷诬罔耳。"票旨褫起剑，而张、印皆落职闲住。潜江刘云密任江北监司，闽中黄文焕为所部推官，恃才傲上吏。云密诉之朱漕督《大典》，被参落职。

隆武中，黄起擢谏垣，云密为少司寇。时潜沔陷殁，刘家人间道来闽。众论蜂起，谓其藏匿间牒，黄独抗疏言："刘云密刚直素著，臣为其属吏，稔知之，请以百日保其无他。"事乃寝。此二事相类。崇祯末士风犹如此。当时善用之，岂至覆亡！则前有温、周、杨、薛，后有马、阮、陈、蔡，衣钵相传，坚不可破也。

先征君在都下，见赵梦白先生为冢宰，揭榜于门曰："本部既不要钱，如何为人要钱？"内则铨部，外则督学，为请托之津梁。铨部则不但受权要之意旨，词林及冗散皆待其津润。督学则钦差使臣、藩、臬、郡、邑、藩王、乡绅，群起以觊濡沫。官邪之所以溢，士风之所以坏，皆此为之，而鬻爵鬻名者因之以滥。冢宰要言不烦，一如雷霆之震昆虫，所憾不能惊死蚯蚓耳。

郑鸣岘先生掌铨日，太湖马人龙督湖广学政。试事告竣，楚中绅士自司徒周元汀希圣下凡十余人，诣先生言："马公祖试上报政，例当升擢。"先生颜色厉声曰："马参议在荆州鬻秀才十余人，诸公何为曲疵之邪？"言者皆踧踖而退。楚中督学簠簋之玷，自马始也。

鸣岘先生清刚岳立，而内行醇谨，不以清流自矜。先生世籍襄王府校尉，及登籍通显，至登八座，家居燕坐，每使人觇候。襄府仪卫司官弁过其阁，必起立敛手，待其已远乃复席。戒子弟曰："此吾家累世牧师，犹民家之邑父母也，敢慢之乎？"然王府人员有病民者，则启王戒有司以行法，无所曲狥。以是邸中员役洎诸宗皆敬爱而若其训。迨崇祯间，藩封之地，民受骄横之凌暴，而襄阳独否，犹先生之遗泽也。

廉吏以廉自标举，气矜凌物、苛刻待下者，其晚节必不终，余所见非一也。吾郡守关西杨公应震，慈和坦易，未尝刻责一下吏，末尝挞一史胥至数十，而人莫敢玩。讼者，谕所差胥隶，劝以和息，即与销案。不听，乃理之。庭无非刑之具，理曲倔强者，挞不过十。唯判决详严，使无能再讼而已。赎杖取给月报而止。赎纸则每季分给吏书，为笔墨饮食之资。寮佐滥受讼牒，则于审理之日至其厅事，笑叱讼者曰："此无情之顽嚣，何足污我辈耳。"皆逐出令释，因与寮佐棋饮，抵暮乃归。属邑起解国课，例有朱纸羡余，皆留贮库，岁终以抵逋欠转解，榜示所属，俾民均分免比。邑令岁时之馈，皆权受之，及台使至，乃还之令资公费。郡置萧清如山寺，不闻呵叱之声，此则真能廉者也。郡庭旧畜二鹤，风日暄美，则飞鸣对舞。公题廨额曰"鹤舞清风"，其风味可想矣。

少傅秋冶先生言："谓廉吏者冰心檗操。但使不贪，亦何至吞冰茹檗邪？既已食禄为吏，自非纵声色，耽玩好，谋田宅，贻子孙，及勿媚权要、勿喜游客姻戚之诛丐，则岂饥寒迫身如灯窗下？诚令终老青衿，又能胜此日乎？"岭南从无廉吏，先生守广两载，竟不下库清查。广守一下库，可得千金。山阴王谑庵，先生姻家也，罢官，好游名山。以先生在广，可为地主，逾岭游罗浮。至郡，先生以郡守谒监司礼，持手版进谒，肉米薪刍之外，一无馈遗。欲为人请托，而庭无不解之讼，无过求之者。游资既乏，困不能归。制府沈云升中丞乃邀过端州，为具归装。中丞笑谓人曰："总制为知府资送秋客，非古今佳话乎？"

昔在端州，少傅公留寓其邸舍。值公五袠诞日，见蜀帅王祥馈黄金至百二十两，闽帅郑弘逵、郑彩、林察馈人参十二斤，其他拥兵滥爵者约略称是，公皆坚拒之。闻以馈他阁老、枢部、缇帅、兵垣，则皆受之矣。时武人骄横，且赂遗如此，前此文臣操进退生杀于笔舌者，又不知何如也。始媚之，中玩之，继乃挟持之，纵兵虐民，克饷虐兵，覆师失地，以至于亡，复谁诘问之哉！少傅公言："李成栋初反正，奉表迎驾时，毡袱所裹犀、珀、金、玉、锦、绮，扈从者受得快畅。及至端州，指摘诮厉，一唯成栋所为，莫能喘息，亦尝追悔否邪！"文官不爱钱，则武官自不怕死。安危存亡之机，在此而已。

端州七星岩，弘敞明净，泂为崖壑佳境，要亦可游而足矣。熊文灿为总制，于外构游宴之堂，及僧寺器物皆备，土木金碧，费三万金，则文灿囊橐可知已。此金钱何处得来，欲弗殃民病国，其可得乎！吾乡刘凝斋司马制两广日，以缺弁俸薪及旷伍军饷二万金，解至西北边储，归山囊笥萧然，岂暇此无益浪费邪？

自武陵得君，内掌丝纶，外秉铁钺，多引滇、黔人而大用之。熊文灿、陈新甲、刘宇亮、马士英，皆其尤也。越其杰、杨文聪、马绍愉辈，相尾而起，其人类皆有慧巧，略涉猎，工书画篆刻，以侈靡相尚，其文猥陋，而国随以倾，悲夫！

崇祯末，蝗灾遍中原，渐及江、沔，湖南独能免者，蝗飞不能高，东西为山所阻，中则洞庭巨浸数百里，不能达，往往堕水。此可以理信者也。余己卯应试，舟过洞庭湘阴，濒江有连厂数间，僧徒聚诵佛经，悬湘阴县榜云："奉阁部杨檄：惟诵《华严行愿品》，则蝗不入境。"湖南幸无蝗，遂以功自居。凡武陵之略，于此概见矣。

治河之为中国患，自汉迄今亡宁日。愚意自河套南折，若于大同右从沙漠开一渠，达奉圣川以绕山后，夺辽水以注于海，则中国之害永息。顾未知地形高下，可开渠否耳。近阅《凝斋集》，见其为说略同。先生历扬中外，必实有所见而云然。使辍二千年治河之财，就墩堡戍兵及募民夫奋然兴作，则万世之功，十年就矣，且可为天堑以限胡、汉。留此说以俟后之贤者，当有起而任之者也。

浙江马昼初晋允所纂《通记》，言曾植斋宗伯附赵阁学志皋云云，非实录也。万历中时局，希宠禄者皆依戚畹郑养性，以倾皇储。比见坊刻有宗伯《皇太子百日诗》云："百日欣逢睿节新，群臣朝贺属芳辰。云中风辇来王母，日表龙颜识圣人。瑞气正浮三殿晓，欢声疾动六宫春。愿将多寿多男子，岁岁年年祝紫宸。"观"日表龙颜"之句，定国本于襁褓，岂屑与沈一贯、汤宾尹同污者！泰昌改元，宗伯已薨，既无冢胤，所立为后者庸沓不才；辛丑、甲辰两典会闱，所取无一俊伟之士。是以大节湮没，横受指摘如此。

熊芝冈之狱，邹南皋不无锻炼，且朝审日明露左袒王化贞之声色，议者佥以咎南皋。南皋诚过，然亦有以致之也。汤宾尹淫恶不齿于人类，胁宣州一士人妻而乱之，其妇愤无所泄，自缢而死。芝冈督南畿学政，宾尹死，宣州诸生去呈求旌奖。芝冈护宾尹之恶，杖杀为首者，余皆褫其学籍，以是为诸君子所不容，故幸其败而致之死。比在萍乡读李懋明司马集，具得其原委。盖芝冈通籍时，正汤、沈朋党气焰方张之日，罗致人才以为羽翼，一受其笼络，不能自拔，故致如此。刘越石早为贾谧所惑，终以壮志不伸，人困之，天亦不佑也。芝冈再出山后，为佟卜所惑，亦越石之于段匹磾也。知人择交，非明快人所可任久矣。

刘孝则先生诸公子，皆树立清节。四公子季矿，起义江、楚间；其内子，李元鼎之女也，以元鼎降故，遂出之，则已甚之行也。

稼轩先生少从钱谦益学。崇祯初，又以争枚卜事，为温体仁所基，同谴。先生尽瘁桂林，誓死殉国。谦益降后，仍尸大位。先生闻客语及谦益，辄为不怿。金道隐与曹溶、黄澍同榜交善，溶、澍降，道隐犹曰："此必欲得当以报本朝。"溶既沉溺靦仕，澍为间谍，屠徽州，杀金正希。人以此笑道隐，不恤也。此又护友而失当者。喜怒不任意气，达情容物而裁之以正，难已。

方密之阁学之在粤，恣意浪游，节吴歈，斗叶子，谑笑不立崖岸，人皆以通脱短之。金道隐孤峻自矜，在临清则抗刘泽清，在福州则劾郑芝龙，在端州则刻郝永忠、陈邦傅，力争孙可望之王封，人皆畏其丰裁。乃披缁以后，密翁虽住青原，而所延接者类皆清孤不屈之人士，且兴复书院，修邹、聂诸先生之遗绪，门无兜鍪之客。其谈说，借庄、释而欲檠之以正。又不屑遣徒众四出觅资财。道隐则以崇土木、饭髡徒之故，不择人而屈下之，与尚氏往还，称颂之不怍。有金公绚者，亡赖幕客之长，持尚氏之权，渔猎岭海，乃与联族而兄事之。作海幢于广州，营丹霞于仁化，所费至数万金，以此尽忘其本色。狂者可狷，狷者一狂，则荡闲无所止，有如此夫？

青原晚号"极丸"，取一峰"太极丸春"之旨。此足见其存主处，与沉溺异端者自别。顾一峰太极丸中，羞恶、辞让、是非具足于恻隐之中，而密翁似以知和之和为太和，故深取庄子两行之说以为妙用，意熊掌与鱼可以兼取，则兼不得时必两失也，特其直斥何心隐、李宏甫为刑戮之民，则允为铁案；绝无关系处，以身试灯油而恣其意欲，无知轻躁之徒，翕然从之，其书抵今犹传，乌容不亟诛绝之邪？

读陈大樽集，云"密翁年十九而知作木牛流马"。欲就青原问之，不克，而密翁逝矣。《武侯集》中记尺度而无造法，当时隐秘之耳。以愚思之，名为牛马，亦仿佛其形，外饰以美观，实一四轮小车而已。蜀陇道险，多登降，故造此便行。其法当是二轮高，二轮庳，上坂则庳者在前，高者在后，一人曳之，使徐行而不蹶。平地亦庳者在前，虽歈无碍也。所谓舌者，于中间设一植木，施铁镈于下，一上一下之间，欲转移前后则放下插土中，碍之不行，而挽人推移之。其收放用一横木提掇，所谓舌也。其车箱前后作两折，中或铁环或韦条绌之，遇山坳曲折处，则捩转委曲而不碍。凡一轮用二人，可运八人负荷之粟，以历险道。然遇乱石、枯株、曲磴，则亦必平治之；涉溪水，必架土木为桥梁，但不阻于登降耳。其制大略如此。九原不可作，无与问其详也。_{按当时木牛流马之制，或止于此。至近日机械之术日精，则腾空潜水，突过前人矣。}

坊间有《博物典汇》一书，云是黄石斋先生所著，盖赝书也，其中漫无足采。至黄钟三寸之说，乃闽中一妄人李文利者剿《吕览》之谬而益其妄，石斋岂屑此邪？密翁与其公子为质测之学，诚学思兼致之实功。盖格物者，即物以穷理，唯质测为得之。若邵康节、蔡西山则立一理以穷物，非格物也。_{按近传泰西物理、化学，正是此理。}

石斋于狱中算历，亦宅心养气之善术也。当忧患时，不遣此心安在一处，不特利害未忘，而道义一定之理已是灼见如此，若更萦回于心，激为怨愤，及当机要用时，气已泄而反疲矣。心有所在，且自埋头研究，则生死成败，无丝毫留影，默养道义之心，遇时而发，则刀锯之，下气自浩然也。文山燕、楼集杜亦如此。而集杜不如算历为学者格物实用，且于所争名义不相涉。又其事才一拈著，即难放下，可以永日俟命。文王羑里演《易》，虽圣人无射之保、乐天之诚不藉于此，然亦未尝非此意也。特于义尤精，于道尤弘，六十四象，何尝以忧患之情见于辞，方是塞乎天地之间。

贺对扬先生自内阁谢病，驰驿归里，门庭朴隘，无爽儒素。自题壁联云："水静无波，人静无事。"当崇祯间，内外交棘，危亡在日，而欲以无事静处之，故议者以短公。然当时秉政者，如温程、杨武陵、薛韩城，其所为有事者，若保举换授武生社师等政，又成何事？既可嗢笑如儿戏，尤以败坏风俗，增长乱人，为害无已。其甚者，若李待问北人，_{官户部尚书，非松江起义谥忠愍者。}加派练饷，每秋粮一石至二三钱，重剥民资，付州县官练乡兵，何尝有一卒之用！徒充墨吏囊橐，为害愈深，坐待寇至而欣戴之。如此等有事，则使能如公以无事静镇之，若王茂弘之安辑江东，犹救得一半，则短公者亦不知而妄议也。

蕲州姚阁学明恭，省其封君墓，见冢上有新砌痕，发之，乃或以一瓮盛枯骨瘗于此。公弟怒，命弃之江中。姚公曰："此不肖子孙所为，于枯骨何罪？"取置坟傍寺门梁间，仍戒寺僧："若有暮夜来窃去者，慎勿诇察为何如人也。"不数旬，果或窃持以去矣。姚在纶扉，无可表见，此一事固不失为长者，可师也。

先正王公竑、李公秉，俱以九卿谢政家居。王公高自标岸，不妄与人晋接；李公出入闾巷，与人对奕谑笑，不以为忤。王公讥李亲市井小人，失大臣体；李谓在朝在乡各有体，何至以官骄人。两说并存，各成其是。近世有类此者，祁阳楚石陈公荐，以大司徒致政归，杜门谢客二十年，县人不识其面。直指过祁阳谒之，亦遣其子主政持刺谢不敏而已。后进姻友欲省候者，必俟其乘小竹舆过郭外僧舍，乃得一见颜色。零陵元汀周公希圣，亦以大司徒致政归，日与狎客歌姬犹杂醵饮。陈公屡斥其辱，周亦诮陈之迂。平情论之，李公所云以贵骄乡里，洵未合中道，而儒者即老困青矜，亦自有其臭味。市井犹杂，逆风闻膻，固不堪斯须与之共处，即以和易接乡人，亦自有后进之可与者，琴尊山水，得侣为欢，何至与此曹裸袖挥拳于酒盆棋枰下邪？李公之说而不知节，则为周司徒之自辱。又其下如汤宾尹以祭酒为天下师，而潘之恒以纳赀入太学，用淫媟术事宾尹，施施以兽行相矜，乃至纂撰成编，列稗官中，导天下恶少年以骨醉。而袁中郎、钱受之、钟伯敬辈争推毂之恒，收为名士。廉耻堕，禽风煽，以使神州陆沉而莫之挽。乃知王公之雅操，诚士君子之楷式，而陈司徒宁静不露圭角，尤为中道。后学之取法者，将何择焉！

　　山人墨客，挟诗卷游公卿间，好事者折节延揽，任其傲岸。然必以方外自居，弃儒冠无仕进之望，不然，虽有文誉，自循其分，弗敢越也。若孙太初、谢茂榛、王百谷，一以布衣终老。徐文长以诸生入胡梅林之幕，抗衡藩臬间。梅林为营乡举，分考一县令，坚意删落之。当时士大夫风骨戌削，可想见矣。谭友夏乡举初上春官，挟箧游湘潭，谒李湘洲宗伯。礼部本所提调，参谒自有礼制，乃投晚生名纸，甫就坐，以所刻诗文充赠。宗伯微笑曰："子亦学作诗邪？"谭踧踖而退，不惜怜才之虚名，以抑竞躁，先辈风操如此，浮薄者尚有所惩也。

　　毁淫祀，乃为政者大纲纪事。不但节省淫费以裕民衣食，且奸盗叛逆，皆从淫祀而兴。即不至是，抑使小民信巫不信医，以不永其命。顾非果有不愧天地鬼神之诚者，但凭意气，一往易蹶，终不能决于行也。狄梁公而后，固未见其人久矣。吴下管元心正传为永新令，永新好鬼而妖，以魇咒杀人为业者众，所祠一鬼曰辛天君，倾城奉之如狂。元心至，断其像之首，焚其祠，擒其降神之渠魁扑杀之，妖为之息。惜其不能大用而早世，使处甲申以后，即不能回天再造，亦当与陈寒山、凌茗柯诸君子争光日月也。

自广宁陷，继以延安，寇至六十余年，杀运不息，死于兵、死于饥、死于疾疫、死于虐政者，不知几千万。固厉阶之生自上之不臧，民抑有以自取之也。郊坛厉禁之严，倍于官禁，后世守者，纵游人入青城游览，要亦无敢戏渝者。崇祯间，有不道狂人画男女裸媟状于官墙，烈皇祀礼既成，巡行省视，见之震怒，守者弁卒皆按法服上刑，然终莫能知画者之为谁也。南陵管氏世为大族，忽一败类子贿冒弁秩，投南京守孝陵内臣为义子。内臣任其出入陵寝，遂谋不轨，焚其父尸，包枯骸，启陵瘗瘵梓宫上。族臣渐知之，畏灭族，不敢告发。其人后乘乱与仇家称兵相杀，不胜，管氏死者千余人，族因以圮。如此二事，欺天犯上，皆同儿戏，人心风俗至于此极，沦胥及溺，非自取乎？二人其最著者，慢鬼神、渎刑政若此类者多矣。上帝震怒，死者枕藉，无足怪已。按“程度不及”四字，当上下共之，上不臧而民自取，允为定论。

崇祯季年，有人持民本告讦，不得达，遂怀一石驰上御道，仰击大明门匾额，激卫士锁拿，本因得进。通政司及巡视科臣，皆坐镌职。又正阳门外一巨贾之子，家方作杂剧宴客，数恶少诱令冠优人翼善冠，服织金似龙之蟒，系玉带，骑弓入内城，驰御道左，逻卒擒之，因群涌入其家，抄掠无遗，家人坐客皆缧系，妇女惊怖，有投井而死者。及下法司，止以不应为律科杖，而皆已碎矣。此二事皆人妖之大者，为败亡之显征，然固有以致之也。法愈苛，威愈亵，猖狂之气一动，则玩上而罔所以敬忌。乌程开告密之端，而顽民可碎宫门；宜兴为淫冶之倡，而狂童可夸帝饰。桴鼓之应，其必然已！

《孝经》以唐太宗一序，盛行于唐，至宋，诸先生不为称说而复隐。盖疑其非孔氏之书，特从阙疑之义，未为论辨耳。要其言拓落，不与天性相关，取《论语》“问孝”及“事父母”等章对勘，则黑白昭然矣。杨武陵当国，令天下立社学，始复诏学者习之，不过欲翻新立异耳，而亦不止此。其书言“立身扬名”，止与《孟子》“天下悦而归己犹草芥”相反。武陵以其父抚秦，失机致寇，逮系谪戍，恐其累己名宦，故力求督师以掩盖之，乃至慭忍夺情，与黄石斋讼言于廷而颡不泚，皆扬名之毒中之也。因思唐太宗亦是此意，玄武门之慝，藉是以浣之，将谁欺邪？郑瑗有云："既是孔门壁藏书，何以七百余年至隋刘炫而始显？疑其出于孔安国。"为说自允。开口说个"至德要道以治天下"，便成差异。先王之孝，岂为治天下故而设哉？华容严首升字平子，有文名，老于场屋，尝著论斥武陵夺情之非。武陵公子山梓深衔之，会滇师起，急奉檄起受其命为曹郎，欲修怨平子而陷之。平子时已七十，未几谢世，乃得免。吾乡有讲新学受衣钵于李见罗者，著论称江陵夺情之为忠孝，其视平子何如也？平子所言，亦愚夫愚妇与知之公理，非有殊尤矫激之说，乃为邪世所不容，诚为可叹。若彼枉道以阿世，而言之不作，则龙溪以来，荡闲逾简，以浮屠四无碍为藏身之蹊径，而扬名显亲之说又其护身之符。世教如此，求人不禽也，其可得乎？

王澄川先生试诸生，散卷皆自呼其名，不使吏人呼之，以此养士之廉耻，可谓善教矣。辽阳贺先生《医间漫记》，称通州韩幼伦少业举子，以有司待士之薄，遂绝意不求时名，闭户读书，以著述自乐。天下固不乏志节之士，但无与发其幽光耳。陆俨山《燕间录》，记唐李勘宇定臣好学明《六经》，就试礼部，吏唱名乃入，勘耻之，遂隐居阳羡山。虽尝谓今人同辈呼其名则相诟谇，先生长者呼之亦含愠不再见，而猥贱小吏高声呼唱，则应之唯恐不速。不此之耻，而欲他日有立朝之节乎？当知此非朝廷制为典章，特有司骄亢，不自会其昔者趋诺之可耻，藉一日之势相凌压而已。不自耻，则不恤人之耻。相沿之陋习，自唐迄今而不改，人才不古若，无足怪已。

"尔俸尔禄，民膏民脂，下民易虐，上天难欺。"自宋颁立戒石，天下郡县皆竖坊门内，对堂上。自丧乱来，皆无之矣。无怪乎吏之至此极也。屏墙旧画麒麟，吾邑一令改画菜数本，题其侧云："为民父母，不可不知此味；凡我赤子，不可令有此色。"其人箟箟不饰，大违其言，要此语自清警可风。戒石辞传是伪蜀主孟昶所作，故曰"不以人废言"。

章枫山没后数十年，慈溪士大夫位卿贰者，犹徒步行里中，无乘肩舆者，曰："不敢违章先生遗教也。"近今此风邈矣。而王端毅公去今二百年，近暗其乡人士权持世、王如庵，犹能称说其行谊与其家世，娓娓乐道之，如亲炙然。二君皆淳谨有尺度，伯亮尤笃孝事亲，立清节于浊世。盖人能近取其乡先正而景仰之，则风操自别。何所无高山，知仰者鲜耳。朱诚斋先生虽籍桂阳，而世居衡阳，方伯白野公，其诸孙也。先生弘济之猷，与李康惠、刘忠宣相颉颃，清刚端重，尤为一时师表，自号认真子，其志见矣。总制两广时，荐白沙于朝，举一代之旷典。乡人后进，能仿佛其流风，当有可观者。而其子孙莫能述其千百之一二，后学并不知其姓字，无怪乎风俗之日偷也。

马素修先生奉使戒谕诸王，至衡桂邸宣敕后，举宴礼，例有金银酒器及侑币锭，先生却之。端王屡使恳请勿却。先生对曰："殿下一钱之赐，即某一钱之赃，虽能逃今日之法网，其能逃高皇帝之宪典乎？"其药果之觊，必对使发缄，倾视而后拜受。时督学王公方试士于衡，先生文字旧交也，拜访先生，辞疾不见，亦不报谒。此时督学为请托之渊薮，公私宾客无不仰其濡沫。先生虽无乐见之交，待之漠如也。词林及中舍大行皆清冷署，以出使藩邸为美差，藉以承燕都米珠薪桂之乏，而先生峻削如此。从容就义，其所养非一日矣！

汉之亡，无一仗节死义者。袁隗、杨彪以德望世臣，且无以自靖；孔北海之死，亦不能明目张胆折曹操之逆。唐之亡尤为可耻。司空表圣、韩致光全身远害，即标清节；白马清流，则自以浮薄触凶人而已。宋之亡，殉国者可称多士，要皆清谨自好，不辱其身。乃至文山之忠贯日月，然使付以扶危定倾之任，亦非其所任。昨者大命之倾，自台辅以至郡邑之长，与河山俱碎者，赫奕林立，古无其匹。如刘念台、黄石斋、倪鸿宝、左萝石、史道邻、范质公、李懋明、陈秋涛诸先生，无论其忠节，即以匡济之才言，使尽其设施，讵在于肃愍、刘忠宣之下？陈大樽、吴幼洪、章格庵诸公，俾其谏行言听，必可支天浴日。其后起者如郑侍御为虹、凌侍御骃、张太史家玉、蔡长沙道宪，甫逾弱冠，即已视死如归。《诗》云："人之云亡，邦国殄瘁！"人才之盛，莫盛于斯，且非废锢林泉，高卧不起也。遍列于九卿、内翰、台省，而不能救宗社之陆沉，仅以一死谢君父，将谁责而可哉？上无恒心，下无适守，一贤一奸，倏兴倏废，国是愈乱，人心愈摇，反不如使碌碌庸人安于其位、涂饰支撑者之犹足以延大命也。哀哉！

自秦汉置相以来，唯唐高宗相二十余人，昭宗相过之，而唐一亡于武氏，再亡于朱温，皆不旋踵而宗社以燬。崇祯十七年间入内阁者，愚所记忆，则韩爌、李模、李国普、施凤来、张瑞图、黄景昉、钱龙锡、杨景辰、来宗道、周道登、刘鸿训、周延儒、温体仁、吴宗达、钱士升、文震孟、孔贞运、贺逢圣、姚明恭、张至发、郑以伟、何如宠、黄士俊、杨嗣昌、谢升、刘宇亮、蒋德璟、薛国观、蔡国用、何吾驺、陈演、吴甡、方岳贡、范景文、王应熊、李建泰、魏藻德三十七人。尚有遗亡。呜呼，此其所以一仆而不可复起与！

刘晦斋少师斥作诗者为"卖平天冠"，秋冶先生有作诗书扇投赠者，辄以浓墨涂令通黑置之，未免矫枉过正。然大臣当国而奖进文墨之士，勿论果瓦杂投，即如裴晋公之于白居易、司马温公之于苏氏兄弟，亦以浮华眩动失却一只眼，则二公之风操固足尚也。

近有崇德人吕留良字用晦，极诋陆王之学，以卫朱子之教，是已。乃其称道三苏不绝，苏氏岂敢望陆王之肩背者？子静律己之严，伯安匡济之猷，使不浸淫浮屠，自是泰山乔岳。明允说客之雄，子瞻荒淫之长，子繇倾险之夫，于文字间面目尽露。偶阅《仇池笔记》等书，直是村巫鬼话耳。朱子与子静争辨，子静足以当朱子之辨者。若陆务观、刘改之，为子瞻余风所煽，固不屑与谈也。亡友黄冈熊渭公渌，为余作序，言："以秦少游对客挥毫之才，使不交眉山，荐繇眉山，则自不居下流。"遗言在耳，不肖终身奉为蓍蔡。朱子谓："使子瞻大用，引秦观辈使在位，败坏更不可言。"说亦未尽。少游辈为子瞻引入狂醉，非少游辈之终不可浣濯也。渭公作序时，季虽甫弱冠，而识量如是，视吕生一铅椠之士，邈若云泥矣。癸未张献忠破武昌，渭公赴通山王第莲池死，衣裾蘸泥书粉墙云："黄冈熊渭公死于此。"

俗学之遵朱子，适以亵侮朱子为大蠹耳。朱子之注圣经，初非为经生求名计，况倚川选刊时文，教人趋捷径而自牟利乎？若吕生者，读陆子静白鹿《喻义章》讲说，不知尚有耻心存焉否也？奉朱子之绪论，遂敢目空今古。其无忌惮也，不但辨陆王而止，且讥康斋之欲入内阁、白沙之应召拜官。君子出处之节，岂雌黄时文、教人作倚门妆以射书贾之利者不能识邪！甘泉、念庵并遭非毁，薛文清、罗文毅犹不在其意中。鬻虚名，牟厚利，是铁门限门外人。不知量，不思咎，喋喋烦言。未有小人而仁者也，况锥刀为小人之已细者乎？

晋江望圭刘公春守吾郡，日于学宫晋人士辨论经义。先征君问"知德者鲜"，公答曰："知德者，体认之谓。"言简而切，无能易也。盖天理物则之现现成成，昭然易知者，道也。而恻隐、羞恶、恭敬、是非，发于不容已，喻之深，信之笃，如饥则必食、渴则必饮者，乃德也。即如《集注》言为愠见而发，亦止知君子之不穷为道之当然，而未知吾心无入而不自得之德，故曰知之者鲜。老子言"道失而后有德"，不知德不足而后倚道也。圣学言天，异端言心。程子或以答问者，砭其枯守此心强为思索之病，非通论也。《庄子》一书，止是一"天"字。老子道法自然，自然者，天也。浮屠一真法界，亦天也。不体天于心以认之，而以天道为真知，正是异端窠臼。所以云"知德者鲜"。刘公片言，奉以终身足矣。

自古小人淹没宠利，不恤君亲者，即无所不至，未敢以其所为公然标榜与天理民彝相亢，其良心固尚不尽亡也。自龙溪窃释中峰之说，以贪瞋痴治戒定慧，惑世诬民；李贽益其邪焰，奖谯周、冯道而诋毁方正之士。时局中邪佞之尤者，依为安身之计。猖狂之言，正告天下而无复惭愧。有以书劝张文烈公家玉剃发出降者，曰："杨子拔一毛而利天下不为，轲也讥之。"狂悖之言，出口时不顾人讪笑如此。更有作诗者曰："豫让何当称国士，李陵原不愧家声。"至此，则虽舜为天子，皋陶为士，亦末如之何矣。此二人皆以进士起家，仕至宪司者。今没其名，非有所忌畏，《春秋传》所谓使求名而不得也。

《搔首问》全书终

龙源夜话

龙源夜话

请终丧免阁试疏

　　湖广衡州府衡阳县举人今丁忧臣王夫之谨奏：为微臣父服未终，辅臣荐疏猥及，恳乞敕免阁试，以遂愚私，以重馆选事。

　　臣父朝聘，以永历元年十一月十八日因衡州被陷，伪官勾索令下，忧愤成疾而终。臣方匿处苫块，不能逮不肖之企及。嗣后奉父遗命，与今中书舍人臣管嗣裘起义衡山，力弱事败，逃死行阙，其于禽鸟踯躅之故枝能啁啾长鸣者，曾未几时，臣真不如死之久矣。前督辅臣胤锡误以庶常荐臣，臣告之冢臣晏清，幸得以终制复允。不谓留守辅臣瞿式耜为汪郊等请阁试，复以臣名厕于其后，也在臣虫鸲之技，实不称名，癯寒之骨，贱不胜贵，其不可与清华之选，当辅臣策鞭之知者，固不足论。但臣本以不孝通天之罪，偷翰飞曷谷之生，不特粗苴之衣屦不忍辄越典章，而且不祥之姓名未敢妄干知己。即今被虏，踉跄萍寄昭江者逾月，辅臣驻桂，相去带水，虽辅臣下士之名溢于听睹，而掩涕孤栖，不敢以凶人辱仙舟之下座。岂臣亲近有道之心独居人后，实循思分义，即欲陨越以贻君子羞，盖亦有所不得也。不知辅臣何所误听，遽以臣玷骐骥之尾？或未熟识臣之为丁忧，或谓臣在大祥之后，可俟春明之期。乃臣不但冒禅制以就试，干圣代匿丧之辟，即俟服阕以须试，亦犯《春秋》居约之诛。此臣所闻命仓皇屏息而不宁者也。伏乞皇上敕阁免列与试之末，俾亡命微躯不致惊忧失据远窜，得苟全性命于辇毂之下，以延他日首丘之望。臣所侥皇上浩荡之仁，与辅臣爱人之德，真糜躯不足云报矣。臣微贱书生，妄干圣鉴，不胜哀切徨悚之至。

王夫之奏请终丧，乞免阁试，足见孝思，更征恬品，著俟服阕另与议考，该部知道。

陈言疏

行在行人司行人臣王夫之谨奏：为邪正之消长有机，大臣之进退有礼，仰祈圣鉴，允辅臣之乞休，以俟国是之徐定事。

臣惟国家当屯难之时，阴阳易致相搏，故气数之消长婚寇相乘，而人事之进退磐桓难决。其抑阴于方张、扶阳于已孤者，自明主因机成断，固有坚定之心，而欲进者不快其进，欲退者不遂其退，则邪之干正，反充盈溃决以成挠击之势，害极于一往而不复，乃理数之自然也。是以李泌以可进可退之身，从容以处谗忌之百至，而唐以再造；文天祥以不进不退之身，日摇落于王爚、陈宜中之党，乃终宋之世。君臣两受其伤，亦显然左事之明券矣。

昨科臣雷德复参辅臣严起恒一疏，备极污蔑，众心揣摩，仅构危章。在辅臣之心迹，皇上鉴之，二祖列宗在天之灵假之，天下臣民共耳目之，岂俟臣赘！且德复之造端本末，授受机关，抑路人知之，即德复清夜扪心亦自悉之，臣又何敢过为吹索。独是德复立言之旨，其言之已及者二，其言之未及而已暗及者一。臣静观其根长甲萌之深，辅臣即欲不去而不可，皇上即欲留辅臣而亦不得矣。

德复言之已及者，为新召之辅臣效先驱也。皇上温纶迭降，安蒲屡催，国门望风之侍已莫不溯洄于带水，建瓴振槁，时可以出矣。而皇上之腹心未夺，则神通之新政或妨。微德复言，辅臣所当去者一，而况贵介居间，迎门首效，德复之业以元功自任乎！为中枢之篆务争予夺也。皇上慎简诘戎，迟回付贽，屠门大嚼之情已久矣。魂摇于甘梦，绿左丹飞，为计将穷矣。而皇上之托畀已重，则积薪之居上无期。微德复言，辅臣所当去者又一，而况香火情浓，盟言弥固，德复之业以牛耳自雄乎！

德复言之未及而已暗及者，为百尹之归诚宜一，而一人之眷倚宜偏也。辅臣自扈从以来，于兹三载，忧患屡迁，奕局迭易，而皇上恩礼之隆，始终一日，岂辅臣无所感乎而至此。乃居赢畜厚之门，益图壮趾；而止水寒冰之度，形碍云泥。未深兰草之锄，殊甚桂膏之蠹。辅臣之宜决去以谢友朋者，当不俟事几之兆。及风波之既沸，斯挂席之已迟。又况德复之人奉密谋，出倡危论，已极人臣所不可当之罪，而加诸镂空画火之篇章乎！

夫皇上之所坚留辅臣者，欲使行其所能为也。辅臣所奉以事皇上者，亦欲为其职所得为也。如巩革未遁之余，而孤存其硕果之实，诟不以为辱，倾不以为伤，且欲使其撞机息牙，听命于悠悠之口，则皇上既为辅臣分怨，而辅臣不能与皇上同忧。如臣所谓一往而不可复者，阳剥未终，阴力不辍，搏击纷披之势，中之国运而不照，又何如听辅臣之乞休，俾始终于光大容保之中，以杀彼方张之势也。且近者降割自天，震泥已甚，大小臣工不能进忧国难，退审死生，迷督经营，争巍竞肮，害气始于庶僚，浸淫延于公辅，故四方轻视朝廷，而威令穷于阃外。今诚使辅臣以高蹈之鸿踪，矫予雄之鼠吓，举朝内愧，或尚改辕，又未必非皇上激厉风轨之大端。而阴往观阳，邪不胜正，或可几天宁宇泰之一日，则皇上君臣之际，扬抑之权，有不事神武而两全者。

臣以新进小臣，避虏余魄，偷生辇毂，不当强与国计，自干诛谴。顾自德复发疏以来，传槐、朱铃之先声已销，尽同朝之胆无敢复为皇上言者，故愤不畏祸，出位妄陈，席稿待罪，静俟严处，伏乞皇上亲赐裁鉴施行。

时方倥偬，欲静兵刑之气，先消唇舌之锋。科臣雷德复以躁妄褫职，正望大小臣工和衷一德，共济时艰。王夫之职非言官，似讦似嘲，偏激辅臣以去，是何肺肠？奉内事姑不深究，该衙门知道。

自序

梁溪高汇旃先生世泰评夫之时艺云："忠肝义胆，情见乎词。"永历二年明旨下奖云："骨性松坚。"君师均在于三，而匪莪伊蔚，实忝所生，何以仰酬假借哉！苟免污辱，良不足道，岂得借口死为伤勇邪！壬午举于乡，方上计偕至南昌，而虏骑且涉淮，李自成陷承、襄、荆、德，左良玉奔江、黄。癸未元日，举主欧阳方然先生介^{改名霖}。谕夫之归省。九月，张献忠陷衡州，购索士绅，与伯兄夜走南岳之双髻峰。家君子已衰不能徒步，为伪吏所得，胁求夫之兄弟。先君子迫欲自裁。故交黄冈奚鼎铉陷贼中，力为辗转不能解。夫之乃刺腕傅毒出，与鼎铉谋脱先君子于难。

（以下阙。）

《龙源夜话》全书终

老子衍

自序

　　昔之注《老子》者，代有殊宗，家传异说，逮王辅嗣、何平叔合之于乾坤易简，鸠摩罗什、梁武帝滥之于事理因果，则支补牵会，其诬久矣；迄陆希声、苏子繇、董思靖及近代焦竑、李贽之流，益引禅宗，互为缀合，取彼所谓教外别传者以相糅杂，是犹闽人见霜而疑雪，洛人闻食蟹而剥蟛蜞也。老子之言曰"载营魄抱一无离""大道泛兮其可左右""冲气以为和"，是既老之自释矣。庄子曰"为善无近名，为恶无近刑，缘督以为经"，是又庄之为老释矣。舍其显释，而强儒以合道，则诬儒；强道以合释，则诬道；彼将驱世教以殉其背尘合识之旨，而为蠹来兹，岂有既与！夫之察其悖者久之，乃废诸家，以衍其意；盖入其垒，袭其辎，暴其恃，而见其瑕矣，见其瑕而后道可使复也。夫其所谓瑕者何也？天下之言道者，激俗而故反之，则不公；偶见而乐持之，则不经；凿慧而数扬之，则不祥。三者之失，老子兼之矣。故于圣道所谓文之以礼乐以建中和之极者，未足以与其深也。虽然，世移道丧，覆败接武，守文而流伪窃，昧几而为祸先，治天下者生事扰民以自敝，取天下者力竭智尽而敝其民，使测老子之几，以俟其自复，则有瘳也。文、景踵起而迄升平，张子房、孙仲和异尚而远危殆，用是物也。较之释氏之荒远奇酷，究于离披缠棘，轻物理于一掷，而仅取欢于光怪者，岂不贤乎？司马迁曰"老聃无为自化，清净自正"，近之矣。若"犹龙"之叹，云出仲尼之徒者，吾何取焉！
　　岁在旃蒙协洽壮月己未，南岳王夫之序。

老子衍

男 敬 纂 注

上篇　道篇

一章

道可道，非常道。常道无道。**名可名，非常名。**常名无名。**无名，天地之始；**众名所出，不可以一名名。**有名，万物之母。**名因物立，名还生物。**故常无，欲以观其妙；常有，欲以观其徼。**边际也。**此两者，同出而异名，**异观同常，则有欲无欲，非分心以应，居中执常，自致妙徼之观。**同谓之玄。玄之又玄，众妙之门。**

"可"者不"常"，"常"者无"可"。然据"常"，则"常"一"可"也，是故不废"常"，而无所"可"。不废"常"，则人机通；无所"可"，则天和一。夫既有"始"矣，既有"母"矣，而我聊与"观"之；"观"之者，乘于其不得已也。观于其"异"，则有无数迁；观于其"同"，则有者后起，而无者亦非大始也。然则往以应者见异矣，居以俟者见同矣。故食万物而不尸其仁，入机伪而不逢其锐；知天下之情，不强人以奉己；弃一己之余，不执故以迷新。是以莫能名其功，而字之曰"众妙"。盖其得意以居，开户而历百为之生死者，亦甚适矣夫！

二章

天下皆知美之为美，斯恶已。皆知善之为善，斯不善已。故有无相生，难易相成，长短相形，高下相盈，音声相和，前后相随。天下之所可知。**是以圣人处无为之事，行不言之教；**非不令天下知，因其不可知者而已。**万物作而弗始，生而弗有，为而弗恃，功成而不居。夫唯弗居，是以不去。**

天下之变万，而要归于两端。两端生于一致，故方有"美"而方有"恶"，方有"善"而方有"不善"。据一以概乎彼之不一，则白黑竞而毁誉杂。圣人之"抱一"也，方其一与一为二，而我徐处于中；故彼一与此一为垒，乃知其本无垒也，遂坐而收之。垒立者"居"，而坐收者"不去"，是之谓善争。

三章

不尚贤，使民不争；不贵难得之货，使民不为盗；不见可欲，使民心不乱。是以圣人之治，虚其心，以无用用无。**实其腹，**以有用用有。**弱其志，**善入万物。**强其骨，**植之以侯。**常使民无知无欲。使夫智者不敢为也。为无为，则无不治。**然而物已治矣。

"争"未必起于"贤"，"盗"未必因于"难得之货"，"心"未必"乱"于"见可欲"。万物块处而梦妄作，我之神与形无以自平，则木与木相钻而热生，水与水相激而沤生；而又为以治之，则其生不息。故阳火进，而既进之位，虚以召阴；阴符退，而所退之物，游以犯阳。夫不有其反焉者乎？"虚"者归"心"，"实"者归"腹"，"弱"者归"志"，"强"者归"骨"，四数各有归而得其乐土，则我不往而治矣。夫使之归者，"谁氏"之子？而执其命者何时也？此可以知争哉，而不知者不与于此。故圣人内以之沽身，外以之治世。

四章

道，冲而用之，"冲"，古本作"盅"，器中虚处。**或不盈；**不期不盈，故或之。

渊兮，似万物之宗；挫其锐，解其纷；和其光，同其尘；阳用锐而体光，阴用纷而体尘。湛兮，似或存。吾不知谁之子，象帝之先。

用者无不盈也，其惟"冲而用之或不盈"乎！用之为数，出乎"纷""尘"，入乎"锐""光"；出乎"锐""光"，入乎"纷""尘"。唯冲也，可锐，可光，可纷，可尘，受四数之归，而四数不留。故盛气来争，而寒心退处，虽有亢子，不能背其宗；虽有泰帝，不能轶其先。岂尝歆彼之俎豆，而竞彼之步趋哉？似而象之，因物之不能违，以为之名也。

五章

天地不仁，以万物为刍狗；圣人不仁，以百姓为刍狗。天地之间，其犹橐籥乎？虚而不屈，屈然后仁。动而愈出。出已必穷。多言数穷，仁则必言。不如守中。

风生于空，橐待于鼓，相须以成，而器原非用。故同声不必其应，而同气不必其求。是以天不能生，地不能成，天地无以自擅，而况于万物乎？况于圣人乎，设之于彼者，"虚而不屈"而已矣。道缝其中，则鱼可使鸟，而鸟可使鱼，仁者不足以似之也。仁者，天之气，地之滋，有穷之业也。

六章

谷神不死，吕吉甫曰：有形与无形合而不死。是谓玄牝。吕吉甫曰：体合于心，心合于气，气合于神，神合于无，合则不死，不死则不生，不生者能生生，是之谓玄牝。玄牝之门，是谓天地根。绵绵若存，用之不勤。

世之死"谷神"者无限也，登山而欲弋之，临渊而欲钓之，入国而欲治之，行野而欲辟之。而"谷神"者不容死也，可弋，可钓，可治，可辟，而不先物以为功。畴昔之天地，死于今日；今日之天地，生于畴昔；源源而授之，生故无已，而谓之根。执根而根死，因根而根存。"绵绵"若缀乎！"不勤"若废乎！因根以利用者，启"玄牝之门"乎！

七章

天长地久。天地所以能长且久者，以其不自生，<small>不自生物。</small>**故能长生。**<small>物与俱长。</small>**是以圣人后其身而身先；外其身而身存。非以其无私邪？故能成其私。**

夫胎壮则母赢，实登则茎获，其不疑天地之赢且获者鲜也。乃天地不得不食万物矣，而未尝为之食。胎各有元，茭各有蕾，游其虚中，而究取资于自有。圣人不以身犯准，是后之也；不以身入中，是外之也。食万物而不恩，食于万物而万物不怨。故无所施功，而功灌于苴卤；无所期德，而德行于曾玄；而乃以配天地之长久。

八章

上善若水。水善利万物而不争，处众人之所恶，<small>人情好高而恶下。</small>**故几于道。居善地，心善渊，与善仁，言善信，政善治，事善能，动善时。**<small>不著其善，故善。</small>**夫唯不争，故无尤。**

五行之体，水为最微。善居道者，为其微，不为其著；处众之后，而常得众之先。何也？众人方恶之，而不知其早至也。逆计其不争而徐收之，无损而物何争？而我何尤？使众人能知其所恶者之为善，亦将群争之矣。然而情之所必不然也，故圣人擅利。

九章

持而盈之，<small>持之使盈。</small>**不如其已；揣而锐之，**<small>揣之使锐。</small>**不可长保。金玉满堂，莫之能守；**<small>固当以不守守之。</small>**富贵而骄，自遗其咎。功遂身退，天之道也。**

善盈者唯谷乎！善锐者唯水乎！居器以待，而无所持也。顺势以迁，而未尝揣也。故方盈，方虚，方锐，方锆。

其不然也，以天为成遂，而生未息；以天为退，而气未缩；何信乎？故鸱夷子皮之遁，得其迹也；郭子仪之晦，得其机也；许由、支父之逝也，得其神也。迹者，以进为进，以退为退。机者，方进其退，方退其进。其唯神乎！无所成而成，无所遂而遂也。虽然，其有退之迹也，神之未忘乎道，道之未降处乎机也。

十章

载营魄_{营魄者，魂也。载者，魄载之。}抱一，三五一。能无离乎？专气致柔，能如婴儿乎？涤除玄鉴，能如疵乎？爱国治民，能无为乎？天门开阖，_{生之所自出，为天门。}能为雌乎？_{化至，乃受之。}明白四达，能无知乎？生之畜之，生而不有，为而不恃，长而不宰，是谓玄德。

载，则与所载者二，而离矣。专之，致之，则不婴儿矣。有所涤，有所除，早有疵矣。爱而治之，斯有为矣。阖伏开启，将失雌之半矣。明白在中，而达在四隅，则有知矣。此不常之道，倚以为名，而两俱无猜，妙德之至也。

十一章

三十辐，共一毂，当其无，_{毂中空处。}有车之用。埏埴以为器，当其无，_{盂中空处。}有器之用。凿户牖以为室，当其无，_{户窦空处。}有室之用。故有之以为利，无之以为用。_{吴幼清曰：有气以存身，无物以生气。}

造有者，求其有也。孰知夫求其有者，所以保其无也？经营以有，而但为其无，岂乐无哉？无者，用之藏也。物立于我前，固非我之所得执矣。象数立于道前，而道不居之以自碍矣。阴凝阳融以为人，而冲气俱其间；不倚于火，不倚于符者遇之。仁义刚柔以为教，而大朴俱其间；不倚于性，不倚于情者遇之。胜负得失以为变，而事会俱其间；不倚于治，不倚于乱者遇之。故避其坚，攻其瑕，去其名，就其实，俟之俄顷，而万机合于一。

十二章

五色令人目盲；五音令人耳聋；五味令人口爽；驰骋田猎，令人心发狂；难得之货，令人行妨。是以圣人为腹不为目，故去彼取此。

目以机为机，腹以无机为机。机与机为应，无机者，机之所取容也。处乎目与腹之中者，心也。方且退心而就腹，而后可以观物。是故浊不可使有心，清不可使有迹。不以礼制欲，不以知辨志，待物自敝而天乃脱然。

十三章

宠辱若惊，贵大患若身。何谓宠辱若惊？宠为下，辱至则惊、去则哂然矣。宠至则惊，去之又惊，故较之尤劣。**得之若惊，失之若惊，是谓宠辱若惊。何谓贵大患若身？吾所以有大患者，为吾有身，及吾无身，吾有何患？故贵以身为天下，若可寄天下；爱以身为天下，若可托天下。**

众人纳天下于身，至人外其身于天下。夫不见纳天下者，有必至之忧患乎？宠至若惊，辱来若惊，则是纳天下者，纳惊以自滑也。大患在天下，纳而贵之与身等。夫身且为患，而贵患以为重累之身，是纳患以自梏也。唯无身者，以耳任耳，不为天下任听；以目任目，不为天下任视；吾之耳目静，而天下之视听不荧；惊患去已，而消于天下，是以为百姓履藉而不倾。

十四章

视之不见，名曰希；听之不闻，名曰夷；搏之不得，名曰微。固自有色声形之常名，故曰三者。**此三者不可致诘，**絫后则有，诘之则无。**故混而为一。**李约曰：一尚不立，何况于三？**其上不皦，**未有色声形以前，不可分晰。**其下不昧。**逮有色声形以后，反而溯之，了然不昧。**绳绳兮不可名，**有无相禅相续，何有初终？名有则失无，名无则失有。**复归于无物。是谓无状之状，无物之象，是谓惚恍。迎之不见其首，随之不见其后。执古之道，以御今之有。**古亦始也，今亦有也。李约曰：虚其心，道将自至，然后执之以御群有。**能知古始，是谓道纪。**

物有间；人不知其间；故合之，背之，而物皆为患。道无间，人强分其间；故执之，别之，而道仅为名。以无间乘有间，终日游，而患与名去。患与名去，斯"无物"矣。夫有物者，或轻，或重；或光，或尘；或作，或止；是谓无纪。一名为阴，一名为阳，而冲气死。一名为仁，一名为义，而太和死。道也者，生于未阴未阳，而死于仁义者与！故离朱不能察黑白之交，师旷不能审宫商之会，庆忌不能攫空尘之隙，神禹不能晰天地之分。非至常者，何足以与于斯！

十五章

古之善为道者，微妙玄通，深不可识。夫唯不可识，故强为之容：豫兮若冬涉川；犹兮若畏四邻；俨若客，吕吉甫曰：不为主也。涣若冰将释；敦兮其若朴；旷兮其若谷；混兮其若浊。孰能浊以静之徐清？孰能安以动之徐生？保此道者，不欲盈。夫唯不盈，故能蔽不新成。邵若愚曰：能蔽，能不新，能成。

择妙者众，繇微而妙者鲜。求通者多，以玄为通者希。夫章甫不可以适越，而我无入越之心，则妙不在冠不冠之中，而敢以冠尝试其身乎？而敢以不冠尝试其首乎？又恶知夫不敢尝试者之越不为我适也，坐以消之，则冰可澳，浊可清，以雨行而不假盖，以饥往而不裹粮。其徐俟之也，岂果有黄河之不可澄，马角之不可生哉？天下已如斯矣，而竞名者以折锐为功。久矣，其弃故喜新而不能成也！

十六章

致虚极，《开元疏》云：致者令必自来，如《春秋》致师之致，是已。守静笃。万物并作，吾以观复。夫物芸芸，各复归其根。归根曰静，非我静之。静曰复命。复命曰常，不可复渝变。知常曰明。不知常，妄作凶。知常容，万变可函。容乃公，不私据善。公乃王，受物之往。王乃天，天乃道，道乃久，没身不殆。

最下击实，其次邀虚。最下取动，其次执静。两实之中，虚故自然，众动之极，静原自复；不邀不执，乃极乃笃。何以明其然也？万物并作，而芸芸者，势尽而反其所自来也。是故邓林之叶，可无筹而数；千里之雨，可无器而量。犹舍是而有作，其不谓之妄乎？故无所有事，而天下为我用，其道不用作而用观。观，目也。观而不作，目亦腹矣。

十七章

太上，不知有之；其次，亲而誉之；其次，畏之；其次，侮之。信不足焉，有不信焉。悠兮其贵言。于己不自信，乃不信天下之固然。且不知惩而尚言，是以召侮。**功成事遂，百姓皆谓我自然。**

据道于此，疑彼之亦道；据道于彼，疑此之非道。既从而异之，又从而同之，则道乱于二，而苦于一。且乱，且苦，其疑不去。既自以为疑矣，故王者见不亲而忧，霸者遇不畏而怖。其疑不释，遂救之以要言；故始乎诅盟，而终乎甲胄。夫使人忘我于自然者，岂其心有不自然哉？信天下之不能越是也，任其迁流而不出于所自来，不爽于所自复，虚赘于天下之上，以待物之自成。是以天下之情，不可因，不可革；太上之治，无所通，无所塞，如老人之师，如尽人之力，而人乃废然而称之曰自然。

十八章

大道废，有仁义；智慧出，有大伪；六亲不和，有孝慈；国家昏乱，有忠臣。王介甫曰：道隐于形，名生于不足。李息斋曰：道散则降而生非，伪胜则反而贵道；方其散则见其似而忘其全，及其衰则荡然无余而贵其似，此其所以每降而愈下也。

栖楳成于匠，而木死于山；罂盎成于陶，而土死于丘。其器是也，而所以饮天地之和者去之也。夫土木且有以饮，而况于人乎？而况于道乎？故利在物而害在己，谓之不全；善在己而败在物，谓之不公。

十九章

绝圣弃智，民利百倍；绝仁弃义，民复孝慈；绝巧弃利，盗贼无有。此三者以为文，不足。吕吉甫曰：文而非质，不足而非全。**故令有所属：见素抱朴，少思寡欲，绝学无忧。**

"绵绵若存"，其有所属乎！故鱼游而水乘之，鸟飞而空凭之。含天下之文者，莫大乎素；资天下之不足者，莫大乎朴。以为有，而固未亲乎用；以为无，而人与天之相亲者在此也。缀乎和以致生，是以能长生。离乎和以专用，是以无大用。

二十章

　　唯之与阿，相去几何？美之与恶，相去若何？人之所畏，不可不畏。荒兮其未央哉！众人熙熙，如享太牢，如春登台。我独怕_{葩亚切，无为也。}**兮，其未兆，如婴儿之未孩；乘乘兮，若无所归。众人皆有余，而我独若遗。我愚人之心也哉！沌沌兮！俗人昭昭，我独若昏。俗人察察，我独闷闷。忽兮若晦，寂兮似无所止。众人皆有以我独顽似鄙。我独异于人，而贵食母。**苏子繇曰：譬如婴儿，无所杂食，食于母而已。

　　善恶相倾，繇学而起，故效仁者失智，效智者失仁。既争歧之，又强合之，方且以为免于忧，而孰知一彼一此者之相去不远也。则揖让亦唯，而征伐亦阿也。情各封之，取快一区；故饫于大牢，不飨他味；厌于春游，不愿他观。口目之用一，而所善者万；心一，而口目之用万；安能役役以奔其趣舍哉，其唯食于母乎！食于母者，不得已而有食，而未尝有所不得已也。故荒未央者可尽，而顽鄙可居。虽然，其所食者虚也，因也。天下畏不仁，而我不敢暴；天下畏不智，而我不敢迷。以雪遁者，唯恐以迹；以棘行者，唯恐以胃。蟺蜿轻微，而后学可绝；学可绝，而后生不损而物不伤。

二十一章

　　孔德之容，惟道是从。道之为物，惟恍惟惚。惚兮恍兮，其中有象；恍兮惚兮，其中有物。窈兮冥兮，其中有精；其精甚真，其中有信。自古及今，其名不去，以阅众甫。王辅嗣曰：阅自门而出者，一一而数之，言道如门，万物皆自此往也。**吾何以知众甫之状哉？以此。**

　　两者相耦而有"中"。"恍惚"无耦，无耦无"中"。而恶知介乎耦，则非左即右，而不得为"中"也？"中"者，入乎耦而含耦者也。虽有坚金，可锻而液；虽有积土，可漂而夷；然则金土不能保其性矣。既有温泉，亦有寒火；然则水火不能守其真矣。不铣而坚于金，不厚而敦于土，不暄而炎于火，不润而寒于水者，谁耶？阅其变而不迁，知其然而不往；

故真莫尚于无实，信莫大于不复，名莫永于彼此不易，而容莫美于万一不殊。私天之机，弃道之似，夫乃可字之曰"孔德"。

二十二章

曲则全，枉则直，洼则盈，敝则新，少则多，多则惑。虽立对待，固尚往来。**是以圣人抱一为天下式。不自见，故明；不自是，故彰；不自伐，故有功；不自矜，故长。夫唯不争，故天下莫能与之争。古之所谓曲则全者，岂虚言哉！诚全而归之。**

事物之教，有来有往。迎其来，不如要其往；追其往，不如俟其来。而以心日察察于往来者，则非先时而即后时。先既失后，后又失先，劳劳而愈不得；故小智日见其余，大智日见其不足。大道在中，如捕亡子而丧家珍，瞀然介马以驰，终日而不遇，则多之为惑久矣。一曰冲，冲曰常。守常，用冲，养曲为全，明于往来之大数也。

二十三章

希言自然。飘风不终朝，骤雨不终日。孰为此者？天地。天地尚不能久，而况于人乎？故从事于道者。道者同于道；德者，同于德；失者，同于失。同于道者，道亦乐得之；同于德者，德亦乐得之；同于失者，失亦乐得之。信不足焉，有不信焉。唯真知道，则一切皆信为自然。

天地违其和，则能天，能地，而不能久。人违其和，则能得，能失，而不能同。畅于阳，郁于阴；畅于阴，郁于阳。言过则跆，乐极则悲；一心数变，寝寐自惊。不知广大一同，多所不信，坐失常道，何望自然哉？凡道皆道，凡德皆德，凡失皆失。道德乐游于同，久亦奚渝？喜怒不至，何风雨之愆乎？

二十四章

企者不立；跨者不行；自见者不明；自是者不彰；自伐者无功；自矜

者不长。其在道也，曰馀食赘形。行、形通。物或恶之，故有道者不处。

心弥急者机弥失，是弥坚者非弥甚。前机已往，追而缀之，如食已饫而更设。后机未至，强而属之，如形已具而更骈。道数无穷，执偏执余以尽之，宜其憎乎物而伤乎己也。

二十五章

有物混成，先天地生。寂兮寥兮，独立而不改，周行而不殆，钟士季曰：廓然无耦曰独立，古今常一曰不改，无所不在曰周行，所在皆通曰不殆。可以为天地母。可以为者，天下推之而不歉也，非有心于天下。吾不知其名，不可名，故不知。强字之曰道，强为之名曰大。大曰逝，逝曰远，远曰反。故道大，天大，地大，人亦大。域中有四大，而人居其一焉。人法地，地法天，天法道，道法自然。

形象有间，道无间。道不择有，亦不择无，与之俱往。往而不息于往，故为逝，为远，与之俱往矣。住而不悖其来，与之俱来，则逝远之即反也。道既已如斯矣，法道者亦乘乘然而与之往来。而与之往来者，守常而天下自复，盖不忧其数而不给矣。"载营魄，抱一而不离"，用此物也。近取之身，为艮背而不为机目；远取之天地，为大制而不为刿割；故可以为天下王。

二十六章

重为轻根，静为躁君。韩非曰：制在己曰重，不离位曰静；吕吉甫曰：迫而后动，感而后应，不得已而后起，则重矣；无为焉，则静矣。是以圣人终日行不离辎重。虽有荣观，燕处超然。奈何万乘之主，而以身轻天下？轻则失根，躁则失君。

有根则有茎，有君则有臣。虽然，无宁守其本乎！一息之顷，众动相乘，而不能不有所止。道不滞于所止，而因所止以观，则道之游于虚，而常无间者见矣。惟不须臾忍，而轻以往，则应在一而违在万，恩在一隅而怨在三隅，倒授天下以柄，而反制其身。故夏亡于牧宫之造，周衰于征汉之舟。以仁援天下而天下溺，以义济天下而天下陷，天下之大，荡之俄顷，而况吾身之内仅有之和乎？

二十七章

善行无辙迹，善言无瑕谪； 善行不蹑实，善言不扢美。**善数不用筹策；** 筹策得小忘大。**善闭无关楗而不可开，** 吕吉甫曰：我则不辟，孰能开之。**善结无绳约而不可解。** 无系无离，如母之于子。**是以圣人常善救人，故无弃人；常善救物，故无弃物。是谓袭明。故善人者，不善人之师；不善人者，善人之资。不贵其师，不爱其资，虽智大迷，是为要妙。**

我之有明，非明也，又况投明于物，絜其长短以为耀乎？故鸟窒于实，蚓困于空，鱼穷于陆，固其获而未知不得者之可为得也。我欲胜之，勿往絜之。万物饰其形以相求，或逃其美以相激，咸潜测其根柢，掩而有之，则物投我而我不投物。众实求给，一虚无间，故善恶之意消，而言行闭结之所摄者，要妙不可窥矣。

二十八章

知其雄，守其雌， 吕吉甫曰：和而不倡。**为天下溪。为天下溪，常德不离，复归于婴儿。知其白，守其黑，为天下式。为天下式，常德不忒，复归于无极。** 无不极而无极。**知其荣，守其辱，为天下谷。为天下谷，常德乃足，复归于朴。** 吕吉甫曰：守之以为母，知之以为子。**朴散则为器，圣人用之，则为官长，** 用其未散。**故大智不割。**

或雌或雌，或白或黑，或荣或辱，各有对待，不能相通，则我道盖几于穷，而我之有知有守亦不一矣。知者归清，守者归浊，两术剖分，各归其肖，游环中者可知已。然致意于知矣，而收功于守，则何也？宾清而主浊，以物极之必反，反者之可长主也。故婴儿可壮，壮不可稚；无极可有，有不可无；朴可琢，琢不可朴。然圣人非于可不可斤斤以辨之。环中以游，如霖雨之灌蚁封，如原燎之灼积莽，无首无尾，至实至虚，制定而清浊各归其墟，赫然大制而已矣。虽然，不得已而求其用，则雌也，黑也，辱也，执其权以老天下之器也。

二十九章

　　将欲取天下而为之，吾见其不得已。天下神器，天下虽器也，神常流荡之。**不可为也，为者败之，执者失之。故物或行或随；或嘘或吹；或强或羸；或载或隳。**皆神使之然。**是以圣人去甚，去奢，去泰。**

　　天下在我，吾何取？我在天下，吾何为？天下如我，吾何欲？我如天下，吾何执？以我测天下，天下神。以天下遇我，天下不神。不神者使其神，而天下乱。神者使其不神，而我安。故穷天下以八数，而去我之三死，则炎火焚林而可待其寒，巨浸滔天而可视其暖。水火失其威，金石丧其守，况有情之必穷而有气之必缩者哉？

三十章

　　以道佐人主者，不以兵强天下。其事好远。师之所处，荆棘生焉。大军之后，必有凶年。善有果而已，不以取强。果而勿矜，果而勿伐，果而勿骄。果而不得已，果而勿强。虽在必用兵之时，祸发必克，犹当以五者居心。**物壮则老，是谓不道，不道早已。**

　　最下用兵以杀，其上用兵以生。夫以生生者且赘，而况杀生乎？人未尝不生，而我何劝？又况夫功之门为害之府也，人未尝不生，不能听其生；物未尝不杀，不能恃其杀。须臾之不忍，而自命为果，不已诬乎？故善禁暴者，俟其消，不摧其息；善治情者，塞其息，不强其消；善贵生者，持其消息之间，不犯其消息之冲；虽有患，不至于早已。

三十一章

　　夫佳兵者，不祥之器，物或恶之，故有道者不处。君子居则贵左，用兵则贵右。兵者不祥之器，非君子之器，不得已而用之，恬淡为上。胜而不美，而美之者，是乐杀人。夫乐杀人者，则不可得志于天下矣。吉事尚

左，凶事尚右。偏将军居左，上将军居右，言居上势则以礼处之。杀人众
多，以悲哀泣之，战胜以丧礼处之。

与其悲之于后，何如忘之于先；与其以凶礼居功，何如以吉道处无
功之地。不能先机，不能择吉，不能因间以有余，所谓"彼恶知礼意"
者也。

三十二章

道常无名。王辅嗣曰：道无形不系，常不可名。**朴虽小，天下不敢臣。侯王
若能守，万物将自宾。天地相合，以降甘露，民莫之令而自均。始制有
名，名亦既有，夫亦将知止，知止可以不殆。譬道之在天下，犹川谷之于
江海**。川谷能成江海，江海不能反川谷。道散而为天下，天下不能反而为道。

因于大始者无名，止于已然者有名。然既有名而能止之，则前名成而
后名犹不立，过此以往，仍可为大始。天地，质也；甘露，冲也；升于地
而地不居功，降自天而天不终有，是既止以后之自然，且莫令而自均，后
天之冲，合于先天，况夫未始有夫有止者乎？

三十三章

**知人者智，自知者明。胜人者有力，自胜者强。知足者富。强行者有
志。不失其所者久。死而不亡者寿**。富者不必有志，有志者不能乎富。久者有极，
寿者无终。

以气辅气，以精辅精，自谓"不失其所"，而终归于敝，岂但单豹之
丧外，张毅之丧内哉！盖智揣力持以奔其志，有"所"而不能因自然之
"所"于无所失也。夫见其精气之非有余，可谓之死；而其中之婉如处女、
萦如流云者、微妙玄通者未尝亡也。非真用其微明以屈伸于冲和之至，若
抱而不离者，何足以与于斯哉！故有虞氏之法久，而泰氏之道寿；中士之
算长，而有道者之生无极；言此者，以纪重玄之绩也。

三十四章

大道泛兮，其可左右。万物恃之以生而不辞，功成不名有。爱养万物而不为主，常无欲可名于小；万物归焉而不知主，可名为大。是以圣人终不为大，<small>可名而不为曰终不为。</small>**故能成其大。**

谁能以生恩天地乎，则谁能以死怨天地。天地者，与物为往来而聊以自寿也。天地且然，而况于道？荒荒乎其未有畔也，脉脉乎其有以通也；故东西无方，功名无系，宾主无适，己生贵而物生不逆。诚然，则不见可欲，非以窒欲也；迭与为主，非以辞主也。彼呕欲成其大者，恶足以知之！

三十五章

执大象，天下往。往而不害，<small>吕吉甫曰：虽相忘于道术，而未尝相离。</small>**安平泰。乐与饵，过客止。道之出口，淡乎其无味，视之不足见，听之不足闻，用之不可既。**

蛇之制在项，人之制在限。系其项，则废其蛰；"艮其限"，则"列其夤"矣。其象甚微，制之甚大。故清虚者物之凑，而重浊者物之司也。不弃其司，不奔其凑；于空得实，于实得空；扼其重浊，以致其清虚。尝试念之：乐作饵熟，则虽有遄行之客，而游情以止，非以其归于情耶？所谓"常有欲以观其徼"也。然项之与限，非有情者也。无情者不可强纳有情以为之主，则冲淡晦寂而用无方，斯亦无欲之至矣。始乎重浊，反乎清虚；得乎清虚，顺乎重浊；有欲无欲，而常者未有变焉；斯执大象者之所独得与！

三十六章

将欲歙之，必固张之；将欲弱之，必固强之；将欲废之，必固兴之；将欲取之，必固与之。<small>固者，表里坚定，终始不异。</small>**是谓微明。**<small>王元泽曰：鬼神之幽将不能窥，而况于人。</small>**柔弱胜刚强。鱼不可脱于渊，国之利器不可以示人。**

<small>李息斋曰：此圣人制心夺情之道。</small>

函道可以自适，抱道可以自存，其如鱼之自遂于渊乎！有倚有名，唯

恐不示人，则道滞而天下测其穷。无门无毒，物望我于此而已。不以此应之，则天下其无如我何矣。无如我何，而天下奚往？是故天下死于道，而道常生天下，用此器也。

三十七章

道常无为而无不为。侯王若能守，万物将自化。化而欲作，吾将镇之以无名之朴。无名之朴，亦将不欲。不欲以静，天下将自正。化者归徼，正者归妙。

藏朴者，终古而有器之用；见朴者，用极于器而止矣。故无名与有名为侣，而非能无也。畏其用而与有名为侣，故并去其欲。婴城以守国者，不邀折冲之功；闭阁以守身者，不为感悦之拒；知物之本正，而不敢正之以化也。其为道也，测之于重玄而反浅、阂之于妙门而反深。以为无用，而有用居然矣；以为有用，而无用居然矣。终日散而未始不盈，微息通而颟然似有。两垒立而善守其间，两端驰而善俟其反，则朴又何足言，而玄又何足以尽之哉？

下篇　德篇

三十八章

上德不德，是以有德；下德不失德，是以无德。上德无为而无以为；下德为之而有以为。为之于无曰无以为，为之于有曰有以为。**上仁为之而无以为；上义为之而有以为。上礼为之而莫之应，则攘臂而扔之。故失道而后德，失德而后仁，失仁而后义，失义而后礼。夫礼者，忠信之薄，而乱之首。前识者，**明非在内，取前境而生，谓之前识。**道之华，而愚之始。是以大丈夫处其厚，不居其薄；**锐而捷得名者为薄，退而养众始者为厚。**处其实，不居其华。故去彼取此。**

虎豹之行，进而前，则不能顾其却。新木之植，盛其华，则不能固其根。然不能无所前矣，无已，其以朴者前乎！前者犯难，却者观变。以犯难者，敦重而不惊；以观变者，因势而徐辨。故不以识之锐抵天下之蠙。何也？以失主乐取夫美名而昵之，以背众美之涵也，是德、仁、义、礼之可名而不常者也。故出而逾华，反而逾薄。唯先戒其前者，为能不德而德，无为以为。严君平云："至至而一不存。"岂不存哉？诚无以存之。

三十九章

昔之得一者：天得一以清；地得一以宁；神得一以灵；谷得一以盈；谷虚而受万，故曰盈。**万物得一以生，王侯得一以为天下贞。其致之一也，天无以清，将恐裂；地无以宁，将恐废；神无以灵，将恐歇；谷无以盈，将恐竭；万物无以生，将恐灭；侯王无以贞而贵高，将恐蹶。故贵以贱为本，高以下为基。是以侯王自称孤、寡、不谷。此非以贱为本邪？非乎？故致数舆无舆。不欲琭琭如玉，落落如石。**李息斋曰：轮盖辐辂，会而为车，物物有名，而车不可名。仁义礼智，合而为道，仁义可名，而道不可名。苟有可执，使其迹外见，贵者如玉，贱者如石，可以指名，而人始得贵贱之矣。

愚者仍乎"一"，而不能"以"；智者日"以"之，而不能"一"。"以"者失"一"也，不"一"者无"以"也。"一"含万，入万而不与万为对。"以"无事，有事而不与事为丽。而况可邀，而况可执乎？是以酒熟而酤者至，舍茸而行者休。我不"得一"，而姑守其浊，以为之筐橐，而后"一"可"致"而不拒。夫贵贱高下之与"一"均，岂有当哉？乃贵高者功名之府，而贱下者未有成也。功立而不相兼，名定而不相通，则万且不尽，而况于"一"？故天地之理亏，而王侯之道丧。以大"舆"载天下者，知所取舍久矣。

四十章

反者，道之动；方往方来之谓反。气机物化，皆有往来，原于道之流荡，推移吐纳，妙于不静。**弱者，道之用。**坚强则有倚而失用，非道也。道之用，以弱动而已。**天**

下万物生于有，有生于无。道息于无，非反乎？逑上者，非动乎？赵志坚曰：物虽未形，已有是气。天地万物从一气而生，一气从道而生。

流而或盈，满而或止，则死而为器。人知器之适用，而不知其死于器也。若夫道，含万物而入万物，方往方来，方来方往，蜿蟺希微，固不穷已。乃当其排之而来则有，当其引之而去，则托于无以生有，而可名为无。故于其"反"观之，乃可得而觌也。其子为光，其孙为水，固欲体其用也实难。夫迎来以强，息往以弱，致"用"于"动"，不得健有所据，以窒生机之往来；故用常在"弱"，而道乃可得而"用"也。"动"者之生，天之事。"用"者之生，人之事。天法道，人法天，而何有于强？然而知道体之本动者鲜矣。唯知"动"则知"反"，知"反"则知"弱"。

四十一章

上士闻道，勤而行之；中士闻道，若存若亡；下士闻道，大笑之。不笑不足以为道。故建言有之：明道若昧；进道若退；夷道若类；在牛为牛，在马为马，类也。我道大似不肖，何类之有？然唯非马非牛，而亦可马可牛，何不类之有。上德若谷；大白若辱；广德若不足；建德若偷；质真若渝；大方无隅；吕吉甫曰：沦于小测，反于大通。大器晚成；大音希声；大象无形；道隐无名。常名不可名。夫唯道，善贷且成。

有善贷者于此，则人将告贷焉，而彼非执物以赐之也。夫道，亦若是而已矣；然我未见物之告贷于道也。何也？物与道为体，而物即道也。物有来有往，有生有反，日饮于道，而究归于未尝或润；日烛于道，而要反于未之有明。无润无明，物之小成；不耀不流，道用自极。故欲勤，而莫致其力；欲行，而不见其功。盖"昧""退""辱""偷"之名，非虚加之也。然而受之不辞者，且得不谓之上士乎？

四十二章

道生一，冲气为和。一生二，既为和矣，遂以有阴阳。冲气与阴阳为二。二生三，阴阳复二而为三。三生万物。万物负阴而抱阳，冲气以为和。人之所恶，唯孤、寡、不谷，而王公以为称。故物或损之而益，或益之而损。人之所教，我亦教之。至道不在言，感触可尔。"强梁者不得其死"，吾将以为教父。

当其为道也，函"三"以为"一"，则生之盛者不可窥，而其极至少。当其为生也，始之以"冲气"，而终之以"阴阳"。阴阳立矣，生之事繁，而生之理亦竭矣。又况就阴阳之情才，顺其清以贪于得天，顺其浊以坚于得地，且吸夕餐，讴酌充闷以炫多，而非是则恶之以为少，方且阴死于浊，阳死于清，而讵得所谓"和"者而仿佛之乎？又况超于"和"以生"和"者乎？有鉴于此，而后知无已而保其少，"损"少致"和"，损"和"得"一"。夫得"一"者无"一"，致"和"者无致。散其党，游其宫，阴阳在我，而不叛其宗，则"益"之最盛，何以加哉！

四十三章

天下之至柔，驰骋天下之至坚。无有入于无间，吾是以知无为之有益。不言之教，无为之益，天下希及之。

适燕者北驰，适粤者南骋；而无适之驾，则常得其夷而无所阻，轹践百为而无所牾。以觿解者，不能解不纠之结；以斧析者，不能析无理之薪。苟知实之有虚，因而袭之，则祈距万变，而我志无不得。夫炫其"坚"而修备，测其"间"而抵隙者多矣，道之所以终隐于"可道"也。

四十四章

名与身孰亲？身与货孰多？得与亡孰病？甚爱必大费；多藏必厚亡。故知足不辱，知止不殆，薛君采曰：乐今有之已多、无求奚辱？惧后益之有损，知几奚殆？可以长久。

所谓至人者，岂果其距物以孤处哉？而坐视其变，知我之终无如物何，而物亦终无如我何也。故"辱"有自来，而"辱"或无自来；"殆"有自召，而"殆"或不召而至。然而以"身"捷得其眚而受其"名"，则不如无居之为愈也。故谓之善爱"名"而善居"货"，善袭"得"而善遣"亡"。"得"之于"身"，听然以消阴阳之沴；得之于天下，泮然以毙虎兕之威。

四十五章

大成若缺，其用不弊。大盈若冲，其用不穷。大直若屈，大巧若拙，大辩若讷。躁胜寒，静胜热。 胜音升。叶梦得曰：知其所胜，孰往而不可为。**清静为天下正。** 为天下正，则天下自正。若欲正天下，益其寒热矣。

阴阳交而人事烦，人事烦而功名著。故喜于有为者，其物之盈而往附之。已盈而往附焉，必损于己，遂思以胜之；我见其寒而趋火，热而饮冰，徒自困也。彼岂乐有此患哉？始亦以附彼者之易于求盈，而不知其至此也。而早啬于己，不惊于物，则阴阳方长，而不附之以为功名。始于不依，终于不竞，天下正矣，而我若未有功。故貌见不足，而实享其有余。诚享矣，而又奚恤于貌之不足？

四十六章

天下有道，却走马以粪。天下无道，戎马生于郊。罪莫大于可欲；祸莫大于不知足；咎莫大于欲得。故知足之足，常足矣。

祸发于方寸，福隐于无名。一机之动如蚁穿，而万杀之争如河决。故有道者，不为福先，而天下无祸。岂强窒之哉！明于阴阳之亢害，而乐游于大同之圃，安能以己之已知，犯物之必害者乎！

四十七章

不出户，知天下； 章安曰：出户则离此而有知。**不窥牖，见天道。** 章安曰：窥牖则即彼而有见。**其出弥远，其知弥少。是以圣人不行而知，不见而明，不为而成。**

道盈于向背之间。有所向，斯有所背矣。无所向，无所背，可名之中。乃使人贸贸然终日求中而不得，为天下笑。无已，姑试而反之。反非中也，而渐见其际。有欸乎，如光之投隙；有约乎，如丝之就络。物授我知而我不勤，乃知昔之逐亡子而追奔马者，劳而愚矣。非然，则天下岂有"不行而知，不见而名，不为而成"者哉！

四十八章

为学日益，为道日损。损之又损，以至于无为。无为而无不为。取天下常以无事，及其有事，不足以取天下。天下不可取，縣天下之与我谓之取尔。

损于有者，益于无。去其所取，全其未有取。未有取，则未有失。故宾百为，而天下来宾。犹且詹詹然以前识之得为墨守，则日见益而所失者积矣。故月取明于日，明日生而真月日死。安能舍此无尽藏，以取恩于天下之耳目哉！夫天下无穷，取者恩而失者怨，取者得而失者丧，此上礼之不免于攘臂，而致数舆之无舆也。

四十九章

圣人无常心，以百姓心为心。善者，吾善之；不善者，吾亦善之；德善矣。信者，吾信之；不信者，吾亦信之；德信矣。圣人在天下，歙歙焉，为天下浑其心，百姓皆注其耳目，圣人皆孩之。

即有圣人，岂能使天下之皆孩邪？一生二而有阴阳，有阴阳而有性情，有性情而有是非。夫性情之凝滞以干阴阳之肖者而执之，将遂以为常乎？常于此者，不常于彼矣。唯执大常以无所常，故恣阳亢阴凝之极，而百姓可坐待其及，我为焦土，百姓为灌漭；我为和风，百姓为笙竽。有渍而不受，有声而不留，则善之来投，若稚子学语于翁妪之侧，而况夫不善之注耳目者乎？呜呼！天下之有目而注者多矣，与之为目者，则亦注也。圣人不为目，而天下自此孩矣。

五十章

出生入死。生之徒，十有三；死之徒，十有三；人之生，动之于死

地，亦十有三。苏子繇曰：生死之道九，而不生不死之道一。**夫何故？以其生生之厚。盖闻善摄生者，路行不遇兕虎，入军不被甲兵；兕无所投其角，虎无所用其爪，兵无所容其刃。夫何故？以其无死地。**

有死地，无生地。无地为生，有地为死。试效言之矣。人之生也，神舍空而即用，形拔实以营虚，非其出乎？迨气与空为宅，形与壤为质，则死者非其人乎？虽然，既有生矣，遂以其出者为可继也，引绪旁生，据地而游，则死固死于静，生亦死于动。死于动者，能不静，而不能静于动也。静于动，则动于静，动静两用而两不用。静于动，则动可名为静；可名为静，静亦乐得而归之；所谓"守静笃"者此也。动于静，则静可名为动；可名为动，静与周旋而不死；所谓"反者道之动"者此也。故有地者三，无地以为地者三，鹜于地不地而究以得地者三。此自九而外，一之妙所难言与！然而摄生者其用在动，之死者其用亦动。何以效之？摄生者以得地为忧，动而离之。之死者以不得地为忧，动而即之。彼虽日往还于出入之间，而又恶知动哉？则甚矣，地之可畏也！兕虎之攫，必按地以为威；甲兵之杀，必争地以制胜。遇无地者，则皆废然而丧其杀机。杀不在彼，死去于我，御风音所以泠然善，云将所以畅言游也。

五十一章

道生之，德畜之，道之用曰德。**物形之，势成之。**皆道之自然。**是以万物莫不尊道而贵德。道之尊，德之贵，夫莫之命而常自然。故道生之畜之；长之育之；亭之毒之；养之覆之。**陆希声曰：禀其精谓之生，含其气谓之畜，遂其形谓之长，字其材谓之育，权其成谓之亭，量其用谓之毒，保其和谓之养，获其生谓之覆。**生而不有，为而不恃，长而不宰。是谓玄德。**

道既已生矣，而我何生？道既已畜，且覆之矣，而我何为？而我何长？邻之人炊其囷粟以自饱，施施然曰我食之，夫谁信哉？乃彼未尝食于我，而未尝不食于此也。我唯灼而知之，顺而袭之，天下不相知而德我，我姑不得已而德之。物者形矣，势者成矣。虽灼知之，不名言之；虽顺袭之，不易置之；虽德我者不相知，终古而信之；亦可因万物之不相知也，而谓之玄德矣。

五十二章

天下有始，以为天下母。既得其母，以知其子，复守其母，没身不殆。塞其兑，闭其门，终身不勤。开其兑，济其事，终身不救。见小曰明，守柔曰强。用其光，复归其明，无遗身殃，是谓袭常。

言"始"者有三：君子之言始、言其主持也；释氏之言始，言其涵合也；此之言"始"，言其生动也。夫生动者气，而非徒气也。但以气，则方其生动于彼，而此已枵然矣。盈于彼，不虚于此；先天地生，而即后天地死；其息极微，用之无迹。小且无所执，而况于大？弱且不必"用"，而况于"强"？将孰从而致吾"见"与"守"乎？故方其"守"而"知"，"知"之在"守"；方其"知"而"守"，"守"之在"知"。生息无穷，机漾于渺。欲执之而已逝矣，欲审之而已迁矣，欻忽萧散，何所为"常"？于其不"常"，而阴尸其"常"，岂复在"子""母"之涯涘邪？不然，以己之知与力，有涯之用，追随"子""母"之变，未见其免于殃也。

五十三章

使我介然有知，行于大道，唯施是畏。大道甚夷，而人好径。朝甚除，田甚芜，仓甚虚；服文采，带利剑，厌饮食，资货有馀；是谓盗竽。非道也哉！疾周末文胜。

天下不胜"知"也。"知"而"施"之，则物之情状死于己之耳目，而耳目亦将死于情状矣。然则将去知乎？而知亦无容去也。有知者，有使我知者。知者自谓久知，而使我知者用其"介然"而已。知"介然"之靡常，则已无留好。已无留好，而天下不羡其留，虽施不足畏，而况于知？俄顷之光，而终身之据；已尚之物，亦从而尚之。莽、操之奉尧、舜为竽，黄巾、赤眉之奉汤、武为竽，与阴阳之渗奉凝滞之冲气以为竽而盗其生，等也。道之不可以"介然"行也，如斯夫！

五十四章

善建者不拔，吕吉甫曰：建之以常无有。**善抱者不脱，**吕吉甫曰：抱神以静。**子孙以祭祀不辍。修之于身，**以善建善抱者修之。**其德乃真；修之于家，其德乃余；修之于乡，其德乃长；修之于邦，其德乃丰；修之于天下，其德乃普。故以身观身，以家观家，以乡观乡，以邦观邦，以天下观天下。吾何以知天下然哉？以此。**

以己与天下国家立，则分而为朋矣。彼朋"建"，则此朋"拔"；彼朋"抱"，则此朋"脱"。然而有道者，岂能强齐而并施之哉？事各有形，情各有状，因而观之，可以无争矣。而流动于情状之中，因其无可因，以使之自因者，所谓"知之以此"也。方且无"身"，而身何"观"？方且无乡、邦、天下，而我又何"观"？方且无之，故方且有之。析于所自然，而抟于所不得已，则匪特"朋亡"，而己物相见之真，液化脉函，固结以寿于无穷，是谓"死而不亡"。

五十五章

含德之厚，比于赤子。毒虫不螫，猛兽不据，攫鸟不搏。骨弱筋柔而握固。未知牝牡之合而朘作，精之至也。终日号而不嗄，和之至也。緜斯以观，则人无日不精，无所不和。以此立教，犹有执堕地一声为本来面目者。**知和曰常，知常曰明。益生曰祥，**求益其生，是为灾祥。**心使气曰强。**气自精和，使之刚躁。**物壮则老，谓之不道，不道早已。**

以一己受天下之无涯，不给矣。忧其不给，将奔心驰气，内争而外渝。然且立德以为德，吐为外景，而不知中之未有明也。含而比于赤子者，德不立德；德不立德，而取舍无迹；无迹则"和"。不立德以为德，则阴阳归一，阴阳归一则"精"。如是者，大富不资，大劲不折，而犹有"使气""益生"之患乎？故闭之户牖，无有六合；守之酣寝，无有风雷；至人无涯之化，赤子无情之效也。

五十六章

知者不言，言者不知。非特不使人窥其喜怒，亦且使道无间于合离。**塞其兑，闭其门，挫其锐，解其纷，和其光，同其尘，是谓玄同。故不可得而亲，不可得而疏；**即之则大似不肖，违之又不出于此。**不可得而利，不可得而害；**雨不能濡空使有生，日不能暖空使有热。**不可得而贵，不可得而贱。**贵贱者名也，躁贵有贱。无名则无贵而无贱。**故为天下贵。**严君平曰：五味在口，五音在耳，如甘非甘，如苦非苦，如商非商，如羽非羽，而易牙、师旷能别之。音味尚尔，况妙道乎？至人之游处，显则与万物共其本，晦则与虚无混其根，语默随时而不殊，厄言日出而应变，是以谓之玄同也。

夫将同其所同，则亦异其所异。同者我贵之，而或贱之；异者我贱之，而或贵之，何也？以我之贵，知或之贱；以我之贱，知或之贵也。唯不犯物者，物亦不犯我。非不犯也，物固莫能犯之也。因而靡之，坐而老之，使明如列炬，暗如窨土，锐如干将，纷如乱丝，一听其是非之无极，终不争同己以为贵，乃冒天下之上，以视天下短长之命。玄乎！玄乎！而何言之足建乎？

五十七章

以正治国，以奇用兵，以无事取天下。吾何以知天下之然哉？天下多忌讳，而民弥贫；国多利器，国家滋昏；人多技巧，奇物滋起；法令滋彰，盗贼多有。故圣人云：我无为，而民自化；我好静，而民自正；我无事，而民自富；我无欲，而民自朴。

天下有所不治，及其治之，非"正"不为功。以"正"正其不正，恶知正者之固将不正邪？故"正"必至于"奇"，而治国必至于"用兵"。夫无事者，正所正而我不治，则虽有欲为奇者，以无猜而自阻，我乃得坐而取之。彼多动多事者则不然，曰"治者物之当然，而用兵者我之不得已也"。方与天下共居其安平之富，而曰不得已，是谁诒之戚哉？故无名无器，无器无利，无利无巧，无巧则法无所试。故欲弭兵者先去治。

五十八章

其政闷闷，其民淳淳；其政察察，其民缺缺。祸兮福之所倚，福兮祸之所伏。孰知其极？其无正邪。尝试周旋回翔于理数之交，而知其无正邪，彼察察然迓福而避祸者，则以为有正。**正复为奇，善复为妖。人之迷，其日固久。是以方而不割，廉而不刿，直而不肆，光而不耀。**

果其无"正"耶，则圣人何不并"方""廉""直""光"而去之？去者必矫，今之矫，后之所矫也。弓之张也弰外，则其弛也弰内。然则天下遂无一或可者与？圣人知其无正，则亦知其无奇，而常循其冲。"人之所畏，不敢不畏"，则善人不能操名以相责。"天下注目，我皆孩之"，则不善人不能立垒以来争，是故远"割""刿""肆""耀"之伤，而作"方""廉""直""光"之保，则气数失其善妖，而奇正忘于名实。不然，避祸而求福于容，容亦迷而速其妖尔。

五十九章

治人事天，莫若啬。夫唯啬，是谓早服；早服谓之重积德。韩非曰：思虑静，故德不去；孔窍虚，则和气日入。**重积德，则无不克；无不克，则莫知其极；莫知其极，可以有国；有国之母，可以长久；是谓深根固柢，长生久视之道。**

"人"之情无尽，取而"治"之，则不及情者多矣，"天"之数无极，往而"事"之，则无可极者远矣。以其敝敝，从其浩浩，此冀彼之恩，而彼冀望此以为怨。怨不可以有国，而敝敝穷年，亦"根"败"柢"枯，而其"生"不延。迨其不延，悔而思"服"，岂不晚与！守之圈中，鲜所"治"，鲜所"事"。情万而情情者一，数万而数数者并一不存。或疑其吝而不德，而不德之德，天人无所邀望于始，则亦无所怨怓于终。而批却导窾，数给不穷者，宁有讫乎？故牡之触有穷，而牝之受无所止。"重积德"者，天下歆其受而归我，席虚以游天下，此"有国"之与"长久"两难并者，而并之于此。并之于此，则岂有不并于此者哉？

六十章

治大国，若烹小鲜。以道莅天下，其鬼不神；非其鬼不神，其神不伤人；非其神不伤人，圣人亦不伤之。夫两不相伤，故德交归焉。

动天下之形，犹余其气；动天下之气，动无余矣。"烹小鲜"而挠之，未尝伤小鲜也，而气已伤矣。伤其气，气遂逆起而报之。夫天下有"鬼神"，操治乱于无形；吾身有"鬼神"，操生死于无形。杀机一动，龙蛇起陆，而生德戕焉。静则无，动则有，神则"伤人"，可畏哉！"载营魄，抱一而不离"，与相保于水之未波。岂有以治天下哉？"莅"之而已。

六十一章

大国者下流，天下之交，天下之牝。牝常以静胜牡，以静为下。静以居下，厚德载物。故大国以下小国，则取小国；小国以下大国，则取大国。故或下以取，或下而取。大国不过欲兼畜人，小国不过欲入事人。夫两者各得其所欲，大者宜为下。

道莫妙于受。受而动，是名受而实不受也。欲受而动，是实受而名不受也。天下相报以实，而相争以名，阴阳之于人固然，况人事乎？语其极，则欲"兼畜人"，非能畜人；欲"入事人"，非能事人。何也？实元动也，况欲之而又不能静乎？愈大则愈可受。人能为阴阳之归，其处下尤甚。静其欲，静其动，江海之所以为百谷王也。

六十二章

道者万物之奥。善人之宝，不善人之所保。美言可以市，尊行可以加人。不善人保之，善所以贵。然可市而不市，可加而不加，斯乃为奥。人之不善，何弃之有？故立天子，置三公，虽有拱璧以先驷马，不如坐进此道。古之所以贵此道者何？不曰：求以得，有罪以免邪？故为天下贵。

繇此验之，则有道者不必无求，而亦未尝讳罪耶？无求则亢，讳罪则易污，有道者不处。天下皆在道之中，善不善者其化迹，而道其橐龠。是故无所择，而聊以之深其息。知有所择也，是天子三公之为贵，而拱璧驷马之为文矣，岂道也哉？时有所求，终不怀宝以自封；或欲免罪，终不失保以孤立。和是非而休之以天钧，天下皆同乎道，而孰能贱之？

六十三章

为无为，事无事，味无味。大小多少，<small>吕吉甫曰：归于无物，故可以大。可以小，可以多，可以少。</small>**报怨以德。图难于其易，为大于其细；天下难事，必作于易，天下大事，必作于细。是以圣人终不为大，故能成其大。夫轻诺必寡信，多易必多难。是以圣人犹难之，故终无难矣。**

愤兴长养者，人之所见"大"也。恩怨酬酢者，人之所见"难"也。秋脱之叶，春之所荣；重云之屯，雨之所消；非果为"大"而为"难"，审矣。道其犹水乎！微出于险，昌流非盈。盈，循末而见其盈，不知其始之有以持之也。如是，则圣人劳矣乎！而能不劳者，托于无也。无"大"则若"细"，无"易"则若"难"，保其无而无往不得。所难者，保无而已矣。

六十四章

其安易持，其未兆易谋。其脆易泮，其微易散。<small>道自有此四几。</small>**为之于未有，治之于未乱。合抱之木，生于毫末；九层之台，起于累土；千里之行，始于足下。**<small>既合抱而仍有毫末，既九成而仍资累土，虽千里而不过足下。</small>**为者败之，执者失之。**<small>苏子繇曰：与祸争胜，与福生赘，是以祸不救而福不成。</small>**是以圣人无为，故无败；无执，故无失。民之从事，常于几成而败之。慎终如始，则无败事。是以圣人欲不欲，不贵难得之货；学不学，复众人之所过；**<small>刘仲平曰：欲众人之所不欲，不欲众人之所欲；学众人之所不学，不学众人之所学；复其过矣。</small>**以恃万物之自然，而不敢为。**

夫有道者，不为吉先，不为福赘。"未有""未乱"而逆治，其事近迎。"几成"而"慎"有余，其事近随。迎随之非道，久矣，非以其数数于往来而中敝邪？孰知夫往者之方来，而来者之方往也？又孰知夫往者之未尝往，而来者之来尝来也？戒其随，始若迎之；戒其迎，始若随之。又孰知夫迎随之可避，而避迎随之亦可戒也？或敝或避，因物者也。兼而戒之，从事其易者，因道者也。因物者不常，因道者致一。一无所倚，迎几"早服"，此以"恃万物主自然而不为"。

六十五章

古之善为道者，非以明民，将以愚之。民之难治，以其智多。故以智治国，国之贼；不以智治国，国之福。知此两者亦楷式。常知楷式，是谓玄德。玄德深矣，远矣，与物反矣，反乃至于大顺。吕吉甫曰：与物反本，无所于逆。

顺之则与天下相生，"反"之则与吾相守。生者，生智，生不智；生福，生祸；生德，生贼；莫必其生，而顺亦不长也。守者，吾守吾，天下守天下，而不相诏也。夫道之使有是天下也，天下不吾，而吾不天下，久矣"楷式"如斯，而未有易也。仿其"楷"，多其瓮缶而土裂于丘；学其"式"，多其瓠豆而木落于山，天下其为我之瓮缶与其瓠豆乎？彼且不甘而怨贼起矣。物欲出生，我止其芽，则天下全其膏润。心欲出生，我止其几，则魂魄全其常明。非故"愚之"也，"以明"者非其明也。

六十六章

江海之所以能为百谷王者，以其善下之，故能为百谷王。是以圣人欲上人，以言下之；欲先人，以身后之。是以圣人处上而人不重，人不重，重仍在己也。凡上轻下重。处上而不以重授人，唯圣人为然。**处前而人不害。是以天下乐推而不厌。以其不争，故天下莫能与之争。**

未易下，尤未易"善下"，故天下之为江海者鲜矣。将欲抑之，而激之必亢；将欲浚之，而只以不平。而不但此也。独立而为物所归，则积之必厚；积厚而无所输，则欲抑之、浚之而不能。故唯江海者，"善下"者也。江则有海，海则有尾闾。圣人有善，则过而不留。受天下之归而自不屑，天下亦孰得而厌之？故返息于踵，返踵于天，照之以自然，而推移其宿气，乃入于"寥天一"。

六十七章

天下皆谓我道大，似不肖。夫唯大，故似不肖。若肖，久矣其细也夫！我有三宝，宝而持之。一曰慈，二曰俭，三曰不敢为天下先。夫慈故能勇；俭故能广；不敢为天下先，故能成器长。今舍慈且勇，舍其俭且广，舍其后且先，死矣！夫慈以战则胜，以守则固。天将救之，以慈卫之。

曰蚕"肖"蠋，不能谓蠋之即蚕也。曰蚕"肖"蚕，不能谓此蚕之即彼蚕也。求名不得，而举其"肖"，然且不可，况欲执我以求"肖"乎？终日"慈"，而非以"肖"仁；终日"俭"，而非以"肖"礼；终日"后"，而非以"肖"智。善无近名，名固不可得而近矣。无已，远其刑而居于无迹，犹贤于"肖"迹以失真乎！不然，"天将救之，以慈卫之"；苻坚不忍于慕容，而不救其死，非以其求"肖"也哉？

六十八章

善为士者，不武；善战者，不怒；善胜敌者，不与；善用人者，为之下。是谓不争之德，是谓用人之力。是谓配天，古之极。

避杀者不可为，犹之乐杀者不可长也。或以有所乐，或以有所避，皆谓生杀之在己而操纵之，是谓窃天。不致其乐，避于何庸？故"以正治国"者，将以弭兵而兵愈起；"善为士"者，可以用兵而兵不伤。知天之化迹，有露雷而无喜怒；知古之"楷式"，有消长而无杀生，有道者之善用人，岂立我以用人哉？人已然而因用之也。

六十九章

　　用兵有言：吾不敢为主，而为客；不敢进寸，而退尺。是谓行无行；_{户刚切。}**攘无臂；仍无敌；执无兵。祸莫大于轻敌，轻敌几丧吾宝。故抗兵相加，哀者胜矣**。_{道之于天下，莫不然者。而战其一。}

　　居道之宫，非"主"非"客"；乘道之机，亦"进"亦"退"。而"主"不知"客"，"客"能知"主"，繇其相知，因以测非"主"非"客"之用；"进"无"退"地，"退"有"进"地，因其余地，遂以袭亦"进"亦"退"之妙。"主客"之间有宫焉，"进退"之外有用焉。"无行""无臂""无敌""无兵"者，如斯也。远死地而致"微明"，不"胜"其何俟焉？欲猝得此机而不能，将如之何？无亦姑反其势而用其情乎！以"哀"行其"不得已"，所以敛吾怒而不丧吾"三宝"也。

七十章

　　吾言甚易知，甚易行。天下莫能知，莫能行。言有宗，事有君。夫唯无知，_{物之自然，非我言之，非我事之，我亦繇焉而不知。}**是以不我知也。知我者希，则我贵矣。是以圣人被褐怀玉。**

　　大喧生于大寂，大生肇于无生。乘其喧而和之，不胜和也。逐其化而育之，不胜育也。唇吹竽，则指不能拊瑟；仰承蝉，则俯不能掇蛴。故天下之言，为唇为指；天下之事，为承为掇。逐逐其难而终不遇，乃栩然以自侈其知之多，岂有能知我者哉？我之自居于"希"也，天下能勿"希"乎？故大谷无纤音，而大化无乳字。谢其喧而不敏于化，盖披褐以乐居其"易"，而怀玉以潜袭其"希"也。

七十一章

　　知不知，上；不知知，病。夫唯病病，是以不病。圣人不病也，以其病病。夫唯病病，是以不病。

　　府天下以劳我，唯其知我；官我以割天下，唯其知天下。夫岂特天下之不胜知？而知者，亦将倚畔际而失迁流。故圣人于牛忘粗，于马忘驾，于原忘田，于材忘器，闷闷于己而不见其府，闷闷于天下而无以为官。若夫制万族之宇而效百骸之位，已有前我而市其余知者，方教之以为劳，而苦其多遗，沉浮新知，以遁故器，而曾莫之病乎？

七十二章

民不畏威，则大威至矣。李息斋曰：民不畏威，非天下兼忘我者不能。**无狭其所居，无厌其所生。夫唯不厌，是以不厌。是以圣人自知不自见；自爱不自贵。故去彼取此。**

侈于有者穷于无，填其虚者增其实，将举手流目而无往非"狭"也，亦举手流目而无住非"厌"也。有"居"者，有居"居"者。有"生"者，有生"生"者。居"居"者浃于"居"之里，濒洞盘旋，广于天地。生"生"者保其"生"之和，婉嫕萧散，乐于春台。而自弃其乐，自塞其广，悲哉！屏营终夕，不自聊而求助于"威"也。是故去"见"则不广而广，去"贵"则乐不以乐。日游于澹远，以释无穷，恢乎有余，充乎有适。忘天下而不为累，天下亦将忘之。盖居"居"而生"生"者，天下之固有也，而我奚"见"而奚"贵"乎？

七十三章

勇于敢则杀，勇于不敢则活。此两者，或利或害。天之所恶，孰知其故？是以圣人犹难之。天之道，不争而善胜，不言而善应，不召而自来，绰然而善谋。天网恢恢，疏而不失。

执"不敢"以"勇"，"敢"矣；"不敢"其所"不敢"，"勇"矣。"勇""敢"之施，"杀""活"之报，天乘其权，而我受其变，"难"矣。圣人畏其"难"，而承其"活"，不辞其"杀"，故"活"在己而"杀"任天下。何也？以己受"活"，则必有受"杀"者，气数之固然，而不足诘也。夫唯己"活"而非以功，天下"杀"而无能罪，斯以处罪之外，而善救人物，我无"杀""活"而天下亦"活"。彼气数者，日敝敝以"杀""活"为劳，其于我也，吹剑首之映而已矣。是以圣人破"天网"而行"天道"。

七十四章

民不畏死，奈何以死惧之？若使民常畏死，而为奇者，吾得执而杀之，孰敢？常有司杀者杀。张文潜曰：万物泯泯，必归于灭尽而后止。**夫代司杀者杀，是代大匠斫。夫代大匠斫者，希有不伤其手矣。**

木当其"斫"，岂有避其坚脆者哉？故盗跖、鲍焦相笑而无已时也。拣其所笑，以为或是或非，执秕糠以强人之所固不信，遂将乘人之死以验己之得，而要之为利，则于杀有喜心，于杀有喜心者，于天下未有损，而徒自剥其和也。圣人知理势之且然，故哀天而目击夫化。化日迁而不得不听，听化而哀之也抑深矣。岂求以近仁名邪？近仁名者，是有司生者而代之生也。代之生，代之杀，皆愚也。圣人终不为愚，故似不肖。

七十五章

民之饥，以其上食税之多，是以饥。民之难治，以其上之有为，是以难治。民之轻死，以其上生生之厚，是以轻死。夫唯无以生为者，是贤于贵生。

夫食税者上，而饥者民；有为者上，而难治者民。彼此不相知而相因，诚有之矣。统吾之生而欲生之，无异养矣。孰知其不相知而相因也，肝胆之即为胡越乎？故同其异，则胡越肝胆也；异其同，则肝胆胡越也。于彼有此，于此有彼，彼此相成，而生死不相戾，岂能皆厚而莫知有轻哉？脉脉使其知，则筋骨血肉之皆虚，而冲虚无有之皆实。故曰："冲而用之或不盈。"诚不盈矣，知得入之而不窒，奚其生之厚而死之轻也？

七十六章

人之生也柔弱，其死也坚强。草木之生也柔脆，其死也枯槁。故坚强者死之徒，柔弱者生之徒。是以兵强则灭，木强则共。董思靖曰：人共伐之。

强大处下，柔弱处上。

强弱者，迹也。夫岂木之欲生，而故为柔脆哉？天液不至而糟粕存，于是而坚枯之形成矣。故坚强者，有之积也；柔弱者，无之化也。无之化，而尚足以生，况其未有化者乎？不得已而用其化以为柔弱，以其去无之未远也。夫无其强者，则柔者不凝，天下之所以厚树其质也。而孰知凝之即为死之徒乎？质虽固其已有而不可无，而用天地之冲相升降，则岂唯处上者之柔弱也，即其处下者而与枯槁远矣。

七十七章

天之道，其犹张弓乎？高者抑之，下者举之；有余者损之，不足者补之。天之道，损有余而补不足。人之道则不然，损不足以奉有余。孰能有余以奉天下？ 不损。**唯有道者。是以圣人为而不恃，功成而不处，其不欲见贤邪。**

唯弓有"高""下"，而后人得施其"抑""举"；唯人有"有余""不足"，而后天得施其"损""补"。夫自损者固未尝无损，而受天损者，其祸烈矣。圣人之能不祸于天者，无祸地也。夫岂但劳天下以自奉者，为奉有余哉？人未尝不肖而欲贤之，人未尝乱而欲治之，美誉来归而腥闻赠物，非乐天下之败以自成乎？故一人安位，天下失据；一日行志，百夫伤心；杀机发于诰誓，而戎马生于勋名，然则庸人之自奉俭，而贤者之自奉奢，可不畏哉！

七十八章

天下莫柔弱于水，而攻坚强者莫之能胜，以其无以易之也。弱之胜强，柔之胜刚，天下莫不知，莫能行。是以圣人云：受国之垢，是谓社稷主；受国不祥，是为天下王。正言若反。

无"攻"之力，有"攻"之心，则心鼓其力。无"攻"之心，有"攻"之力，则力荡其心。心力交足以"攻"，则各乘其权，身以内各挟其戈矛以屡变；而欲以"攻"天下，能不瓦解者，未之有矣。虽然，莫心为甚。夫水者，岂欲以敌坚强而为攻者哉？受天下之"垢"也，终古而无"易"心，而力从之。何也？水之无力，均其无心；水之无心，均其无力也。故"弱其志"者无"易"志，"虚其心"者无"易"心，行乎其所不得已，而不知坚强之与否，则险夷无易虑，无地，寓心于汗漫而内不自构也。寓心于汗漫，无所畏矣。内不自构，和之至矣。和于中，无畏于外，天下其孰能御之！

七十九章

和大怨，必有余怨，安可以为善？是以圣人执左契，而不责于人。<small>左契，受债者之所责司之，听人之来取而已。</small>**有德司契，**<small>左契。</small>**无德司彻。**<small>彻，通也，均也，欲通物而均之。</small>**天道无亲，常与善人。**<small>李息斋曰：盖亦司契而已。</small>

既不欲攻之，则从而"和"之，欲有为于天下者，舍二术无从矣。夫物本均也，而我何所通？物苟不通也，而我又何以均？无心无力，怨自不长。有心者心定而释，有力者力穷而返。不待无所终而投我，而先就之以致均通之德，是益其怨而怨归之矣。圣人知其然，阴恣阳恣之变，坐而消之，天固自定；静躁寒热之反，坐而胜之，身固自安；儒墨是非之争，坐而照之，道固自一。无他，无所亲，斯无所疏，物求斯与，而己不授也。

八十章

小国寡民。使有什伯之器而不用；使民重死而不远徙。虽有舟舆，无所乘之，虽有甲兵，无所陈之。使民复结绳而用之。甘其食，美其服，安其居，乐其俗。邻国相望，鸡犬之声相闻，民至老死不相往来。

夫天下亦如是而已矣。以"寡小"观"寡小"，以强大观强大，以天下观天下，人同天，天同道，道同自然，又安往而不适者哉？推而准之四海之广，贤贵"安其居"，而贱不肖"不来"，则贤贵定；贱不肖"安其居"，而贤贵"不往"，则贱不肖和。反而求之一身之内，耳目"安其居"，而心思"不往"，则耳目全；心思"安其居"，而耳目"不来"，则心思正。"抱一"者，抱其一而不彻其不一，乃以"玄同"于一，而无将迎之患。

八十一章

信言不美，美言不信。善者不辩，辩者不善。知者不博，博者不知。圣人不积，既以为人己愈有，既以与人己愈多。天之道，利而不害；人则有利必有害。**圣人之道，为而不争。**

以所"有""为人"，则人"有"而己损；以"多""与人"，则人"多"而己贫。孰能知无所为者之"为人"邪？无所与者之"与人"邪？道散于天下，天下广矣，故"不积"。道积于己，于是而有"美"，有"辩"，有"博"。既"美"且"辩"，益之以"博"，未有"不争"者也。乃其于道之涯际，如勺水之于大海，挥之、饮之，而已穷。俯首而"为"，恶知昂首而"争"？不问其"利""利"自成，恶与"害"逢？能不以有涯测无涯者，亦无涯矣。"休之以天钧"，奚"为"，奚"与"，又奚穷哉？

《老子衍》全书终